Mit Bildern bewegen – Filmgottesdienste

gemeinsam gottesdienst gestalten
Herausgegeben von Jochen Arnold,
Michaeliskloster Hildesheim,
Evangelisches Zentrum für Gottesdienst und Kirchenmusik
der Ev.-luth. Landeskirche Hannovers
Band 24

MICHAELIS
KLOSTER
Evangelisches Zentrum für
Gottesdienst und Kirchenmusik
Hildesheim

Dietmar Adler | Jochen Arnold | Julia Helmke | Inge Kirsner (Hgg.)

Mit Bildern bewegen – Filmgottesdienste

gemeinsam gottesdienst gestalten 24
Herausgegeben von Jochen Arnold

LVH

Bibliografische Information der Deutschen Nationalbibliothek

Die Deutsche Nationalbibliothek verzeichnet diese Publikation
in der Deutschen Nationalbibliografie;
detaillierte bibliografische Daten sind im Internet
über http://dnb.dnb.de abrufbar.

Umschlaggestaltung: Sybille Felchow, she-mediengestaltung, Hannover
nach einem Logo-Entwurf von hauptvogel + dittrich pre:print gmbh, Hildesheim
Satz: Lüddecke Graphic Design, Hannover
Notensatz: Andreas Overdick, Göttingen
Typografie: Quay Sans
Druck- und Bindearbeiten: MHD Druck und Service GmbH, Hermannsburg

ISBN 978-3-7859-1139-6
Printed in Germany

Inhalt

Geleitwort

Filmgottesdienst – das war vor 20 Jahren fast ein Fremdwort. Vor zehn Jahren – so Julia Helmke in ihrem Beitrag – galt eine solche Veranstaltung immerhin schon als „Geheimtipp". Heute ist diese besondere Form des Gottesdienstes noch keinesfalls „etabliert", aber immerhin doch so verbreitet, dass wir in der glücklichen Lage sind, eine Zusammenschau ausgewählter Filmgottesdienste in unserer Buchreihe zu präsentieren. Die Veröffentlichung schließt damit in gewisser Weise an die Publikation zu Literaturgottesdiensten (ggg 21) an. Auch hier haben wir, ausgehend von der Struktur des Kirchenjahres, unterschiedliche Formate und Literaturgattungen zusammengestellt.

Die Gelegenheit für ein Buch mit Filmgottesdiensten ist nun besonders günstig, denn die EKD ruft für 2015 ein Themenjahr Reformation und Bild aus. Da liegt ein solcher Band besonders nahe. Er liegt aber auch deshalb nahe, weil die Begegnung der performativen Künste Film, Musik und Predigt in besonderer Weise anregend ist, den Dialog zwischen Kirche und Kultur, Gottesdienst und Gesellschaft abzubilden und voranzutreiben. Ich freue mich und bin auch ein bisschen stolz, dass wir dafür bundesweit angesehene Fachleute aus Theorie und Praxis gewonnen haben, die mit erprobten (also nicht am grünen Tisch entworfenen) Beispielen und gewichtigen Theoriebeiträgen das Feld erkunden und reflektieren.

Ich danke meinen beiden Mitherausgeberinnen Julia Helmke und Inge Kirsner – beide auch mit wissenschaftlich ausgewiesenen Kompetenzen in Sachen Film – sowie meinem Mitherausgeber Dietmar Adler für die großartige Zusammenarbeit bei einem sehr zeitaufwändigen Projekt, das mit einer gemeinsamen Tagung in Hildesheim im Jahr 2013 begann.

Außerdem danke ich all denen, die mit einem oder mehreren Filmgottesdiensten, mit einer Predigt oder einem reflektierenden Beitrag das Buch wesentlich bereichert haben. Ein bunter, exquisiter Strauß blüht kräftig.

Dem Verlag, namentlich Programmleiterin Corina Kruse-Roth, danke ich sehr herzlich für die unkomplizierte Zusammenarbeit auch in stürmischen Zeiten.

Allen Leserinnen und Lesern wünsche ich, dass das Kino im Kopf bald beginnt und Bewegung in ihre Gottesdienste bringt.

Jochen Arnold

Einleitung

Dietmar Adler / Jochen Arnold / Julia Helmke / Inge Kirsner

Filmgottesdienste sind ein zunehmend beliebter werdendes Genre. An vielen Stellen, in etlichen Gemeinden macht man sich daran, Filmgottesdienste zu feiern. Gleichzeitig gibt es einen großen Respekt vor der Aufgabe. Viele sind unsicher, haben Klärungsbedarf: Filmgottesdienst – Was ist das eigentlich genau? Und wie macht man das? Und dann natürlich: Darf man das überhaupt? Kirchenrechtlich, aufführungsrechtlich oder auch im engeren Sinne theologisch-liturgisch?

Menschen, die es gewohnt sind, Gottesdienste zu gestalten, machen sich auf den Weg. Sie sind auf der Suche nach neuen, nach alternativen Formen der Verkündigung und der Liturgie. Deshalb wollen sie einen Filmgottesdienst gestalten. Sie fragen deshalb an bei Menschen, die sie in Sachen Film und Kirche für kompetent halten. Dieser Band hat sich die Aufgabe gestellt, mit einer praktisch-theologischen Grundlegung, zahlreichen Beispielen ausgeführter Gottesdienstabläufe bzw. einzelnen Predigten und zuletzt auch mit praktischen Hinweisen Orientierung in diesem recht neuen Gottesdienstgenre zu ermöglichen.

Zunächst etwas zur Definition. Unter Filmgottesdienst verstehen die Herausgeberinnen und Herausgeber einen Gottesdienst, in dem Ausschnitte eines Filmes oder ein ganzer Kurzfilm präsentiert werden. Verkündigung und Liturgie stehen in Beziehung zu diesem Film. Ein Gottesdienst, der also nur indirekt auf einen Film Bezug nimmt (z.B. durch die Predigt) würde nach unserem Verständnis nicht als Filmgottesdienst bezeichnet werden. Ebenso wenig gilt dies für eine Veranstaltung, die mit kurzem erklärendem Vorspann oder „geistlicher Begrüßung" einfach einen Film vorführt. Ebenfalls selbstverständlich ist für uns, dass in einem solchen Gottesdienst die klassischen Elemente der Liturgie wie Gebet, Gemeindelied und Segen vorkommen und auch die Predigt – in welcher Form auch immer – nicht nur dem Film selbst überlassen wird.

Kommen wir nun zu einer kurzen Übersicht über das, was sich zwischen diesen Buchdeckeln befindet:

Der **erste** Teil des Buches dient der theoretischen Einführung bzw. der praktisch-theologischen Grundlegung. Nach einer Geschichte des Verhältnisses von Film und Kirche im Allgemeinen und verdichtet im Filmgottesdienst im Besonderen (Helmke) widmen sich zwei Beiträge (Kirsner, Gehring) dem Verhältnis von Film und anderen Bestandteilen des Gottesdienstes und schlagen vor, diese Beziehung als „Konstellation“ zu begreifen. Ein weiterer Beitrag (Arnold, Kirsner, Lindenschmidt) macht Beobachtungen zur Musik im Film für den (Film-)Gottesdienst fruchtbar. Für Filmgottesdienste mit Kurzfilmen wird eine besondere Form vorgeschlagen, die dem Gespräch über den Film großen Raum lässt und dieses Gespräch gleichsam als Dialog anstelle der Predigt platziert (Damm). Die Begegnung von Film und Theologie, Kino und Kirche macht nicht vor konfessionellen Grenzen halt. Einen Einblick in den Umgang mit Liturgie, Gottesdienst und Film im katholischen Bereich gibt der erfahrene Filmtheologe Thomas Kroll.

Der **Hauptteil** des Buches besteht aus 28 ausgeführten Gottesdienstentwürfen von zehn verschiedenen Verantwortlichen. Von der Eingangsmusik und der Begrüßung wird über die genau definierten Filmausschnitte bis zum Segen der ganze Gottesdienst dokumentiert. Alle Gottesdienste sind so oder ähnlich gefeiert worden.

Obwohl Filmgottesdienste selten der strengen Orientierung am Kirchenjahr unterliegen, haben wir jedem Gottesdienst – wie in dieser Reihe üblich – einen sinnvollen Ort im Kirchenjahr zuweisen können. Diese Zuordnung geschah entweder durch den Bezug zu einem Bibeltext, der im Filmgottesdienst vorkam und einem bestimmten Sonntag im Kirchenjahr zugeordnet ist. Aber auch der Kasus des Filmgottesdienstes (z.B. in Stuttgart oder Bad Münder an eingeführten Terminen) oder die „jahreszeitliche Atmosphäre“ des Films (vgl. „Into the wild“ im Sommer bzw. „Oliver Twist“ oder „Von Menschen und Göttern“ um Weihnachten) spielten für uns eine Rolle.

Ins Spiel gebracht werden recht unterschiedliche Filme. Zum größeren Teil sind es Spielfilme aus dem etwas populäreren Arthouse-Repertoire, es sind aber auch Blockbuster, ein Animationsfilm, ein Dokumentar- und ein Kurzfilm dabei. Zu zwei Filmen („Wie im Himmel“ und „Von Menschen und Göttern“) sind sogar jeweils zwei Gottesdienstentwürfe abgedruckt, damit auch die unterschiedlichen liturgischen Rezeptions- und Inszenierungsmöglichkeiten nachvollzogen werden können, die der gleiche Film in unterschiedlichen Kontexten bekommen kann.

Jeder Leser, jede Leserin wird eigene Beobachtungen machen. Es fällt aber auf, wie unterschiedlich die Filmsequenzen mit den anderen Teilen des Gottesdienstes wie Gebet, Musik, Lied, Bibeltext, literarischer Text, Wortbeitrag bzw. Predigt kombiniert werden und zu welch überraschenden Korrelationen es dabei kommt. Die Wahl des Filmes, die Wahl der

Themen und der korrespondierenden Bibeltexte haben nicht nur Auswirkungen auf die Verkündigung, sondern verändern die Liturgie des ganzen Gottesdienstes. Dabei werden auch liturgisch neue Formen gewagt (in dem Filmgottesdienst zu „Von Menschen und Göttern" z.B. korrespondiert das gregorianisch inspirierte Nachtgebet mit den Filmausschnitten, eine alte Form trifft auf ein junges Medium) .

In der Regel entsteht ein Filmgottesdienst nicht am Schreibtisch eines Menschen, er wird von einer Gruppe von Menschen gestaltet, die sich auch inhaltlich mit dem Film, der biblischen Botschaft und miteinander auseinandersetzen. Die als Autoren und Autorinnen der Beiträge genannten Personen stehen somit zumeist für jeweils eine Gruppe von Menschen, die den jeweiligen Gottesdienst miteinander erarbeitet haben. Mitgestaltende sind nicht nur Sprecherinnen und Sprecher von Texten, die andere verfasst haben, sondern bringen sich und ihre Film- und Lebenserfahrungen in Gestalt und Inhalte des Gottesdienstes ein. Das spiegeln auch die abgedruckten Texte wider. Auch wenn in der Regel eine – theologisch ausgebildete – Person in der Verantwortung steht, zeigt sich doch eine große Vielfalt in den Rede-Beiträgen. Mit ihrer partizipativen Grundhaltung verändern Filmgottesdienste auch das Kirchenbild. Damit werden Filmgottesdienste in besonderer Weise dem Anliegen der Buchreihe *gemeinsam gottesdienst gestalten* gerecht.

Der **dritte** Teil versammelt exemplarisch herausragende und unterschiedliche Predigten oder Ansprachen, die sich auf konkrete Filme beziehen und in sehr unterschiedlichen Zusammenhängen (z.B. Berlinale) zur Aufführung gekommen sind.

Im **vierten** Teil des Buches finden sich rechtliche Hinweise zur öffentlichen Vorführung von Filmen (von Collande). Julia Helmke gibt Hilfestellungen, wie man für die Vorbereitung eines Filmgottesdienstes gezielt einen Film anschaut, um dann auch entscheidende Sequenzen auszuwählen. Außerdem wird der Prozess der Erarbeitung eines Filmgottesdienstes in einem Team beschrieben und reflektiert (Adler).

Zum Schluss sei mit Nachdruck gesagt:

Das Genre Filmgottesdienst ist nicht abgeschlossen. Es ist im Werden. Und entwickelt sich weiter. Im Grunde wird in jedem dieser Gottesdienste das Genre neu entworfen. Die Herausgebenden wollen mit diesem Band eine Momentaufnahme in der Diskussion und Reflexion des Phänomens vorlegen. Vor allem aber wollen sie Mut machen zum eigenen Probieren und Gestalten von Filmgottesdiensten.

Teil 1
Einführung – Reflexionen zu Film und Gottesdienst

Der kurze lange Weg des Kinofilms in den Kirchenraum

Julia Helmke

Vor zehn Jahren galt eine solche Veranstaltung noch als Geheimtipp, nun ist es immer öfter auch in „normalen" Gemeinden zu finden: Das liturgische Genre des Filmgottesdienstes. Zumeist als „zweites Programm", im Abendgottesdienst und als besonderer Gottesdienst, der nicht regelmäßig jede Woche oder Monat, aber doch mit Kontinuität und wachsender Tradition seinen Ort gefunden hat. Viele praktische und theologisch-gottesdienstliche Fragen bleiben dabei offen und werden diskutiert: Wie gestalte ich einen Gottesdienst mit Film? Welche Filme sind geeignet? Wie verbinde ich Liturgie, Predigt und Film? Ersetzt oder ergänzt das eine das andere? Wie werde ich dem Medium Film und der Feier des Gottesdienstes gerecht und welche dialogischen Konzepte stehen zur Auswahl? Daneben stehen formale Fragen, die – anders als in Gottesdiensten, bei denen das Wort allein im Mittelpunkt steht – Entscheidungen zu Theologie und Raum erfordern: Wo sollen die bewegten Bilder zu sehen sein – auf einer Leinwand vor dem Altar, als eine Überblendung des klassischen Altarbildes, an einer freien Wandseite oder auf einer Leinwand neben der Kanzel, als räumliche Gleichgültigkeit von Wort und Bild? Wie klingt der für den Kinosaal komponierte Filmtrack im Kirchenraum und wie kann sich Musik vom Band mit live eingespielter Filmmusik durch den Posaunenchor oder Gospelkreis verbinden?

All diese Fragen unterscheiden sich kategorial von der Frage, die bis zu Beginn der 1990er Jahre alleinbestimmend war: Sind Kinofilme bzw. Ausschnitte davon „gottesdienstwürdig"? Gehören Kinofilme in eine Kirche oder sind sie dort fehl am Platz, da die Kirche Gottes Haus ist und kein Lichtspielhaus? Sind Filme im Gottesdienst gar eine Verfehlung im Sinne der Anbiederung an den Zeitgeist oder eine wirksame Unterstützung, um Gottes Geist in aller Freiheit der Zeitgenossenschaft wehen zu lassen?

Die enge Beziehung zwischen Gottesdienst und Film zeigt sich bereits in der Frühzeit der Kinokultur. Die „Geburt" des Kinofilms wird auf das Jahr 1895 beziffert, als in Berlin die Gebrüder Skladanowsky im Wintergarten erste kurze Filme vor einem zahlenden Publikum zeigen und wenig später die Gebrüder Lumière in Paris ihren ersten Kurzfilm „Einfahrt eines Zuges in den Bahnhof von La Ciotat" vorstellen. Bald reichen die Zelte in Varietés nicht mehr aus, für das neue Medium Film werden feste Orte gesucht und zwischen 1910 und 1920 entstehen erste „Kinopaläste", die von den Grundrissen und der Geräumigkeit her oft Kathedralen nachempfunden sind. Sie erhalten christlich klingende Namen wie „Gloria", „Rex", „Excelsior" und die Vorstellungen laufen nach einer bestimmten Liturgie ab, die erbauliche, unterhaltsame, informative Elemente miteinander verbinden. Mit dem Eintritt in den dunklen Kinosaal sollen die Besucher und Besucherinnen ihre Sorgen und Mühen des Alltags ablegen und für einen bestimmten Zeitraum in eine andere Wirklichkeit eintauchen können bzw. aus neuer Perspektive mit dem Geschehen auf der Leinwand sehen. Sie wissen, was sie erwartet, und erwarten doch, überrascht zu werden. Sie hoffen auf ein gutes Ende. Das „Happy End" in Schrift und Bild wird zu einem „Amen", das sie über die Schwelle des Kinosaales wieder in ihren Alltag hinausgeleitet, gefüllt mit inneren Bildern und Geschichten, eine Art „säkularer Gottesdienst".[1]

Die Diskussion, ob bereits am Sonntagmorgen das Kino seine Pforten öffnen darf, was verneint wird, und die vielfach kulturkritischen Einlassungen der beiden großen Kirchen zum Phänomen Kino weisen darauf hin, dass bereits in den 1920er Jahren das Kinoerleben als Konkurrenz zu Kirche und Gottesdienst gesehen wird. Doch die Entwicklungen und Einschätzungen sind sehr unterschiedlich. Während einzelne protestantische Organisationen und Landeskirchen das Kino an sich ablehnen bzw. vor dem Besuch moralisch zweifelhafter Filme warnen, laden in der Weimarer Zeit in Berlin einzelne Pfarrer zu „Lichtspielgottesdiensten" ein.[2]

Diese finden jedoch nicht im Kirchenraum statt, sondern in den Gemeindehäusern, als Vorführorte vornehmlich religiöser Filme. Dies geschieht vielfach auch in ökumenischer Perspektive mit den sogenannten „Missions-Filmen", in denen teils dokumentarisch, teils fiktional das Leben und Wirken von Missionaren gezeigt und Filmschaffen als „Fenster zur Welt" verstanden wurde. Die Tradition von sogenannten Filmmissionaren, d.h. kirchlichen Mitarbeitenden, die in Gemeinden mit dem Medium Film arbeiten und Filmvorführungen in kirchlichen Räumen organisieren, wird nach dem Zweiten Weltkrieg wiederaufgenommen und existiert in der

1 Vgl. dazu ausführlich Inge Kirsner, Orte der Verwandlung – Vom Kino als Kathedrale, in Inge Kirsner,/ Michael Wermke. Gewalt. Filmanalysen für den Religionsunterricht, Göttingen 2004, 109-117.

2 Heiner Schmitt, Kirche und Film. Kirchliche Filmarbeit in Deutschland von ihren Anfängen bis 1945, Boppard, 1979, 106.

DDR bis in die 1980er Jahre hinein, viele Pfarrerinnen und Pfarrer erwerben auch einen sogenannten „Filmvorführschein".[3] Mobile und temporäre Kinos boomen, als in den 1970er Jahren das Kinosterben beginnt, neben dem Wanderkino werden Gemeinderäume beliebte nicht-kommerzielle Abspielstätten.

Eines bleibt jedoch gleich – der Film als bewegtes Bild unterliegt dabei derselben Einschätzung wie ein statisches Bild, einem Kunstwerk im kirchlichen Bezugsraum: Es dient der Unterweisung und didaktischen Zwecken. Dies speist sich aus dem Umgang mit Bildern, wie er seit der Reformation vorherrschte: Als nützlicher Hinweis, um durch die Niedrigschwelligkeit von bildhaften Geschichten zum Glauben zu verhelfen, durch die Emotionalität, die das Anschauen von Bildern auslösen, Glauben zu stärken sowie eine Unterscheidung der Geister (d.h. zu unterscheiden, was hilfreich für den Menschen ist oder was ihn von Gott entfernt) zu ermöglichen. Ein Zugang, der theologiegeschichtlich bereits im frühen Mittelalter mit den Auseinandersetzungen zwischen Ikonodulen (Bilderverehrern) und Ikonoklasten begann; zwischen denen, die bewusst die Macht der Bilder einsetzen wollten und anderen, die die Kraft von Bildern um des Evangeliums willen begrenzen bis zerstören wollten. Ein Ringen, das bis heute spürbar ist in der Frage, ob ein Film „anstelle" einer Predigt stehen darf oder immer der Eingrenzung eines deutenden Wortes bedarf.

„Wir wenden uns dagegen, daß Inhalt und Formen der christlichen Verkündigung in sogenannten ‚religiösen Film' lediglich als Humanität oder Sentimentalität oder gar sadistische Sensationen verfälscht werden. Wir müssen auch bitten, die filmische Darstellung der göttlichen Offenbarung (Christusleben, Vorgang des Wunders, Vollzug der Sakramente) zu vermeiden. Der Film kann die Wirklichkeit des Heiligen Geistes nur im Spiegel eines menschlichen Schicksals sichtbar machen". Diese These gehört der sechsteiligen „Schwalbacher Entschließung" an, die 1950 bei der von der EKD veranstalteten Tagung zu „Film und Kirche" in Bad Schwalbach vorgetragen und in der Folge zur „Magna Charta Evangelischer Filmarbeit" wird.[4]

Das folgenreiche Augenmerk dieses Textes liegt auf der inhaltlichen Ebene: Was soll in einem Film zu sehen sein und was nicht? Er grenzt sich jedoch zugleich von jeder – formalen wie inhaltlichen – theo-

---

3 Martin Ammon/Eckart Gottwald (Hg.), Kino und Kirche im Dialog, Göttingen 1996, 150.

4 Julia Helmke, Kirche, Film und Festivals, Studien zur christlichen Publizistik Bd 11, Erlangen 2005, 95.

logischen Dignität von Filmen ab. Die Vorstellung, dass ein Kinofilm Gegenstand oder Bestandteil eines Gottesdienstes sein könnte, liegt außerhalb der Vorstellungskraft.

Die Entwicklung und Umsetzung einer solchen Vorstellung braucht dann gut 40 Jahre und findet in Hamburg statt, im Umkreis der Ev.-theologischen Fakultät, dem traditionsreichen Programmkino „Abaton", der Johanniskirche in Harvestehude und der Evangelischen wie Katholischen Akademie.

Interessant ist, dass diese ersten Film-Gottesdienste eine zweifache Hürde überschreiten: Filmkunst im gottesdienstlichen Rahmen und Blockbuster bzw. Hollywood-Filme als Dialogpartner für biblische Botschaften. Bis weit in die 1980er Jahre hinein galten Blockbuster als zu oberflächlich für eine vertiefte theologische und gesellschaftliche Auseinandersetzung und wurden wissenschaftlich ignoriert bzw. als „reine Unterhaltung" diskreditiert.

Der Hamburger Pastor Thies Gundlach überschreitet Anfang der 1990er Jahre somit eine zweifache Grenze: Zum einen feiert er Gottesdienste mit Filmen und zum anderen wählt er als Dialogpartner für die biblische Botschaft Hollywood-Filme aus. In seinem vielzitierten Text „Bilder-Mythen-Movies. Gottesdienste zu Unterhaltungsfilmen der Gegenwart"[5] reflektiert er 1994 seine Erfahrung mit Filmen wie „Das Schweigen der Lämmer" und stellt sein Filmgottesdienstmodell vor. Dies sieht einen klassischen Agende-Gottesdienst vor, bei dem statt der Evangeliumslesung ein circa 40-minütiger Zusammenschnitt des Filmes gezeigt wird, mit die Handlung zusammenfassenden Unterbrechungen durch den Liturgen und einer im Anschluss an die Schlußsequenz gehaltenen Predigt zum Film, der von Gebet, Vaterunser und Segen gefolgt wird.

Seine Auswahl und Zugang begründet Gundlach so apologetisch selbstbewusst wie folgt: „In diesen Filmen wird Realität zwar nicht kritisch abgebildet, es wird aber Realität interpretiert, eben ‚Gleichnisse der Wirklichkeit' erzählt, es werden Mythen, Märchen, Phantasien bebildert. [...] In der Aufnahme von Hollywoodfilmen in einem Filmgottesdienst steckt daher die Chance, an die Erfahrungs- und Vorstellungswelt unserer Zeitgenossen anzuknüpfen. Und sollte dies homiletisch überzeugend gelingen, dann wäre damit gezeigt, dass die christliche Religion auch unter modernen Bedingungen den Menschen zugewandt bleibt. Ihre

5 Pastoraltheologie 83 (1994), 550-563. Zu nennen ist ebenfalls ein Mentor, der Pastor und Hochschullehrer Peter Stolt.

Substanz wird nicht dem jeweiligen Zeitgeist geopfert, sondern in die jeweilige Gegenwart übersetzt."[6]

Zeitgleich arbeitet die Praktische Theologin Inge Kirsner an ihrer Dissertation über „Erlösung im Film". Sie erfüllt damit das, was Hans Werner Dannowski, der langjährige Filmbeauftragte der EKD, schon lange gefordert hat: den „Film nicht vor der Theologie zu schützen"[7] und „den Begriff der Unterhaltung theologisch zu durchleuchten".[8] Sie beginnt selbst mit der Feier von regelmäßigen Filmgottesdiensten in Stuttgart, bei denen noch Jahre später einzelne Demonstranten mit Plakaten „Nein zur Kino-Kirche" ihren Widerspruch vor diesem besonderen Gottesdienst kundtun. Sie wird, gegen den Widerstand einiger Vertreter evangelischer Filmarbeit, die die Fokussierung auf Film-Gottesdienste für eine Verengung halten und als Funktionalisierung von Filmkultur ablehnen, eine der wichtigsten Verfechterinnen einer theoretischen wie praktischen konzeptionellen Arbeit.[9] Zu Beginn des neuen Jahrtausends scheint die Zeit reif für Filmgottesdienste; theologisch und kirchenpolitisch subkutan begleitet von der Veröffentlichung der EKD-Kulturdenkschrift „Räume der Begegnung", beginnen zahlreiche Experimente mit Film-Gottesdiensten.

Ein öffentliches Forum für diese Räume der Begegnung zwischen Filmkunst und gottesdienstlicher Liturgie bieten die Kirchentage, in deren Begleitprogramm sich regelmäßig Filmgottesdienste finden, oft im Team vorbereitet, in Kirchenräumen oder auch Kinoräumen stattfindend. Wichtige Stationen sind hier v.a. der Deutsche Evangelische Kirchentag in Hamburg 1995, bei dem sich das bekannte Programmkino „Abaton" (griechisch für „heiliger oder unzugänglicher Ort" bzw. in griechisch-orthodoxen Kirchen Name für einen Teil des Chorraumes, der nur Priestern vorbehalten ist) zu einem nachhaltigen Begegnungsort für einen wirklichen Dialog von Gottesdienst, Film und theologischer Reflektion ent-

---

6 Ebd., 555-557.

7 Vgl. Wilhelm Roth/Bettina Thienhaus (Hg), Film und Theologie. Diskussionen, Kontroversen, Analysen, epd Texte 20, 1989, 29-32.

8 So in seine Abschiedsreferat als Filmbeauftragter der EKD, in: Ders., Schnittstellen. Erfahrungen mit Kirche, Film und Öffentlichkeit, Pastoraltheologie 81 (1992), 499.

9 Vgl. Inge Kirsner, Dialog und Differenz: Film in Kirche, Kino und Gemeindesaal, Praktische Theologie Nr. 33 (1998), 266.Ihre eigene Entwicklung und das Überwinden von eigenen Vorbehalten durch das Verwenden von Ausschnitten ist deutlich in: Dies., Dem Herrgott Konkurrenz machen? Die Kirche und der Film – drei Dialogmodelle, in: Kirchen – Kulturorte der Urbanität, Kirche in der Stadt Bd.6, Hamburg 1995.

10 Vgl. Jörg Herrmann, Dialogisch: Kino in der Kirche, in: Kirchenräume – Kunsträume. Hintergründe, Erfahrungsberichte, Praxisanleitungen für den Umgang mit zeitgenössischer Kunst in Kirchen. Ein Handbuch, Münster 2002, 208f.

wickelt[10], sowie der Kirchentag 1999 in Stuttgart, der weiter mit Filmgenres und Gottesdienstformen experimentiert.[11]

Die Tendenz, Filmgottesdienste vor allem als „Jugendgottesdienste" zu kategorisieren, ist vorübergehend und erweitert sich auf das breite Spektrum der Gottesdienstgemeinde, als sich ab Mitte der 2000er Jahre die Zielgruppen für Kinofilme weiter ausdifferenzieren und ältere Zuschauerinnen und Zuschauer neu für das Kino gewonnen werden können. Filmgottesdienste werden zu „Gottesdiensten für die ganze Familie", ohne dabei bestimmte Zielgruppen wie eine Hochschulgemeinde (vgl. ausgeführte Filmgottesdienste von Inge Kirsner in diesem Band) zu vernachlässigen. Die Bandbreite der gezeigten Filme als auch der unterschiedlichen liturgischen Zugänge erlaubt vieles.

Das liturgische Genre Film-Gottesdienste hat sich aus der Praxis heraus entwickelt. Dieses wurde 2005 in einer ersten Theoriegrundlegung exemplarisch reflektiert.[12] Es ist von filmbegeisterten Pfarrerinnen und Pfarrern, neugierigen und film- und medienaffinen jungen Erwachsenen und Gemeindemitgliedern erarbeitet worden, gemeinsam mit kundigen Kooperationspartnern aus dem Bereich der Filmkultur. Den Nährboden dazu bot die jahrzehntelange evangelische und ökumenische Filmarbeit, die von Beginn an den Film als Kunstwerk, Massenmedium und seismographischen Augenöffner ernst nahm und an der Schnittstelle von Praktischer Theologie, Film- und Kulturwissenschaft arbeitet. Eine grundlegende Unterstützung erfahren Filmgottesdienste seit einigen Jahren durch die ästhetische Wende der Praktischen Theologie, bei der u.a. das Konzept der Dramaturgischen Homiletik von Martin Nicol und Alexander Deeg entwickelt worden ist. Ihr programmatisches Leitbild lautet: Predigen heißt „Einander ins Bild setzen"[13]. Worum anders geht es im Kinofilm? Mithilfe der filmischen Mittel „moves" and „structure" soll das innere Kino im Kopf bei einer Predigt zu stärkerer Eindrücklichkeit und Wirksamkeit führen und dabei den Gemeinschaftsbezug des Gottesdienstes im Blick behalten. Ein anspruchsvolles Konzept, das dem Kinoerleben gleich ein präsentisches Reden „in" dem abstrakteren Reden „über" vor-

11 Vgl. Inge Kirsner, Liturgisch: Kino Raum Kirche, in: Kirchenräume – Kunsträume. Hintergründe, Erfahrungsberichte, Praxisanleitungen für den Umgang mit zeitgenössischer Kunst in Kirchen. Ein Handbuch, Münster 2002, 213-221.

12 Vgl. Inge Kirsner/Hans-Ulrich Gehring, Filmgottesdienste. Theorie und Modelle, Jena 2005.

13 Vgl. Alexander Deeg, Martin Nicol: *Einander ins Bild setzen*. In: Lars Charbonnier, Konrad Merzyn und Peter Meyer (Hrsg.): *Homiletik. Aktuelle Konzepte und ihre Umsetzung*. Göttingen 2012, S. 68-84, basierend auf Nicol, Martin, Einander ins Bild setzen. Dramaturgische Homiletik, Göttingen 2002.

zieht; ein Konzept, das sich in der Umsetzung jedoch bisher nur bedingt wirklichen äußeren Bildern wie eines Kinofilms stellt.

Einen Versuch, das Genre einer Filmpredigt zu konzipieren, unternimmt der in Tübingen lehrende Hans Martin Dober mit einem auf der inhaltlichen Ebene angesiedelten interpretatorischen Dreischritt. Nach der Rezeption des Films, einer Analyse der Idee, die dem Film zugrunde liegt, einem m.E. dem multiperspektivischen Kunstwerk Film nur bedingt angemessen Ansatz, ist ihm der kritische Vergleich dieser aufgefundenen idealen Ideen als Zentrum des Films mit den leitenden theologischen Meta-Kriterien von „Gesetz" und „Evangelium" wichtig.[14] Für ihn ist vor allem die Predigt das deutende Evangelium auf das in der Filmhandlung wahrgenommene Gesetz, in dem sich der Mensch in all seiner Gebundenheit wiederfindet. Hier schließt sich ein Bogen zu der in der Schwalbacher Entschließung bereits angelegten protestantischen Nüchternheit in der Filmgestaltung und -handlung, eine vorherrschende Zurückhaltung im Blick auf den verkündigenden und transzendierenden Anteil eines Filmes, der mehr bewirken kann als menschliches Leben zu spiegeln. Der praktische Theologe Sandor Percze hat in seiner Dissertationsschrift „Kunst, Kino und Kanzel. Die Ästhetik des Films und die Gestalt der Predigt" vor allem auf die formale filmische Methode der Montage abgehoben, um sie für das Predigen fruchtbar zu machen.[15] Wichtig ist ihm gegenüber dem Paradigma von Predigt als Mitteilung von Wahrheit hierbei die gemeinschaftliche Erschließung von Wirklichkeit, die in der Zusammenschau der montierten Filmsequenzen steht, übertragen auch als Nebeneinander, Ineinander und Miteinander von Gotteswirklichkeit und Lebenswirklichkeit.

Ein Konzept, das nicht weit entfernt ist von den Konstellationen von Inge Kirsner und Hans Ulrich Gehring. Neben die Kategorien von Inhalt und Form treten in der jüngsten Zeit der wissenschaftlichen Diskussion die Parameter von Raum und Zeit, zwischen der Traumfabrik Kino und dem Erinnerungsort Kirche.

Eine Lanze für Kurzfilme bricht Thomas Damm, der seit 2003 bewusst an Stelle von Filmausschnitten mit Kurzfilmen arbeitet und regelmäßig Filmgottesdienste durchführt mit einem Filmgespräch an Stelle einer Predigt.[16]

---

14 Hans Martin Dober, Filmpredigten II, Göttingen 2012.

15 Sandor Percze, Kunst, Kino und Kanzel. Die Ästhetik des Films und die Gestalt der Predigt (Studien zur Christlichen Publizistik Bd XXII), Erlangen 2013.

16 Vgl. Thomas Damm/Sabine Schröder, Kurzfilme im Gottesdienst, Anleitungen und Modelle für Gemeinde, Schule und Gruppen, Gütersloh 2011.

Liturgie als Traumfabrik Gottes lädt Menschen zum Träumen über und für das Leben ein. Sie vermittelt eine Ahnung unverkürzten Lebens. Vornehmste Aufgabe eines Filmgottesdienstes kann es sein, die Sehnsucht dafür zu wecken. Offen bleibt, dass Filme fürs Kino gemacht sind und bleiben und dass Filme ein zwar deutungsoffenes, aber doch auch in sich geschlossenes Gesamtkunstwerk sind, ebenso wie ein Gottesdienst. Deshalb: Die Reise und die Entwicklung des Themas „Film-Gottesdienst" gehen weiter. Liturgisch wie homiletisch. Unvermischt und dennoch miteinander verbunden; sich bekennend in der Liebe, Geschichten zu erzählen, zu gestalten und zu inszenieren. Sie wird protestantisch sein, ökumenisch oder vielleicht auch interreligiös. Mit allen Sinnen eine Ahnung zu vermitteln, was jenseits der Leinwand und der Kirchenmauern auf uns wartet – in Gegenwart und Ewigkeit.

Epiphanien – Konstellationen zwischen Kino und Kirche

Inge Kirsner

„Die Künste des Kinos entspringen einer Affäre mit vielen anderen Künsten – nicht allein mit den Hochseilakten der übrigen Kunstwelt, sondern ebenso mit den Dramen des menschlichen Fühlens, Denkens und Handelns... Das Kino lässt seine Besucher abwesend anwesend sein. Seine Affären sind daher immer Affären mit uns..."

So leitet der Philosoph Martin Seel seine Betrachtungen über die „Künste des Kinos"[1] ein. Zu den Künsten, zu denen das Kino Beziehungen unterhält und die es „verkehrt und verwandelt"[2], zählt Seel die Architektur, die Musik, das Schauspiel, die Literatur und die Bildende Kunst. Hier soll es nun um eine Kunst gehen, die Seel nicht in den Blick nimmt: die Kunst der Liturgie. Die Ordnung eines Gottesdienstes, sein Ablauf, kann genau geregelt sein, gerät aber immer wieder in Schwingungen – je nachdem, welche Stücke gewählt, wie die Vorgaben gefüllt werden. In ein besonderes Schwingungsverhältnis gerät die Liturgie, wenn sie mit Film in Beziehung gesetzt, wenn die Kirche zum Kino wird. Diese Schwingungen zu ermöglichen, ihren Ausschlägen Raum zu lassen und das Pendel doch immer wieder in eine Mitte führen ist – bei aller Offenheit des entstehenden Gottesdienstes, der ja immer eine „live performance" ist – eine anspruchsvolle Kunst.

„Kunst entsteht und entwickelt sich nur aus einem Dialog zwischen den Künsten. Als eine unter ihnen partizipiert der Film an diesem Gespräch, das seinerseits mit den Träumen und Albträumen kommuniziert, die uns ein Leben lang unterhalten".[3]

Das Kino nimmt uns mit in eine Form des Daseins, in der wir dessen Schwankungen ohne Reserve auskosten dürfen – und im Dialog mit der Liturgie, die Kino und Kirche miteinander verknüpft, wird zugleich ein Rahmen für diese Schwankungen geschaffen, ein Raum zwischen Diesseits und Jenseits, Wirklichkeit und Traum. Die Dramen auf der Leinwand, die den Altarraum bestimmt und zugleich von ihm bestimmt wird, geraten in Korrespondenz mit den eigenen Dramen. Dazwischen geschaltet

---

1 Martin Seel, Die Künste des Kinos, Frankfurt/M. 2013, 9.
2 A.a.O., 10.
3 Ebd.

wird nun aber auch eine andere Instanz, die der Deutung und Ausrichtung auf eine andere, verwandelnde, korrespondierende Wirklichkeit. Diese Wirklichkeit weist zugleich über die vorfindliche hinaus wie tiefer in sie hinein.

„Orpheus-Christus"

„In der Domitilla-Katakombe in Rom findet sich in einer Wandnische, von zwei Säulen flankiert, ein Fresko mit dem Bild des Orpheus. Von Baumgeäst und von Tieren umgeben, die phrygische Mütze auf dem Kopf, hält er im linken Arm die Leier und in der rechten das Plektron, das Stäbchen, mit dem er die Saiten anschlägt, wie es die griechische Sage erzählt: In den Schluchten des Olymposgebirges führt sein geheimnisvoller Gesang den Luchs und den Löwen, den Hirsch und die Schildkröte zusammen, Schwärme von Vögeln über seinem Haupt, selbst die Bäume und die Steine geraten in Bewegung.
Nicht einmal die Unterwelt vermag sich ihm zu verschließen. Als ihm seine junge Frau durch den Tod entrissen wird, wagt er sich von der Liebe getrieben und nur der Macht seiner Leier vertrauend, auf den Weg in das Dunkel, und siehe da: Charon führt ihn als ersten der Lebenden über den Totenfluss, lässt gebannt von seinem Lied den Kahn zurück und folgt ihm: Zerberus, die Bestie am Eingang zur Unterwelt, schweigt, Ixions Rad bleibt stehen, Tityos Leber hört auf zu bluten, die Töchter des Danaos setzen ihre Wassereimer ab, Sisyphos darf auf seinem Stein ausruhen, Tantalos vergisst Hunger und Durst, die Erinnyen staunen, die Totenrichter weinen..."

Mit diesem Bild eröffnet Rolf Zerfaß, inzwischen emeritierter katholischer Professor für Pastoraltheologie, seine Predigtlehre.[4] Er fragt sich, wie es zu diesem Motiv auf einer Altarwand einer frühchristlichen Bestattungsnische kommt; angesichts der beiden Prophetengestalten Micha und Mose, die das Bild einrahmen, wird deutlich, dass wir hier ein Stück kontextueller Theologie des 3./4. Jahrhunderts vor uns haben: Dieser Orpheus ist Christus, Orpheus entpuppt sich als ein *Christus incognito* (wie wir ihn auch häufig im Kino finden). Unser Christus ist ein wunderbarer Spielmann, von dem eure Mythen erzählen, das behauptet Clemens von Alexandrien: „Siehe, was sein neues Lied vermochte: Steine und wilde

4 Rolf Zerfaß, Grundkurs Predigt, Düsseldorf 1987, 14f.

Tiere hat er zu Menschen umgestaltet, und die einst tot waren, ohne wirklichen Anteil am Leben, wurden lebendig, als sie seinen Gesang vernahmen."[5]

Die Toten stehen auf, der Kampf aller gegen alle hat ein Ende gefunden; das Tier im Menschen, alles Wilde, Destruktive, Angst machend Fremde findet zueinander, wo das neue Lied erklingt. Christus-Orpheus – das ist die Vision vom neuen Menschen, vom neuen Adam, von der neuen Schöpfung, die alle Trauer um das verlorene Paradies vergessen lässt: Dieser Christus macht alles neu, wie es in Offenbarung 21,3-5 beschrieben wird.

Kontextuelle Theologie: Clemens von Alexandrien schreibt so, dass die Menschen seiner Zeit ihn verstehen. Er knüpft an das Bekannte an, um das Neue einzuführen. Verkündigung heißt: in das neue Lied einstimmen, neue Strophen finden zu einer Melodie, in der Menschen etwas (wieder-)erkennen, mit überraschenden Bezügen spielen. Als „Spielleute Gottes" bezeichnet Zerfaß die Predigenden, und er schreibt:

> „Der unverwechselbare Klang der Frohen Botschaft kann mich in einem Gespräch, in einem Vortragssaal, einem Film oder bei der Lektüre eines Buches erreichen und in Schwingung versetzen. Gott ist nicht an eine Pfarrkirche und ihren Gottesdienstplan gebunden. Wo immer der Funke des Glaubens – dass es Gott gibt und dass er uns unbeirrbar wohl gesonnen und zugetan ist – auf einen Menschen überspringt, ist schon das ganze Wunder der Erlösung in Gang: die Befreiung von dem Zwang, an irgendwen oder an mich selber glauben zu müssen."[6]

An so etwas wie Filmgottesdienste mag Rolf Zerfaß beim Verfassen dieser Zeilen seiner Predigtlehre (noch) nicht gedacht haben. Aber einige der von ihm genannten Motive können fruchtbar gemacht werden für ein Geschehen, wie es dort möglich ist.

Ein Funke springt über beim Betrachten eines Films; wir müssen ihn nicht gleich als Funke des Glaubens bezeichnen oder empfinden, wie Zerfaß das tut, sondern nennen das hier so, was uns anspringt, nicht mehr loslässt, lang über die Filmzeit hinaus noch beschäftigt. Jener „Funke"

5 Zit. nach Zerfaß, 1987, 15.
6 Zerfaß, a.a.O., 23.

würde einen Ansatzpunkt nicht nur für eine christologische, sondern auch für eine pneumatologische Sichtweise liefern: Er beschreibt die Tiefenwirkung des Geistes, der wirkt wann, wie und wo er will – und weit über das hinaus, was Filmemachende eventuell geplant und gedacht haben.

Kann das Bild, wie die eben beschriebene Übertragung Orpheus-Christus, etwas ausdrücken, was Worten versagt bleibt? Jesus hat in Worten Bilder entworfen, die so konkret wie deutungsoffen waren, so dass die Zuhörenden ihre jeweiligen Geschichten hineinlegen und möglicherweise neu deuten konnten.

Jesus antwortet auf Fragen in Bildern – damit weicht er der Frage weder aus noch begibt er sich auf die Ebene der Fragenden, die ihn oft genug durch ihre Frage haftbar machen wollen. Manchmal aber wollen sie nur eine scheinbar einfache Auskunft, wie zu Beginn des Johannesevangeliums geschildert, und erhalten die Antwort: Komm und sieh! (Johannes 1,46)

Dass der Glaube aus dem Hören kommt, das ist bzw. war lange protestantischer Grundsatz. Aber das ist nur eine Möglichkeit. Wie das Wort sichtbares Fleisch wird, das wird in den poetischen Worten des Johannesprologes geschildert:

> „Und das Wort ward Fleisch und wohnte unter uns, und wir sahen seine Herrlichkeit, eine Herrlichkeit als des eingeborenen Sohnes vom Vater, voller Gnade und Wahrheit."[7]

Also auch: SEHEN. Das Sichtbare kommt mit der Schöpfung zur Welt, eine Welt, die aus der Dunkelheit ins Licht gehoben wird. Diese erste Schöpfung, die Genesis, wird mit dem Fleischwerden, dem Sichtbarwerden Gottes in seinem Sohn, erneut ins Gedächtnis gerufen. Das Lichtspiel, wie es im Johannesprolog geschildert wird, findet sich in profanisierter Form wieder in den Lichtspielen der Menschen, in ihren zahlreichen medialen und wissenschaftlichen Versuchen, diese Schöpfung zu wiederholen, nachzubessern, neu zusammenzusetzen oder gar zu übertreffen.

---

7 Wenn nicht anders angegeben, folgt die Zitation der Bibelstellen der Bibel nach der Übersetzung Martin Luthers in der revidierten Fassung von 1984, hg. v. der Deutschen Bibelgesellschaft Stuttgart 1999.

Spiritualität im Film

Im Film geht es – wie in einem erweiterten Verständnis davon, was „Spiritualität" ist – darum, das Unsichtbare sichtbar zu machen, Bilder zu finden für Undarstellbares. Geistige Vorgänge müssen konkret gemacht, müssen gezeigt werden, um im und für den Film lebendig zu werden. (Im Anschluss an den Ursprungssinn des Wortes „Spiritualität" für Geistigkeit im Gegensatz zu Materialität, Körperlichkeit[8] wird hier also ein Paradox versucht.)

Im Christentum gibt es eine große Geschichte, die niemals zu Ende erzählt ist: Die der Menschwerdung Gottes. Das Wort wurde Fleisch und wohnte unter uns: ein Ereignis, das andauert und immer wieder und neu erzählt werden will.

In profaner Weise geht es auch im Film um die Fleischwerdung des Wortes. Gedanken, Ideen, Worte werden Fleisch, verkörpern sich in Geschichten, Bildern, Personen. Der Menschwerdung Gottes entspricht die Menschwerdung des Menschen. (Formal korrekt müsste es natürlich heißen: Der Gottwerdung des Menschen. Aber im tiefsten Sinn entspricht sich dies beides.) Wo für eine solche Menschwerdung ein Möglichkeitsraum eröffnet wird, könnte man von Spiritualität sprechen. Wenn ein Film seine Geschichten, Bilder, Gesten so inszeniert, dass eine Unterbrechung stattfindet: Unterbrechung als kürzeste Definition von Religion, wie Johann Baptist Metz es einmal formulierte: Bruch mit dem Herkömmlichen, eine überraschende Freisetzung aus gewohnten Seh- und Denkstrukturen und so auch die Ermöglichung eines veränderten Handelns. Die Infragestellung des gewohnten Selbstbildes zugunsten eines bislang ungeahnten Blickes auf ein Ich, dessen Geburt ein Leben lang andauert.

Aber auch das andere: Die Vergewisserung, dass es verlässliche Strukturen gibt, man in der Welt aufgehoben ist und augenblicksweise in ihr ein Zuhause findet, dies ist ebenso Teil der Religion. Ein komplementärer Ausdruck der Spiritualität, welcher in der Liturgie verkörpert wird: Spiritualität als Kultur des Glaubens – hier gewinnt der persönliche Glaube Gestalt.[9]

---

8 Übrigens findet sich dieses Stichwort nicht in Bertholets „Wörterbuch der Religionen" (Stuttgart: Kröner 1985; hier nur: Spiritismus und Spiritualen als andere Bezeichnung für einen Franziskanerzweig), sondern nur im „Philosophischen Wörterbuch" (bearb. von Georgi Schischkoff, Stuttgart: Kröner 1991).

9 So die Definition in: Räume der Begegnung. Religion und Kultur in evangelischer Perspektive. Eine Denkschrift der EKD und VEF, Gütersloh 2002, 74f.

Filmgottesdienste verbinden beides: Lebensvergewisserung – im Gottesdienst- und Filmritual[10] – und: Bruch, Unterbrechung, Ermöglichung der Umkehr, des neuen Blickwinkels.

Beides bieten Filmgeschichten, von denen in Filmgottesdiensten die eindringlichsten vorgestellt werden. Auf unterschiedliche Weise inszenieren sie Spiritualität, ermöglichen sie Menschwerdung, indem sie ihre Protagonisten und Protagonistinnen auf eine innere oder äußere Reise schicken, auf welche die Rezipierenden mitgenommen werden.

Der Ort der Filmgottesdienste in der „Kirche der nächsten Gesellschaft" – Eine soziologische Betrachtung

Wäre also der Filmgottesdienst *die* liturgische Form der Zukunft, indem sie die Sehgewohnheiten einer mediatisierten Gesellschaft aufgreift, die Sinndeutungsangebote des Films aufnimmt und diese in einen metaphysischen Kontext stellt? *Davor* wäre jedoch zu fragen nach einer möglichen Zukunft der Kirche überhaupt, einer Kirche, die sich in einem gesellschaftlichen Klima bewegt, das bestimmt wird von dem diffusen Gefühl, nicht ganz ohne Religion auskommen und gleichzeitig nicht mehr an Gott glauben zu können.[11]

Papst Franziskus hat in seiner ersten Messe als Papst die katholische Kirche davor gewarnt, Gott aus dem Blick zu verlieren. Ohne die Verkündigung Jesu „werden wir eine fromme Nichtregierungs-Organisation", sagte er im März 2013.[12]

Welche Bedeutung hat die Kirche in der nächsten, der jetzigen Gesellschaft? Diese Frage beantwortete der Soziologe Dirk Baecker[13] in einem Vortrag am 22.1.14 an der Evangelischen Hochschule Ludwigsburg zu diesem Thema mit der zunächst beruhigenden Aussage: Kirche wird als organisierter Kern der Religiosität auch in Zukunft unverzichtbar bleiben. Die Kirche wird überleben – aber, so der Nachsatz: als NGO

10 Dass die Geschichten und die Struktur des Films eine „Einladung zum Vertrauen in die Welt" darstellen, das beschreibt eindringlich der Philosoph Josef Früchtl, der seine Philosophie des Films im Anschluss an Gilles Deleuze entwickelt, ohne jedoch dessen These von der „Katholizität des Films" und somit dessen metaphysischen Ansatz zu übernehmen, siehe: Josef Früchtl, Vertrauen in die Welt. Eine Philosophie des Films, München 2013, bes. 7-17, 15.

11 Siehe dazu z.B.: Alain de Botton, Religion für Atheisten, Frankfurt/M. 2013 und Susanne Beyer/Roman Leick, Das unsterbliche Gerücht, zum Spiegel-Thema: „Ist da jemand?", in: Der Spiegel, Nr. 24, 7.6.2014, 58-67.

12 entnommen am 28.2.2013 unter: http://www.katholisch.de/de/katholisch/themen/kirche_2/130314_franziskus_erster_gottesdienst.php

13 Siehe zuletzt: Dirk Baecker, Beobachter unter sich: Eine Kulturtheorie, Berlin 2013.

(= Non-Government-Organisation – Nichtregierungsorganisation). Sieht Baecker die Zukunft der Kirche also genau in dem, wovor Franziskus warnt? Was wäre schlimm an einer „frommen Nichtregierungsorganisation", und inwiefern müsste sich Kirche davon unterscheiden?

Als das wichtigste kirchliche Handlungsfeld neben *diakona* und *leiturgia* dekliniert Baecker in seinem Vortrag die *martyria* in verschiedenen Gesellschaftsformen durch – von der Stammesgemeinschaft über die antike und die moderne bis hin zur nächsten, elektrifizierten, medialen Gesellschaft.

„Die Kirche wird noch einmal dem Druck der Säkularisierung ausgesetzt sein wie zu Beginn der Moderne", meint Baecker, „aber sie wird nicht die gleichen Antworten geben können". Denn die Konkurrenz sowohl mit Blick auf das Diakonische als auch das Spirituelle sei ungleich größer, seit der Mensch jederzeit mit jedem Ort vernetzt ist. Die Frage müsse darum lauten: Womit ist Kirche verwechselbar, und was macht sie unverwechselbar?

Die „nächste Gesellschaft" – Baeckers Bezeichnung für die längst gegenwärtige, aber noch nicht zureichend analysierte Gesellschaft – sei „turbulent, verunsichert und übernervös." Der Mensch werde ständig von „Verknotungen verschiedenster Leistungen" herausgefordert, die er wiederum mit Leistung glaubt beantworten zu müssen.

Dieser Leistungskreislauf entspricht in etwa dem Teufelskreislauf aus Sünde, Schuld, Verdammnis, dem einst Luther mit der Erkenntnis begegnete, dass die vorauslaufende Gnade und Liebe Gottes den Menschen befreit aus seinem Zwang, alles selbst tun und schaffen zu müssen. Die daraus erwachsende Freiheit ermöglicht eine Gelassenheit, welche die Balance zwischen *via activa* und *contemplativa* im Leben der Glaubenden immer wieder auslotet.

Was in der modernen, vom Buchdruck geprägten Gesellschaft Predigt, Bibellese und Bibelkunde war, könne heute nur das Zeugnis des eigenen Lebens sein – die Verkündigung in Form „lebendiger Briefe", welche nach 2 Korinther 3,2ff die Gläubigen sind. Hier heißt es:

> „Ihr seid unser Brief, in unser Heiz geschrieben, erkannt und gelesen von allen Menschen! Ist doch offenbar geworden, dass ihr ein Brief Christi seid..., geschrieben nicht mit Tinte, sondern mit dem Geist des lebendigen Gottes, nicht auf steinerne Tafeln, sondern auf fleischerne Tafeln, nämlich eure Herzen."

Den Gottesdienst, so Baecker, wird es weiter in Form des Events geben, aber nicht des „lauten", umtriebigen Events, sondern eines immer rarer werdenden Ereignisses, das die Stille mit einschließt – in einer übernervösen, turbulenten Gesellschaft sind die Möglichkeiten des Schweigens, der Spiritualität die Pfunde, mit denen die Kirche wuchern kann. Event im Sinne von Ereignis ist es also bereits, schweigen zu können und es auszuhalten.

Wie „Events" für Kirchenferne aussehen könnten, damit hat sich die 4. Kirchenmitgliedschaftsuntersuchung (=KMU)[14] u.v.a. beschäftigt. In anschließenden kritischen Stellungnahmen und durch Fragebogenaktionen wurden die Befunde der Milieustudien wieder zurechtgerückt.[15]

Im Resümee einer solchen Fragebogenaktion in der Landeskirche Hannover wird festgestellt, dass die vier befragten Milieugruppen (Unterhaltungs-, Harmonie-, Selbstverwirklichungs- und Niveaumilieu) die Kirche weder brauchen noch vermissen. Die Angebote, die sie sich von der Kirche wünschen, werden von einigen Gemeinden längst angeboten, aber von ihnen nicht wahrgenommen. Die Erkenntnisse zeigen, dass es nicht reicht, attraktivere Veranstaltungen zu entwickeln, vielmehr ist das Problem der fehlenden Akzeptanz im Kern der Kirche zu suchen: „Wofür steht der evangelische Glauben und wie kann die Kirche diesen Menschen den Zugang zu dem Glauben ermöglichen und den Nutzen (Sinn) der Kirche aufzeigen? Vor der Entwicklung von neuen Veranstaltungsformen steht auf der Basis dieser Ergebnisse die Aufgabe, das Ziel der kirchlichen Arbeit zu präzisieren..."[16]

Eine theologische Lösung liegt in der Perspektive einer „Neuschöpfung durch das Evangelium", mit der es das Verhältnis zwischen Mission und Milieu anzugehen gilt.[17] Es geht darum, die herkömmliche Perspektive der Studien zum Thema Kirche und soziale Milieus umzudrehen: Nicht hat jedes Milieu seinen eigenen Glauben, wie es die meisten Studien suggerieren, sondern der Glaube schafft sich das Milieu, das ihm angemessen ist und eignet sich in diesem Sinne das „Material" des Milieus an (S.104).

---

14 Wolfgang Huber, Johannes Friedrich und Peter Steinacker (Hg.), Kirche in der Vielfalt der Lebensbezüge. Die vierte EKD-Erhebung über Kirchenmitgliedschaft, Band 1, Gütersloh 2006.

15 So z.B. Stellungnahme der EKD/Pressesprecher Christof Vetter vom 27.6.2008, entnommen unter www.ekd.de/swi/aktuell/58969.html. am 22.9.08.

16 Vetter, a.a.O., 13, Anhang A.

17 Siehe dazu die Studie: Petra-Angela Ahrens/Gerhard Wegner, „Hier ist nicht Jude noch Grieche, hier ist nicht Sklave noch Freier..." Erkundungen der Affinität sozialer Milieus zu Kirche und Religion in der Evangelisch-lutherischen Landeskirche Hannovers, Hannover 2008. Die folgenden Seitenangaben in Klammern beziehen sich hierauf.

Inkarnation vollzieht sich in der „Zwischenleiblichkeit", in Begehungen und Habitusformen – dies sind Gestaltbildungen des Glaubens, der aber immer wieder milieusprengend wirkt.

Um Mission im Sinne Steffenskys („Zeigen, was man liebt")[18] zu betreiben, muss die Bereitschaft da sein, den anderen und die andere an meinem Habitus teilhaben zu lassen – „zu versuchen, die ‚Begeisterungen', die in mich selbst eingeflossen sind, an andere weiterzugeben. Ein anderer Ort ist nicht möglich, da es lebenspraktisch zwischen mir und dem anderen keinen dritten Ort gibt, an dem sich eine vollkommen neutrale Glaubensgestalt einstellen könnte" (108). Glaube ist Beziehung, spielt sich in Begegnungen ab. Der eigene Habitus ist dabei Hilfe und Hindernis zugleich. Doch ist in einem genuinen religiösen Habitus immer schon der „gestische" Verweis eingebaut, dass dieser, mein Glaube, nicht in mir selbst ruht, sondern von woanders her, von Gott her, mir selbst eingestiftet ist. Also: Nicht das Milieu schafft sich seinen Glauben, sondern der Glaube schafft sich (s)ein Milieu.[19]

Neben dem (in der 4. KMU gespiegelten) Wirklichkeitssinn (der Empirie) muss sich auch der Möglichkeitssinn (die Vision) ausbilden: „Hier könnte, sollte oder müsste geschehen [...] Das Mögliche umfasst ... die noch nicht erwachten Absichten Gottes".[20]

Neben, durch und in einer solchen empirisch-kritischen Hermeneutik gegenwärtiger Religionspraxis, welche die Zeitgenossenschaft des Christentums erkundet, geht es unter sich ständig verändernden Voraussetzungen um die Kommunikation des Evangeliums und steht Kirche dafür, „das Gerücht von der Menschenfreundlichkeit Gottes" wach zu halten.[21] Dieses „Gerücht" kann und soll im Gottesdienst immer wieder Gestalt gewinnen. Und es kann sich gerade auch in der Stille entfalten.

Stille, Schweigen sind konstitutive Elemente eines Filmgottesdienstes. Sie werden ermöglicht durch das Prinzip der Konstellation.

---

18 Fulbert Steffensky, Der Seele Raum geben – Kirchen als Orte der Besinnung und Ermutigung, Vortrag während der EKD-Synode 2003, abzurufen unter http://www.ekd.de/synode2003/steffensky_kirchen.html, entnommen am 25.8.2011.

19 Vgl. ausführlicher: Inge Kirsner, Kirchenbilder und Menschenbildung, Leipzig 2013, 118ff.

20 Robert Musil, Der Mann ohne Eigenschaften, Reinbek bei Hamburg 1984, 16.

21 Paul M. Zulehner, Das Gottesgerücht. Bausteine für eine Kirche der Zukunft, Düsseldorf 1987.

22 Den Begriff der „Konstellation" in Anwendung auf den Filmgottesdienst verdanke ich Hans-Ulrich Gehring, siehe seinen Beitrag in diesem Band; vgl. auch: Inge Kirsner/Hans-Ulrich Gehring, Filmgottesdienste. Theorie und Modelle, Jena 2004, Neuauflage 2014, 17ff.

Konstellationen[22]

Benjamins „Methode" der Konstellation lässt sich mit wenigen Worten zusammenfassen: „Ich habe nichts zu sagen, nur zu zeigen."[23] Jeder Filmgottesdienst versucht sich an der liturgischen Kunst der Konstellation, oder anders gesagt: Er versucht jedes Mal neu, die Fremdheit christlicher Überlieferung sichtbar zu machen, die Selbstverständlichkeit von Traditionen aufzubrechen, die diese Fremdheit verhüllen und die Wirksamkeit biblischer Stücke oft genug entkräften, und diese Überlieferung mit heutiger (Medien-)Wirklichkeit in Dialog zu bringen, ohne die Vertikale (des zeitlichen Nacheinanders) oder die Horizontale (des räumlichen Nebeneinanders) einzuebnen.

Die liturgische Konstellierung von heutigen Kinowelten, alten biblischen Texten und kirchlichen Liedern ist ein Spiegelbild des facettenreichen, fragmentierten Lebens der Gegenwart. Die Fremdheit bzw. Eigentümlichkeit biblischer Texte wird sichtbar und zugleich wird eine neue Zugangsweise zu ihnen eröffnet. Biblische Bezüge werden – wie Thomas Erne es ausgedrückt hat[24] – vom „Fundament zum Ferment" der Interpretation. Ob ihre Aussagen für heute noch tragfähig sind, erweist sich erst in der Erschließungskraft ihrer Deutungsperspektiven. So wäre nach unserem Verständnis nicht nur gottesdienstliche Liturgie, sondern praktisch-theologische Theoriebildung generell zu betreiben: als Inszenierung der Fremdheit, als harter Schnitt, als Kunst der Konstellation. Eine solche „kombinatorische Theologie"[25] bringt Lebenswelten, Theoriemodelle und biblisch-christliche Traditionen miteinander in Kontakt, wobei es nicht um Vereinnahmung, sondern um das Herstellen einer Spannung zwischen Nähe und Differenz geht. Das „Unverfügbare" wird auf diese Weise thematisiert: Es wird durch Erfahrung erschlossen, findet in einem präkognitiven Reich der Sinne statt, das Michel Serres einmal so beschrieb:

„Diese so verbreitete Idee, daß alles gesagt werden muß und alles sich in der Sprache löst, daß jedes wahre Problem Stoff für Debatten

---

[23] Walter Benjamin, Gesammelte Schriften, Bd. V/1: Das Passagen-Werk, Frankfurt a. M. 1991, 574 (Fragment N 1a, 8). Benjamin spricht hier von seiner Methode der ‚literarischen Montage'. Wir erweitern in unserer konstellierenden Praxis die Montage von Texten um andere medialen Formen (Bild, Musik, Pantomime etc.).

[24] Vgl. Thomas Erne, Vom Fundament zum Ferment, in: Jörg Herrmann u.a. (Hrsg.) , Die Gegenwart der Kunst, München 1998, S.283-295.

[25] Vgl. Ingolf U. Dalferth, Kombinatorische Theologie. Probleme theologischer Rationalität, Freiburg 1991.

gibt, daß die Philosophie sich auf Fragen und Antworten reduziert, deren man sich nur sprechend annehmen kann, daß Lehre allein über den Diskurs erfolgt, dieser geschwätzige, theatralische, schamlose Gedanke verkennt, daß es Wein und Brot, ihren sanften Geschmack und ihren Geruch wirklich gibt, er übersieht, daß kaum merkliche Gesten gleichfalls lehren können, er vergißt das stillschweigende Einverständnis und die Komplizenschaft, er vergißt, was sich von selbst versteht, ganz ohne Worte, das stille Bitten um Liebe, die Eingebung, die einschlägt wie ein Blitz, die Anmut einer Bewegung. Ich kenne so viele Dinge ohne Text und Menschen ohne Grammatik, Kinder ohne Wortschatz und Greise ohne Vokabular, ich habe so lange im Ausland gelebt, stumm und verschreckt hinter dem Vorhang der Sprachen. Hätte ich wirklich vom Leben gekostet, wenn ich mich aufs Hören und Reden beschränkt hätte? Das Kostbarste unter allem, was ich weiß, bleibt umfangen von Stille."[26]

Gott hat sich dem Elia einmal in dieser Stille offenbart, in dem „Flüstern eines leisen Wehens" (1 Könige 19,12)[27]. Die Stille zwischen den einzelnen liturgischen Elementen ist ein konstitutives Moment. Es werden keine (verbalen) Brücken geschlagen; die entstehenden Brüche durch die Vielfalt medialer Darstellungen führen zu Spannungen, die den Betrachtenden und Hörenden eine eigene konstitutive Rolle zuweisen. Zugleich ist die Stille nicht nur ein Element innerhalb der Liturgie, sondern die Gedanken und das Reden über den Film/die Texte/die Musik entstehen aus dieser Stille heraus, die wiederum ein Bild ist für das Unsagbare und Unverfügbare.

Im Predigtteil des Gottesdienstes verdichtet sich dieses konstellierende Verfahren der Liturgie noch einmal in besonderer Weise. Gerade hier gilt es, sich jener Aufgabe zu stellen, die nach Albrecht Grözinger den Predigenden in der Postmoderne generell aufgetragen ist: „Die Predigt hat die Aufgabe, fruchtbare Konstellationen der verschiedensten narrativen Welten sowie Bild- und Symbolwelten zu ermöglichen. [..] Das heißt, die ‚Welten der Predigt' [...] sollen nicht in einem statischen Verhältnis zueinander verharren, sondern es soll ein Spiel dieser Welten

---

26 Michel Serres, Die fünf Sinne, Frankfurt/Main 1993, 137.

27 Dies erinnert an Siegfried Kracauers „Theorie des Films. Die Errettung der äußeren Wirklichkeit (Frankfurt a. M. 1964, engl. Orig.fassg. 1960), der an den Filmen der Pioniere Lumière besonders bewundert, dass sie „das Zittern der vom Wind erregten Blätter" zeigten, also etwas nahezu Unsichtbares sichtbar machten.

beginnen. Ein Spiel beginnt dort, wo diese Welten in ein resonantes Schwingungsverhältnis zueinander geraten. Das ist die *Konstellation*, die die Predigt zu erzeugen hat."[28]

Filmgottesdienste greifen die Bilder- und Symbolwelten des Kinos auf, um sie „liturgisch ausdrücklich" zu machen. Indem solche „Welten" mit biblischen Bildern, Geschichten und Gedanken in eine spannungsgeladene, kritische Konstellation gebracht werden, werden die Gottesdienstteilnehmenden zur eigenen Deutung des Gehörten und Gesehenen herausgefordert. In diesem Sinne will Predigt nicht „Antworten geben, sondern Antworten finden helfen".[29]

Funktionalisierung des Films?

Die für den Zweck eines Filmgottesdiensts erfolgende „Zurichtung" des Films (sofern im Gottesdienst mit Ausschnitten gearbeitet wird) wirft die Frage nach der Autonomie der Kunst, in diesem Fall des Films, auf. Es sind zwei Autonomieansprüche (Gottesdienst-Liturgie, Film-Liturgie), die sich eigentlich gegenseitig ausschließen – mit eben diesem Paradox wird in Filmgottesdiensten gearbeitet.

Es ist dies in gewisser Weise die Aufnahme bzw. Weiterführung eines dialektischen Verhältnisses zwischen Kultur und Theologie, wie es Karl Barth formuliert hat. Er stellt sich die Frage: Ist die Kultur selbst religiös grundiert oder betreibt sie lediglich der Religion analoge Dinge?

Die meisten Kulturtheologien werden mit Paul Tillich bestritten, der als säkularisierter Theologe bezeichnet werden könnte.[30] Die Theologie, so könnte man überspitzt sagen, wird hier zur Anthropologie. Einen anderen Schwerpunkt setzt eine Sicht der Theologie, deren Hauptfrage die nach Gott ist; eine solche Theologie, die im Sinne Karl Barths Theologie und Kultur trennt, lässt beide zu ihrem Eigenrecht kommen. Zwar ist, nach Barth, das Evangelium in der Welt nicht zuhause, und so wird jeder Form von Kultur mit einer grundsätzlichen Skepsis begegnet; den

---

28 Albrecht Grözinger, „Die Ideen verhalten sich zu den Dingen wie die Sternbilder zu den Sternen" (Walter Benjamin) oder Was ist ein homiletisches Argument?, in: Constanze Thierfelder, Dietrich Hannes Eibach (Hrsg.), Resonanzen. Schwingungsräume Praktischer Theologie (FS für G.M.Martin), Stuttgart 2002, 43.

29 So die Predigtauffassung auch bei Henning Luther, Wilhelm Gräb und schon Friedrich Niebergall, vgl. ders. in: ZThK 15/1905, 205.

30 So Robert Pope, Salvation in Celluloid. Theology, Imagination and Film, London/New York 2007; vgl. dazu Paul Tillich, Die religiöse Substanz der Kultur, GW 9, Stuttgart 1967, 13-31.

Schlüssel jedoch für ein Aufgeschlossensein gegenüber der Kultur bildet das fleischgewordene Wort, Jesus Christus.[31]

Das Wort ist sowohl an die Kirche wie an die Kultur gerichtet: Dabei ist Gott zwar bezüglich der Welt und ihren Hervorbringungen der Ganz Andere, aber er ist auch ganz eins mit der Welt in Jesus Christus, dem inkarnierten Wort. Die Christologie wird also entscheidend für das Verständnis von Kultur. Weder Kirche noch Kultur sind Offenbarungen Gottes; diese gehören Gott in seinem Wort allein. Doch Kultur kann zum Zeichen für das Wort, für die Verheißung, werden. Worte der säkularen Welt werden zur Analogie von Gnade, zum unbeabsichtigten Zeugnis. So wird die Kultur weder vergöttlicht noch säkularisiert; Menschliches und Göttliches werden nicht miteinander vermischt, sondern aufeinander bezogen.

Hier argumentiert Barth ähnlich wie Augustinus, der zwischen dem Genuss und dem Gebrauch der Dinge unterscheidet (*frui* und *uti*). *Frui* bedeutet, die Dinge um ihrer selbst willen zu lieben; *uti* heißt, sie zu gebrauchen für etwas Anderes als das, was sie wollen bzw. „beabsichtigen". Sucht man also in Kulturprodukten ständig nach Analogien und tieferen Bedeutungen (wie dies geschehen kann, wenn die Religion als allgemeiner Seinsgrund betrachtet wird), so kann das bedeuten, dass die Kunst eher benutzt als genossen wird.

> „If it is enjoyed, then music can remain as music, play can remain as play, art can remain as art, and film can remain as film and still have a theological significance in as much as it recognizes itself to be creaturely activity, no more and no less".[32]

---

[31] Karl Barth, Das Wort Gottes und die Theologie, München 1929, 44f und ders., Die Theologie und die Kirche, München 1928, 368.

[32] Pope, a.a.O., 217, 2007; vgl. zu Barths Kulturtheologie auch: Gotthard Fermor, Welche Gestaltung, welche Kritik? Kulturtheologische Impulse für die Gemeindekulturpädagogik, in: ders./Günter Ruddat/Harald Schroeter-Wittke (Hg.), Gemeindekulturpädagogik, Rheinbach 2001, 21-39, 24-28 und Andreas Mertin, Kunst als kritisches Spiel. Karl Barths Äußerungen zu Kunst, in: Ta katoptrizomena, Magazin für Theologie und Ästhetik, www.ub.uni-duisburg.de/theomag/index.htm vom 5.11.2000.

Chris/Friends – Eine kleine Epiphanie zum Schluss

Leben heißt, neue Erfahrungen zu machen: Das ruft Chris McCandless seinem alten Freund Ron Friends, auf einem Berg stehend, in dem Film „Into the Wild" zu. Statt endlich zu ihm hochzusteigen, sitze er ja doch nur auf seinem Hintern...!

Dies bringt den alten Mann in Bewegung, schwer atmend und stolpernd schafft er den Aufstieg zu diesem „jungen Verrückten". Als sie endlich nebeneinander sitzen, den Ausblick genießen und im Verlauf eines intensiven Gesprächs auch mal nach oben blicken („Wenn du vergibst, dann liebst du...", sagt Ron zu Chris. „Und wenn du liebst, dann scheint das Licht Gottes auf dich"...), unterbricht Chris den „heiligen" Moment mit einem „Heilige Scheiße!"

Ron ist empört: „Du sollst nicht fluchen!", aber dann müssen sie so sehr lachen, dass die Kamera mit diesem Lachen erneut in den Himmel zu fliegen scheint...

Dieses Lachen ist ein erlösendes, es ist der Schlüsselmoment im Film, der sichtbar macht, dass menschliche Erfahrung und göttliche Wirklichkeit unvermischt und ungetrennt sind. Der Raum menschlicher Erfahrungen – z. B. das Kino – und der Ort göttlicher Präsenz – z.B. die Kirche – geraten im Verlauf eines Filmgottesdienstes in einen Dialog, der Mauern diaphan und ein Stück Himmel auf der Erde sichtbar macht.

Liturgie und Dramaturgie – Filmgottesdienst als Geschichtenverstrickung und Bildbearbeitung

Hans-Ulrich Gehring

Message in a Bottle

„Mein Name ist Pi Patel. Ich bin ein Schiffbrüchiger. Ich bin in einem Rettungsboot. Allein. Mit einem Tiger. Bitte schickt Hilfe."

So beginnt am 30. März 2014 ein Filmgottesdienst in der Martin-Luther-Kirche in Sillenbuch, einem Stadtteil von Stuttgart. Mit diesen Worten. Vor allem aber: Mit überwältigenden Bildern. Wir sehen die Sonne aufgehen über einem endlosen Meer, auf dem die beiden, Pi und der Tiger, mit ihrem Rettungsboot treiben. Nach einer Nacht voller Finsternis und Verzweiflung tränkt nun das Morgenrot alles mit strahlenden, flammenden, durchwärmenden Farben. Für einen Moment lässt uns das Kameraauge alles von oben, aus der Vogel-, der Himmelsperspektive sehen, wie von einem gütigen, alles stillenden Blick aus betrachtet. Wir sehen Wolken, die sich in der vollkommen ruhigen Meeresoberfläche spiegeln. Für diesen Augen-Blick verschmelzen Oben und Unten. Diese wenigen Worte, die wir hören – wir sehen zugleich, wie dieser Schiffbrüchige sie auf einen Zettel schreibt und in eine leere Blechdose steckt. Mit weitem Schwung wirft er sie in die illuminierten Wasser, sie landet vor unseren Augen als Filmzuschauer, als wäre dieser Hilferuf an uns adressiert. Jetzt sehen wir, wie Pi sich dem Boot zuwendet, in dem der Tiger sitzt. Langsam zieht er sich heran und wagt es, sich dem Raubtier zu nähern. Er lüftet die Planke, unter der die Katze sich versteckt hat. Auge in Auge sehen wir Pi Patel jetzt mit seinem Tiger. Und sehen wiederum für einen Moment in nuce das Thema des Films und des Buches, auf dem er basiert: Der Kampf mit dem Tiger. Das Leben und Überleben mit ihm.

„Gott, ich gebe mich in deine Hände. Ich bin dein Gefäß. Was immer auch kommt, ich will es wissen. Zeig es mir."

Nach der Begegnung Auge in Auge mit dem Tiger richtet Pi mit diesen Worten den Blick hinauf zum sonnengefluteten Himmel über ihm.

Was immer jetzt auch kommt: Ja, wir wollen es wissen. Der Film „Life of Pi – Schiffbruch mit Tiger"[1] wird es uns zeigen!

Mit diesen Worten, mit solchen Bildern also kann ein Gottesdienst beginnen, an einem Sonntagmorgen im Frühjahr, am Sontag Laetare in der Passionszeit. Filmgottesdienst: Menschen haben sich versammelt zu Gebet und Gesang, um Gottes Wort zu hören und mit seinem Segen versehen und gesandt zu werden – und: um Bildsequenzen, Ausschnitte aus einem Kinofilm zu sehen. Was aber geschieht nun durch die Intervention, die „Eindringlichkeit" bewegter Bilder in die gottesdienstliche Liturgie? Wie verändert sich ein Gottesdienst, der im Namen Gottes gefeiert wird, wenn, wie in diesem Fall gleich eingangs, eine andere Person sich uns namentlich vorstellt und wir als Zuschauerinnen und Zuschauer an ihrem Geschick, ihrer Verzweiflung, ihrem Überlebenskampf, ihrer Gottergebenheit teilhaben können?

Der biblische Gott, so hat Albrecht Grözinger einmal formuliert, ist „stets ein Gott in Bewegung, ein in Geschichten verstrickter Gott."[2] Lässt sich dieser Gott auch in Geschichten verstricken, die uns die bewegten Bilder der Kinoleinwand erzählen? Und wenn ja, wie? Wer dem Verhältnis von Gottesdienst und Bild nachgehen will, der sollte, so meine ich, zunächst die jeweiligen „Strickmuster" unter die Lupe nehmen, dem beide, gottesdienstliche Liturgie und Kinofilm, in ihrer je eigenen Dramaturgie folgen. Dies will ich in einem **ersten Teil** dieses Beitrags versuchen. Ein **zweiter Teil** wird sich dabei dem Phänomen der *Identifikation* noch einmal eingehender widmen müssen. Denn das Strickmuster des Kinofilms, und mit ihm eine wesentliche Dimension der Wirkung seiner Bilder, beruht wesentlich auf dem Mitverfolgen der Geschicke seines Helden bzw. seiner Heldin. Ein **dritter Teil** wird die Verfahrensweise der *Montage* offen legen müssen, mit deren Hilfe einzelne Bilder oder Bildsequenzen nicht nur innerhalb des filmischen Geschehens, sondern auch im Gesamtablauf eines Filmgottesdienstes konstelliert werden. Dabei wird schließlich im **vierten Teil** die besondere Rolle der Predigt zu bedenken sein, die als *Bildbearbeitung* verstehbar wird.

1 Der Film „Life of Pi – Schiffbruch mit Tiger", unter Regie von Ang Lee gedreht (nach einem Roman von Yann Martell), lief 2012 in den Kinos und wurde mit vier Oscars ausgezeichnet.

2 Albrecht Grözinger. Erzählen und Handeln. Studien zu einer trinitarischen Grundlegung der Praktischen Theologie, München 1989, 11.

1. Filmische Dramaturgie und gottesdienstliche Liturgie

Der Filmgottesdienst, von dessen Eingangssequenz eben die Rede war, basiert auf einem Modell, das sich in meiner Praxis zunächst als Hochschulpfarrer an der Universität Stuttgart-Vaihingen[3] herausgebildet und seit einigen Jahren auch in meiner Arbeit als Gemeindepfarrer in Sillenbuch bewährt hat. Am Vorabend (meist also am Samstagabend) des Gottesdienstes wird ein (in der Regel mindestens halbwegs aktueller und halbwegs bekannter) Kinofilm in voller Länge gezeigt. In Sillenbuch geschieht dies im Kirchsaal, also im selben Raum, in dem am darauffolgenden Morgen Gottesdienst gefeiert wird. Am (Sonntag)Morgen dann werden eine oder mehrere Szenen aus diesem Film in den liturgischen Zusammenhang einbezogen.[4] Die Gottesdienstordnung, der wir dabei auch in unseren Filmgottesdiensten meist weitgehend folgen, ist die der so genannten „Oberdeutschen Form", der liturgischen Grundform der Württembergischen Landeskirche. Sie zeichnet sich durch die „schlanke" Liturgie eines Wortgottesdienstes aus, der in unserer Gemeinde einmal monatlich mit der Feier des Abendmahls verbunden ist. (Bisher habe ich allerdings noch keinen Filmgottesdienst mit Abendmahlsfeier gestaltet.)

Diese knappen Angaben zum liturgischen Kontext filmischer Bilder sollen zunächst nur andeuten, was nun genauer zu entfalten ist: Trifft Kinofilm auf Liturgie, so sind seine Bilder in eine gottesdienstliche Gesamtbewegung eingebettet, die einer bestimmten Ordnung, einem liturgischen „Skript" folgt. Aber auch Umgekehrtes gilt: Filmische Bilder, die im Gottesdienst meist nur ausschnittweise gezeigt werden können, sind einem Gesamtzusammenhang, einer „Story" entnommen, die die Zuschauenden zumindest in unserem Modell am Vorabend vor Augen geführt und erzählt bekommen haben. Diese Story folgt – in vielfältigen Variationen – zumeist einem narrativen Grundmuster, das ich nun darstellen möchte.

---

3 Einige der im Hochschulpfarramt zusammen mit der Kollegin Inge Kirsner durchgeführten Filmgottesdienste sind dokumentiert in: Inge Kirsner/Hans-Ulrich Gehring, Filmgottesdienste Theorie und Modelle (mit einem Beitrag von Andrea Bieler), Jena 2014 (2. Aufl.).

4 Eine ähnliche zeitliche Trennung liegt u.a. auch dem ‚Köngener Modell' von Thomas Erne zugrunde, vgl. ders., Kino in der Köngener Kirche. Homiletische und gemeindepädagogische Perspektiven der Filmpredigt, in: a&b 2005, Heft 6, 25-28. Mit Erne teile ich die Intention, dass hierdurch „beide Erzählwelten ihr eigenes Gewicht behalten und doch aufeinander bezogen sind." (a.a.O., 26). Allerdings versuche ich, ein-zelne prägnante Filmszenen auch in den Gottesdienst selbst mit einzubeziehen.

1.1 Die Reise des Helden[5]

Die „Kunst des Drehbuchschreibens ist über fünftausend Jahre alt. Sie hat mit dem Kino eine wirklich neue Form gefunden, [...] aber sie geht eindeutig auf die ältesten Erzählformen zurück."[6] Mit dieser zunächst überraschenden Behauptung macht Pierre Carrière auf das Basismuster aufmerksam, das den meisten Filmproduktionen zugrunde liegt. Dieses Muster lässt sich in der Tat schon den frühesten mythischen Erzählungen der Menschheit entnehmen. Es bildet in der Regel auch das Grundgerüst von Märchen und Sagen, und dies offenbar weitgehend unabhängig von geschichtlichen und kulturellen Kontexten. In all solchen Geschichten geht es um einen Helden, der aus seiner gewohnten Umgebung herausgerissen wird, aufbrechen muss in unbekanntes, oftmals feindliches Gebiet und in der Auseinandersetzung mit widrigen Mächten eine Aufgabe zu erfüllen hat. Eine Reise, von der er am Ende verändert, gereift und meist auch siegreich wieder zurückkehrt. Drehbuchautoren und -innen der Gegenwart greifen nicht zufällig, sondern sehr bewusst auf dieses narrative Grundmuster der „Reise des Helden" zurück. Es scheint in der Tat universal zu sein, „es tritt zu jeder Zeit und in jeder Kultur in Erscheinung. Es hat sich in so unendlich vielen Varianten ausgeprägt wie die Menschheit selbst, und doch hat es sich in seiner grundlegenden Form niemals verändert. Die Reise des Helden ist ein unglaublich beständiger Satz von Bauelementen, die aus den tiefsten Abgründen des menschlichen Geistes immer wieder neu entstehen, in jeder Kultur anders ausgestaltet und doch im Grunde immer gleich.[7] Christopher Vogler, von dem dieses Zitat stammt, hat diese filmische Grundstruktur in insgesamt 12 Stadien unterteilt, die hier im Einzelnen nicht ausführlich dargestellt werden können.[8] Sie lässt, weniger differenziert betrachtet, ein „Drei-Akte-

5 Ich verwende hier und im Folgenden der Vereinfachung halber die männliche Form. Die weibliche Form ist dabei jeweils mitgemeint.

6 Jean-Claude Carrière, Praxis des Drehbuchschreibens, in: Jean-Claude Carrière/Pascal Bonitzer, Praxis des Drehbuchschreibens, Berlin 2002, 9-46, hier: 23.

7 Christopher Vogler, Die Odyssee des Drehbuchschreibens. Über die mythologischen Grundmuster des amerikanischen Erfolgskinos, Frankfurt a.M. 2007 (5. Aufl.), 51. Vogler macht auch auf die etymologische Bedeutung des Helden (griech. ‚heros') aufmerksam. Es „bedeutet seiner Wurzel nach ‚schützen und dienen' (...). Ein Heros ist also ein Mensch, der bereit ist, seine eigenen Bedürfnisse dem Nutzen der Gemeinschaft zu opfern – ganz wie ein Hirte seine Bedürfnisse hintanstellt, um seine Herde zu schützen und zu versorgen. Im tiefsten Sinne liegt dem Heros oder Helden damit der Begriff der Selbstaufopferung zugrunde." (a.a.O., 87).

8 Vgl. bei Vogler a.a.O., 277f. Eine differenzierte Beschreibung dieser Stadien findet sich auch bei Thomas Bohrmann, Die Dramaturgie des populären Films, in: Thomas Bohrmann, Werner Veith, Stephan Zöller (Hrsg.), Handbuch Theologie und populärer Film Bd. 1, Paderborn 2007, 15-39, hier 19-24.

Schema" erkennen, das aus den drei Handlungssequenzen Anfangsteil: Exposition – Mittelteil: Konfrontation – Schlussteil: Auflösung besteht. Die Übergänge zwischen diesen Teilen werden jeweils durch einschneidende Wendepunkte, sogenannte „plot-points" markiert. Syd Field definiert sie als „Ereignisse, Episoden oder Vorfälle, die in die Handlung eingreifen, ihr eine neue Richtung geben" und stets unmittelbar mit der Hauptfigur zusammenhängen.[9]

Mit diesem Schema der „Reise des Helden", so urteilt auch Bohrmann, „werden grundlegende menschliche Gefühle, die zeitübergreifend und universell zu verorten sind, angesprochen. *Helden-Geschichten*, die entwicklungsorientiert aufgebaut sind, sprechen die Sehnsüchte, Wünsche, aber auch Konflikte und Ängste der Rezipienten an und bieten somit eine Projektionsfläche für Identifikationsmöglichkeiten. Das Modell der Reise des Helden ist eine Metapher für das menschliche Leben".[10]

1.2 Der Weg ins Leben

Die Teilnehmerinnen eines Filmgottesdienstes haben also, zumindest im Sillenbucher Modell, eine solche Reise mit dem Helden unternommen und bringen all das, was hier an Identifikationsprozessen, an Sehnsüchten, Wünschen und Ängsten freigesetzt wurde, in den sonntäglichen Gottesdienst mit ein. Die jetzt eingesetzten Bildsequenzen, welche entscheidende Szenen des Films noch einmal vor Augen führen, reaktivieren im Kontext der Liturgie, was zuvor im Mitfiebern mit dem Helden schon erlebt und erlitten wurde.

Nun weist freilich der Gottesdienst selbst eine ganz bestimmte, seinerseits geschichtlich geprägte und rituell ausgeformte Struktur auf. Er stellt seinerseits eine dynamische Bewegung, mit Manfred Josuttis formuliert: einen „Weg ins Leben" dar. In wechselnden Konstellationen, dem jeweiligen Proprium des Sonntags folgend oder kasuelle Wechselfälle aufgreifend und gestaltend, werden sonn- und feiertäglich letztlich verschiedene Facetten des „größten Dramas aller Zeiten" aufgeführt, wie die Schriftstellerin Dorothy Sayers die Jesusgeschichte bezeichnet hat.[11] Auch

---

9 Vgl. Syd Field, Das Drehbuch. Die Grundlagen des Drehbuchschreibens, Berlin 2007, 46.
10 Bohrmann, a.a.O., 25.
11 Dorothy L. Sayers, Das größte Drama aller Zeiten, Zürich 1982. Allerdings wäre es wohl angemessen, von der Gottesgeschichte insgesamt, welche die biblische Überlieferung von der Erschaffung der Welt bis zur Vision eines neuen Himmels und einer neuen Erde reflektiert und die in der Lebens- und Leidensgeschichte Jesu Christi kulminiert, als dem „größten Drama aller Zeiten" zu sprechen.

diese liturgische Dynamik folgt, wiederum schematisch verkürzt und in primär anthropologischer Hinsicht betrachtet, einem Grundmuster von drei Schritten oder Phasen, die als Eröffnung und Anrufung – Verkündigung und Bekenntnis – Sendung und Segen bezeichnet werden können.[12] Josuttis hat hier allerdings mit Recht vor einer „Skelettierung" durch Reduktion des gottesdienstlichen Ablaufs auf ein solches Strukturschema gewarnt und darauf hingewiesen, dass es darauf ankomme, „nicht nur Einzelteile aneinanderzureihen, sondern auch das Netz ihrer Interdependenzen zu beschreiben"[13]: „Die Interdependenz der Einzelteile und die Dynamik des Handlungsganzen müssen verstanden werden."[14]

Nun wäre es reizvoll, diese Grundstruktur und ihre innere Dynamik mit dem Grundmuster der Reise des filmischen Helden zu vergleichen. Ein solcher Vergleich wäre eine eigene und eingehende Untersuchung wert, die hier nicht geleistet werden kann. Einige wenige Überlegungen müssen genügen.

Zunächst erscheint die Eingangssequenz der Eröffnung und Anrufung durchaus vergleichbar mit der ersten Phase des filmischen (und allgemein anthropologischen) Erzählmusters: Michael Meyer-Blanck beschreibt ihre dramaturgische Funktion als „Übergang vom bürgerlichen (heutzutage sagt man lieber ‚zivilgesellschaftlichen') zum kirchlichen Sozialverhalten", bzw. (die Anrufung) als „Übergang vom Gespräch in der Gemeinde zum Sprechen der Gemeinde mit Gott".[15] Stellt der Gottesdienst, wie vielfach beschrieben, insgesamt eine Unterbrechung des Alltäglichen dar, so ließe sich diese Unterbrechung durchaus auch als Aufbruch zu den Horizonten und als Reise in das Neuland des Gottesreiches beschreiben. Wäre der erste Wendepunkt durch die Lesungen des fremden und nahenden Gotteswortes markiert? Ließe sich die Verkündigung, die aktuelle Auslegung dieses Wortes als Phase der Konfrontation (nun freilich in erster Linie mit dem heimsuchenden und in Frage stellenden, vor allem aber

12 So etwa der Vorentwurf der „Erneuerten Agende" von 1990 und das „Evangelische Gottesdienstbuch" von 1999. Zu dieser „Dramaturgie des Gottesdienstes" vgl. neuerdings sehr ausführlich: Michael Meyer-Blanck, Gottesdienstlehre, Tübingen 2011, 40ff. und 522ff. Meinem Verständnis nach ist die Feier des Abend-mahls die verdichtete und mit ihr korrespondierende Form der als Zu- und Aneignung des Wortes verstandenen Verkündigung, vgl. dazu Hans-Ulrich Gehring, Schriftprinzip und Rezeptionsästhetik, Neukirchen-Vluyn 1999, bes. 160ff.

13 Vgl. Manfred Josuttis, Der Weg ins Leben. Eine Einführung in den Gottesdienst auf verhaltenswissenschaftlicher Grundlage, Gütersloh 1993 (2. Aufl.), 160.

14 A.a.O., 160f. Auf die Gestaltung dieser Interdependenz der liturgischen Teile wird im dritten Abschnitt unter den Stichworten „Montage" und „Konstellation" zurückzukommen sein.

15 Meyer-Blanck, a.a.O., 408.

barmherzigen Gott!) beschreiben? Die Gottesdienstteilnehmenden jedenfalls erfahren hier – so Gott will und gibt – ein Zurechtrücken, eine Neuorientierung und Stärkung ihres Lebens, die sie in der Wirkkraft des Geistes nicht unverändert lässt.[16] So schließlich werden sie auf den Weg zurück in den Alltag, in die Zusammenhänge bürgerlicher Sozialität, gesendet und gesegnet.

1.3 A Tale of two Stories

Diese hier nur grob skizzierten möglichen Analogien sind keinesfalls zu pressen, vor allem auch die Differenzen sind festzuhalten. Zwei scheinen mir im Blick auf unser Thema – das Verhältnis von gottesdienstlicher Liturgie und filmischen Bildern – besonders wichtig zu sein:

Zum einen spricht Meyer-Blanck im angeführten Zitat nicht zufällig vom Sozialverhalten der Gottesdienstteilnehmer. Der christliche Gottesdienst ist unzweifelhaft auf Sozialität angelegt und nur in Sozialität denk- und begehbar. Die Anzahl der Teilnehmenden spielt hierbei keine entscheidende Rolle, sie kann auch aus den zwei oder drei in Jesu Namen Versammelten bestehen. Ohne Gemeinschaft aber ist kein Gottesdienst möglich[17], sie ist für ihn konstitutiv und äußert sich unter anderem in bestimmten, liturgisch geordneten und gemeinschaftlich vollzogenen Gesten und Körperbewegungen. Dies scheint mir ein wesentlicher Unterschied zum Kinobesuch und zur Rezeption eines Films zu sein. Willi Winkler hat die Leidenschaft des Kinobesuchs als eine unteilbare und auch nicht mitteilbare „unio mystica" beschrieben: „Ins Kino gehst du nur allein. Natürlich siehst du einen Film selten für dich; richtig im Kino bist du aber bloß als einsamer Massenmensch. Der Film gehört dir nur, wenn du nachher nicht drüber reden musst. [...] Du kannst es nicht teilen. Die *unio mystica* kann sich nur zwischen dir und der Leinwand ereignen".[18] Über diese Ansicht lässt sich streiten. Und wer von einem guten Film zum intensiven, womöglich nachtlang geführten Gespräch mit Freunden angeregt wurde, wird Winkler sicherlich (und mit Recht!) widersprechen. Dennoch: Auch wenn ich als Kinozuschauer allermeist

---

16 Unglücklich hier die Formulierung von Meyer-Blanck (a.a.O., 513), wonach der Segen „das Ende der heilsamen liturgischen Passivität vor dem Rückweg in die eigene Aktivität und Verantwortlichkeit" markiere. Das liturgische Teilnahmeverhalten lässt sich meines Erachtens nur schlecht mit den Polen Aktivität-Passivität beschreiben. Trotzdem gilt (ebd.): „Die Unterbrechung der Tätigkeit geht ihrem Ende entgegen."

17 Auch die (in gewisser Hinsicht) virtuelle Teilnahme an einem Fernsehgottesdienst scheint mir ein prinzipiell gemeinschaftlich begangenes Geschehen zu sein.

18 Willi Winkler, Kino (Reihe: Kleine Philosophie der Passionen), München 2002, 52f.

nicht allein bin, auch wenn ich diesen Film zusammen mit Freunden anschaue, trete ich dabei doch kaum, allenfalls spontan und unkoordiniert in Interaktion mit anderen. Auch wenn der Kinobesuch durchaus als rituelles Begängnis beschrieben werden kann: Dieses Ritual ist nicht, jedenfalls nicht in ähnlicher konstitutiver Weise wie der Gottesdienst auf Sozialität angelegt und angewiesen. Nicht zuletzt kann ich mir einen Film auch alleine und zuhause ansehen. Auch der Ortswechsel also ist für die Filmrezeption und für die Reise, die ich hier antrete, nicht konstitutiv.

Es geht nicht darum, diese Differenz als Defizit zu beschreiben. Vielmehr lässt sich gerade durch diese sehr viel stärker individualisierte Form der Rezeption filmischer Bilder eine Stärke für ihren Einsatz im liturgischen Kontext formulieren. Filmbilder schaffen Raum für individuelle, intensive und teilweise hoch emotionale Rezeptionsprozesse, die in die Sozialität der gottesdienstlichen Liturgie aufgehoben werden können. Eine in Zeiten hoch individualisierter Religiosität vielversprechende, wenn nicht verheißungsvolle Form!

Zum anderen scheint mir die Schlusssequenz des Gottesdienstes – Sendung und Segen – in ganz anderer Weise wieder die Teilnehmenden an den Alltagskontext zu verweisen. Sie artikuliert, was nun wieder auf sie zukommen wird, als Aussicht und Aufgabe. In diesem Sinne hat die „reale" Welt auch und gerade am Ende des Gottesdienstes ihren festen Platz, wogegen die Reise des Kinohelden innerhalb der filmisch erzählten Geschichte ihr Ziel und Ende findet. Mit Dank und Fürbitte, mit den Abkündigungen aus dem gemeindlichen Leben, mit dem (eben nicht abschließenden, sondern öffnenden!) Segen wird zugleich in und durch die Liturgie selbst deutlich, dass die Reise der Gottesdienstteilnehmer nicht an ein Ende gekommen ist, dass sie vielmehr im gelebten Leben, im „Gottesdienst im Alltag der Welt", ihre Frei- und Fortsetzung findet. Auch dies scheint mir für das Zusammenspiel zwischen Gottesdienst und filmischen Bildern, zwischen der Dramaturgie der Reise des Helden und der gemeinschaftlichen Teilhabe am „größten Drama aller Zeiten" wichtig zu sein. Durch den offenen, öffnenden Schluss der Liturgie werden auch die innerhalb eines Gottesdienstes betrachteten Bilder – und damit auch die je individuellen Rezeptionsprozesse – nicht nur in einen ekklesiologischen, sondern auch in einen eschatologischen Horizont gerückt. Er „signiert" damit sowohl die Unabgeschlossenheit der Gottesgeschichte als auch die Sozialität des „wandernden Gottesvolkes" auf seiner Reise zur verheißenen endzeitlichen Ruhe und Heimat.

2. „Mein Name ist..." – Zur Bedeutung von Identifikationsprozessen in Film(gottesdienst)en

Die innere, vor allem die emotionale Beteiligung der Zuschauenden wird in erster Linie durch Identifikation mit den handelnden Personen, insbesondere natürlich dem Helden, befeuert. Durch solche Identifikationsvorgänge zieht ein Kinofilm die Betrachtenden in seine Story hinein, lässt sie an den Handlungen, Überlegungen und Empfindungen der Akteure teilhaben. So vor allem werden die Geschichten, die der Film erzählt, zu „stellvertretenden Geschichten".[19] Das im vorhergehenden Abschnitt vorgestellte Drei-Akte-Schema ließe sich im Blick auf die Person des Helden – und damit auch in Hinsicht auf verschiedene Phasen des Identifikationsprozesses der Zuschauenden – beschreiben als 1. Phase der Motivation zum Aufbruch bzw. Exposition der Konfliktbearbeitung, 2. Phase der Reise und Irrfahrt zum Ziel bzw. Bearbeitung des Basiskonfliktes und 3. Phase der An- oder Rückkunft und Lösung des Konfliktes. Der spannungsvolle Verlauf dieser „Reise" gibt den Betrachtern die Möglichkeit, eigene Konflikte und Gefühlslagen in den Fortgang der Handlung und die Widerfahrnisse des Helden hineinzuprojizieren.

Eine eindrückliche Erfahrung in dieser Hinsicht bildeten für mich die starken und vielschichtigen Reaktionen auf einen Filmgottesdienst, den ich im Jahr 2009 zusammen mit dem damaligen Jugendreferenten und einigen jugendlichen Mitarbeitern unserer Gemeinde gestaltet habe. Nach der abendlichen Vorführung des Films „Into the Wild"[20] griff der Sonntagsgottesdienst – mit Bezug unter anderem auf das Gespräch Jesu mit den reichen Jüngling (Markus 10,17ff) – die Themen Freiheit und Einfachheit, Naturverbundenheit und (Lebens)Weisheit[21] auf. Der Jugendreferent (dies war einer der Gründe für meine Wahl gerade dieses Films gewesen) hatte sich zu diesem Zeitpunkt entschieden, mit der ganzen Familie ein einjähriges Sabbatjahr in Kanada zu verbringen und dazu seine bisherige Tätigkeit zu beenden, mit offenem Ausgang im Blick auf die Zukunft. Die Gemeinde, insbesondere Menschen der

---

19 Eine Formulierung von Thies Gundlach, vgl. ders., Bilder – Mythen – Movies. Gottesdienste zu Unterhaltungsfilmen der Gegenwart, in: PTh 87 (1998), 425-441.

20 „Into the Wild" (Sean Penn, 2007) basiert auf einer gleichnamigen Reportage von Jon Krakauer und basiert auf der authentischen Lebensgeschichte von Christopher McCandless.

21 Der Film bietet für die Lebensreise des jungen Mannes, dessen Geschichte erzählt wird, selbst eine Art leitmotivische Struktur an, da seine fünf Kapitel mit den Titeln Geburt – Jugend – Erwachsensein – Familie – Weisheit erlangen überschrieben sind.

mittleren Generation, hatten an diesen Plänen schon im Vorfeld regen Anteil genommen, wobei die Reaktionen angesichts dieses Vorhabens von Bewunderung bis Unverständnis reichten.

> „Ich hatte ein glückliches Leben und danke dem Herrn. Lebt wohl, möge Gott euch alle segnen." (Christopher McCandless)

Insbesondere das Ende dieser Geschichte, die mit dem Hungertod des Aussteigers Christopher endet, sorgte hier für nachhaltigen Eindruck und intensive Diskussionen über Sinn und Ziele des Lebens, die teilweise über Monate anhielten und sich immer wieder auch an Film und Filmgottesdienst festmachten.

Wieder die Frage: Was geschieht hier? Welche inneren Vorgänge lösen filmische Bilder aus, indem sie zur Identifikation mit dem Protagonisten einladen? Und in welcher Weise können diese äußeren Bilder und inneren Vorgänge wiederum Teil des gottesdienstlichen Gesamtablaufes, der liturgischen Reise der Gemeindeglieder werden? Dazu ist zunächst dieser Vorgang der Identifikation noch einmal genauer zu betrachten und zu differenzieren. Hilfreich scheint mir hierzu noch immer, obwohl aus der Analyse literarischer Rezeptionsprozesse gewonnen, die Differenzierungen von Hans Robert Jauß, der fünf „Interaktionsmuster der Identifikation mit dem Helden" unterscheidet.[22] Ich versuche, die detaillierten Beschreibungen der einzelnen Identifikationsmuster in gebotener Kürze wiederzugeben. Demnach wäre unter *assoziativer Identifikation* ein Rezeptionsverhalten zu verstehen, das sich ganz in der „Übernahme einer Rolle in der geschlossenen imaginären Welt einer Spielhandlung verwirklicht".[23] Der Konnex zur alltäglichen Welt und Lebenspraxis wird durch ein solches „Abtauchen" in die komplette Fiktionalität (oder auch Virtualität) der Spielhandlung gekappt. Freilich bietet auch diese konsequente Negierung der „Realität" die Möglichkeit, neue Weltsichten und Verhaltensweisen zu erproben. Unter *admirativer Identifikation* wäre eine ästhetische Einstellung zu verstehen, die sich angesichts der Vollkommenheit eines Vorbildes bildet und in einer Haltung rückhaltloser, zugleich aber ehrfürchtig-distanzierter Bewunderung äußert, welche zu einer unmittelbaren

22 Vgl. Hans Robert Jauß, Ästhetische Erfahrung und literarische Hermeneutik, Frankfurt a.M. 1991, 244-292, besonders das Übersichtsschema, 252 und die sich anschließende (literatur-)historisch fundierte Erläuterung der einzelnen Identifikationsmuster auf 260ff.

23 A.a.O., 260.

und ungebrochenen Nachahmung dieses Vorbildes neigt. Unter *sympathetischer Identifikation* wäre der Affekt eines Sich-Einfühlens in ein fremdes Ich verstanden, der „die be-wundernde Distanz aufhebt und den Zuschauer oder Leser durch seine Rührung hindurch zur Solidarisierung mit dem leidenden Helden führen kann".[24]

Kathartische Identifikation bestimmt Jauß in Aufnahme aristotelischer Gedanken als eine Einstellung, die „den Zuschauer aus den realen Interessen und affektiven Verstrickungen seiner Lebenswelt in die Lage des leidenden oder bedrängten Helden versetzt, um durch tragische Erschütterung oder komische Entlastung eine Befreiung seines Gemüts herbeizuführen."[25] Mit *ironischer Identifkation* schließlich ist eine Rezeptionshaltung gemeint, bei der dem Zuschauer „eine erwartbare Identifikation nur vorgezeichnet wird, um sie hernach zu ironisieren oder überhaupt zu verweigern. Solche Verfahren der Identifikation und der Illusionszerstörung dienen dazu, den Rezipienten aus seiner unreflektierten Zuwendung zum ästhetischen Gegenstand zu reißen, um seine ästhetische und moralische Reflexion hervorzurufen."[26]

Diese von Jauß beschriebenen Interaktionsmuster können meiner Ansicht nach weder Anspruch auf Vollständigkeit erheben, noch im konkreten (literarischen oder cineastischen) Fall trennscharf angewendet werden. Mit Übergängen und Mischformen ist immer zu rechnen. Dennoch scheint mir diese Differenzierung deutlich zu machen, dass es sich bei Identifikationsvorgängen auch in der Filmbetrachtung um ein vielschichtiges und vielfältiges Phänomen handelt. Wichtig scheint mir außerdem, festzuhalten, dass jede Rezeption ein individueller Vorgang, ein und derselbe Film also bei unterschiedlichen Personen unterschiedliche Reaktionen und Identifikationen auslösen kann. (Nicht zuletzt diese Tatsache sorgt dann immer wieder auch für genügend Gesprächsstoff nach einem Kinobesuch!) Die Jaußsche Differenzierung macht überdies verständlich, warum auch Filme, deren Hauptfigur ein gebrochener, „unsymphatisch" oder regelrecht abstoßend gezeichneter „Held" zum Kristallisationspunkt von Konflikten werden kann, die er oder sie stellvertretend für die Rezipierenden erleidet und austrägt.[27]

---

[24] A.a.O., 270.

[25] A.a.O., 277.

[26] A.a.O., 282.

[27] Ebenso markante wie amüsante Beispiele für *ironisch* gebrochene Identifikationmuster bieten zuverlässig die Filme der Brüder Joel und Ethan Coen, z.B. die „Kriminalkomödie" „Burn after Reading" (2008). Grund sätzlich ist zu beobachten, dass zumindest ambitioniertere Kinofilme kaum mehr rein *admirative* Identifi-

Was lösen nun solche Identifikationsprozesse in den „mitreisenden" Zuschauern aus? Der Name Aristoteles ist gefallen. In der Tat lässt sich mit den von ihm in seiner ‚Poetik' anhand des antiken Dramas gewonnenen Kategorien von Jammern und Schaudern (*eleos kai phobos*) und der darin sich vollziehenden Läuterung (*katharsis*) noch immer treffend beschreiben, welche Wirkungen auch filmische Bilder freisetzen können. Hans Robert Jauß hat, wie gesehen, nur eines der von ihm analysierten Identifikationsmuster als im eigentlichen Sinne „karthartisch" bezeichnet. Hier wäre zum einen zu fragen, ob eine solche kathartische Wirkung nicht auch bei anderen Identifikationsmustern möglich ist bzw. faktisch geschieht. Zum anderen aber stellt sich hier wieder die Frage nach der Bedeutung des liturgischen Kontextes filmischer Bilder: Sándor Percze hat unter Verweis auf Manfred Josuttis und mit Bezug auf den Ansatz der „Dramaturgischen Homiletik" von Martin Nicol darauf hingewiesen, dass auch der Gottesdienst in seinem dramatischen Aufbau „zu einer Art Katharsis" führen will.[28]

Mit Recht verhandelt Percze diese Frage nach dem Verhältnis zwischen filmischer und liturgischer Katharsis als eine *homiletische* Thematik. Auf die spezielle Bedeutung und Aufgabe der Predigt im liturgischen Zusammenhang werde ich im letzten Abschnitt eingehen. Dazu ist allerdings hier noch einmal eine abschließende Überlegung zur besonderen Eigenart filmischer Identifikationsvorgänge anzustellen. Im Unterschied zur Buchlektüre stellt der Film die handelnden Personen und damit die möglichen Identifikationsangebote visuell vor Augen. Filmische Helden sind, zumindest und zunächst der äußeren Gestalt nach geschaffen nach dem Bilde des Regisseurs (bzw. Maskenbildners, Computeranimateurs etc.), nicht des Zuschauers. Indem er sich solchermaßen mit handelnden Figuren identifiziert, die ihm als *Gegenüber* in einer nicht durch ihn selbst hervorgebrachten und imaginierten Gestalt auftreten, schafft der Film eine meines Erachtens spezifische Form von Rezeption. Pointiert

kationsmuster bedienen. Die Gefahr eines Abgleitens in kitschige Verklärung durch ungebrochene Heroisierung (auch religiöser!) Helden liegt nahe. Auch wo ‚klassische' cineastische Pathosformeln und Heldentypen wie etwa der Westernheld aufgegriffen werden, geschieht di es entweder, wie etwa in Quentin Tarantinos „Django Unchained" (2012) in surrealer Überspitzung oder, wie z.B. in Clint Eastwoods „Erbarmungslos" (1992) in deutlicher Brechung dieses Heldenmusters. Dies lässt sich auch, wie die aktuelle Verarbeitung der biblischen Sintflutgeschichte in Ridley Scotts „Noah" (2014) zeigt, an religiösen Heldengestalten wie der durch Russell Crowe dargestellten Hauptfigur des Noah erkennen.

28 Vgl. Sándor Percze, Kunst, Kino und Kanzel. Die Ästhetik des Films und die Gestalt der Predigt (Studien zur Christlichen Publizistik Bd.22), Erlangen 2013, 192.

formuliert: In derIdentifikation mit dem filmischen Helden gilt in der Tat und in besonderer Weise: „Ich ist ein Anderer!"[29] Indem gehaltvolle Filme in ihren Zuschauern Identifikationsvorgänge auslösen, die in und trotz der erkennbaren Alterität des Helden eine hohe emotionale Intensität erreichen, leisten sie etwas, was als Desiderat auch der Predigt beschrieben wurde: Das Thematisieren und Ausagieren existenzieller Fragestellungen und Gefühle durch indirekte oder implizite, aber dennoch prägnante Darstellung unter hochintensive Einbeziehung ihrer Rezipienten.[30]

Ich plädiere dafür, diese spezifische Wirkweise filmischer Bilder auch in den gottesdienstlichen Ablauf selbst mit einzubeziehen, also sich diesem Identifikations- und Irritationspotential auch liturgisch auszusetzen. Damit aber stellt sich die Frage, was dies für die konkrete Gestaltung und „Verfahrensweise" von Filmgottesdiensten bedeutet und – wie schon angedeutet – welche spezifische Rolle der Predigt hierbei zukommt.

3. Auf Montage – Zur liturgischen Gestaltung von Filmgottesdiensten

In dem Versuch, unsere mehrjährige Praxis von Filmgottesdiensten auch theoretisch zu reflektieren, haben Inge Kirsner und ich vor einem Jahrzehnt schon den Begriff der „konstellierenden Liturgie" geprägt.[31] Ausgehend von Walter Benjamins Begriff und Verständnis der „Konstellation" kam und kommt es uns darauf an, in der Gestaltung eines Filmgottesdienstes bewusst die Originalität und Heterogenität der einzelnen liturgischen Elemente zu erhalten und durch ein spannungsvolles, die verschiedenen medialen Formen unvermittelt aneinandersetzendes Verfahren die Anwesenden zu aktiver Teilnahme anzuregen. Texte und Bilder, Lieder und Gebete mit ihren je eigenen Aussagegehalten bringen dabei in solcher Zusammenstellung, in ihrer „Konstellierung", Neues und mehr zum Ausdruck, als stünden sie nur je für sich. Sie lassen im Fall des Gelin-

---

29 Vgl. dazu die Überlegungen von Henning Luther zum „fiktiven Anderen" und zum Verhältnis von „Identität und Fragment" in: ders., Religion und Alltag. Bausteine zu einer Praktischen Theologie des religiösen Subjekts, Stuttgart 1992, 62ff., 111ff. und 160ff.

30 Wilfried Engemann warnt hier vor Identifikationsangeboten durch die Predigt, die ‚allzu oft an Hörerschelte grenzen', sich oft in einer rein negativen Charakterisierung erschöpfen und deren kurzschlüssige Analogien an den realen Erfahrungswelten der Zuhörerinnen vorbeigehen, vgl. ders., Einführung in die Homiletik, Tübingen/Basel 2002, 56f.

31 Vgl. Kirsner/Gehring (Anm. 3), aaO., 17ff. sowie den Beitrag von Kirsner in diesem Band. Dort auch der Hinweis darauf, dass bei Benjamin der Begriff der Konstellation eng mit dem der (literarischen) Montage verbunden ist.

gens etwas aufscheinen, was erst und nur in dieser Zusammenschau sichtbar werden und was diskursiv auch nicht eingeholt werden kann. Der liturgische Fluss, die innere Dynamik und Dramaturgie eines Gottesdienstes muss und soll dabei nicht oder so wenig wie möglich durch Moderation oder Kommentierung in Gang gesetzt oder gehalten werden. Sie entsteht in der Rezeption der Teilnehmenden, welche die durch offene Bruchstellen und „harte Schnitte" gestalteten Leerstellen selbst füllen und so den liturgischen Spannungsbogen schlagen bzw. in ihrer Wahrnehmung zu einer inneren Folge verknüpfen. Gibt der christliche Gottesdienst einem Gott die Ehre, der selbst in Geschichten verstrickt ist und immer neu sich verstricken lässt, so lässt sich dieser Gottesdienst auf eine Weise gestalten, in der die Mitfeiernden selbst in eine Fülle von Geschichten verstrickt – und damit immer auch in (sprachliche, visuelle oder mentale) Bilder getaucht! – werden, um darin sich selbst und einander, ihre eigene Geschichte zu entdecken, auszutragen und weiterzuentwickeln.

Ein solches Verständnis von Gottesdienst als konstellierender Liturgie bleibt auch die Basis dieser Überlegungen. Grundsätzlich ist natürlich festzustellen: In gewissem Sinne besteht jeder Gottesdienst aus einer Zusammenstellung von zunächst eigenständigen Elementen und Ausdrucksformen. Es ist nützlich, sich gelegentlich klar zu machen, dass auch die traditionellen Bausteine des Gottesdienstes oftmals Teile einer größeren Sinneinheit oder Geschichte sind, welche aus ihren Zusammenhang gebrochen wurden. Der Ausdruck *perikope* („das herausgehauene oder -geschnittene Stück") macht dies deutlich. Gerade Lesungs- oder Predigttexte sind oftmals durchaus gewaltsam aus dem Zusammenhang eines Evangeliums, einer prophetischen Überlieferung oder eines neutestamentlichen Briefes gerissen. Ähnliches ließe sich etwa von der Auswahl einzelner Strophen aus einem als Sinneinheit gedichteten Liedes sagen. Insofern fügt die Einbeziehung einzelner Filmausschnitte dieser „Kompositionsform" nichts prinzipiell Neues hinzu. Die besondere Bedeutung von Filmgottesdiensten besteht jedoch meines Erachtens nicht lediglich darin, dass durch solche Einbeziehung filmischer Bilder eine weitere mediale Ausdrucksform hinzugefügt wird. Vielmehr lässt das Verfahren, nach dem sowohl Filme insgesamt als auch einzelne Bildsequenzen her- und zusammengestellt sind, die formale Ästhetik liturgischer Gestaltung noch einmal neu verstehen und zeitgemäß inszenieren!

Dieses filmische Verfahren, welches dem Darstellungsprinzip der konstellierenden Liturgie entspricht, ist die *Montage*. Als eine Konstruktionsmethode, welche aus einzelnen vorgefertigten Teilen, welche ihrerseits oftmals aus verschiedenartigen Materialien und Formen bestehen, ein funktionales Ganzes zusammensetzt, entspringt sie zunächst den Innovationsprozessen und technischen Produktionsabläufen der industriellen Gesellschaft. Auch in anderen Kunstformen wie der Malerei durchaus gebräuchlich, wird sie doch vor allem in Theorie und Praxis des im Zuge der modernen Industriegesellschaft neu aufkommenden und rasch sich durchsetzenden Filmmediums eingesetzt und hier in besonderer Weise verfeinert.

Sándor Percze hat Geschichte und Bedeutung dieses filmischen Montageverfahrens von praktisch-theologischer Seite her aufgearbeitet und seine Leistungsfähigkeit in homiletischer Absicht reflektiert. Welche Rolle kann die filmische Montage in der homiletischen Arbeit einnehmen und wie kann sie die Praxis der Predigt konkret beeinflussen? – Diese Leitfrage von Percze[32] lässt sich für unseren Kontext aufgreifen, wenn man schlicht die Begriffe „homiletisch" durch „liturgisch" und „Predigt" durch „Gottesdienst" ersetzt. Hier wie dort besteht die „Kunst der Montage" darin, „den Eindruck eines organischen Bewegungsablaufs aus verschiedenen Teilen zu schaffen."[33] Über die besondere Rolle der Predigt innerhalb des liturgischen Ablaufs wird später noch zu sprechen sein. Jetzt geht es darum, die Bedeutung des Montageverfahrens zu erfassen. Ihre Geburtsstunde schlägt mit der schon in den Entstehungsjahren des neuen Mediums mit George Méliès beginnenden Tendenz, Filme nicht lediglich als dokumentarische Wiedergabe real geschehender Ereignisse einzusetzen, sondern fiktionale Geschichten zu erzählen, also vorgegebene Raum-Zeit-Kontinua zu sprengen und neu miteinander zu kombinieren. So ermöglicht es beispielsweise die Parallelmontage, Handlungen an verschiedenen Orten gleichzeitig bzw. in stets abwechselnden Szenen zu erzählen, bevor die verschiedenen Handlungsstränge dann vereint werden. Der Zusammenschnitt von Aufnahmen aus der Totale und Nahaufnahmen, die etwa die Gesichter der Akteure in entscheidenden Momenten zeigen, ermöglichen eine emotionale Intensivierung der Geschichte und damit auch die stärkere Beteiligung der Zuschauenden. Die dabei eingesetzten Schnitttechniken wie Cross-Cutting

32 Vgl. Percze (vgl. Anm. 28), a.a.O., 243.
33 A.a.O., 280.

(Parallelmontage), Dissolve (gleitende Übergänge durch Überblendung einer Szene in die nächste) oder Match-Cut (harte Schnitte zwischen verschiedenen Zeit-Räumen oder Handlungsebenen durch Fortführung einer Bewegungssequenz bei gleichzeitigem Wechsel der Szenerie) im Einzelnen zu erläutern, ist hier nicht der Ort. Wichtiger ist jetzt, welche formalen und inhaltlichen Möglichkeiten durch solche Montageformen eröffnet werden.

Über die Leistungsfähigkeit von Montagetechniken haben in der Frühzeit der Filmgeschichte vor allem russische Regisseure reflektiert. Ihre Überlegungen im Wesentlichen aus den 20er und 30er Jahren des vergangenen Jahrhunderts sind bis heute maßgeblich. Percze referiert hier die Positionen von Kuleschow, Pudowkin und vor allem Eisenstein, auf dessen Theorien ich mich hier konzentrieren möchte. Sergej M. Eisenstein war nicht nur Regisseur von Filmen wie „Panzerkreuzer Potemkin" (1925) oder „Iwan der Schreckliche" (1944/46), die längst zu den unbestrittenen Klassikern der Filmgeschichte zählen. Er war vor allem als Professor und Leiter des Staatlichen Instituts für Filmkunst in Moskau ein führender Theoretiker der neuen Kunstform. In seinen Überlegungen kulminieren die Ansätze seiner Vorgänger Kuleschow und Pudowkin und erfahren zugleich eine für unsere Zusammenhänge interessante Neuakzentuierung. Sie besteht nach Percze, dessen Analysen ich hier referiere, in der „Abwendung von der Montage als Erzählung und Hinwendung zur intellektuellen Montage. Diese möchte weniger etwas erzählen, sondern vielmehr Gedanken mitteilen bzw. hervorrufen."[34] Auch wenn Eisenstein diese intellektualistische Form der Montage später, nach Aufkommen des Ton- und später des Farbfilms, modifiziert, bleibt für alle seine theoretischen und praktischen Bemühungen ein „dialektisches Element" kennzeichnend.

Eisenstein, auch dies eine Besonderheit gegenüber seinen Vorläufern, sucht und findet das Verfahren der Montage auch in anderen Kunstformen, insbesondere in der Literatur, und beobachtet schon in Dramen Shakespeares oder Romanen von Dickens montageartige Verfahren. Grundlage seiner auch auf diesen Beobachtungen aufbauenden Kunsttheorie ist der Konflikt. Die Widersprüche der Wirklichkeit zur Darstellung zu bringen und zu bearbeiten, ist für ihn Grundprinzip und Ausgangsimpuls der Kunst. Die Montage ist hierfür das geeignete Mittel. Percze

[34] A.a.O., 295.

kennzeichnet ihren Charakter bei Eisenstein durch alle Modifikationen seiner Theorie hindurch als „dialektische Montage". Sie ist, so Eisenstein selbst, „nicht ein aus aufeinanderfolgenden Stücken zusammengesetzter Gedanke, sondern ein Gedanke, der im Zusammenprall zweier voneinander unabhängiger Stücke *entsteht* (‚dramatisches Prinzip')."[35] Bei dieser „Epiphanie" des Gedankens ist aber, wie Eisenstein vor allem in seiner späten Reflektionsphase betont, der Betrachter in diesen intensiv und konstitutiv mit einbezogen. In der Montage geht es stets, wie Percze abschließend urteilt, „darum, dass der Zuschauer in der *Gegenüberstellung* der Montage-Teile schöpferisch beteiligt ist. Hiermit stößt Eisenstein mit seiner Montage-Theorie an die Grenzen neuerer Rezeptionsästhetik, die mit den aktiven Imaginationen des Zuschauers rechnet. [...] Eisensteins dialektische Gegenüberstellungen fordern den Zuschauer zu einer kreativen, mitschöpferischen Imagination auf."[36]

Perczes Untersuchung, die aus dem Umfeld Martin Nicols und also im Kontext der „Dramaturgischen Homiletik" entstanden ist, hat mit Recht und Gewinn versucht, diese Überlegungen Eisensteins für das Verständnis der Predigt-Kunst und für die konkrete Gestaltung von Predigten fruchtbar zu machen. Darauf werde ich im abschließenden vierten Teil zurückkommen. Im Fokus dieses Artikels steht primär die gottesdienstliche Liturgie. Deshalb möchte ich zunächst im Blick hierauf einige wesentliche Gesichtspunkte notieren: Zum einen geht es auch in der Liturgie des Gottesdienstes als einer Reiseetappe des wandernden Gottesvolkes nicht darum, „Spannungen zu lösen, sondern Spannungen zu gestalten"[37] Die Überlegungen Eisensteins zu Eigenart und Wirkungsweise der Montage lassen diesen Spannungsgbogen als „dialektischen Prozess" begreifen.[38] Eisensteins Theorie der dialektischen Montage lässt diese in liturgischer Perspektive aber auch als ein Verfahren verstehen, welches nicht nur die Emotionalität, sondern auch die Intellektualität der Zuschauenden in den kreativen Prozess der Teilhabe und Aneignung

---

35 Eisenstein (aus seiner Schrift ‚Dramaturgie der Film-Form' von 1929), zitiert nach Percze, a.a.O., 303 (Hervorhebung im Original). Eisenstein formuliert damit exakt den Grundgedanken des Konstellations-Gedankens bei Walter Benjamin!

36 A.a.O., 310.

37 Vgl. Martin Nicol, Einander ins Bild setzen. Dramaturgische Homiletik, Göttingen 2002, 77.

38 Der letztlich zugrundeliegende Basiskonflikt wäre in theologisch-anthropologischer Hinsicht wohl als Widerstreit zwischen dem alten und dem neuen Menschen, in theologisch-soteriologischer Hinsicht als Widerstreit zwischen (in dogmatisch angemessener Weise, also nicht anti-judaistisch zu verstehendem!) Gesetz und Evangelium zu verstehen. Er ließe sich aber – fokussiert auf die besondere Form des Filmgottesdienstes – auch als multifokaler Widerstreit heterogener (visueller, skripturaler und mentaler) Bilder mit ihren jeweiligen Weltsichten Wirkmächtigkeiten und Geltungsansprüchen begreifen.

einbezieht, die also nicht nur dessen Imaginations-, sondern auch seine Interpretationsfähigkeiten aktivieren kann. In diesem Zusammenhang kommt freilich der Predigt ein besonderer Stellenwert innerhalb der gottesdienstlichen Liturgie zu, den ich abschließend charakterisieren möchte.

4. Bildbearbeitung – Zur homiletischen Dimension von Filmgottesdiensten

4.1 Von Menschenfischern

> „Folgt mir nach! Ich will euch zu Menschenfischern machen." (Markus 1,17)

„Im Evangelium nach Markus sind diese Worte Jesu die ersten, die er direkt an einzelne Menschen richtet: An die, die seine Jünger werden sollen. Oder eben: *Menschenfischer*. Wie so oft wirkt auch diese Äußerung Jesu bei genauerem Nachdenken irritierend. Fängt man Fische nicht, um sie zu töten? Wirft ein Fischer nicht die Netze aus, damit es kein Entrinnen gibt für seinen Fang? Zu welchem Zweck, mit welchem Ziel sollten Jesu Jünger *Menschen* fischen? Manche Missionsstrategie späterer Zeiten vor Augen, könnte man misstrauisch werden: Liegt in diesem Vergleich nicht schon der Missbrauch begründet? Das Ködern und Fangen für den christlichen Glauben, die Beutezüge der Kirche unter den Heiden – Netze, ausgeworfen ohne Rücksicht auf Verluste, im Auftrag des Herrn, aber vor allem zur Mehrung der eigenen Macht, des eigenen Reichtums? Die Nachfolger Jesu – Nepper, Schlepper, Bauernfänger?

Irritierend, ja mehr noch: *verstörend* wirkt der Kurzfilm Sarean des spanischen Regisseurs Altuna, den wir gesehen haben. Ein Film ohne Worte. Wir sehen ein Fischerboot auslaufen, begleitet von einem nicht recht identifizierbaren Chorgesang männlicher Stimmen. Die Fischer an Bord lassen die Schleppnetze zu Wasser und holen sie wieder ein. Offenbar haben sie einen großen Fang gemacht, schwer ziehen sie jetzt an den Tauen. Dann, im aufgewühlten Wasser, erkennt man auf einmal menschliche Körper. Menschen sind diesen Fischern ins Netz gegangen. Menschen sind es, die sie jetzt mühsam an Bord zerren wollen.

Geschickt spielt der Film mit den Erwartungen seiner Zuschauerinnen und Zuschauer. Das Kino in unserem Kopf, es kennt solche Bilder. Wir hören und sehen sie immer wieder in den Nachrichten. Zuverlässig liefert unser Gehirn die Informationen, die es gesammelt und gespeichert hat in den letzten Jahren: Bilder, Meldungen von Flüchtlingen, die über das Mittelmeer versuchen, vom afrikanischen auf den rettenden, den europäischen Kontinent zu kommen; meist auf lebensgefährlichen Wegen, in den völlig überfüllten Booten der Schlepper und Fluchthelfer. Während unsere Augen den Bildern auf der Leinwand folgen, läuft im Hinterkopf dieses Laufband mit, diese Bilderleiste von Menschen, völlig entkräftet, fast am Verdursten: junge Männer, Frauen, Kinder, an die Strände von Lampedusa geschleppt – oder auch die Bilder, die Körper derer, die leblos aus dem Wasser gezogen und am Ufer abgelegt werden, ein kleiner Teil nur all jener, die ihre Flucht in ein ersehntes Paradies nicht überlebt haben. Nur sie werden sichtbar, viele andere hat die Tiefe des Mittelmeeres unseren Blicken entzogen.

All das läuft in Sekunden in uns ab, unwillkürlich, mit diesen inneren Bildern spielt der Film – und: er spielt mit unseren elementaren menschlichen Regungen, unseren Werten, unseren moralischen Grundüberzeugungen. Menschen, die in Lebensnot geraten sind, muss man helfen. Menschen, die im Meer treiben und zu ertrinken drohen, muss man retten. Man muss sie aus dem Wasser fischen. Unser natürlicher Instinkt, und gewiss auch unsere christliche Überzeugung, spielt gedanklich die Handlung schon weiter: Gott sei Dank, diese Leute werden geborgen und gerettet werden! Sie werden in Sicherheit gebracht. Sie werden überleben, dank dieser Menschenfischer.

Und dann holen die Fischer die Haken hervor, sie holen aus, und eiserne Spitzen bohren sich in das Fleisch. Wir sehen Menschen schreien, wir sehen Blut fließen. Wir sehen, wie menschliche Körper an Bord geworfen werden wie die Leiber großer, schwerer Fische. Wir sehen, wie das Boot wieder umkehrt und Kurs auf den Heimathafen nimmt. Wir sehen die Fischer im Gespräch miteinander, rauchend, gestikulierend. Nichts Außergewöhnliches scheint vorgefallen zu sein, eine alltägliche Ausfahrt, ein alltäglicher Fang – das alles ist offenbar ‚business as usual'. Der Moment, in dem die filmischen Bilder ganz unerwartet in rohe Gewalt umschlagen, hat uns aufgewühlt. Aber vielleicht verstört uns jetzt mehr noch diese ungerührte Gleichgültigkeit am Ende des Films, als das Fischerboot wieder heimkehrt, nach getaner Arbeit, in den sicheren Hafen, wieder begleitet von jenem merkwürdigen Gesang der Eingangsszene."

Mit diesem Predigtausschnitt aus einem meiner Filmgottesdienste will ich abschließend die Rolle der Predigt im Zusammenhang der Liturgie solcher Gottesdienste bedenken. Zum Internationalen Tag des Flüchtlings am 30. September 2012 wurde im sonntäglichen Gottesdienst der Kurzfilm „Sarean" (2006, Asier Altuna) gezeigt. Der nur circa vier Minuten dauernde Film, dessen Handlung die Predigt hier noch einmal rekapituliert, war in voller Länge zu sehen. Meine Predigt stellt den Versuch dar, die Bilder, die dieser Film vor Augen stellt, mit einem neutestamentlichen Sprachbild und mit den mentalen Bildern, die die Gottesdienstteilnehmer aus Fernsehnachrichten und Zeitungsmeldungen mit sich tragen, in eine spannungsgeladene Konstellation zu bringen. Man hätte das Montageprinzip in diesem Fall sicherlich noch konsequenter handhaben, die Schnitte zwischen den Bildwelten noch härter setzen können. Dennoch scheint mir dieses Beispiel geeignet, die These zu verdeutlichen, wonach die spezifische Funktion der Predigt im Kontext der Liturgie die der Bildbearbeitung ist.

4.2 Vom epischen Erzählen

Der biblische Gott ist in Geschichten verstrickt und lässt sich immer neu in Geschichten verstricken. Dieser Gott ist und bleibt alle Tage bis an der Welt Ende Reisebegleiter einer Gemeinschaft zweifelhafter Helden und Heiliger auf ihrem Weg ins Leben. Die gottesdienstliche Liturgie , die in immer neuen Akzentuierungen und Aktualisierungen Teil hat, Etappe ist, Wegmarken setzt auf dieser Reise, kann und soll Konflikte auf diesem Weg ins Leben nicht lösen, kann und soll Spannungen nicht lösen, sondern festlich unterbrechen und dadurch heilsam bearbeiten und gestalten. In der Predigt kulminiert dieser Spannungsbogen nun noch einmal in besonderer Weise, werden die kritischen Konstellationen, der Streit der Bilder, in intensivierter Form ausgetragen. Auch sie soll nicht einfach Antworten geben, sondern in erster Linie „Antworten finden helfen" (Henning Luther).[39] Sie ist nach meinem Verständnis im protestantischen Sinne der eigentliche Ort, an dem diese Konstellation aus den einzelnen Elementen der Liturgie zum „Zusammenprall", zum Austrag und zu einer „bildgesättigten Lösung", zur Epiphanie kommen kann. Ich plädiere dafür, diese zentrale Funktion und Bedeutung der Predigt – insbesondere,

39 Vgl. dazu Albrecht Grözinger, Die Predigt soll nicht Antworten geben, sondern Antworten finden helfen. Zum Verständnis der Predigt bei Henning Luther, in: Theologie Practica 27/1992, 209-218.

aber längst nicht nur in Filmgottesdiensten! – anzuerkennen und zu kultivieren. Nach wie vor und gerade in bildertrunkenen Zeiten kommt der Predigt die Rolle einer Prüfung und „Scheidung der Bilder" zu, die sie im wohlverstandenen Sinne und in zeitgemäßer Weise gestalten sollte und kann. Ich plädiere ebenso dafür, in der rhetorischen Trias von *docere, movere* und *delectare* das erstgenannte Element weder zu diskreditieren noch zu vernachlässigen.

Die eminente Bedeutung cineastischer Kunst für das Verständnis und die Gestaltung christlicher Predigt herausgearbeitet und fruchtbar gemacht zu haben, ist (für den deutschsprachigen Raum) das Verdienst der von Martin Nicol und Alexander Deeg konzipierten „Dramaturgischen Homiletik".[40] Sie hat inzwischen eine erfreulich breite Rezeption in Theologischen Fakultäten und Landeskirchlichen Ausbildungszentren erfahren, ihre Grundgedanken und methodischen Anregungen „im Wechselschritt zur Kanzel" kommen immer mehr zur Entfaltung in den Studierstuben der Pfarrerinnen und in den Gottesdiensten „ihrer" Gemeinden. Mit Recht und in Einklang mit einer performativ geprägten Neuausrichtung auch der Liturgik[41] betonen Nicol und Deeg den Ereignischarakter christlicher Predigt und die Bedeutung eines Predigtstils als eines „RedensIN" statt eines „RedensÜBER".[42] Die konkreten und wichtigen methodischen Anregungen, welche die Dramaturgische Homiletik vor allem in Form der Gestaltung von „moves" und „structures" an die Hand gibt, um „Predigt als Handlung" zu entwerfen, sollen hier nicht im Einzelnen dargestellt werden. Auch soll die Bedeutung dieses Ansatzes weder geschmälert noch gar in Frage gestellt werden. Eher als kritische Anmerkung aus homiletischer Nachbarschaft wollen die folgenden Überlegungen verstanden sein, motiviert durch das Unbehagen, eine wohlfeile Polemik gegen die akademische Kanzelrede und die (Karikatur einer) „Drei-Punkte Predigt" könnte – weniger in der homiletischen Theoriebildung als vielmehr in der allsonntäglichen Kanzelpraxis – zu neuen Einseitigkeiten und Verkürzungen führen.

Wie man mit und in Bildern lehren und neben den Emotionen auch Intellekt und Urteilsvermögen der Gottesdienstteilnehmenden stärken

---

40 Nicol (vgl. Anm. 37!) sowie Martin Nicol/Alexander Deeg, Im Wechselschritt zur Kanzel. Praxisbuch Dramaturgische Homiletik, Göttingen 2005.

41 Vgl. dazu etwa David Plüss, Gottesdienst als Textinszenierung. Perspektiven einer performativen Ästhetik des Gottesdienstes (Christentum und Kultur Bd. 7), Zürich 2007.

42 Vgl. Nicol, a.a.O., 55 u.ö.

kann, ohne sie zu belehren, gerade dies nämlich lässt sich meines Erachtens für die christliche Predigt an gehaltvollen Kinofilmen (sei es fiktionalen oder dokumentarischen Charakters) lernen. Und wiederum kann gerade hier das Montageverfahren von Bedeutung sein. Noch einmal komme ich dazu auf die Studie von Percze zurück. In der Spur der Dramaturgischen Homiletik formuliert er im Anschluss an seine Darstellung der Theorien Eisensteins die These: „In einer Predigt, die sich als Kunst an den Künsten orientiert, ist das grundlegende Mittel der Spannungsinszenierung die Montage."[43] Dabei plädiert er im Sinne rezeptionsästhetischer Ansätze für ein Offenhalten von Spannungen, die zu einer möglichst hohen Beteiligung der Zuschauer/Predigthörer anregen. Bei dem, was nun die entsprechende Gestaltung jener Geschichten und Bilder betrifft, die der Gottesdienst insgesamt und die Predigt im Besonderen zu montieren und dadurch zu inszenieren hat, plädiert Percze für eine Mischung aus dramatischen und epischen Erzählformen.[44] Mit dem Begriff des „Epischen" beschreibt Percze dabei eine Form nicht-linearen Erzählens, „die mit den traditionellen Regeln des linear ablaufenden Dramatischen bewusst bricht und in ihrem Handlungsablauf nicht die strenge Kausalität und logische Abfolge spiegelt, wie dies beim Dramatischen der Fall ist. Bei dieser Erzählform fehlt oft ein eindeutiger Ausgang der Ereignisse, man kann von einem offenen Ende sprechen."[45] Percze sieht diese Erzählform im Unterschied zu den oft einlinig dramatischen Erzählformen von Hollywood-Produktionen eher im europäischen Kino beheimatet. Allerdings sei auch in US-amerikanischen Produktionen zunehmend eine Durchbrechung der (allzu) gängigen Handlungsstränge zu beobachten. Letztlich, so Percze, gehe es daher um eine „Orchestrierung der verschiedenen dramaturgischen Erzählformen und Regeln. Ein gelungener Film greift Elemente sowohl des Dramatischen als auch des Epischen auf, kombiniert diese miteinander, verwendet die verschiedenen Regeln und bricht mit ihnen."[46] Vorzüge dieser epischen Erzählform sind zum einen die Erweiterung narrativer Gestaltungsmöglichkeiten, etwa durch die Einführung einer Erzählperson, die sich direkt an die Zuschauer wendet (sogenannte „voice-over") oder die Einbezie-

---

[43] Percze, a.a.O., 312.

[44] Vgl. A.a.O., 223-231.

[45] A.a.O., 224. Percze nennt und analysiert (a.a.O., 231-235) als Beispiele für diese nicht-lineare Erzählform die Filme „Lola rennt" (Tom Tykwer, 1998), „Vor dem Regen" (Milcho Manchevski, 1994) und „Short Cuts" (Robert Altman, 1993)

[46] A.a.O., 227.

hung mehrerer Handlungs- und Erzählebenen. Zum anderen bringt die epische Erzählweise die Zuschauer vermehrt dazu, über das Geschehen auf der Leinwand und die von ihm ausgelösten Emotionen zu reflektieren. Die Bedeutung dieser Erzählform für die Predigt formuliert Percze thetisch: „Epische Erzählweise in der narrativen Homiletik bedeutet einen spielerischen Umgang mit den klassischen dramatischen Regeln auf der Ebene des Handlungsablaufs, der Themenbehandlung und der Zahl der Figuren."[47] Dabei sei die Chance, ein stärker reflexives Rezeptionsverhalten zu befördern, keineswegs als Aufforderung zu einer beständigen Kommentierung oder moralisierenden Bewertung miss zu verstehen. Auch sei das Epische keinesfalls mit „explizierenden Deutungen des Predigers gleichzusetzen". Epische Elemente sollten vielmehr in der Regel gleichsam organisch „in die Handlung hineingelegt und dort realisiert werden".

Diese Gedanken Perczes halte ich für hilfreich für eine Bestimmung der Predigt innerhalb der Liturgie eines (Film)Gottesdienstes. Im dramaturgischen Spannungsbogen der Liturgie, so könnte man thetisch formulieren, stellt die Predigt ein episches Moment dar. Hier bietet sich die Möglichkeit einer Aufsprengung und Neukonstellierung einliniger Erzählstränge, einer reflexiven Bearbeitung des Gehörten und Gesehenen, einer Arbeit an visuellen und mentalen Bildern.[48] Die Verfahrensweise der Montage vorausgesetzt, kann dies für die konkrete Gestaltung der Predigt ganz unterschiedliche Umsetzungen bedeuten. Die durch die Konstellierung von Geschichten und Bildern entstehenden Leerstellen können durch Phasen des Schweigens und der Stille ebenso gestaltet werden wie durch reflexive Passagen. Sicherlich sollte sich die Predigt vor „erschöpfenden Erklärungen" hüten. Aber auch schlicht explizierende, Hintergründe erläuternde und informierende Teile sollten weiterhin möglich sein, in diesem Sinne sollte das Möglichkeitsspektrum der Predigt uneingeschränkt bleiben. Das epische Moment der Predigt an sich, als Bestandteil und Widerlager der Liturgie, aber auch epische Momente innerhalb der Predigt sollten nicht auf eine ausschließlich handlungsorientierten Darstellungsform („to make things happen") verpflichtet werden, die in der homiletischen Praxis ähnliche Gefahren läuft wie ein auf

47 A.a.O., 235.

48 Vgl. Jan Hermelink/Eberhard Müske, Predigt als Arbeit an mentalen Bildern. Zur Rezeption der Textsemiotik in der Predigtanalyse, in: Praktische Theologie 30/1995, 219-239.

Action und Überwältigung getrimmtes Hollywood-Kino. Auch im Blick auf solche epische Ausgestaltung der Predigt lässt sich meines Erachtens von der Vielfalt und Kreativität heutiger Kinoproduktionen gar nicht genug lernen.

4.3 Filmgottesdienste als „gute Unterhaltung"

Als jener Teil der liturgischen Gesamtbewegung, der im Besonderen die Spannungen der konstellierten Bilder und Geschichten austrägt, ist die Predigt nicht zuletzt auch Zeugnis der Unabgeschlossenheit der Gottesgeschichte. Ziel allerdings eines Filmgottesdienstes, der sich so mit dem lebendigen Gott in vielfältige Geschichten des Lebens, der Lektüre und der Leinwand verstricken lässt, ist schlicht die *Unterhaltung* der Teilnehmenden, freilich in jener dreifachen Bedeutung des Wortes, die Michael Thiele als ‚amüsierende, interagierende und alimentierende Perspektive' bestimmt hat.[49] Oder noch einmal anders: Sinn und Ziel eines Filmgottesdienstes ist die *delectatio* der gebrochenen, aber gemeinsam reisenden und heilsam geleiteten Helden und Heiligen auf ihrem Weg des wandernden Gottesvolkes. Thomas Bohrmann hat dieses Moment der *delectatio* im Blick auf den Spielfilm zu differenzieren versucht. Auch für ihn stellt sich – gerade unter rezeptionsästhetischen Vorzeichen – Unterhaltung als ein „vielschichtiges Phänomen" dar, „das man nicht vorschnell als eine passive Konsumhaltung der Rezipienten bewerten darf. Unterhaltung ist immer ein aktives menschliches Verhalten, bei dem verschiedene Erlebnisebenen angesprochen werden."[50] Bohrmann unterscheidet für die Rezeption von Spielfilmen im Einzelnen eine *delectatio sensibilis* durch Sinnesreizung, eine *delectatio emotionalis* durch Gefühlsaktivierung, eine *delectatio cognitionis* durch Erkenntnisgewinn und eine *delectatio reflexiva* durch die Möglichkeit der Weiterentwicklung durch Identifikation und Distanznahme. Filmgottesdienste bieten die Möglichkeit, all diese Dimensionen guter Unterhaltung freizusetzen im Kontext einer Liturgie, die im Sinne der oben angestellten Überlegungen (II.3) den genannten Unterhaltungswerten eine ekklesiologische und eine eschatologische Dimension, also eine *delectatio socialis* und eine *delectatio coelestis* hinzufügt.

---

49 Vgl. Michael Thiele, Geistliche Beredsamkeit. Reflexionen zur Predigtkunst, Stuttgart 2004, 132.
50 Bohrmann, a.a.O. (Anmerkung 8), 39.

Filmmusik als Dialogkunst oder: Was haben Filmmusik und Kirchenmusik im Gottesdienst gemeinsam?

Jochen Arnold/Inge Kirsner/Silke Lindenschmidt

1. Was ist Filmmusik?

„Film und Musik gehörten für mich einfach zusammen"[1] schreibt Andreas Weidinger über seinen Weg zum Filmkomponisten. Und Enjott Schneider schildert die „Faszination der Koppelung von Bildern und Tönen" folgendermaßen: „Das Zusammenfügen von Tönen und Bildern zu einer Geschichte, mit der man Menschen ergreifen, erschüttern oder erfreuen kann, ist für mich in allen Varianten die narkotische Lebenssubstanz.".[2] Manche Filmkomponisten verstehen sich eher als Interpreten der Bilder und Geschichten und versuchen mit ihrer Musik einen eigenen Mikrokosmos zu schaffen. Andere vergleichen ihre Arbeit mit einer chemischen Reaktion, bei der aus Bild und Musik etwas ganz Neues entsteht.

Versuchen wir daher – gleichsam als Hinführung – eine erste Definition: Filmmusik bezeichnet eine für einen Film neu komponierte oder aus bereits vorhandener klassischer oder populärer Musik zusammengesetzte Musik. Charakteristisch ist eine funktionale Verbindung zwischen Bild und Musik. Die Musikwissenschaftler Helga de la Motte und Hans Emons halten fest, dass „Filmmusik wie eine eigenständige Gattung zu betrachten sei, der eine bleibende Bedeutung zukommt".[3] Diese Zuschreibung wäre noch vor 50 Jahren kaum denkbar gewesen.

Filmmusik ist also eine eigenständige und zugleich funktionale Musik, insofern sie in Beziehung zu einem anderen Gestaltungsmedium, nämlich dem Medium Film, tritt. Sie „dient" (s.u.) in gewisser Weise der Gesamtaussage des Films. Filmmusik kann die Stimmungs- und Gefühlsebene in einem Film und dessen Handlungsführung unterstützen.

---

1 Andreas Weidinger, Auf der Suche nach der musikalischen Inspiration, in Filmmusik-Bekenntnisse (hg. v. Béatrice Ottersbach/Thomas Schadt), Konstanz 2009, 193, vgl. auch 195.

2 Enjott Schneider, Geschichten erzählen mit Bildern und Tönen, in Filmmusik-Bekenntnisse (hg. v. Béatrice Ottersbach/Thomas Schadt), Konstanz 2009, 151. Diese Beschreibung deckt sich mit der narrativen Struktur des Evangeliums: „Erzählung ist nicht nur ein fundamentales anthropologisches Phänomen, sondern auch eine Grundform der Überlieferung des Evangeliums." (Henning Schroer, Art. Erzählung, TRE 7, 22.)

3 Helga de la Motte/Hans Emons, Filmmusik. Eine systematische Beschreibung, München/Wien 1980, 18.

Das Phänomen ist aus dem Bereich der Programmmusik längst bekannt. Musik illustriert oder interpretiert hier einen außermusikalischen Inhalt wie z.B. den Besuch einer Gemäldegalerie (vgl. Modest Mussorgskis *Bilder einer Ausstellung*), ein Gedicht (vgl. Paul Dukas' *Zauberlehrling*, basierend auf einer Ballade Goethes) oder die Schilderung eines Naturereignisses (vgl. Antonio Vivaldis *Vier Jahreszeiten* oder Beethovens *Pastorale*). In den ersten beiden Fällen tritt die Musik in Dialog mit einer anderen Kunst, d.h. Gemälde oder Poesie, im letzten Fall mit der Natur, also der „Welt an sich".

Eine besondere Situation besteht im Bereich der Bühnenmusik. Beim Ballett oder beim zeitgenössischem Tanz, z.B. im Musicaltheater, sind beide Kunstformen nicht (wie bei Poesie oder Gemälden) ohne Weiteres voneinander abtrennbar. Ballettmusik ohne Tanz ist zwar darstellbar und doch fehlt ihr das, woraufhin sie konzipiert ist. Sie ist dann gleichsam auf das Urereignis des Hörens zurückgeworfen und verzichtet auf eine räumlich-bewegte Gestaltwerdung. Damit sind wir beim Zusammenspiel der Künste, das in der Filmmusik exemplarisch deutlich wird.

Ricciotto Canudo hatte schon im Jahr 1911 mit seinem „Manifeste des sept arts" dafür plädiert, den Film als siebte der neuen Künste zu etablieren und ihn neben Architektur, Malerei, Plastik, Musik, Poesie und Tanz zu stellen. Der Film ist für ihn eine Vermittlung von „Kunst des Raums" und „Kunst der Zeit" (Schopenhauer).

Niki Reiser sagt: „Die Fähigkeit des Filmkomponisten besteht darin, die eigene Musik nicht zu verraten und sie trotzdem so zu gestalten, dass sie der Geschichte dient."[4] Soll sie rein unterschwellig wirken und gar nicht bewusst auffallen? Oder bildet sie eine eigene künstlerische Ebene, die als Kunstwerk auch für sich allein stehen kann? Reisers Zitat lässt jedenfalls zwischen den Zeilen die große Diskussion um die Eigenständigkeit von Filmmusik anklingen. Ist die Filmmusik nur Magd des Mediums Film[5] oder tritt sie in einen aktiven Dialog zum bewegten Bild, ja ist sie so etwas wie der „dramaturgische Kontrapunkt" (Eisler/Adorno)?

Manchmal sprengt die Musik selbst diese Funktion und bohrt sich durch die Gehör- in die Hirnwindungen. Sie lebt dann dort weiter, auch wenn die Bilder längst verflimmert sind. So kann es einem zum Beispiel mit dem Mundharmonika-Motiv aus Sergio Leones Spätwestern „Spiel mir das Lied

4 Niki Reiser, Die Geschichte hinter der Geschichte aufleben lassen, in: Filmmusik-Bekenntnisse (hg. v. Béatrice Ottersbach/Thomas Schadt), Konstanz 2009, 131.

5 In ähnlicher Weise lässt sich darüber diskutieren, ob Musik im Gottesdienst nur bzw. primär Dienerin des Wortes ist oder selbst Verkündigungscharakter hat.

vom Tod" (Italien 1968) gehen. Durch diese vier Mundharmonika-Töne wurde Ennio Morricone über Nacht berühmt, obwohl die Ehre – zumindest teilweise – einem anderen gebührt hätte: dem Komponisten Johann Pachelbel, einem der geistigen Väter Bachs, der mit seinem Thema in f-Moll Morricone inspirierte. Morricone erkannte, dass sich Kirchenmusik besonders für Filme eignet, weil sie sehr stark mit Symbolen arbeitet.[6]

Exkurs Filmästhetik, Geschichte der Filmmusik

Am Ende der Stummfilmära, genau im Jahr 1927, erschien ein „Allgemeines Handbuch der Filmmusik" der Autoren Erdmann, Becce und Brav.[7] Dort findet sich sinngemäß folgende Aussage: „Nicht die triviale Alltagswelt sollte im Film thematisiert werden, sondern ‚stilisiertes' und damit erst musikalisch faßbares Geschehen."[8] Die Autoren forderten also für das Genre Film bereits eine gewisse Abstraktion, der auch die Musik entsprechen solle. Rudolf Harms vertrat gar die Ansicht, Filmbild und Handlung bezögen sich auf etwas Konkretes, während die Musik „Allgemeingefühle" vermittle,[9] die dem Film helfen könne, „ins Absolute fluten" zu können.[10] Eine Idee Erdmanns war, das Phänomen des Rhythmus als gemeinsames Prinzip der Zeitkünste Musik und Film festzuhalten und darin auch eine ontologische Klammer des Narrativen im Film zu entdecken. Man erhoffte sich gar so etwas wie die „Geburt einer Bildsymphonie aus dem Geiste der Musik".[11]

Doch dann kam der Tonfilm. Mit dem Jahr 1930 veränderte sich die Situation grundlegend, weil die Möglichkeit des synchronen Abspielens von Tonspur und Filmbild nun gegeben war. M. Steiner u.a. vertraten sehr offensiv das Programm der emotionalen Steigerung des Films durch eine einfühlsame Musikdramaturgie und prägten damit fast drei Jahrzehnte Filmkultur in Hollywood. Etwas anders gelagert war die Situation in Deutschland, wo mit dem Schlagerfilm ein eigenes Genre entstand, das ohne Musik (bzw. singende Filmstars wie Hans Albers usw.) schlechterdings nicht funktioniert hätte.

Diesen Ideen traten als philosophisch-musikalische Avantgarde 1947 Theodor W. Adorno und Hanns Eisler mit dem Buch „Composing for the Films" gegenüber. Sie sprachen sich gegen einfache Illustrationsverfahren aus und wollten damit auch einer (emotionalen) Vereinnahmung oder Manipulation des Rezipienten entgegenwirken. Brautmärsche oder Walzer bei Hochzeitsszenen lehnten sie ab

---

6 So sagt der Organist und passionierte Stummfilm-Begleiter Jürgen Schwab in einem Interview mit Ludwig Laibacher, Stuttgarter Zeitung vom 10.1.1997.

7 Erdmann/Becce/Brav, Allgemeines Handbuch der Filmmusik, Bd. I: Musik und Film. Verzeichnisse, Berlin/Leipzig 1927.

8 MGG Art. Filmmusik, 464.

9 Vgl. ähnlich Leonid Sabaneev, Music for the films, New York 1978 (1935): „Speech, picture, and noises constitute the purely photographic section of the cinema; music, whether with the silent or the sound films, supplies the romantic, irrational element illustrating emotion."

10 Rudolf Harms, Philosophie des Films, Leipzig 1926, 72.

11 Erdmann/Becce/Brav, Handbuch, 16.

(sogenannte „Stock music") und wehrten sich auch gegen die Überdeckung von gesellschaftlichen Widersprüchen durch allzu glatte Gelegenheitskompositionen. Sie vertraten stattdessen das Konzept eines sogenannte „dramaturgischen Kontrapunkts". Dazu gehörte u.a. die Montage antithetischer Inhalte von Bild und Ton (z.B. triste Großstadt und festliche Ouvertüre oder ausdrucksloses Gesicht und Tanzmusik), Ideen jedenfalls, wie sie schon in der 1930er Jahren von S.M. Eisenstein (u.a. mit Sergej Prokofjew) realisiert wurden.

Allerdings verändert sich die Situation nochmals nachhaltig durch den Siegeszug der Popularmusik in der 1960erJahren. Vielfach verbinden wir seither mit einem Film-Titel eine ganz bestimmte Filmmusik (vgl. etwa „Goldfinger", „Pretty Woman" u.a.) Progressive Avantgarde-Musik wurde durch die Popmusik dagegen fast gänzlich an den Rand gedrängt: Ihren Aufgabe ist es am ehesten noch, Grauen zu erregen (vgl. die berühmte Duschszene in „Psycho"). Zunehmend werden kleinere oder solistische Besetzungen attraktiv, das große Orchester bildet eher die Ausnahme. Kurz: Der Pluralismus der Filme fordert einen Pluralismus der Filmmusiken im Blick auf musikalische Besetzung und die Stilistik. Ist damit auch die Aufgabe einer Definition erledigt? Kaum.

Die vielleicht allgemeinste und offenste Bestimmung von Filmmusik finden wir in einem (marxistischen) filmästhetischen Nachschlagewerk der 1960er Jahre. Die polnische Musikwissenschaftlerin Zofia Lissa schreibt, „dass die Filmmusik ihrer Natur nach immer zweischichtig ist, daß sie durch sich jeweils zugleich auf etwas von ihr Verschiedenes, d.h. auf einen der vielen nichtmusikalischen Faktoren des Films weist".[12]

Damit ist eine erstaunliche Gemeinsamkeit zu religiöser Musik bzw. Musik im Kontext der Kirche formuliert. Auch solche Musik weist über sich hinaus auf etwas „von ihr Verschiedenes". Freilich liegt die Differenz ähnlich deutlich auf der Hand. Von ihrem theologischen Selbstverständnis her verweist geistliche Musik freilich nicht auf irgendetwas, sondern auf ihren Ursprung und Geber, auf Gott selbst.[13]

2. Was kann Filmmusik? Funktionale Bestimmungen

Wenn es zutrifft, dass der Filmmusik eine so große Eigenständigkeit und Wirkung zukommt, so fragen wir im nächsten Schritt, welche spezifischen Aspekte dabei zu benennen sind. Hier scheint es uns wichtig, dass wir nicht nur die heute vielfach als erste benannte psychisch-emotionale Seite benennen, sondern den Kanon der Parameter erweitern. Lissa nennt folgende Aspekte:

---

12 Zofia Lissa, Ästhetik der Filmmusik, Berlin (DDR) 1965, 380 .

13 In gewisser Weise lässt sich dies natürlich auch von Musik im Allgemeinen sagen, die z.B. nicht streng an einen Text gebunden ist. Man bedenke auch, dass z.B. Martin Luther m.W. nie von Kirchenmusik, sondern immer nur allgemein von der *Musica* gesprochen hat....

- Unterstreichung von Bewegung
- Stilisierung von Geräuschen
- Illustration der Handlung im Allgemeinen
- Repräsentation dargestellten Raums
- Repräsentation dargestellter Zeit
- Ausdrucksmittel psychischer Erlebnisse
- Zeichen von Wahrnehmungen
- Mittel der Repräsentation von Erinnerung
- Widerspiegelung von Phantasievorstellungen
- Mittel zur Aufdeckung von Trauminhalten und Halluzinationen
- Mittel zum Ausdruck [Wecken] von Gefühlen
- Musik als Mittel zur Antizipierung des Handlungsinhalts
- Musik als Unterstreichen von Willensakten

Filmmusik kann also Emotionen unterstützen, ausbremsen, konterkarieren oder entfachen; Nuancen erzählen oder manipulieren; beruhigen, Erstaunen erregen oder gar irritieren und aufstören. Oft – auch das ist ein wichtiges Merkmal – fällt sie gar nicht auf, ob sie leise oder laut, minimalistisch oder orchestral ist. Das Spektrum besonders im Bereich der Emotionen ist jedenfalls riesig: Filmmusik kann zu Tränen rühren oder den Zuschauer in Partylaune aus dem Kino entlassen.

Grundsätzlich hält Lissa fest, dass die auditive und visuelle Schicht – also das Medium Musik und das Medium Bild im Film – durch „Synchronismus, Asynchronismus" und „kontrapunktische Verwendung" bestimmbar sind. Der Schweizer Musikwissenschaftler Hansjörg Pauli[14] knüpft daran unter Modifizierung der Begriffe an:

a) Als *paraphrasierend* bezeichnet er eine Musik, deren Charakter sich direkt aus dem Charakter der Bilder, aus den Bildinhalten ableitet: „Zur Verfolgung ertönt hektischer Bebop, zur Beerdigung Mozarts Requiem und zur Liebesszene süßes Geigenspiel" .

b) Als *polarisierend* bezeichnet er eine Musik, die „kraft ihres eindeutigen Charakters inhaltlich neutrale oder ambivalente Bilder in eine eindeutige Ausdrucksrichtung schiebt." „Ausdrucksschwache Stellen lassen sich durch entsprechende Musik emotional aufladen."

c) Als *kontrapunktierend* bezeichnet er eine Musik, deren eindeutiger Charakter den Bildern, den Bildinhalten *klar widerspricht*. Die Idee da-

[14] Hansjörg Pauli, Filmmusik – ein historischer Abriß, Mainz 1976, 104.

hinter knüpft an das an, was wir zu Adorno/Eisler dargelegt haben. Es geht darum: „Widersprüche zu schaffen, zum Nachdenken anzuregen" u.a..

Beispiel ist etwa die Unterlegung einer Kriegsszene mit einem Kinderlied. Dadurch entsteht eine spezifische musikalische Ironie, Parodie oder Karikatur, die häufig die Funktion hat, Menschen wachzurütteln oder gar zu verstören.

3. Musikalische Mittel

Um die eben geschilderten Wirkungen hervorzurufen, nutzt die Filmmusik die Möglichkeiten der Musik im Allgemeinen mit ihren kompositorischen Parametern (Mitteln). Diese werden im Folgenden beispielhaft und holzschnittartig beschrieben:

Eine *Melodie* (oder noch knapper: ein *Motiv*) wird eingeführt und möglicherweise mit einer Person in Verbindung gebracht. Die Melodie besteht aus *Intervallen* (Abstand zwischen zwei Tönen), *rhythmischen Gestalten* (längeren und kürzeren Notenwerten), findet eine zeitliche Organisation durch das *Tempo* (z.B. Adagio, langsam, oder Allegro, schnell) und die *Taktart* (z.B. 3/4 Takt, Anmutung Tanz, oder 4/4-Takt oder 2/4 Takt, Anmutung Marsch usw.). Darüber hinaus ist entscheidend, welches *Instrument* bzw. welche *Stimme* die Melodie vorträgt und wie die Melodie harmonisiert ist (Akkorde).

Filmmusik kann mit dem bewussten Einsatz dieser musikalischen Mittel die Zuschauer und Zuhörer zum einen auf der intellektuell-kognitiven Ebene, oft aber noch mehr in ihrer emotionalen oder vegetativen Befindlichkeit erreichen, was übrigens primär damit zu tun hat, dass circa 75% aller Menschen Musik – bewusst oder unbewusst – eher als emotionales Medium nützen oder wahrnehmen. Musikpsychologen unterscheiden auch den (häufiger vorkommenden) emotionalen Hörtyp vom kognitiven Hörtyp.

Wie dem auch sei: Für den Filmkomponisten geht es immer um die Übersetzung von Botschaften in die Musik – ausgehend von der Frage: Was möchte der Regisseur in diesem Moment der Geschichte aussagen? Darin unterscheidet er sich nicht grundsätzlich von anderen Komponisten, die allerdings – denkt man an die großen Vorbilder aus Klassik und Romantik – eher der „abstrakten" Idee einer musikalischen Form (z.B. Fuge, Sonate, Sinfonie) gefolgt sind als der Idee, eine spezifische Botschaft zu vermitteln (von der oben genannten Programmmusik einmal abgesehen).

Dieser Aufgabe, eine konkrete Botschaft zu vermitteln, folgten eher Musikerinnen und Musiker, die sich im Dienst des Evangeliums verstanden und deshalb versuchten, die biblische Botschaft im Wortlaut (z.B. Evangelien- oder Psalmmotetten) oder in einer zeitgenössischen Dichtung (z.B. Choräle, Kantaten usw.) zu „vertonen" und (meist) im Gottesdienst bzw. der Liturgie aufzuführen.

4. Der Zauber von Filmmusik: Was macht Filmmusik so populär?

Doch kommen wir zurück zur Filmmusik. In jedem Fall kann man – man braucht nur die Zahl der CD-Veröffentlichungen und auch einschlägige Konzertprogramme studieren – in letzter Zeit ein allgemein wachsendes Interesse an Filmmusik erkennen. Es gibt erstaunliche Verkaufszahlen von Soundtracks. Filmmusikkonzerte haben eine große Popularität erreicht, die uns fragen lässt: Was macht diesen besonderen Zauber aus? Ist Filmmusik eingängiger als andere Musik? Und wenn ja, warum?

- Weil sie weniger komplex ist?
- Weil sie auch in hohem Maße mit Klischees spielt?
- Weil sie im Gegensatz zur klassischen Musik weniger Vorbildung voraussetzt,um sie genießen zu können?
- Weil das Bild beim „Verstehen" der Musik" hilft?

Vielleicht hat aber auch ein gesellschaftlicher Wandel eingesetzt hat, der die Synthese von Ton und Bild wesentlich fördert: Denn nicht nur populäre Musik wird wesentlich durch mediale Inszenierung und Werbung bekannt gemacht. Musik ist vielfach bildgebunden durch Videoclips. Werbung funktioniert über eine Erkennungsmelodie, Fernsehproduktionen oder Soaps sind sofort in Erinnerung, wenn die passende Musik erklingt usw.

Auch die neuere Musikpsychologie und -neurologie bestätigt, dass Musik die Kraft hat, Bilder der eigenen Lebensgeschichte ins Gedächtnis zurückzubringen. Nicht zufällig hat sich aus dem Film „Casablanca" der Satz „Play it again, Sam" – im Deutschen übersetzt durch „Spiel unser Lied!" – eingebürgert. Die Gefühle kommen zurück, wenn das Lied der ersten Liebe erklingt. Aber auch das Kinoerlebnis und die dort erlebten Gefühle werden wieder wach, wenn der Soundtrack Wochen oder

Monate später im Radio erklingt. So betreten wie immer wieder neu emotionale Räume, die durch den Film geweckt und durch die Musik bekräftigt worden sind.

Aus Sicht der Musikvermittlung ist die Tatsache, dass Filmmusik eine so breite Popularität besitzt, jedenfalls höchst bemerkenswert. Menschen, die im Bereich der Musikvermittlung bzw. der Kirchenmusik tätig sind, entdecken darin die Chance, neue Zielgruppen für Musik über das Medium des Bildes oder anderer Künste zu erschließen und – im Blick auf die Kirchenmusik – die Schwelle zur Kirche hier und da mal etwas abzusenken.

Jedoch sollten wir auch wahrnehmen, dass es bereits eine Menge expliziter Anknüpfungen an Kirchenmusik im Film gibt. Der Dialog ist also auch von Seiten der Filmschaffenden eröffnet. Es besteht ein vitales Interesse an bereits bestehender Kirchenmusik zur Illustration von Filmen oder mehr noch: Filme interpretieren durch ihre Bilder und ihren Plot Kirchenmusik. Dazu im Folgenden einige Beispiele:

5. Kirchenmusik im Film[15]

„Solaris"

J.S. Bach, Gewährsmann dafür, dass auch im Protestantismus die sinnliche Seite der Religion nicht ganz dem Wort anheimfällt, ist der Lieblingskirchenmusiker des 1986 verstorbenen russischen Filmemachers Andrej Tarkowskij.

Bachs Präludium f-Moll wird in Tarkowskijs „Solaris" (UdSSR 1971/72) von Eduard Artemjew in endlosen Variationen entfaltet, es ist das Leitmotiv eines Science-Fiction-Films, der die Verkürzungen eines sozialistischen und technisch-reduzierten Menschenbildes aufzeigt und der Antiquiertheit des Menschen Tribut zollt. Der Protagonist Kris Kelvin bricht mit einer klaren Mission ins Weltall auf, um auf einem fernen Planeten zu lernen, was auch auf Erden wichtig ist: die Träume, die Liebe, das Gewissen, die Verantwortung füreinander.

Von Anfang an begleitet ihn das Präludium, verfremdet durch Synthesizer-Klänge, und zeigt uns den Riss, der das Menschsein Kelvins kennzeichnet – bis er wieder mit sich selbst und dem Leben auf der Erde bekannt und so erlöst wird.

[15] Vgl. zum Folgenden auch Inge Kirsner, Kirchenmusik und Film, in: Kirchenmusik als religiöse Praxis (hg. v. Gotthard Fermor/Harald Schroeter-Wittke), Leipzig 2005, 125-130.

Als filmische Kathedrale wurde „Solaris" bezeichnet, und der „transzendente" Stil Tarkowskijs korrespondiert in den Mauern dieser Kathedrale mit Bachs Musik, die melancholisch-getragen der pathetischen Filmsprache entgegenkommt. Der Umgang des Films mit der Musik ist also eine eigenständige Größe, die in Dialog mit den Bildern und Worten tritt.

„Children of Nature"

Eine ganz andere Art von Kirchenmusik wird uns in Fridrik Thór Fridrikssons „Children of Nature – Eine Reise" (Island/Norwegen/D 1991) vorgestellt. Hier hören wir zweimal Paul Gerhardts Choral *O Haupt voll Blut und Wunden*; beide Male geht es um das Thema „Abschied", das Leiden des Menschen an der Vergänglichkeit und sein letztliches Einverständnis damit. Zunächst spielt der alte Thorgeir, genannt Geiri, das Lied auf seiner Heimorgel, bevor er sein Haus verlässt, um schließlich mit seiner Jugendfreundin Stella auf die Insel ihrer gemeinsamen Kindheit zurückzukehren. Dort stirbt Stella – und an ihrem Grab, das Geiri alleine mit letzter Anstrengung aushebt, singt er zum Abschied das Lied für sie. Eine unmittelbare Frömmigkeit gelangt hier zum Ausdruck, die sich unabhängig von jeder kirchlichen Institution macht und eine unmittelbare Einheit zwischen Gott, Mensch und Natur wieder herstellt – hier gehen Filmbilder und Kirchenmusik eine innige Verbindung ein.

6. Kirchenmusik als Film

„Klang der Ewigkeit" nennt Regisseur Bastian Clevé sein Film-Experiment, das im Herbst 2005 bei uns in die Kinos kam: Die h-Moll-Messe von J.S. Bach auf der Leinwand! Es ist ein ungewöhnliches Projekt, das ganz auf die Wirkung der Bilder und der Musik setzt; die cineastische Form der 27 Kurzfilme orientiert sich dabei an der 27-teiligen musikalischen Struktur der h-Moll-Messe, beginnend mit dem *Kyrie eleision* und endend mit *Dona nobis pacem*. Jeder einzelne der 27 kurzen Filme ist ein in sich abgeschlossenes Werk; einige Teile von *Klang der Ewigkeit* sind eine sprachlose und somit weltweit verständliche Meditation über die Existenz, über den Kreislauf des Lebens, seine Dramatik in den Höhen und Tiefen von Geburt, Hochzeit und Tod; andere sind musikempfundene Impressionen von Natur und Naturgewalten oder abstrakte Visualisierungen der Musik, die sich an den Kompositionsprinzipien Bachs orientieren.[16] Ziel

[16] Kay Hoffmann, Außergewöhnliche Bilder-Symphonie, in: FE/FW 48/2004, 47.

des Films ist es, nach Auskunft des Presseheftes, „den Zuschauer durch Augen und Ohren inspiriert zu hinterlassen, meditativ entrückt zufrieden, ein Stück Seelenheil findend und wenn möglich eine kleine Weile behaltend..." Hohe, erbauliche Töne, sonst eher in kirchlichen Zusammenhängen zu finden, die ein hoffentlich wegweisendes Experiment begleiten, welches Kino und Kirchenmusik auf ungewöhnliche Weise verbindet.

7. Gemeinsamkeiten von Film- und Kirchenmusik: Was können wir voneinander lernen?

Skizzieren wir nun Gemeinsamkeiten und Unterschiede von Filmmusik und gottesdienstlicher Kirchenmusik.

Beide Musikformen können im besten Sinne des Wortes *dienende Musik* sein. Beide dienen einer übergeordneten dramaturgischen Idee, einer Botschaft, ohne dass damit ein autoritäres Herrschaftsverhältnis ausgedrückt wäre. Bekanntlich hat allen voran Martin Luther davon gesprochen, dass Theologie und Musik zwei Schwestern seien. In beiden Situationen, dem Film und dem Gottesdienst, geht es darum, eine Beziehung herzustellen von Bild oder Szene und Musik. In den Köpfen und Herzen entstehen damit eine Verknüpfung und eine Bewegung. Auffällig ist für uns, dass in beiden Fällen ein bewusster, ein begründeter, ja hoffentlich auch ein verantworteter Einsatz von Musik geschieht! Vielleicht entsteht durch die Möglichkeiten und die Wirkung der Musik insgesamt sogar eine Art „Gesamtkunstwerk" oder schlichter: ein dialogisches Miteinander von Sprache, Bild und Klang.

Und so können wir uns auch für den Gottesdienst die Fragen stellen, die vor denen Regisseure und Filmkomponisten immer wieder stehen:

- Gibt es eine Art Drehbuch für den Gottesdienst?
- Wo sind seine Höhepunkte und Ruhepunkte?
- An welchen Stellen soll die Gemeinde selbst aktiv oder expressiv werden? Wo ist sie eher passiv bzw. rezeptiv?
- In welchen Sequenzen kommt (im einen oder anderen Sinne) Musik (z.B. als Lied der Gemeinde, vgl. aktiv oder als Vortragsstück, vgl. rezeptiv) zum Einsatz?
- Wo unterstützt/begleitet Musik eine Bewegung (Prozession/Einzug bis hin zum Tanz)?
- Was soll die Musik an welcher Stelle genau bewirken? Soll die Musik

eher aufstören oder zur Ruhe bringen? (usw.)
– Welche Verbindung hat die Musik zur Sprache?
– Ist die Musik bereits poetisch gebunden?
– Soll die Musik eine bestimmte Botschaft weitergeben und zum Nachdenken anregen?
– Soll sie Trägerin des Gebetes werden?

Gerade im letzten Fall, sofern Musik also (z.B. durch ein Kirchenlied oder das Messordinarium) gesungenes Gebet ist, das Kontakt zu Gott herstellen will, unterscheidet sich ein *Kyrie*, *Gloria* oder *Sanctus* signifikant von jeder Filmmusik. Damit ist jedenfalls noch eine andere „Transzendenzqualität" benannt als der über sich hinausweisende Klang der Filmmusik.

8. (Kirchen)musik im Filmgottesdienst

In der Regel haben wir innerhalb der im Mittelteil des Buches dargestellten Beispiele von Filmgottesdiensten darauf verzichtet, Filmmusik nochmals nachzuspielen. Auch der Abdruck in einem besonderen Arrangement ist unterblieben. Dies wäre Aufgabe einer ganz anderen Publikation. In jedem Fall könnte dies für Vokalchöre und Posaunenchöre, aber auch für Bands und andere Instrumentalensembles reizvoll sein.

Die folgenden Überlegungen sollen den Blick auf die im Film gespielte Musik bzw. die Wechselwirkung zur Kirchenmusik schärfen.

a) Kirchenmusik aus dem Film nutzen
In besonderen Fällen wird – wie gesehen – im Film selbst Kirchenmusik aufgeführt oder eingespielt. Dann ist es denkbar, dass Stücke wie der Choral *Wer nur den lieben Gott lässt walten*, natürlich auch im Filmgottesdienst gespielt oder gar gesungen werden. Andreas Flug hat in seinem Beitrag zu „Vaya con Dios" aber bewusst darauf verzichtet, vielleicht, um den Zauber des besonderen Moments der musikalischen Performance zu erhalten, vielleicht um der Filmkunst ihr Recht zu lassen...

Anders Dietmar Adler und sein Team in Bad Münder. Sie haben bei „Wie im Himmel" im Gottesdienst das Spiritual *Amazing Grace* zum Klingen gebracht. Adler schreibt: „Besonders dichte Momente entstehen, wenn Film- und Live-Musik eng aufeinander bezogen sind. Wenn in ‚Wie im Himmel' der Filmchor an einer inhaltlich besonders intensiven Stelle

Amazing Grace singt, der Gottesdienst-Chor schon mitsummt, um dann – beim Schnitt, wo auch der Film angehalten wird, es bleibt das Standbild! – das Lied voll zu übernehmen und dann die Gemeinde dazu motivieren kann, selbst mitzusingen, erleben die im Gottesdienst versammelten Menschen eine emotionale Dichte, die in Erinnerung bleibt."[17]

b) Filmmusik als Zitat oder zum Mitsingen

Dietmar Adler und das Team aus Bad Münder haben darüber hinaus auch die Gelegenheit beim Schopf gegriffen und Filmmusik im Gottesdienst zur Aufführung gebracht. Gabriellas und Lenas Song aus „Wie im Himmel" wurden von einem Chor live gesungen. Auch im Filmgottesdienst zu „Die Kinder des Monsieur Mathieu" wurden drei einschlägige Filmmusiken (*Vois sur ton chemin, Cerf volant* und *Caresse sur l'océan*) aufgeführt, in diesem Fall ebenfalls Chormusik. Das kann man als Glücksfall bezeichnen. Es kann aber auch als Aufgabe wahrgenommen werden, im Vorfeld bewusst nach dem einen oder anderen Filmmusik-Arrangement Ausschau zu halten, das womöglich sogar von der Gemeinde gesungen werden kann.

c) Musikalisch-liturgische Interaktion mit dem Film (Improvisation, Lied etc.)

Abschließend zwei Beispiele gelungener musikalisch-liturgischer Interaktion aus Stuttgart, wo der Kirchenmusiker Jürgen Schwab als Improvisator an der Orgel Impulse von Filmmusik unmittelbar in seine Performance aufnimmt:

„Mitten im Leben": So hieß die Einladung zu einem Filmgottesdienst in der Stadtkirche von Stuttgart-Vaihingen am 24.11.2003, der anhand von Atom Egoyans Film „Das süße Jenseits" (Kanada 1997) die Frage nach dem Tod und dem Umgang mit ihm stellte. Die Wahl dieses Themas war durch das Kirchenjahr bedingt, an dessen Ende Tod und Ewigkeit im Zentrum christlichen Gedenkens und liturgischer Gestaltung stehen. „Das süße Jenseits" ist ein atmosphärisch dichter Film, der sich mit dem Tod von Kindern auseinander setzt und eine Fülle existenzieller Themen wie Schuld und Verantwortung, Klage und Anklage, Trauer und Wut, Erinnern und Verdrängen verhandelt. Das Vorspiel nahm das „Motto" der Einladung auf: Zu Beginn des Gottesdienstes erklang eine Orgel-

[17] Vgl. Teil IV, 398 in diesem Band.

improvisation zu *Mitten wir im Leben sind* (EG 518), ein Lied nach der mittelalterlichen Antiphon *Media vita in morte sumus.*

Die Gemeinde führte dieses Anfangsmotiv mit ihrem Lied *Die Herrlichkeit der Erden muss Rauch und Asche werden* (EG 527,1+5-8): weiter. Der für die Zeit des Barock typische Text von Andreas Gryphius reflektiert die Vergänglichkeit des menschlichen Lebens. Er wirft Fragen auf, die im Verlauf des Gottesdienstes in der einen oder anderen Form immer wieder begegnen werden – und die vor allem auch der Film stellt: Wie können wir weiterleben nach dem Tod der Kinder, die für eine Zukunft standen, die nun einfach abgebrochen ist und ins Leere führt?

Ins Leere führt zunächst auch der Psalm 23, der nur bis zu Vers 4a („Und ob ich schon wanderte im finsteren Tal...") gemeinsam gebetet wird. Danach folgt – für alle Anwesenden überraschend – eine Stille, die durch eine weitere Orgelmeditation allmählich aufgehoben wird und zur Schriftlesung aus Hiob 14,1-14, statt 18-20 überleitet. Erst nach dem Filmausschnitt und einem theologischen Zugang findet der Psalm 23 seine Weiterführung und seinen Abschluss – die Orgel schließlich hat wieder das „letzte Wort". Während des gesamten Gottesdienstes treten nach dem Konzept der liturgischen Konstellierung Musik, Wort und Bild nebeneinander, stellen Bezüge her und weisen zunächst hinein in das „finstere Tal", um dann mithilfe des Wortes, der bewegten Bilder und der Klänge wieder hinauf bzw. hinauszuführen. Die Kirchenlieder und die Filmbilder interpretieren sich wechselseitig – und die Musik wird so nicht nur zur nichtsynchronen Begleitung des Films, sondern zur Partnerin des filmischen Geschehens und zum Teil auch zu dessen Gegengewicht.

„Fearless – Jenseits der Angst" (Peter Weir, USA 1993) wurde Bezugspunkt eines anderen Gottesdienstes zum Thema Bilder des Jenseits, der am 19.11.2000 in der Stuttgarter Friedenskirche stattfand. Der Film erzählt die Geschichte von Max Klein, der einen Flugzeugabsturz überlebt und eine Gruppe von Mitreisenden aus den Trümmern des Flugzeugs herausholt. Als Retter gefeiert, findet er den Anschluss an sein früheres Leben nicht mehr; er hat seinen eigenen Tod überlebt und hält sich für unsterblich. Er entfremdet sich von seiner Familie und den Freunden, bis eine erneute Konfrontation mit dem Tod ihn wieder „aufweckt".

Als Vorspiel erklingt der Anfang der Sinfonie Nr. 3 von Henryk Górecki, die auch dominierende Filmmusik ist; die durchaus „kirchenmusikalisch" klingende Sinfonie wird am Ende von der Orgel im Nachspiel nochmals aufgenommen.

Das Bild, das Max Klein vor seinem Absturz sah und das ihn verfolgt, gleicht Hieronymus Boschs „Der Aufstieg der Seele ins Paradies"; das jenseitige Paradies wird hier als gleißendes Licht gezeigt. In den kirchenmusikalischen Teil des Gottesdienstes wird dieses Bild durch das Weihnachtslied *Ich steh an deiner Krippen hier* (EG 37), aufgenommen, dessen 3. Strophe die Gemeinde nach dem gemeinsamen Beten des Psalms 30 zweimal singt:

Ich lag in tiefster Todesnacht, / du warest meine Sonne, / die Sonne, die mir zugebracht, / Licht, Leben, Freud und Wonne. / O Sonne, die das werte Licht / des Glaubens in mir zugericht, / wie schön sind deine Strahlen!

Geburt – Tod/Auferstehung, Weihnachten – Ostern werden zu Begriffspaaren, die durch den musikalischen Part sinnlich zugänglich werden. Mit der Musik wird das Versprechen der Filmbilder gleichsam erfüllt. Die Erfahrung der Todesnacht und das Herausgeführtwerden ans Licht werden durch Sinfonie, Kirchenlied und Orgelmeditation in Verbindung mit dem Filmbild zu Körperbildern, die „den Gestus eines Kindes" nachzeichnen, das „im Dunkeln vor sich hinsingt" (Hanns Eisler).

Fassen wir zusammen: Die Berührungspunkte und Wechselspiele von Filmmusik und Kirchenmusik sind vielfältig. Es ist wohl nicht übertrieben, wenn wir sagen, dass eine hohe Inspiration von Filmmusik für die Kirchenmusik ausgeht, sowohl was die Inszenierungsqualität (klare Funktion) als auch die emotionalen Räume angeht, die sie eröffnet.

Die Beispiele zeigen, dass die Übergänge zwischen weltlicher und geistlicher Musik auch heute wieder sehr fließend sind, ähnlich wie sie es schon im Zeitalter der Reformation und der Renaissance waren. Eine strikte, allzu buchstäbliche Genre-Trennung von geistlich/weltlich ist jedenfalls – zumal im neuen Medium des Filmgottesdienstes – gewiss nicht angesagt.

So schließen wir unsere Überlegungen mit einer Ermutigung, keinesfalls ängstlich zu sein, wenn es darum geht, Film und Kirchenmusik, aber auch Filmmusik und Liturgie/Verkündigung in einen lebendigen Dialog zu bringen.

Im Dialog – Gottesdienste mit Kurzfilmen und Gespräch

Thomas Damm

Hinführung

Warum und inwiefern interessiert mich der Film als Kirchenmensch? Welchen Gewinn haben wir als kirchliche Mitarbeitende und die Menschen in unserer Gesellschaft, wenn wir ins Kino gehen oder uns mit dem Kino beschäftigen? Welches Potential steckt also in der Begegnung von Kino und Kirche? Wo berühren sich „Film" und „christliche Glaubenstradition"? Warum ist der „Film" wichtig für die Kirche? Dazu vorab drei Thesen.

1. Drei Thesen zum Verhältnis von Kirche und Kino

1.1 (Gute) Filme gehen auf die Lebensfragen der Menschen ein.

Filme geben den Themen Bild und Ton, die die Menschen heute interessieren. Das Kino weiß sehr gut, was die Menschen bewegt. Filme konfrontieren ihre Zuschauer mit ihren eigenen Lebensfragen, mit ihren eigenen Ängsten, Sehnsüchten und Wünschen. Filme gestalten die großen Lebensthemen wie Geburt und Tod, unerfüllte und gelingende Liebe, Einsamkeit und Gemeinschaft, Versuchung und Bewährung, Scheitern und Erlösung. Filme regen dazu an, die eigene Biographie im Diskurs mit diesen Erzählungen neu zu „lesen". Filme regen dazu an, die eigene Weltdeutung in Auseinandersetzung mit dem im Film Erlebten neu zu überprüfen.

Ein einfaches Beispiel ist der Film „Dirty Dancing", eine *romantic comedy* mit Patrick Swayze und Jennifer Grey aus dem Jahr 1987. Die Liebe zwischen Frances, genannt Baby, und ihrem Tanzlehrer Johnny rührt uns an, und wir fiebern mit, ob diese Liebe siegen wird über die gemeinen Versuche des Vaters, die beiden auseinanderzubringen. Und wir sind nicht nur berührt, sondern irgendwie auch beglückt aus dem Kino gegangen, weil unsere Sehnsüchte nach gelingender Liebe für einen Augenblick – natürlich nur in der virtuellen Realität – erfüllt wurden. Wer weiter fragt, nimmt natürlich kritische Distanz zu der einfachen Botschaft dieser Romanze und setzt sich vielleicht neu auseinander mit der Liebe in seinem bzw. ihrem eigenen Leben. Filme gehen also auf unsere Lebensfragen ein, und das macht sie auch im Raum der Kirche zu einem wertvollen Medium für die liturgische und die (gemeinde) pädagogische Arbeit.

1.2. (Gute) Filme erzählen ganzheitlich. Sie wirken auf alle Sinne.

Das Publikum wird im Kino nicht nur angesprochen auf diese Lebensfragen, es durchlebt im Film diese Geschichten. Wer ins Kino geht, schmunzelt und lacht, weint, reagiert wütend und ärgerlich, nachdenklich und traurig; friert zuweilen innerlich, hat Schweißausbrüche, ist angewidert und erschrocken, wärmt sich aber auch manchmal und sonnt sich an dem Erzählten. Gute Filme erzählen auf so packende, die Sinne vereinnahmende Weise, dass der Zuschauer selbst aktiv wird, zumindest emotional. Er wird hineingeworfen in die Handlung, muss den Konflikt mit lösen und wird schließlich erlöst im Happy End – wenn der Film eines anbietet. Gutes Kino ist immer auch sinnliches Kino.

Und hier hat der Film einen gewissen Vorsprung vor der Kirche des Wortes. Wir Protestanten betonen stets den hohen Stellenwert der Predigt. Allerdings vertrauen wir der Macht des Wortes nicht mehr so wie früher, was eine gewisse Verunsicherung zum einen und eine neue Hochachtung von Symbolen und Riten zum anderen bewirkt hat. Daraus sind auch neue Gottesdienstformen entstanden. Doch der Vorsprung des Kinos in der Frage nach sinnlich erfahrbarer Erzählkunst ist m.E. groß. Wer hat nicht mit gelitten, als Jack Dawson alias Leonardo Di Caprio im eiskalten Atlantik langsam erfriert, an die Eisscholle geklammert, auf der er seine geliebte Rose (Kate Winslet) gerettet hat, und einen letzten Liebesschwur haucht („Titanic", James Cameron, 1997). Und wer hat nicht glücklich in das Gesicht der strahlenden Vivian alias Julia Roberts zurück gelächelt, als der geläuterte, zuvor rücksichtslose Finanzmagnat Edward Lewis seine Liebe zu ihr entdeckt, seine Höhenangst überwindet und mit der Rose im Mund die Feuerleiter zu ihrem Apartment hinauf steigt („Pretty Woman", Garry Marshall, 1989). Die Tatsache, dass gute Filme packend und sinnlich erzählen, ist jedenfalls eine große Herausforderung für uns Christen, unsere narrativen Wurzeln – gerade im Alten Testament wird ja unglaublich viel und lebendig erzählt – neu zu entdecken.

1.3. (Gute) Filme informieren und motivieren.

Eine ganze Reihe von Filmemachern publizieren ihre Arbeiten mit dem Ziel, ihr Publikum aufzurütteln und den Blick auf lokale und auch globale

Verhältnisse zu lenken, die unsere Aufmerksamkeit brauchen. Diese Künstler arbeiten aus einer ethischen Motivation heraus. Es gibt zahlreiche engagierte Regisseurinnen und Regisseure, deren Werke menschliche Schicksale zur Darstellung bringen.

In den Blick kommen Flüchtlinge auf der Suche nach wirtschaftlichem Auskommen, Migranten auf der Suche nach Integration, Menschen aller Generationen auf der Suche nach sinnvollem Leben und Arbeiten, das Leben im ökologischen Gleichgewicht. In Auseinandersetzung mit diesen Filmen können Fragen der Gerechtigkeit, des Friedens und der Bewahrung der Schöpfung neu gestellt und bearbeitet werden. Diese Filme sind Impulsgeber für gesellschaftliches und kirchliches Engagement und daher unverzichtbare Bestandteile kirchlicher Arbeit. Auch für diese These gibt es viele Beispiele. Sie finden sich unter Kurz- und Langfilmen, sie finden sich unter Spiel- und Dokumentarfilmen. Ein aktuelles Beispiel ist übrigens der Film „Promised Land" von Gus van Sant, der die Gefahren des Frackings beleuchtet. Diesen Spielfilm mit Matt Damon haben wir vor einiger Zeit bei Kirche und Kino in Recklinghausen gezeigt. Das Nachgespräch wurde von einem Filmwissenschaftler und einer Expertin für ökologische Fragen mit dem Publikum geführt. Filme können sehr gewinnbringend als Impulsgeber für wichtige Themen eingesetzt werden, auch und gerade im Raum der Kirche.

2. Drei Thesen zum Verhältnis von Film und Gottesdienst

Leuchtet der Einsatz von Filmen in der kirchlichen Bildungsarbeit, im Konfirmanden- und Firmunterricht, in der christlichen Erwachsenenbildung noch unmittelbar ein, so bedarf es für den Einsatz von Filmen im Gottesdienst noch weitergehender Gedanken. Was hat ein Film im Gottesdienst zu suchen? Oder weniger salopp formuliert: Inwiefern kann die Verwendung von Filmen dem Gottesdienst eine neue Attraktivität und Richtung geben? Wieder versuche ich eine Antwort in drei Thesen.

2.1. Die Verwendung von Filmen erlaubt neue, unverbrauchte Gottesdienstformen.

Ein Filmgottesdienst, wie ich ihn im Folgenden vorstellen möchte, hat in seiner Mitte die Präsentation eines Kunstwerks, nämlich eines (Kurz)-Films. Lieder, Texte, liturgische Elemente – alles gruppiert sich um den Film und sein Thema. Alles muss aufeinander bezogen sein, muss inhaltlich und formal stimmig sein, um sagen zu können: Dies ist ein gelungener Gottesdienst. Schon von daher muss ein Gottesdienst, der ein neues Medium einbindet, eine neue Form finden. Anders ausgedrückt: Vollkommen unangemessen wäre es, einen klassischen Wort- oder Predigtgottesdienst zu feiern und an einer Stelle einfach eine Filmvorführung einzufügen. So kann kein stimmiger Filmgottesdienst entstehen. Das neue Medium braucht eine neue Form. Diese muss auch verantwortet werden – nicht nur dem Presbyterium bzw. Kirchenvorstand gegenüber.

So können wir genauer sagen: Die Verwendung von Filmen fordert neue, unverbrauchte Gottesdienstformen.

2.2. Der Einsatz von Filmen demokratisiert den Gottesdienst.

Im Zentrum eines Filmgottesdienstes, wie ich ihn verstehe, steht keine Predigt. Anstelle der theologischen Rede einer einzelnen Person gegenüber einer Reihe von Zuhörenden treten zwei neue Gottesdienstelemente: Die Vorführung eines Filmes und ein Filmnachgespräch, und zwar ein non-direktives, ergebnisoffenes Filmnachgespräch (vgl. unten). So ergibt sich eine offenere Beteiligungsstruktur: Denn alle Besucher und Besucherinnen des Gottesdienstes können am Gespräch über den Film teilnehmen, ihre Eindrücke schildern, ihre Fragen stellen, ihren Ärger, ihr Staunen, ihre Gefühle in den Raum stellen. Im Filmnachgespräch wird aus den Beiträgen quasi ein Mosaik zusammengesetzt. Es entsteht ein vielschichtiges Bild. Erfahrungsgemäß entlässt die Filmvorführung mit anschließendem Gespräch die Teilnehmenden mit einem tieferen Verständnis für Film und Thema, als das eine einzelne Person für sich selbst erreichen könnte.

Der Einsatz von Filmen demokratisiert den Gottesdienst. Denn das Filmnachgespräch repräsentiert eine Beteiligungsform auf Augenhöhe und damit eine zeitgemäße Art der Vermittlung, die in unseren Gottesdiensten noch fremd und ungewohnt ist, wenn man einmal von der neuen Predigtform des „Bibliologs" absieht. Auffällig ist jedenfalls: Viele Menschen – auch außerhalb der Kerngemeinde – lassen sich vom Angebot des Filmnachgesprächs ansprechen.

2.3. Die Verwendung von Filmen im Gottesdienst erschließt neue Zielgruppen.

Oft kommen Menschen im Alter zwischen 30 und 60 Jahren zu solchen Filmgottesdiensten. Sie kommen sonst selten oder nie, denn sie finden, dass die klassischen Gemeindegottesdienste Zielgruppengottesdienste für Senioren sind. Zu Filmgottesdiensten einzuladen, ist eine gute Möglichkeit, neue Zielgruppen gerade in dieser Altersgruppe zu erschließen.

3. Filmliturgie Teil I: Am Anfang ist der Film

3.1 Traditionelle und besondere Gottesdienste

Im Folgenden unterscheide ich zunächst traditionelle und besondere Gottesdienste, um dann zu den Filmgottesdiensten zu kommen. Wer einen traditionellen Gottesdienst vorbereitet, lässt sich zumeist vom Proprium des Sonntags im Kirchenjahr die Texte und Themen vorgeben. Eine evangelische Pfarrerin, ein evangelischer Pfarrer z. B. schaut in die Agende bzw. in das Gottesdienstbuch und findet dort den Predigttext, die Lesungstexte, den Wochenspruch, das Wochenlied und Vorschläge für Psalmen und Gebete vor. Ähnlich halten es die römisch-katholischen Kollegen. Themen und Texte für die klassischen Gottesdienste sind vorgegeben. Man kann sich an diese Vorschläge halten, muss es aber nicht; meistens aber folgen wir Pfarrer und Pfarrerinnen diesen Vorschlägen.

Wer einen besonderen Gottesdienst vorbereitet, d.h. einen Gottesdienst in besonderer liturgischer Form oder zu einem besonderen Anlass, macht die Vorgehensweise in der Vorbereitung abhängig vom Anlass und von der Zielgruppe. So wird für einen Jugendgottesdienst möglicherweise zunächst ein Thema gesucht, und dann dazu Lieder, Gebete und ein Bibeltext ausgewählt.

3.2. Ein dritter Weg: Der Film gibt das Thema vor

Filmgottesdienste sind m.E. nicht traditionell anzugehen, sie sind als besondere Gottesdienste zu betrachten und zu konzipieren. Allerdings schlage ich für die Vorbereitung von Filmgottesdiensten ein eigenes, gleichsam drittes Verfahren vor: Wir gehen unvoreingenommen in die Vorbereitung; d.h., wir haben weder Thema noch Text, allenfalls eine Zielgruppe und die allgemeine Situation der Kirchengemeinde vor Augen. Aber auch die dürfen zunächst noch unscharf bleiben.

Der erste entscheidende Schritt ist die Auswahl des Films. An erster Stelle steht also das Zusammentragen von geeigneten Filmen und deren Sichtung. Die beiden hierfür entscheidenden Kriterien sind die Filmlänge – sie sollte 20 Minuten nicht überschreiten, um den Gottesdienst zeitlich nicht zu sprengen – und die Verfügbarkeit des Films mit den Rechten für die öffentliche Aufführung. Denn jeder Gottesdienst ist eine öffentliche Veranstaltung.

Die Filmgottesdienstvorbereitung beginnt mit der Sichtung von Kurzfilmen. Das Thema steht also noch nicht fest. Es wird vom Film vorgeben. Alternativ bietet es sich zuweilen an, ein Thema vorzugeben und zu einem bestimmten Thema zu suchen. Dann ist die Sichtung ergebnisorientiert und der Pool möglicher Filme eingeschränkter.

Exkurs „Kurzfilm"

An dem Punkt der Filmauswahl angelangt, bietet es sich an, die Form des Kurzfilms näher ins Auge zu fassen. Was macht einen Kurzfilm zum Kurzfilm? Wer heute ins Kino geht, erwartet ein mindestens 90-minütiges Filmerlebnis. Wer heute vom Kino spricht, setzt ganz selbstverständlich die Form des Langfilms voraus. Das hier vorgestellte Filmgottesdienstkonzept arbeitet allerdings mit der kurzen Form des Films.

Warum heißt der Kurzfilm Kurzfilm? Weil er kurz ist. Weil er begrifflich damit vom Langfilm abgegrenzt wird. Ein Film, der auf dem Oberhausener Kurzfilmfestival angenommen werden kann, darf nicht länger sein als 45 Minuten. Für das Filmfest in Cannes sind es nur 15 Minuten, in Berlin nur 10 Minuten. Für die Kurzfilm-Oscars darf die Länge von 40 Minuten nicht überschritten werden. Das zeigt: Weltweit gibt keine einheitliche Definition des Kurzfilms. Reclams Sachlexikon des Film definiert den Kurzfilm nur über seine Länge: Kurzfilm ist „ein Film, dessen Länge relativ kurz ist, d.h. jeder Film, der drei Filmrollen bzw. eine Dauer von 30 Minuten nicht übersteigt."

Einem etwas größeren Publikum bekannt werden in Deutschland die Kurzfilme, die den Oscar für den besten Kurzfilm sowie den besten animierten Kurzfilm erhalten. Beispiele: 1990 ging der Oscar an Christoph und Wolfgang Lauenstein für „Balance", 1994 an Pepe Dankwart für „Schwarzfahrer", 2001 an Florian Gallenberger für „Qiero ser", 2009 an Jochen Alexander Freydank für „Spielzeugland".

Die Filmgeschichte beginnt im ausgehenden 19. Jahrhundert mit Kurzfilmen; nur dass niemand sie so genannt hat, weil alle Filme – aus produktionstechnischen und finanziellen Gründen – zunächst nur einige Minuten lang waren. In den 50er bis 70er Jahren waren Kurzfilme als Vorfilme sehr beliebt, meistens als Cartoons. Weil aber heute jede Sekunde vor dem Langfilm im Kino gewinnbringend durch Werbung vermarktet wird, musste der Kurzfilm dem Kommerz weichen und ist aus dem Kino weitgehend verbannt worden.

Der Kurzfilm bedient viele Genres und Gattungen: Es gibt ihn beispielsweise als Dokumentarfilm, Animationsfilm, Industriefilm, Werbefilm, Wissenschaftsfilm, Videoclip, z.B. Musikvideo, pädagogischer Schulfilm. In Deutschland werden heute jährlich etwa 2000 Kurzfilme gedreht. Sie entstehen überwiegend an den Filmhochschulen als Abschlussarbeiten der Studierenden.

Was einen Kurzfilm zum Kurzfilm macht, ist allerdings nicht nur seine Länge. Vielmehr gibt es qualitative Kriterien und Merkmale, die nicht ungenannt bleiben sollen. Dazu ein Zitat des Regisseurs Kornél Mundruczó („Afta", 2000), der Kurz- und Langfilme dreht: „Im Kurzfilm geht es nicht darum, etwas zu verkürzen, sondern zu verdichten. Das bedeutet im Endeffekt eine ganz andere Form, und das kann einen mehr in Anspruch nehmen, als einen langen Film zu drehen. [...] Ein langer Spielfilm hat ein viel komplexeres Gewebe und ist vergleichbar einem Roman. Im Kurzfilm dagegen kann ich eine kleine Sache nehmen und immer enger einkreisen, und dabei konzentriere ich mich auf ein einziges Gefühl." Mit der Literatur verglichen, spinne ich den Gedanken weiter, ist ein Langfilm ein Roman, ein Kurzfilm ein Gedicht oder ein Aphorismus.

3.4. Kriterien zur Auswahl des Films

Wir stellen uns unseren eigenen Filmgottesdienst-Vorbereitungsprozess vor: Wir haben allein oder in einer Gruppe eine Reihe von Kurzfilmen gesichtet. Wir haben eine Prioritätenliste aufgestellt anhand verschiedener Kriterien:

- Subjektive Kriterien:
  - Der Film spricht mich unmittelbar an.
  - Der Film löst emotionale Reaktionen aus.
  - Der Film fordert heraus.
  - Der Film spricht ein für mich und andere wichtiges Thema an.
- Zielgruppenspezifische Kriterien:
  - Ist das Filmthema zur Zeit in der Gemeinde/in dem Kontext, in dem der Filmgottesdienst gefeiert wird, virulent?
  - Wird das Filmthema in der Öffentlichkeit diskutiert/verdrängt?
  - Trifft der Film auf ein Bedürfnis bei den Menschen, die ich im Blick habe?

Ist die Entscheidung für einen Film gefallen, folgen weitere Schritte, die im Folgenden benannt werden.

4. Filmliturgie Teil II: Vorbereitung eines Filmgottesdienstes.

Am Anfang steht der Film. Die Auswahl des Films ist – wie gesagt – der erste ergebnisorientierte Schritt auf dem Weg zum Filmgottesdienst. Ist die Festlegung auf einen Kurzfilm erfolgt, führen einige methodische

Schritte zur Liturgie des Gottesdienstes. Sie können folgendermaßen beschrieben werden:

- Sammeln von Assoziationen zum Film
- Festlegung auf einen Haupt-Aspekt des Films (ggf.)
- Sammeln von Material zum Thema (ggf. Verfassen von Texten)
  - Bibeltext(e)
  - Moderne/klassische Psalmtexte, Glaubensbekenntnisse
  - Literatur (Gedichte, Aphorismen, Kurzgeschichten),
  - Lieder und/oder Musikstücke,
  - Gebete

Aus der Sammlung von Texten und Liedern wird in theologischer Verantwortung und liturgischer Erfahrung der Ablauf des Filmgottesdienstes konzipiert. Dazu finden sich im folgenden Hauptteil des Buches zahlreiche Beispiele, auch wenn sie in der Regel nicht der Idee eines Kurzfilms folgen.

5. Das Filmnachgespräch

Im Zentrum des Filmgottesdienstes, wie ich ihn mir vorstelle, steht neben der Filmvorführung auch das Filmnachgespräch. Beide Elemente nehmen – verglichen mit einem traditionellen Gottesdienst – den Platz der Predigt ein. Zieht man den Vergleich mit einem besonderen Gottesdienst heran, so haben sie den Platz des Anspiels, der Ansprache, der Aktion inne.

Bei der Filmvorführung sind die Gottesdienstbesucher und -besucherinnen Zuschauende und Zuhörende. Beim Filmnachgespräch sind sie aktiv Teilnehmende. Insofern zeichnen sich Filmgottesdienste nach dem hier vorgestellten Konzept durch eine hohe Beteiligungsstruktur aus (s.o.).

Die Fragen der Technik werden an dieser Stelle nicht aufgegriffen, wohl aber in Kürze die Frage nach Sitzordnung und Gottesdienstraumgestaltung. Es fördert die kommunikative Struktur des Nachgesprächs, wenn Stühle für den Gottesdienst im Halb- oder Dreiviertelkreis angeordnet werden. Die Besucher und Besucherinnen sollten sich ansehen können. Planen Sie genau, wo der Altar steht/ob Sie einen Altar brauchen, wie Sie Kerzen anordnen, vielleicht eine gestaltete Mitte, und wo die Technik inklusive Leinwand steht. Für eine Kirche mit fest installiertem Altar ist die Frage anders zu stellen: Wo wird die Leinwand stehen, wenn der

Altar sichtbar bleiben soll? Priorität hat die Möglichkeit zur guten Kommunikation.

5.1. Grundsätzliches

Meines Erachtens ist für das Filmnachgespräch eine öffnende Gesprächsführung, eine nondirektive Gesprächsleitung gefordert. Der Kurzfilm bringt eine derartige Dichte an Impulsen mit, die alle Zuschauer etwas anderes sehen und erinnern lassen. Es muss also darum gehen, die Impulse der Zuschauer zuzulassen, abzufragen, herauszulocken. Wesentlich ist daher, mit der ersten Frage (und den weiteren) zunächst einen Raum zu eröffnen. Es geht nicht darum, vorgegebene Ergebnisse oder Sätze zu hören. Es soll gleichsam ein Mosaik entstehen, ein möglichst vollständiges Bild dessen, was man gesehen hat und was im Inneren der Einzelnen entstanden ist. Der Aspekt, der den Hauptamtlichen (bzw. dem Vorbereitungsteam) im Blick auf den Gottesdienst besonders wichtig ist, wird sicher im Gespräch genannt werden. Besser ist es immer, wenn Andere ihn entdecken. Dann gilt es, diesen Impuls zu verstärken, zu unterstützen oder zu vertiefen.

5.2 Die Eröffnung des Gesprächs

Die erste Runde des Nachgesprächs hat ihre eigenen Regeln. Die leitende Person beginnt das Gespräch mit einer öffnenden Frage:

- Welche Eindrücke haben Sie gesammelt?
- Was hat der Film bei Ihnen ausgelöst?
- Was liegt gerade obenauf bei Ihnen? Oder auch:
- Gibt es etwas, was Sie nachfragen möchten? (Verständnisfrage)

Es ist gut möglich, dass nicht gleich jemand antwortet. Oft herrscht erst einmal Schweigen, weil der Film viele Impulse vermittelt hat und so schnell, noch bewegt von der Fülle der Eindrücke, kein Anfang gefunden wird. Dieses Schweigen sollte vom Moderator nicht zu schnell gebrochen werden. Meist fühlen sich die Verantwortlichen gedrängt, schnell in die Bresche zu springen, weil das Gespräch nicht zu beginnen scheint.

Das Nachgespräch ist also zu führen als „herrschaftsfreier Diskurs". Das beinhaltet auch die Wertschätzung aller Äußerungen und Beobachtungen. Die Kunst der Gesprächsführung wird darin liegen, Beobachtungen zu bündeln, nachzufragen, zusammenzufassen, ggf. einen Gesprächsfaden wieder aufzunehmen, um nach und nach den Hauptstrang des

Films hervorscheinen zu lassen. Das Lernen in einem Film-Nachgespräch ist immer mehrdimensional und nie vorab festzulegen.

5.3. Der Abschluss des Gesprächs

Ein Filmnachgespräch ist ergebnisoffen. Das ist für ziel- und ergebnisorientiert arbeitende Pfarrer und Pfarrerinnen oft eine große Herausforderung. Doch sie ist durch das Medium Film vorgegeben. Eine gute Predigt spitzt am Ende zu, landet punktgenau. Ein gutes Filmnachgespräch nimmt dagegen die Vielschichtigkeit des Filmkunstwerks ernst, auf der anderen Seite aber auch die Beteiligungskultur: Nicht ein Prediger, eine Predigerin, sondern viele Teilnehmende arbeiten den Film im Gespräch durch. Jede Äußerung hat ihr Recht. Eine gute Gesprächsführung lässt die Äußerungen nebeneinander stehen und bündelt dort, wo es möglich und angemessen ist, ohne die Äußerungen gegeneinander auszuspielen. So wie die Wahrheit mehrere Seiten hat, so hat auch ein Filmnachgespräch manchmal einen ganzen Strauß von Ergebnissen. Eine gute Gesprächsführung zeichnet sich dadurch aus, dass sie am Ende noch einmal zusammenfasst, ohne zu verkürzen oder auszublenden, oder ggf. auch nicht zusammenfasst – zuweilen nämlich kann die Äußerung einer teilnehmenden Person gut als Schlusswort stehen gelassen werden. Damit bleibt das Gespräch ein Stück „offenes Kunstwerk" (Marcel-Martin), hängt aber auch nicht völlig in der Luft.

Was dann durch die leitende Person noch zu geschehen hat, ist die Überleitung zum nächsten Gottesdienstteil. Das ist in den allermeisten Fällen ein Lied.

6. Fazit

Filmgottesdienste mit Kurzfilmen (vgl. Felix, 271) stellen eine besondere Möglichkeit der Konzentration auf Adressaten bzw. auf ein Thema dar und verdienen es, weiterhin erprobt zu werden. Ihre Stärke ist, dass sie das Kunstwerk Film als Ganzes in den Blick nehmen und nicht „aufteilen" müssen zwischen Gottesdienst und Aufführung des Films. Die besondere Methode des offenen Nachgesprächs ist eine zeitgenössische Variante, die ernst macht mit der Mündigkeit evangelischen Christentums und hinzu eine gute Anregung für den homiletischen Diskurs im Blick auf die Dialogizität der Predigt an sich und auf den Dialog mit den Künsten.

Filme im Gottesdienst? Anmerkungen und Anregungen aus katholischer Perspektive

Thomas Kroll

Kirche und Kino – das waren in meiner Paderborner Jugendzeit zwei völlig verschiedene Welten. Sonntags ging ich mit meinen Eltern und Brüdern zur Eucharistiefeier in die Kirche »Maria zur Höhe«; dienstagabends war ich mit Freunden und Bekannten im benachbarten Pfarrheim zu Gast. Dort erlebte ich katholische Dilemmata, etwa mit Hitchcocks Klassiker „Ich beichte", dort gewann ich erste Einblicke in protestantische Seelen dank Bergmans „Licht im Winter".

Anfang der 1970er Jahre wurde die Trennung kurz aufgehoben: Ein Priester der Nachbargemeinde führte im Rahmen einer Vorabendmesse Raoul Servais' knapp zehnminütigen Film „Chromophobia"[1] vor. Ein Einzelfall. Vielleicht symptomatisch für die Phase liturgischer Experimente in katholischen Kirchen nach dem Zweiten Vatikanischen Konzil?

Später bringen das Studium katholischer Theologie sowie zahlreiche Exkursionen ins Kino die beiden Welten – in mir – immer näher. Nicht dass ich öfters Filme in Kirchen erlebe, aber das Kino wird für mich nicht selten zum dunklen Andachtsraum und die Leinwand zum Spiegel, in dem Spuren des Religiösen und spirituelle Impulse, ja biblische Figurationen, Motive und Geschichten zu entdecken sind.

Mitte der 1990er Jahre: Kirche als Kino. Am Abend des Palmsonntags zeigt man in einer Solinger Kirche Hugo Niebelings Verfilmung der Bachschen Johannes-Passion „Es wäre gut, dass ein Mensch würde umbracht für das Volk".

In den Jahren danach gibt es weitere Annäherungen, andere Settings, bei denen Kirche und Kino, Liturgie und Film zueinander finden und bislang eher ungewohnte Allianzen eingehen – zum Beispiel bei Film-Exerzitien, anlässlich von Kirchen- und Katholikentagen sowie im Rahmen von GlaubensFilmWochen. Davon soll im Weiteren die Rede sein.

1 Zu sehen ist der Kurzfilm (Belgien 1966) unter https://www.youtube.com/watch?v=-auBeFd0qnI [Abruf 26.08.2014]. Im Katalog der Medienzentrale Köln war der Film hieß es: »Chromophobia, eine krankhafte Furcht vor Farben als Ausdruck unbekümmerter Lebensfreude. Militante, schwarz gekleidete Legionen überwältigen eine kleine farbige Welt und vernichten alles Farbige in ihr. Doch schließlich bricht durch den unfruchtbar gewordenen, toten Boden eine bunte Blume und besiegt das Schwarze durch eine ‚Infektion' mit Farben.«

1. Gottesdienst(element)e im Rahmen von FilmExerzitien

„Filme diskutieren: gut. Filme meditieren: besser."[2] Ein Bonmot von Michael Graff, der etliche Jahre lang als »Kinopfarrer«, so seine Selbstbezeichnung, in Alpirsbach aktiv war.[3] Graff gilt als Erfinder von FilmExerzitien, die er seinerzeit KinoExerzitien nannte. Seine Grundidee hat in katholischen Kreisen viel Anklang gefunden.

FilmExerzitien zielen ab auf die Begegnung von säkularer und christlicher Mystagogie.[4] Ausgewählte Filme[5] – hier ist keineswegs an so genannte „religiöse Filme" gedacht – führen ein in das Geheimnis des Lebens, ebenso Gebete und Eucharistiefeier. Intendiert ist, dass *homo cinematicus* und *homo liturgicus, homo aestheticus* und *homo religiosus* einander begegnen, in ein und derselben Person.

Das Meditieren von bewegten und bewegenden Bildern kann im Rahmen von FilmExerzitien auf unterschiedliche Weise geschehen. Ein wichtiger Bestandteil im Prozess der Annäherungen zwischen äußeren und inneren Bildern, zwischen Exerzitanden und Gott ist das konsequente Schweigen nach der abendlichen Filmsichtung, zum Beispiel bis zum Plenum nach dem Frühstück am Folgemorgen, lediglich unterbrochen vom Nacht- und Morgengebet. Weitere Hilfestellungen und Anregungen für das Nachsinnen erfolgen durch den Austausch in Gruppen, in Einzelgesprächen mit den Exerzitienbegleiterinnen und begleitern sowie durch je eigens erstellte Impulsfragen. Eine besondere Bedeutung kommt den unterschiedlichen Gottesdiensten zu, die im Verlaufe der Exerzitientage gefeiert werden.

---

2 Michael Graff, Christus inkognito. Eine theologische Spurensicherung im Film, in: Karl-Eugen Hagmann / Peter Hasenberg (Red.), Jesus in der Hauptrolle. Zur Geschichte und Ästhetik der Jesus-Filme [film-dienst Extra] Köln 1992, 48-56, hier: 56.

3 Vgl. die Ausführungen »Wie mein Lichtspielhaus zum Gotteshaus wurde. Michael Graff über seine Berufung zum Kinopfarrer« in der Zeitschrift »Wegbereiter« (Heft 2/2004, 20f), zu finden unter http://www.kath.de/magazin/wegbereiter/Seiten.und.Rahmen/2-04/20-21.html [Abruf 26.08.2014]. Am Ende des Artikels liest man: „Als Pfarrer kenne ich Sonntag für Sonntag das Gefühl, [in der Kirche] nur für eine interessierte Minderheit zu spielen. Ich liebe dieses Wort vom Spiel. Es verbindet in meiner Existenz Liturgie und Kino sehr genau. Ob Gott ins Spiel kommt? Ich glaube, er spielt mit mir, mit uns. Eigentlich bin ich gar nicht sein Werkzeug, sondern sein Spielzeug. Und als ich im Lauf der Jahre Gott so munter mit mir spielen ließ, wurde mein Lichtspielhaus zum Gotteshaus."

4 Zu Ziel, Hintergrund und Praxis dieser Exerzitienform vgl. das Kapitel »FilmExerzitien – strukturiert-offener Prozess im Hinblick auf die Begegnung von säkularer und christlicher Mystagogie« in: Thomas Kroll, DER HIMMEL ÜBER BERLIN – Säkulare Mystagogie? Wim Wenders' Spielfilm als Herausforderung für die Praktische Theologie [Symbol – Mythos – Medien, Band 11], Berlin 2008, 630-647.

5 Nur zwei Beispiele: Bei FilmEinkehrtagen zur Losung des 33. DEKT in Dresden „... da wird auch dein Herz sein" (Mt 6,21) waren zu sehen „Up in the Air", „Into the Wild" sowie „Von Menschen und Göttern"; bei FilmExerzitien zum Leitthema „Vom Segen der Langsamkeit" kamen zum Einsatz „7 Brüder", „Stellet Licht", „Die Wand" und „Cheyenne".

Im Informationsschreiben an die Teilnehmenden heißt es: „Abend und Morgengebet [...] sind ebenso wie die tägliche Eucharistiefeier auf die Filme abgestimmt. Lieder und Psalmen, Litaneien, Gebete und Lesungen wollen helfen, das Gesehene und Erlebte zu verarbeiten, zu deuten und zu vertiefen.

Zunächst übernimmt der Film die säkulare Mystagogie, d.h. er führt ein in das Geheimnis des Lebens mit Geschichten aus unserer Erfahrungswelt. Damit ähnelt er den Gleichnissen Jesu. Denn der Wanderprediger aus Nazareth greift bei seinen Geschichten oft auf alltägliche Begebenheiten und Konflikte zurück, auf Figuren und Vorgänge, die jeder kennt, ohne religiösen Bezug.

Im Anschluss an den Film dienen Gebete, Lieder, Predigten und andere gottesdienstliche Elemente der christlichen Mystagogie. Ihnen kommt die Aufgabe zu, das Gesehene und Erlebte vor dem Hintergrund des Evangeliums in den Blick zu nehmen, zu deuten und zu vertiefen. Anders gewendet: Ausdrücklich christlich verankerte Elemente übernehmen die Einführung in das Geheimnis des Lebens, Gott genannt, indem sie zumeist mit Hilfe von Worten verschiedenartige Situationen des Films aber auch konkrete Lebenserfahrungen der Betenden und Singenden auf das ihnen innewohnende Geheimnis hin zu erschließen suchen."

1.1 Psalmen und Lieder

Eine persönliche Bereicherung und (Neu)Entdeckung bei FilmExerzitien sind für mich immer wieder einzelne Textpassagen aus Psalmen und Liedern, die beim Nacht- und Morgengebet erklingen und ungeahnte Bezüge zum Film sowie zum Filmerleben erkennen lassen. Das Nachtgebet soll helfen, Gefühle und Gedanken nach dem Film bereits ein wenig zu ordnen sowie ein gewisses Maß an Abstand zu gewinnen, gerade bei Filmen des zweiten und dritten Tages, die von den Exerzitanden meist mehr abverlangen als der heranführende Film zu Beginn und der eher versöhnliche Film am Ende eines einwöchigen Exerzitienprozesses. Das Morgengebet hat die Aufgabe, den Träumen der Nacht und anderen Nachklängen des Films nochmals Raum und Stille zu geben. Es will ferner wieder vertraut machen mit den Bildern des Vorabends. Das kann durch Einspielen von Teilen der Filmmusik oder Zitieren von musikalischen Motiven aus dem Film geschehen sowie durch Psalmen und Liedverse, die die Filmerlebnisse des Vorabends auf ihre Weise zum innerlichen Schwingen und äußerlichen Klingen bringen.

Die beiden etwa halbstündigen Gottesdienste weisen dieselbe Struktur auf:

- Musik
- Lied
- Psalm (Antiphon und Verse im Wechsel gebetet)
- Litanei (mit oftmals wiederholtem Kehrvers)[6]
- Vaterunser
- Segen
- Lied
- Musik

Nach der Filmsichtung wird der Psalm festgelegt, Lieder und Musik werden oft im Vorhinein ausgesucht. Auch wenn diese einzelnen Elemente der Gottesdienste meist bekannt sind, kommt es selbst bei den Vorbereitenden mitunter doch zu unvorhergesehen Interferenzen zwischen Film und Gebet, Film und Gesang. Das geschieht weniger bei der ersten und zweiten, ab und an jedoch bei den weniger bekannten Strophen (und Psalmversen). Ein Aha-Erlebnis, ein Geschenk. Denn das unmittelbar oder am Vorabend vorangegangene Filmerlebnis bildet einen neuen Verstehens- und Erlebnishorizont für das, was dank vorgeformter Worte gebetet und gesungen wird. Bei solchem Zusammentreffen von Film und Psalm spürt man vielleicht deutlicher als bislang, spürt der eine oder die andere gar erstmals, dass uralte Texte der Bibel heutige, im Film quasi geronnene existentielle Erfahrungen nach wie vor treffend vor Gott in Sprache bringen können. Zwei weitere Beispiele: Huub Osterhuis' Lied *„Ich steh vor dir mit leeren Händen, Herr"* (EG 382 / GL 422)[7] singt sich morgens immer gut; nach dem Film „Gran Torino", bei dessen Finale der Protagonist mit nahezu leeren Händen und ausgebreiteten Armen erschossen wird, nach dessen Sichtung der und die Einzelne möglicherweise verstört und mit dem Gefühl der Ohnmacht in die Nacht gegangen sind, kann das gemeinsame Singen am Folgemorgen der erfahrenen Not, aber auch dem Vertrauen einen neuen adäquaten Ausdruck geben. Selbst gewisse Aspekte und Facetten des auf den ersten Blick befremdlich wir-

6 Hier leisten Gebetstexte von Anton Rotzetter gute und ansprechende Dienste. Vgl. Anton Rotzetter, Gott, der mich atmen läßt. Gebete, Freiburg / Basel / Wien ^{3}1987 (=Anton Rotzetter, Gott).

7 EG steht hier und im weiteren Text für »Evangelisches Gesangbuch« (Berlin 1993), GL für „Gotteslob" (Stuttgart u.a. 2013).

kenden Liedes *„Mir nach, spricht Christus, unser Held“* (EG 385 / GL 461), das neben dem Motiv der imitatio Christi den Gedanken der militia Christi entfaltet, können nach Filmen wie „MASTER & COMMANDER“ besser rezipiert werden.

1.2 FilmPredigt

Die Eucharistiefeier zur Prime Time am Morgen unterbricht bei FilmExerzitien die Gespräche in Kleingruppen. Diese dienen dem gemeinsamen Austausch über den Film und der Suche nach den Fragen, die der Film an den je Einzelnen und die je Einzelne stellt.

Der Ablauf der Messe bietet an etlichen Stellen die Möglichkeit, mit freien Worten auf den jeweiligen Film Bezug zu nehmen. Das kann etwa bei der Einführung erfolgen nach der liturgischen Eröffnung, im Rahmen der Kyrie-Rufe, bei den Fürbitten, bei der Einleitung zum Vaterunser und vor dem Schlusssegen. Als pointierter Ort erweist sich die Predigt. Sie nimmt Bezug sowohl auf die Schrifttexte, die meist erst nach der Filmsichtung festgelegt werden, als auch auf den Film des Vorabends. Bei der Auswahl der Lesungstexte und bei der Konzeption der Predigt geht es nicht um das Fortschreiben des Films mit biblischen Worten, eher um Unterbrechung, um Konfrontation und Korrelation. Dabei ist die Erfahrung leitend: Wichtige Themen des Films sind wichtige Themen der Bibel. Sie findet ihren Widerhall im Vorwort der Pastoralkonstitution des Zweiten Vatikanums „Gaudium et spes“: „Freude und Hoffnung, Trauer und Angst der Menschen von heute, besonders der Armen und Bedrängten aller Art, sind auch Freude und Hoffnung, Trauer und Angst der Jünger Christi. Und es gibt nichts wahrhaft Menschliches, das nicht in ihren Herzen seinen Widerhall fände.“

So gesehen fungiert der Film nicht als Stichwortgeber, sondern avanciert zum Dialogpartner, der zur Revision kirchlicher Tradition herausfordert und bisweilen neue Eindrücke zu bieten und neue Einsichten zu vermitteln vermag.

Zugegeben, folgt man der Definition der Herausgeber, handelt es sich bei den Eucharistiefeiern im Rahmen von FilmExerzitien um „indirekte FilmGottesdienste“, hat man doch den Film jenseits des Kirchen und Kapellenraums erlebt, zumeist im verdunkelten Saal eines Exerzitienhauses. Eine Besonderheit weist dieser Gruppengottesdienst jedoch auf: Alle, die zugegen sind, haben am Vorabend denselben Film erlebt, haben ihn meditiert, reflektiert, mit anderen besprochen und erleben so die

Eucharistiefeier, hören die Predigt vor demselben filmischen Hintergrund – in einem Setting, das Menschen öffnen kann und soll für die Spuren Gottes in ihrem Leben, sei es mit Hilfe eines Films, sei es dank einer Predigt.

2. FilmAndachten

„Filme diskutieren: gut. Filme meditieren: besser."[8] (M. Graff) Warum nicht im Rahmen einer Liturgie? Warum nicht in einer Kirche oder in einer Kapelle, in der eine Leinwand zeitweilig alle Blicke auf sich zieht?

Derlei Fragen mögen in protestantischen Gemeinden als überflüssige Hinweise und rhetorische Fragen ankommen. In katholischen Kreisen hingegen lösen sie immer noch Grundsatzdiskussionen aus, sei es im Hinblick auf das Verständnis der Würde von Gotteshäusern, sei es angesichts der Betonung des Mysteriums und der Feierlichkeit, die der katholischen Liturgie innewohnen soll. Aufgrund des Hangs zu Treue und Tradition ist für Kreativität und Neues in Kirchen wie Liturgien nicht immer Platz. Künsten wie Architektur und Bildhauerei, Malerei und Musik räumt man genügend Raum ein in Gotteshäusern und bei der Inszenierung von Liturgien. Mit der so genannten siebten Kunst[9] aber tut man sich in diesen Kontexten mitunter doch noch schwer.

Darüber hinaus sind praktisch-technische Probleme ausschlaggebend für den Verzicht auf bewegte und bewegende Bilder im Kirchenraum. Die Helligkeit in manchen Kirchen beeinträchtigt die Filmprojektion an einem Sonntagmorgen ebenso sehr wie etwa lang anhaltender Hall. Der kann dazu führen, dass man Filmdialoge in den Kirchenbänken schlichtweg nicht versteht. Dennoch: Wählt man die liturgische Form der Andacht ist gerade im Blick auf die jeweilige Zeit im Kirchenjahr und mit Rücksicht auf deren Themenschwerpunkte eine Vielzahl an thematischen FilmAndachten möglich.

Im Advent wendet sich die Frühschicht für und mit Jugendlichen den Fragen zu: Worauf warten wir noch? Wie muss, wie darf man sich die Wiederkehr Jesu Christi vorstellen? Dabei kommt der Kurzfilm „Ernst und das Licht" zum Einsatz und wird konfrontiert mit dem Gleichnis von den klugen und törichten Jungfrauen (Matthäus 25,1-13) oder mit der Emmausgeschichte (Lukas 24,13-35).

8 Michael Graff, Christus inkognito, 56.
9 Zum Begriff »siebte Kunst« vgl. http://filmlexikon.uni-kiel.de/index.php?action=lexikon&tag=det&id=3742 [Abruf 27.08.2014].

In der vorösterlichen Zeit feiert man einen Buß und Versöhnungsgottesdienst, der den Plot Point aus Roland Joffés Spielfilm „The Mission" sowie die Perikope Lukas 15,1-7 (oder Ezechiel 33,10-20) in den Mittelpunkt stellt.[10]

An Allerseelen bedenkt man vor Gott den Umgang mit Toten und die Trauer auf Seiten der Zurückgebliebenen. Beides führt der Kurzfilm „Remedio" vor Augen, dem man die neutestamentliche Lesung 1 Thessalonicher 4,13-18 zur Seite stellen kann.

2.1 FilmAndacht in der österlichen Bußzeit: Neugier und Verantwortung

Der oben dargelegte Ablauf der Nacht- und Morgengebete im Rahmen von FilmExerzitien erweist sich, leicht modifiziert, als hilfreiches Raster für FilmAndachten. Diesem Ablauf folgend wurde am 13. März 2012 in St. Ursula, Bremen ein FilmGottesdienst gefeiert.[11] Er stand unter dem Leitwort „Neugier und Verantwortung" und konfrontierte den Kurzfilm „Dangle" mit Genesis 3,1-13.

- Musik zum Ankommen
- Liturgische Eröffnung und Begrüßung
- Lied[12]
- Psalm[13]
- Kurzfilm [oder Filmausschnitt]: Einführung / Filmvorführung / kurze Stille[14]
- Schriftlesung mit Ansprache[15] und anschließender kurzer Stille

---

10 Den Ablauf mit Liedern und Litanei, Predigt und Fürbitten findet man in: Thomas Kroll, Bewegte Bilder im Kirchenraum? Plädoyer für die Einbindung von Filmsequenzen in Gottesdienste, in: Martin Lätzel (Hg.), Räume öffnen. Gottesdienste feiern mit kirchlich Distanzierten. Ein Werkstattbuch [Konkrete Liturgie], Regensburg 2005, 91-105.

11 Am Anfang war die Anfrage des Pfarrers nach ein, zwei FilmAndachten in der geprägten Zeit vor Ostern. Wegen der technischen Umstände drängten sich die nahezu dialogfreien Filme „Am seidenen Faden" (man hört wenige spanische Worte und liest deutsche Untertitel) sowie „Dangle" auf. Daraufhin wurden Schriftstellen und Leitthemen gesucht, anschließend Psalmen und Lieder. Die FilmAndacht mit dem Motto „Gottvertrauen" konfrontierte „Am seidenen Faden" mit Jesaja 7,1-9. Sie fand am 28. Februar 2012 in St. Georg, Bremen statt.

12 Du rufst uns, Herr, trotz unsrer Schuld (GL 161).

13 Psalm 103: Vergiss nicht, was Gott dir Gutes getan hat (EG 742) / Ein Loblied auf den gütigen und verzeihenden Gott (GL 57).

14 „ ‚To dangle' – das ist Englisch und bedeutet ‚baumeln, baumeln lassen'. Was da baumelt, wird nicht verraten, das sehen Sie gleich selbst. Ich wünsche gute und anregende Andacht."

15 „Hand aufs Herz, ... hätten Sie nicht auch versucht, einmal an dem roten Seil zu ziehen? Mal ehrlich, hätten Sie das einfach so hängen lassen - oder nicht doch mal kurz ausprobiert, was es damit so auf sich hat? ... Da war viel zu sehen im Gesicht des Protagonisten, da war viel zu spüren, bei ihm, bei uns: Scheu – Vorsicht – Unwissenheit – Neugier – Mut – Eifer – Lust – Macht. ... Aus, an, aus, an. Das spielt sich gut, und unser Mann auf dem Berliner Teufelsberg – dieser Name, welch Ironie des Schicksals – hat Spaß wie ein kleines

- Litanei[16]
- Vater unser
- Segen
- Lied[17]
- Musik zum Ausklang

2.2 FilmAndacht beim Katholikentag: Ins Kino gegangen. Gebetet

Beim 99. Katholikentag in Regensburg ergab sich die Möglichkeit, eine FilmAndacht zu feiern. Premiere. In Anlehnung an ein Bonmot von Franz Kafka wählten Pfarrer Christoph Seidl und ich als Leitthema: „Ins Kino gegangen! Gebetet!" Uns zur Seite stand Franziska Forster mit ihren Instrumenten, Flöte sowie Sopran und Tenorsaxophon. In der dunklen, gut gefüllten Neupfarrkirche kamen sukzessive fünf Filmausschnitte zum Einsatz. Sie umkreisten das Thema Gebet, machten verschiedene Aspekte sichtbar und unterschiedliche Facetten erlebbar. Ferner war uns wichtig, nicht nur Filmausschnitte zu zeigen und Texte vorzutragen, sondern die Anwesenden zum Mitbeten einzuladen, zum persönlichen Gebet zu motivieren, innerlich und äußerlich zu bewegen. Im Folgenden eine Skizze mit den wichtigsten Punkten des Ablaufs:

1) Eröffnung – Gott mitten unter uns

- Filmausschnitt aus „Vaya con Dios"
- Liturgischer Eröffnung
- Begrüßung, Einführung
- Herabrufung des Hl. Geistes mit Gesang, dazu Einlegen von Weihrauch[18]

Kind. Aus, an, aus, an, aus. Aus und vorbei. Irreversibel. Ein schönes Fremdwort. Es besagt: Nicht mehr rückgängig zu machen. Kein Weg zurück. Aus und vorbei. Vor allem: Aus, kein Licht mehr, alles im Dunkeln. Und jetzt stellen sich andere Gefühle ein: Ohmacht – Peinlichkeit – Scham – Schuld. Wir kennen derlei Situationen im Kleinen wie im Großen ... Horrorszenarios ... Umweltkatastrophen, von Menschen gemacht ... Genmanipulation an Nahrungsmitteln, an Menschen ... Doping ... aber auch im Alltag ...
Wie mag es Eva und Adam ergangen sein? Wofür steht diese Geschichte? ...
Lesart 1: ein ethischer Film! ... bedenke die Folgen Deines Handelns! Lesart 2: ein theologischer Film? Warum – im übertragenen Sinne – lässt Gott das Seil baumeln? Sind wir Marionetten, hängen wir am Seil? Oder haben wir das Seil vor Augen, sind wir Mitschöpfer, Menschen mit Verantwortung? „

16 Grundlage ist das Gebet „Ich will umkehren zu Dir" in: Anton Rotzetter, Gott, 121f. Die variierte, zur Litanei umgeformte Fassung des Gebets findet man in Thomas Kroll, Bewegte Bilder, 94f.

17 Gott wohnt in einem Lichte, dem keiner nahen kann (EG 379 / GL 429).

18 „Wir bedenken Lebensthemen vor Gott und rufen den Hl. Geist in unserer Mitte an. Weil Geist schwer zu fassen ist, versuchen wir es mit einem alten Ritual und legen Weihrauch auf brennende Kohlen. Dazu singen wir den Taizé-Ruf ‚Veni creator spiritus'!"

2) „Der Herr ist mein Hirte" – Vertrauen in der Not

- Hinführung zum Filmausschnitt
- Filmausschnitt aus „Pale Rider"
- Impuls[19], anschließend Saxophon

3) Beten – Wie geht das, wozu ist es gut?

- Schrifttext: Mt 7,7-11
- Überleitung und Hinführung zum Filmausschnitt
- Filmausschnitt aus „Das Wunder von Bern"
- Impuls[20], anschließend Kerzenanzünden, dazu Saxophon
- Litanei[21]

4) Klage und Verzweiflung vor Gott bringen

- Hinführung zum Thema und zum Filmausschnitt
- Filmausschnitt aus „Bad Lieutnant"
- Saxophon
- Einladung zum gemeinsamen Klagegebet (Psalm 143)

5) Herzensgebet und Vaterunser

- Hinführung zum Filmausschnitt
- Filmausschnitt aus „Bruce Allmächtig"
- Dialog-Impuls und Einladung zum stillen Gebet
- Saxophon
- Vaterunser[22]
- Segen
- Lied zum Abschluss mit Saxophon[23]

---

19 Textblätter mit Ps 23 und Stifte liegen bereits aus. In Zwischenzeilen kann man Wünsche und Bitten schreiben sowie Aktualisierungen des Psalmtextes notieren.

20 „Nützen unsere Gebete? Wie oft haben Menschen schon gebetet, und es hat sich nichts verändert? ... Votivtafeln mit Danksagungen ... Gebet verändert nicht Gott, sondern die Menschen. Gebet heißt ‚in Beziehung sein mit Gott'. Eine Kerze, die da bleibt, auch wenn ich wieder gehe, ist ein sprechendes, ein leuchtendes Zeichen für diese Beziehung. Sie sind eingeladen, eine Kerze anzuzünden – sei es mit einem Anliegen, sei es, um ihrer Beziehung zu Gott Ausdruck zu verleihen."

21 „Gott, du helles Licht / sei mit uns / wenn die Nacht hereinbricht / sei mit uns / in der Nacht des Todes / sei mit uns / in der Nacht der Schuld / sei mit uns / in der Nacht der Verdrängung / sei mit uns ...". Als Grundlage der Litanei dient „Gott, du helles Licht", in: Anton Rotzetter, Gott, 23f.

22 „Manchmal sind auch vorformulierte Gebete gut – das schönste jetzt: Vater unser ..."

23 Wer nur den lieben Gott lässt walten (EG 369 / GL 424) als Replik zu VAYA CON DIOS.

3. GlaubensFilmWoche: Um Himmels willen ... über Filme reden!

In katholischen Kreisen hatte die so genannte Volksmission bis in die sechziger und siebziger Jahre des vergangenen Jahrhunderts noch Zuspruch und Resonanz.[24] Ein Pater oder mehrere Patres wohnten für eine gewisse Zeit im Pfarrhaus einer Pfarrei und sorgten durch Predigten und Gesprächskreise für Impulse zur Glaubenserneuerung, für Abwechslung in Gemeindeleben und Gottesdiensten.[25]

Von dieser Form der Verkündigung inspiriert, habe ich im Kontakt mit Gemeinden das Modell der so genannten GlaubensFilmWoche entwickelt. Die beginnt meist am Vorabend eines Sonntags und endet am Folgesonntag. Eine Vielzahl an Kurz- und Spielfilmen sowie Filmausschnitte sind dann – wie jüngst in Bonn-Beuel[26] – sowohl an Orten kirchlichen Lebens zu sehen, etwa in Pfarrheimen und Schulen, in Diakoniestationen und Altenheimen, als auch in den Kirchen eines Seelsorgebereiches. Des Weiteren blickt man über den konfessionellen Tellerrand hinaus und wagt andernorts Begegnungen und Dialoge mit Menschen guten Willens, sei es im Theater und im Kino, sei es im Rathaus oder gar im Hallenbad.

Feste Bestandteile von GlaubensFilmWochen sind Gottesdienste. Dazu zählen etwa die Liturgien, zu denen die Gemeindemitglieder üblicherweise zusammenkommen, insbesondere die Sonntagsmessen. Darüber hinaus finden Gottesdienste in Gruppen oder an Orten statt, wo dies zu anderen Zeiten nicht oder nur selten der Fall ist.

3.1 Eucharistiefeier am Sonntag

Die Eucharistie wird in den Texten des Zweiten Vatikanischen Konzils als „Quelle und Höhepunkt des ganzen christlichen Lebens" herausgestellt. [27] Mag man bei Gruppenmessen und im Rahmen von FilmExerzitien die Lesungstexte dem Anlass, etwa dem Film des Vorabends oder der Thematik im Exerzitienprozess gemäß aussuchen, gilt es für die Eucharistie-

---

[24] Zur langen Tradition vgl. Art. Volksmission, Gemeindemission, in: 3LThK 10, 868f.

[25] Deren Besuche bezeugen heute noch gut sichtbare, mitunter große Kreuze in Nähe von Kirchen, auf denen die entsprechenden Jahreszahlen der einzelnen Volks- bzw. Gemeindemissionen eingraviert sind.

[26] Hinweise zu Terminen und Orten sowie Berichte zu einzelnen Veranstaltungen findet man unter https://bildung.erzbistum-koeln.de/Glaubensfilmwoche.

[27] So etwa in der dogmatischen Konstitution über die Kirche »Lumen gentium«, LG 11.

feier am Sonntag die Vorgabe der Schrifttexte durch die Leseordnung zu respektieren. Ferner ist zu berücksichtigen, dass neben dem Evangelium sowohl die erste Lesung (meist aus dem Alten Testament) als auch die zweite Lesung (aus dem Neuen Testament) vorgelesen wird.

Vor diesem Hintergrund liegt es nahe, bei der Auswahl des Films für einen FilmGottesdienst am Sonntagmorgen von der vorgesehenen Evangeliumsperikope auszugehen, auf die hin auch der alttestamentliche Lesungstext, größtenteils zutreffend, bei der Erstellung der Leseordnung ausgesucht wurde. Man mag dabei auf die eigene innere Datenbank zurückgreifen oder sich von einer Publikationsreihe inspirieren lassen, die zu sämtlichen Sonntagen und Hochfesten der Lesejahre A, B und C den passenden Film vorstellt.[28]

Für die praktische Inszenierung bietet sich an, die Leinwand nach der zweiten Lesung an den für die Projektion vorgesehenen, auf dem Fußboden markierten Platz zu tragen.[29] Im Anschluss an die Vorführung der Filmausschnitt kann der Organist das Halleluja intonieren. Bis der Kantor dies anstimmt, ist die Leinwand längst aus der Zentralperspektive heraus wieder an ihre ursprüngliche Parkposition verrückt worden. So wird en passant unterstrichen, dass Ambo und Altar, dass dem Tisch des Wortes und dem Tisch des Brotes, das Hauptaugenmerk gilt.

Durch das relativ rasche Aufeinanderfolgen von Filmausschnitt und Evangelium wird zudem gewährleistet, dass sich die folgende Predigt als Homilie gestalten und verstehen lässt. Sie nimmt die vorgetragenen biblischen Lesungen ebenso in den Blick wie das, was zwischenzeitlich auf der Leinwand zu sehen und rundum zu hören war.

3.2 Visio continua

Mittlerweile gibt es Kirchen, in denen nur noch selten Gottesdienste gefeiert werden. Hier mag es möglich sein, die Leinwand an einem festen

---

28 Vgl. Peter Malone, Rose Pacatte, Lights, Camera...Faith! A Movie Lectionary. Cycle A, Boston 2001. Dies., Lights, Camera...Faith! A Movie Lectionary. Cycle B, Boston 2002. Dies., Lights, Camera...Faith! A Movie Lectionary. Cycle C, Boston 2003.
Neben den Angaben der Bibelstellen für die Lesungstexte und den Credits zum Film findet man jeweils zunächst eine Inhaltsangabe und einen Kurzkommentar zum Film (eher aus cineastischer Perspektive). Dann wird als Fokus der maßgebliche Bezugspunkt zwischen Film und Evangelium herausgestellt, ferner die Korrespondenz von Film und Schrifttext aufgewiesen. Es folgt die Auflistung einiger Schlüsselszenen und -themen. Schließlich findet man Hinweise und Fragen für die persönliche Reflexion und den gemeinsamen Austausch. Stets rundet ein Gebet die Ausführungen ab.

29 Es ist ratsam, Beamer und Abspielgerät zuvor schon entsprechend – meist im Mittelgang – zu postieren und fest zu installieren.

Ort im Kirchenraum zu installieren und an Wochentagen stets zur selben Zeit, etwa an der Schwelle zum Abend, einen Wortgottesdienst als Film-Andacht zu feiern. In dessen Verlauf wird dann, wie oben bereits skizziert, eine Filmausschnitt mit einer Perikope aus dem Evangelium konfrontiert. Dabei mag man auf Filmausschnitte aus unterschiedlichen Filmen zurückgreifen, um verschiedene Glaubensthemen anzusprechen.

In Bonn-Beuel wurde im Frühjahr 2014 ein anderer Weg beschritten: In fünf FilmAndachten ging es werktags um „Poesie in Wort, Bild und Klang", konkret: um Pier Paolo Pasolinis Film „Das 1. Evangelium – Matthäus".[30] Täglich war eine andere Sequenz zu sehen aus demselben Film. Visio continua. Täglich war der entsprechende Abschnitt aus dem Evangelium zu hören. Lectio continua. Täglich ging es um die Bereicherung, die Pasolinis Sichtweise auf das Evangelium unserem (Vor-)Verständnis des Schrifttextes anbietet, und um die Verstehenshilfen, die das Hören der Perikope nach der Sichtung mit sich bringt. Wer Augen hat zu sehen, der sehe.

4. Ausblick

Die Einbeziehung von Filmausschnitten ist auch an anderen Stellen einer Eucharistiefeier denkbar. So ließe sich etwa nach der Kommunion mit Hilfe eines charakteristischen Standbilds nochmals auf einen Aspekt des Films, des Evangeliums oder der Predigt zurückkommen, möglicherweise in meditativer Form oder im Stile eines Gebets.[31]

---

30 Anlass für dieses Vorgehen waren ein Jubiläum und eine Widmung. So fand die Uraufführung von Pasolinis Meisterwerk vor fünfzig Jahren im Rahmen der Filmfestspiele von Venedig 1964 statt. Der Film ist, so das Insert vor Beginn der Filmhandlung, „dem teuren Andenken seiner Heiligkeit Papst Johannes XXIII. gewidmet". Der Genannte avancierte wenige Tage nach der GlaubensFilmWoche von „seiner Heiligkeit" zum Heiligen; Papst Johannes XXIII. wurde am 27. April 2014 heiliggesprochen.

31 Bei ZDF-Fernsehgottesdiensten ist es üblich, den Mitfeiernden, die nicht in der Kirche die Kommunion empfangen können, eine Art geistliche Kommunion für Ohren und Augen zu bieten in Form einer Kommunionmeditation. Beim Fernsehgottesdienst am 13. Februar 2011 anlässlich der Berlinale, bei dem Vertreter der Ökumenischen Jury zugegen waren, erfolgte dies mit Pressefotos des Films BAL – HONIG. Der Film des türkischen Regisseurs Semih Kaplanoglu gewann 2010 sowohl den Hauptpreis der Berlinale, den Goldenen Bären, als auch den Preis der Ökumenischen Jury.
Zu hören war: „Jesu Predigt vom Anbruch der Gottes-herrschaft kennt vielerlei Formen, zum Beispiel die Rede in Gleichnissen. Dabei erzählt der Wanderprediger aus Nazareth kurze Geschichten mit Blick auf den Alltag seiner Zuhörer. Wer Ohren hat zu hören, der hört und spürt: Das Reich Gottes bricht an, es ist nahe im Alltag ... Ähnliches geschieht mitunter im Kino, etwa beim Film BAL – HONIG. ... Im Mittelpunkt von BAL steht der kleine Yusuf. ... Yusufs Vater ist Imker. Seine Bienenstöcke postiert er hoch oben in den Bäumen des Waldes. Als die Bienen wegbleiben, dringt er immer tiefer in den unberührten Wald ein auf der Suche nach schmackhaftem Honig und nach den Bienen. In den Augen des Regisseurs ist der Honig ein Gleichnis, so etwas wie die Essenz von all dem, was in dem Wald wächst', und die Bienen verkörpern für ihn die Seele des Waldes. Der Wald ist materielle *und* spiritu-elle Lebensgrundlage der Menschen. Am Ende kehrt

Bei der Gestaltung von Jugendmessen geht man mitunter freier vor, was die liturgischen Vorgaben betrifft. Dann mag eine Filmausschnitt schon mal den einen oder anderen Teil eines Gottesdienstes verkürzen oder ersetzen. So stellte in der Pfarreiengemeinschaft Bissendorf Anfang 2014 ein Jugendgottesdienst mit dem Titel „Wie sehen wir einander an – Wie im Himmel?" bewusst Kay Pollaks Film *Wie im Himmel* in den Mittelpunkt. Viermal gab man dem Filmerleben Raum im Laufe der Eucharistiefeier – zu Beginn nach liturgischer Eröffnung und Begrüßung, nach dem Tagesgebet und vor dem Halleluja, nach dem Evangelium und zu Beginn der Predigt, bei der Engelflügel verteilt wurden, nach der Kommunion und vor der Vermeldung. Dabei spielte die Filmmusik, insbesondere Lenas und Gabrielas Song, eine wichtige Rolle.

Wenn man dazu liest: „Die Kirche war proppevoll, die Menschen (Kinder, Jugendliche und Erwachsene) waren sehr berührt. Es sind Tränen geflossen", wird deutlich: Hier wurde ein Lebensnerv getroffen. Das kommt im Kino öfters vor, in Kirchen eher selten. Hier mag die Einbeziehung von Filmausschnitten und Kurzfilmen in die Gestaltung von Gottesdiensten ungewohnte Begegnungen ermöglichen von verdichtetem Leben und verdichteter Gotteskunde, ja Gottespräsenz. Das wiederum könnte Brücken bauen zwischen Alltag und Liturgie, damit der Alltag nicht nur Raum gewinnt im Gottesdienst, sondern nach dem „Ite, missa est" in anderem Licht erscheint und der Dienst Gottes am Menschen nicht nur in Liturgien erfahrbar wird, sondern auch im Alltag entdeckt werden kann.

---

der Vater nicht heim, und Yusuf trauert. So ist „BAL – HONIG" ein Film über das Ende der Kindheit und eine filmische Meditation über den Alltag in Ostanatolien. Ähnliche Filme sind ... [in jedem] Jahr bei der Berlinale und später dann in den Kinos zu sehen. Sie laden ein zum Schauen, zum Betrachten, zum Nachdenken. Dann wird das Kino zum Andachtsraum, und die Leinwand wird zum Spiegel: Wer Augen hat zu sehen, der sieht und spürt: Das Reich Gottes ist nahe im Alltag – immer noch."

Teil 2
Filmgottesdienste im Kirchenjahr

Adventszeit

Ziemlich beste Freunde

Mathis Burfien

Vorbemerkung

In der St. Sixti-Kirche in Northeim haben wir seit vielen Jahren regelmäßig Filmgottesdienste gefeiert. Das Besondere bestand sicherlich in der engen Verzahnung und Zusammenarbeit mit dem örtlichen Kino „Neue Schauburg". Während im Filmgottesdienst Ausschnitte eines Films von etwa 25 Minuten Länge gezeigt wurden, wurde der Film in Gänze am folgenden Programmkino-Dienstag im Kino gezeigt. Gottesdienstbesucher und -besucherinnen erhielten einen Ermäßigungsgutschein. Nicht selten gab es im Anschluss an den Gottesdienst Popcorn aus dem Kino oder ein anderes Give-Away, das sich thematisch auf den Film bezog. In der Zusammenarbeit zwischen Kino und Kirchengemeinde sollte auf diese Weise für beide eine Art Win-win-Situation entstehen, was auch gelang. Aus dieser Zusammenarbeit entstand auch die adventliche Tradition der Filmvorführung „Die Feuerzangenbowle" im Kino, mit vorheriger Andacht auf der Bühne des Kinos und Segen zum Schluss des Abends. Eine örtliche Vinothek kümmerte sich um Bowle und Punsch. Wettbewerbe um den lautesten oder ältesten Wecker (bezogen auf eine Situation aus diesem Film mit Heinz Rühmann) bereicherten den Abend und stellten eine mediale Öffentlichkeit her.

Die Filmgottesdienste fanden in der St.Sixti-Kirche in den Wintermonaten um 18.00 Uhr statt und ersetzten den „normalen" Hauptgottesdienst um 10.00 Uhr. Der Film gab das Thema eines Got-tesdienstes vor, wobei Film und Liturgie, bzw. Predigt bestenfalls in eine Form des Dialogs miteinander traten. Die Filmausschnitte wurden so gewählt, dass sie eine mehr oder weniger in sich geschlossene Geschichte erzählten und einen eigenen Unterhaltungswert hatten. Ein „liturgisches Team" von Jugendlichen begleitete einzelne Teile im Gottesdienst, beteiligte sich an Gebeten, sorgte für den Auf- und Abbau der Leinwand, verschenkte die Gutscheine am Ausgang etc.

Ablauf

Musik zum Anfang
Begrüßung und Einführung ins Thema + Abkündigungen
Lied: *O Heiland, reiß die Himmel auf* (EG 7,1-2 und 4-5)
Eingangsgebet
Lesung: Johannes 15,9-15
Lied: *Es kommt ein Schiff* (EG 8,1-3) oder *Wie soll ich dich empfangen?* (EG 11,1-3)
Hinführung zum Film
Filmausschnitt 1
Ansprache I
Filmausschnitt 2
Ansprache II

Filmausschnitt 3
Fürbitten und Vaterunser
Lied: *Singet fröhlich im Advent* oder *Nichts, nichts hat dich getrieben* (EG 11,5.6)
Danksagung und Hinführung zum Segen
Segen
Statt Nachspiel: Filmausschnitt 4

Der Gottesdienst

Musik zum Anfang

Begrüßung und Einführung ins Thema + Abkündigungen
„Freundschaft ist wie eine alte Tür", schreibt Balthasar Gracian y Maorales, „sie kann manchmal knarren, sie kann klemmen, aber sie ist nie verschlossen." Gottesdienst befreundet auch – auch wenn's manchmal knarrt und klemmt in den Kirchenbänken ... Gehen wir doch heute verändert aus ihm heraus!

Im Namen Gottes des Vaters und des Sohnes und des Heiligen Geistes.
Amen.

Lied: *O Heiland, reiß die Himmel auf* (EG 7,1-2 und 4-5)

Eingangsgebet
Herr, unser Gott, aufbrechen möchte ich zu dir. Ich möchte glauben, dass du uns noch immer in deinem Herzen hast. Ich möchte dir am Herzen liegen wie ein Freund. Ich möchte lauschen auf dein Herz, das für uns schlägt – heute und alle Tage unseres Lebens, bis in Ewigkeit.
Amen

Lesung: Johannes 15,9-15

Lied: *Es kommt ein Schiff geladen* (EG 8,1-3) *(dabei wird die Leinwand aufgebaut)*

Hinführung zum Film

„Ziemlich beste Freunde…" – mit Preisen überhäuft, ein wirklicher Überraschungserfolg. Das Budget für den Film betrug knapp 10 Millionen Euro, 400 Millionen hat er eingespielt. Ein Großteil der Erlöse floss in zahlreiche Förderprojekte für behinderte Menschen.

Der Film beruht auf einer wahren Begebenheit und erzählt die Geschichte von Philippe, ehemaliger Geschäftsführer des Champagnerherstellers Pommery, der beim Paragliding abstürzte und seitdem halsabwärts gelähmt war. Auf der Suche nach einem Pfleger fiel ihm Driss auf. Ein junger Afrikaner, der zuvor gerade aus dem Gefängnis entlassen wurde und den Job gar nicht haben wollte…

Filmausschnitt 1: [0:07:21–0:12:31; 0:21:30–0:25:19; 0:26:44–0:28:06; 0:29:49–0:30:32; 0:31:14–0:34:58] (14'48)

Aus der unkonventionellen Beziehung zwischen dem als Pflegekraft unerfahrenen Driss und dem mehrfachen Millionär Philippe entwickelt sich über eine Beziehung der Wahrnehmung und des gegenseitigen Respekts eine Freundschaft. Als Philippe von Otto auf die soziale Herkunft von Driss und auf dessen Vorstrafen hingewiesen wird: „Sei bloß vorsichtig. Die Jungs aus der Vorstadt haben kein Mitleid." Da antwortet Philippe: „Genau das ist es, was ich will. Kein Mitleid!"

Driss hat kein Mitleid. Das schafft neue Nähe.

Ansprache I

Erinnert ihr euch noch an die besten Freunde eures Lebens? Manche sind gekommen, manche sind gegangen. Meine älteste Freundschaft hat gehalten bis heute. Andere kommen mir in den Sinn, da weiß ich nicht mehr: Was machst du heute? Wo bist du? Wie geht's dir eigentlich? Unsere Freunde haben unser Leben geprägt, wie sonst vermutlich nur noch die Eltern. Man hat sie noch vor Augen: Die Freunde, die zu einem gehalten haben. Aber auch die, die enttäuscht haben – oder die man selbst enttäuscht hat…

„Ein Freund, ein guter Freund, das ist das Beste, was es gibt auf der Welt...", singen die Comedian Harmonists. Ich weiß nicht, ob das Beste, aber es ist doch nichts so schlimm, wie keinen zu haben, mit dem man reden kann, wenn es einem schlecht geht. Und selbst Erfolg und Geld können die innere Leere nicht ausfüllen, die Alleinsein verursacht... „Mitleid allein", sagt Phillip, „holt mich aus dem Alleinsein nicht heraus. Kein Mitleid. Das ist es, was ich will." (Zitat: „Ziemlich beste Freunde") Ohne Freunde ernten wir entweder Neid oder Mitleid. Gibt es da jemanden, auf den ich mich verlassen kann?

Eine Freundschaftsgeschichte: Es ist für mich eines der bewegendsten Bilder. Ein Foto[1]: Ein Elektrizitätswerk in Amerika, im Staate Wisconsin. Der Monteur Roland Bell hatte in etwa 20 Meter Höhe zu tun. Er kam mit der Starkstromleitung in Berührung und stürzte ab, mit schweren Verbrennungen. Zwei Meter unter ihm, ebenfalls am Hochstrommast, arbeitete sein Freund. Der fing ihn auf. Der hielt ihn fest, selbst kaum mit festem Halt. „Da hielt einer den anderen fest, obwohl er selbst keinen Boden unter den Füßen hatte und obwohl ihm der Draht bei dem doppelten Gewicht unerbittlich den Atem abschnitt."[2] Seinen ohnmächtigen Freund im Arm, so hing er zwischen Leben und Sterben, zwischen Hoffnung und Angst, zwischen Himmel und Erde! Gibt's da so jemanden?

Wiederholung der Lesung Johannes 15,13-15: „Niemand liebt mehr als einer, der sein Leben für seine Freunde hingibt. Und ihr seid meine Freunde, wenn ihr tut, was ich euch aufgetragen habe. Ich nenne euch nicht mehr Knechte; denn der Herr sagt seinem Knecht nicht, was er vorhat. Ihr aber seid meine Freunde..."

Herr, bist du so? Hängst du dich rein, wenn ich falle? Wenn du in die Welt kommst, wenn du kommst, da aus Bethlehem – wie du's angekündigt hast – dann zeig mir, dass du zu mir hältst. Aber in Taten, Herr, nicht nur mit Worten!

Einer hat's gezeigt. Greifbar. Nicht nur mit Worten, sondern mit Taten. „Fang mich!" Einer ist nicht ausgewichen. Der hat durchgehalten, bis der Druck, bis das Gewicht „Leben" ihm den Atem nahm. Bis zum Schluss, bis zum Kreuz. „Niemand liebt mehr als einer, der sein Leben für seine Freunde hingibt." Ja, es gibt auch viel Fallen im Leben. Und ich spüre, wie es mir gut tut, zu wissen: Da ist einer, der so zu mir hält. Der sogar sein Leben für mich gibt...

1 Vgl. Jörg Zink, Sag mir, wohin, Stuttgart 1977, 91.
2 Zink, a.a.O., 90.

Filmausschnitt 2: [0:37:54–0:41:11; 0:53:11–0:55:54; 0:57:50–1:00:15; 1:04:52–1:05:29; 1:06:19–1:07:36; 1:07:56–1:08:11; 1:08:34–1:11:31]

Philippe und Driss erleben Grenzsituationen. Situationen in Lebensgefahr, des Aufeinanderangewiesen-Seins, des Lachens, Weinens, Tanzens, des Erzählens vom Verliebtsein. Als Driss Philippe an einem Abend zu Bett bringt, hat Driss eine Überraschung für ihn: einen Brief mit Foto von Philippes Brieffreundin. „Gute Nacht, Philippe", sagt Driss, als er rausgeht, „süße Träume!"

Ansprache II

Ich bin vorletzte Nacht geflogen. Es war ungefähr in den Morgenstunden. Als ich aufwachte, war mir immer noch ein bisschen leicht. Es gibt unterschiedliche Arten von Träumen. Manche träumen von Prüfungen. Eine Freundin erzählt mir, wie sie als Kind fast jede Nacht gefallen ist. Angst hatte vorm Einschlafen. Oder: Es gibt den Traum zu fliegen. Wenn man den träumt, ist das ein Zeichen für ein Freiheitsgefühl. Auch dafür, dass man scheinbar mühelos über Schwierigkeiten hin-weg kommen kann. „Gute Nacht, Philippe – schöne Träume!" (Zitat: „Ziemlich beste Freunde"). Als Driss das seinem Freund Philippe wünscht, da meinte er wohl solch einen Traum. Nach langer Zeit endlich einmal wieder fliegen, allen Schwierigkeiten auf und davon – „Über den Wolken..."

Oft bleiben von dem Traum-Film, der in der Nacht im eigenen Kopfkino abgelaufen ist, nur flüchtige Bruchstücke in Erinnerung. Aber wie ist das mit unseren Lebensträumen? Held? Forscher? Schatzsucher? Was hatten wir uns als Kinder nicht alles erträumt. Dann, etwas größer: Die Welt retten? Eine Familie gründen? Ein Haus am See bauen? Karriere? Und jeder Erfolg sagte einem: Träum weiter.

Jeder hat seine eigenen Träume. Aber irgendwann – kann sein – hören die Träume auf zu tragen. Sie wachsen mit einem, werden erwachsen, oder sind manchmal auch wie gelähmt – zwischen 3. und 4. Halswirbel. Auf einmal, aus heiterem Himmel: aus der Traum! Die Träume von Philippe waren lange Zeit mit ihm am Rollstuhl gefesselt. Aber was tun, wenn die alten Träume nicht mehr passen? Wie geht das dann, neu das Träumen lernen?

Die Adventszeit jetzt erzählt von einem großen Traum: Die Weisen, haben einen Traum. Weise und mächtige Männer sehen einen Stern – „Könige", sagt die Tradition. Sie haben die Hoffnung, dass etwas anders wird und in ihrem Leben noch Großes geschieht. „Träumer!", sagen manche. So machen sie sich auf den Weg, an den Rand der Welt, um ausgerechnet vor einem Kind niederzuknien. Verkehrte Welt ist das! Aber so will es Gott: Dass alles anders wird. Dass wir verändert werden. Dass wir aufbrechen und dann niederknien vor der Liebe und Freundschaft, die sein Sohn uns schenken wird...

Bitte hör' nicht auf davon zu träumen, noch aufbrechen zu können. Hör' nicht auf zu träumen von einem besseren Leben, auch wenn sich deine Hoffnung wie gelähmt anfühlen mag. Bitte hör' nicht auf zu träumen: Dass Menschen kommen in dein Leben wie Driss. Ein Freund, der einen kühlen Lappen auf die Stirn legt, wenn wir es kaum noch aushalten. Davon zu träumen, dass Menschen einander Worte sagen, die Herzen berühren. Und dass Gott als ein Freund zu mir und zu dir kommt und in der Dunkelheit der Welt eine Stelle für das Licht freihält – und in der Tiefe der Nacht einen Spalt für deinen Traum. Fürchte dich nicht. Träum weiter!

Amen.

Filmausschnitt 3: [1:39:38–1:43:13]

Philippe hat aufgrund seines Handicaps Befürchtungen, einen realen Kontakt zu seiner Brieffreundin einzugehen. Driss arrangiert heimlich ein Rendezvous und verabschiedet sich dann: „Geben Sie ihr einen Kuss von mir." Eine neue Beziehung entsteht. Letztes Bild: Driss winkt mit einem Lachen den beiden zu.

Das letzte Bild bleibt stehen. Instrumentalmusik (Piano)setzt ein. (Dabei wird die Leinwand abgebaut).

Fürbitten

Allmächtiger, ewiger Gott. Die Wege, die wir gehen, sind nicht immer leicht und eben. Manchmal stehen wir wie vor einer Wand. Haben unsere Träume aufgegeben. Gib uns Freunde an die Hand, die zu uns halten, die helfen, Mauern einzureißen.

Niemand soll verloren gehen und niemanden gibst du verloren. Darum wollen wir dir Menschen ans Herz legen, die selbst etwas verloren haben: die Gesundheit oder einen Menschen, um den sie trauern, ihre Hoffnung oder den Glauben an dich.

Und auch uns selbst legen wir dir, Gott, ans Herz. Was uns betrübt und bedrückt, sagen wir dir in der Stille... (*Stille*) Schenk unseren Träumen Flügel.

Amen.

Vaterunser

Lied: ***Wie soll ich dich empfangen?*** **(EG 11,5.6) oder** ***Singet fröhlich im Advent***

Danksagung + Hinführung zum Segen

„Ein Freund muss nicht unterhaltsam sein," schreibt Sigmund Graff, „man erkennt ihn daran, dass es auch schön ist, mit ihm zu schweigen..." Es tut gut, gemeinsam mit Ihnen und Euch hier in der Sixti-Kirche zu schweigen...

Segen

Statt Nachspiel: Filmausschnitt 4: [1:18:41–1:21:56]

Philippe und Driss sind gemeinsam unterwegs zum Paragliding. Driss hat Flugangst. Philippe ist in dieser Situation der „Starke". Zuletzt sieht man die beiden den Flug und das Gefühl von Freiheit genießen.

Von Menschen und Göttern

Inge Kirsner

Mit: Gerald Birkenstock, Filmemacher und Autor, Stuttgart (GB), Dr. Inge Kirsner, Theologin, Stuttgart (IK), Pfr. Eberhard Schwarz, Hospitalkirche Stuttgart (ES), Jürgen Schwab, Organist (JS)

Vorbemerkung

Als Zweitgottesdienst an Sonntag- oder manchmal an Freitagabenden findet seit fast zehn Jahren in den dunkleren Monaten des Jahres – jeweils im Herbst und im Frühjahr – ein abendlicher Filmgottesdienst in der Hospitalkirche Stuttgart statt. Nach deren vorläufiger Schließung aufgrund des Umbaus zog das Liturgieteam – bestehend aus Citypfarrer Eberhard Schwarz, Filmemacher und Drehbuchautor Gerald Birkenstock sowie Pfarrerin Dr. Inge Kirsner – in die spätgotische Leonhardskirche in Stuttgart um.

Der Kathedralencharakter dieser dreischiffigen Hallenkirche erwies sich als ästhetisch sehr ansprechend in Hinblick auf das Kinoerlebnis, das auch akustisch durch das Orgelspiel Jürgen Schwabs an die Anfänge des Kinos anknüpft. Um die Kunst des Films mit der Kunst der Liturgie zu verbinden, werden für den Gottesdienst (meist) drei Filmausschnitte ge-wählt, die gezeigt und durch verschiedene Zugänge interpretiert werden. Sie sind meist sehr kurz und konzentriert, sollen die Atmosphäre des Films dicht vermitteln. Sie werden – in Verbindung mit der Schriftlesung – zum Predigttext, eingebettet i. A. in die „normale" württembergische Liturgieordnung. Um den Film als Kunst nicht zu beschneiden, wird er im Anschluss an den Gottesdienst ganz gezeigt. Der Gottesdienst dauert nicht länger als 45 Minuten bis höchstens eine Stunde. Im Anschluss an den Gottesdienst findet ein kurzes Gespräch mit der Gottesdienstgemeinde statt und es wird zur Filmsichtung eingeladen.

Aufgrund der Weihnachtsszene platzierten wir „Von Menschen und Göttern" im Advent und luden Michaelsbrüder ein (Schola unter der Leitung von Pfr. Reinhard Brandhorst), die liturgisch durch den Gottesdienst führten, der die Form eines Nachtgebetes hatte. Sie nahmen die (gregorianischen) Gesänge der Mönche im Film auf und führten diese im Gottesdienst weiter. So entstand eine spannende Korrespondenz zwischen Film- und Gottesdienstwirklichkeit.

Ablauf

Begrüßung und Einleitung
Filmausschnitt 1
Musikalischer Übergang mit Orgel
Einführung in die Nachtgebetsform
Nachtgebet (Komplet) (EG 786)
- Bereitung und Sündenbekenntnis
- Psalm 91 (gesungen oder gesprochen) und
- Hymnus (786.5)

Lesung 1: Meditationssätze aus der Heiligen Schrift

Lesung 2: *Von der Nachfolge* Matthäus 16,24-28
Gloria: *Ehr sei dem Vater* (EG 786.7)
Filmausschnitt 2
Lied: *Das Volk, das noch im Finstern wandelt* (EG 20,1-3)
Drei Reflektionen:

- Dialektik der Hingabe: Geben heißt Empfangen *(IK)*
- Orgelimpuls
- Filmsprache des Klosters *(GB)*
- Orgelimpuls
- Politische Dimension, Gewalt, Gewaltlosigkeit *(ES)*

Lied: *Wie soll ich dich empfangen* (EG 11,1+3-7)
Gebet (EG 786.14)
Vaterunser
Segen
Filmsichtung

Der Gottesdienst

Begrüßung und Einleitung

Herzlich willkommen zum Filmgottesdienst in der Hospitalkirche – zu einem besonderen Film in einer besonderen Form!

Der Film „Von Menschen und Göttern" (Xavier Beauvois, F 2010) basiert auf einer wahren Geschichte und erzählt die letzten Tage der Trappistenmönche, die sich 1996 in einem algerischen Kloster gegen fundamentalistische Terroristen stellten. Wir sehen in diesem Gottesdienst zwei Ausschnitte daraus, im Anschluss wird der Film ganz gezeigt. Der Gottesdienst folgt der Form des Nachtgebetes, in das wir von zwei Michaelsbrüdern eingeführt werden.

Filmausschnitt 1: (K. 9) [0:35:40–0:42:00]

„Sie wissen, der heutige Abend ist nicht wie jeder andere!" – Was an die Einleitungsfrage zum Sederabend erinnert, ruft der Prior eines Trappistenklosters dem Anführer einer islamistischen Rebellengruppe nach. Wir befinden uns in Algerien, im Jahr 1996, und soeben ist eine schwer bewaffnete Truppe von Männern ins Kloster eingedrungen und hat die Herausgabe des Arztes samt Medikamenten verlangt. Prior Christian verweigert die Auslieferung und weist den Rebellenführer Ali Fayattia dabei auf die Koransure 5,82 hin. Diese bringt die Achtung Mohammeds vor Christen und insbesondere Priestern und Mönchen zum Ausdruck, welche „die Gläubigen lieben...". Fayattia

nimmt die Sure auf, führt sie weiter: ... „Sie sind nicht hochmütig..." und fügt einen weiteren Vers hinzu. „Deswegen stehen wir unseren Nachbarn so nah", beschließt Christian das Gespräch. Fayattia will daraufhin das Kloster verlassen. Der Zuruf Christians lässt ihn umkehren und fragen: „Warum?" – Christian antwortet, dass an diesem Abend die Geburt des Friedensfürsten gefeiert würde. „Jesus?", fragt Fayattia, geht auf Christian zu und bittet um Entschuldigung. Dieser zögert zunächst, die ausgestreckte Hand des anderen zu ergreifen, tut es dann doch.

Musik: Orgelimprovisation

Einführung in die Nachtgebetsform, *gemeinsames Einüben*

Nachtgebet (Komplet):

Bereitung (EG 786.1)

Sündenbekenntnis (Confiteor)

Eingang (Ingressus)

Psalmgebet mit Psalm 91

Leitvers (Antiphon)

Lesung 1: Meditationssätze aus der Heiligen Schrift[1]

1. „Wer nicht alles verlässt und mir nachfolgt, kann nicht mein Jünger sein"
2. „Du hast mich verführt, Herr, und ich habe mich verführen lassen"
3. „Sich, dies ist die Stille: Den Herrn in uns ein Wort sprechen lassen, das er selbst ist"
4. „Was hast du, was dir nicht gegeben wurde? Und wenn es dir gegeben wurde, was rühmst du dich dessen, als wäre es dir nicht gegeben worden?"
5. „Ich will in euch einen neuen Geist geben; ich werde aus eurem Fleisch das Herz aus Stein nehmen, und ich will euch geben ein Herz aus Fleisch"
6. „Ihr werdet mich suchen, und ihr werdet mich finden. Denn so ihr mich von ganzem Herzen suchen werdet, so werde ich mich finden lassen"

1 Sammlung aus Nachfolgetradition/wanderndes Volk bzw. Texte aus Kapitelüberschriften und Zwischentafeln des Films „Die groé Stille" von Philip Gröning, D 2005.

Lesung 2: Von der Nachfolge, Matthäus 16,24-28

Responsorium (EG 786.8)

Filmausschnitt 2: (K. 10) [0:45:26–0:49:35]

Die Brüder sitzen um einen Tisch und erläutern verschiedene Beweggründe, die für das Bleiben und für das Weggehen sprechen. Zunächst halten sich die Argumente in etwa die Waage; doch dann sagt einer, er habe nichts zu verlieren, er habe sein Leben bereits Gott gegeben. Das überzeugt alle.

Gehen oder Bleiben? Die Ordensbrüder diskutieren lange.

Lied: *Das Volk, das noch im Finstern wandelt* (EG 20,1-4)

Drei Reflexionen

Dialektik der Hingabe: Geben heißt empfangen *(IK)*

„Es ist eine Kraft Gottes, die selig macht alle, die daran glauben!" (Römer 1,16)

Paulus redet hier in seinem Brief an die Römer vom Evangelium, der frohen Botschaft, von der er weiter schreibt: „Darin wird offenbart die Gerechtigkeit, die vor Gott gilt, welche kommt aus Glauben in Glauben". (Römer 1,17)

Vor Gott gilt nichts anderes, keine noch so heroische Anstrengung, keine Askese, keine politische Correctness, kein „richtiges, bewusstes Leben". Alle die Handlungen, die uns aus den gesellschaftlichen, persönlichen Schuldzusammenhängen herauslösen sollen, und sei es nur ein bisschen, sind vergeblich, wenn wir sie mit einer Art Ablass-Hoffnung überfrachten. Uns mag es damit besser gehen, wenn wir auf Bio-Labels achten, uns Patenkinder halten, auf Demonstrationen gehen. Gegen alles das ist auch nichts einzuwenden. Nur sollten wir uns davon keine Erlösung versprechen.

Martin Luther tat vor fast 500 Jahren auch alles Mögliche, um seinen Gott gnädig zu stimmen, oder eher: um sich selbst sich selbst gegenüber gnädiger zu stimmen. Die Suche nach dem richtigen Leben führt ihn ins Kloster, nach Rom und wieder zurück. Er erkennt: Es geht nicht, es kann nicht gehen. Und es muss auch nicht gehen, ich kann auch gar nichts tun, denn: Es ist alles schon getan. Ich kann nichts machen, Gott hat ja alles schon gemacht! Und mir bleibt gar nichts anders übrig, als mich als eines seiner Machwerke anzunehmen. Gott hat mich zuerst geliebt, deshalb kann ich mich/ihn/sie/es wiederlieben. Daraus erwächst alles andere, die Verantwortung für uns selbst und die Menschen um uns herum.

Das ist einfach gesagt. Das Geschenk der Gnade ist nicht einfach anzunehmen. Wir können nichts dafür tun, alles kommt aus „Glauben in Glauben". Ein Geschenk, umsonst? Wir kennen das: Ein Geschenk stellt eine moralische Verpflichtung zur unverbindlichen und auch nicht weiter definierten künftigen Gegenleistung her. Diese Gegenleistung ist nicht definiert und deshalb unbegrenzt – Gott gegenüber erst recht. Denn was können wir Gott schon geben, was er uns nicht (zuerst) gegeben hat?

Die einzige mögliche Antwort darauf wäre: Uns selbst. Das Einzige, was wir haben und doch nicht haben. Denn wie könnten wir uns Gott schon geben, da wir seine Machwerke sind? Das einzige, was Gott will, sind wir selbst. Gott will nicht etwas von uns, sondern uns – ganz. Und zwar freiwillig. Es gibt nur einen Zustand, in dem wir in der Lage sind, einer solchen maßlosen Forderung mit Lust nachzukommen. Frisch verliebt.

Deshalb wählt Luther auch Begriffe aus der Liebesterminologie, wenn er das Annehmen der Gnade Gottes, die ihn wiederum zum gnädigen Gott macht, beschreiben soll. Wenn wir uns auf das Liebesspiel mit Gott einlassen, so ist dies wie bei einem jungen Brautpaar ein fröhlicher Wechsel und Tausch. Es ist keine Pflichtannahme und -abgabe, sondern ein lustvolles Geben und Nehmen. Aus der Hinnahme des Unabänderlichen wird die Hingabe an ein Veränderliches, das aus der Beziehung lebt.

Der ungeheure mystische Satz: „Denn siehe, ich bin Mensch geworden, auf dass ihr Gott mit mir werdet" bedeutet nichts anderes als dieses Wechselspiel der Liebe, als einen fröhlichen Tausch, der nicht bereit ist, abzulassen voneinander, und von dem auch nicht der Tod scheidet.

Doch ist die völlige Verschmelzung nicht Sinn der Sache; gegen die mystischen Tendenzen der Selbstvergöttlichung hat Martin Luther den Satz gesetzt: „Wir sollen Menschen und nicht Gott sein. Das ist die Summe.""Menschen" allerdings im besten Sinne – wie jene Mönche, denen wir im Kloster begegnen.

Orgelimpuls

Filmsprache des Klosters *(GB)*

Ein Filmemacher geht ins Kloster. Nicht, um Mönch zu werden. Nicht, um sich eine Auszeit zu nehmen. Sondern, um einen Film zu machen. Da ich selbst Filmschaffender bin, stellen sich mir direkt ein paar Fragen:

- Wie geht er an das Filmprojekt heran?
- Wie arbeitet er mit der Kamera? Im Kloster anders als sonst?
- Wie arbeitet er mit den Schauspielern? Vor allem denen, die Mönchrollen übernehmen.
- Wie geht er mit Fakten um? Film beschönigt doch alles. Oder im Gegenteil: Macht es noch drastischer.. Ein Film biegt sich doch die Realität so hin, wie er es braucht.
- Und ... wie geht der Regisseur mit Spiritualität um? Kann man den „Spirit" – den Geist im Film überhaupt darstellen? Den Geist der Mönche? Den Geist Gottes gar?

Beginnen wir mit der Frage nach den Fakten:

Dichtung oder Wahrheit? Wie zum Beispiel steht es im Film mit der Begegnung der Mönche mit einer Gruppe Djihadisten, die am Weihnachtsabend die Mönche bedroht und vom Abt mutig zurückgewiesen werden?

Wahrheit: Das ist tatsächlich so geschehen. Der Abt überzeugte den Anführer davon, dass es der Heilige Abend der Christen sei. Der Abend, an dem der „Friedensfürst" geboren ist, und dass sich daher der Überfall nicht gezieme. Daraufhin entschuldigte sich der Anführer[2] und geht. Besser könnte es sich Hollywood nicht ausdenken. Aber genauso ist es passiert.

Filmproduzent Etienne Comar, selbst bekennender Katholik, fühlte sich von Anfang an der Wahrheit verpflichtet, als er herausfinden wollte, was die Mönche dazu trieb, den Unruhen des algerischen Bürgerkrieges zu trotzen und im Land zu bleiben.[3] Gemeinsam mit Regisseur Xavier Beauvois überarbeitete er seinen Stoffentwurf zum fertigen Drehbuch. Sie betrieben dabei eine gründliche Recherche: Trafen Theologen, lasen die Aufzeichnungen der algerischen Mönche, lasen die Bibel, den Koran. Sie engagierten Fachleute... Und dann lebten sie eine Woche lang sogar

---

2 DVD-Beilage, a.a.O., 12.

3 Englisches Wikipedia: http://en.wikipedia.org/wiki/Of_Gods_and_Men_(film).

selbst im Kloster und unterwarfen sich der strikten Ordnung der Trappistenmönche. Nicht nur die Filmemacher übrigens, auch die Schauspieler: Als Vorbereitung für ihre Rollen lebten auch sie selbst im Kloster und nahmen am Klosterleben der Mönche teil. Im fertigen Film ist der Chorgesang der Mönche kein nachträglich eingeschnittener professioneller Sound, sondern es ist der Gesang der Schauspieler selbst zu hören. „Wochenlang übten sie die Choräle ein. Sie lernten dadurch auch die mentale Welt der Mönche kennen. Sie schmolzen selbst zu einer Art Gemeinschaft zusammen."[4] Beauvois meinte im DVD-Büchlein dazu: „Ich musste bei meinem Film in erster Linie wahrheitsgetreu, genau und untadelig sein."[5]

Die Filmemacher liebten also die wahrheitsgetreue Bebilderung. Doch wie lässt sich die spirituelle Wahrheit darstellen?

Beauvois und seine Kamerafrau Caroline Champetier hielten sich zunächst an das Reelle. Sie kopierten die Architektur eines Klosters: Achsen, die sich dem 90-Grad-Winkel in einer Kirche anpassen, wie beim Kreuz; innerhalb des Klosters nutzten sie feste, statische Einstellungen. Draußen, außerhalb des Klosters, kontrastierten sie mit beweglichen Aufnahmen. Oder bei den Tagen „in der Wüste", als Christian seinen Spaziergang in der algerischen Landschaft macht, zeigt die Kamera weitläufige, besinnliche und bewegliche Einstellungen. Die Kamera schwenkt im Panorama, gleitet über die Bäume.[6]

Genug des Realismus. Immerhin ist ein Kloster ist ein geistlicher Ort. Wie geht nun Beauvois damit um? Mit dem Nicht-Realen, dem Metaphysischen? Mit dem Geist – dem Geist Gottes? Jenseits von Science Fiction und Filmtricks? Hier, in einem Film, der sich der Wahrheit, dem Realismus verschriebenen hat?

Wahrheit? Als Christ – ist das Geistliche da nicht auch Wahrheit? Das Geistliche, das ich in mir empfinde? Das, was in mir als Wahrheit brennt? Subjektive Fragmente einer großen, unfassbaren Wahrheit? Die Gott – zumindest in Teilen – in mir sichtbar macht.

Genau das muss Regisseur Beauvois gesucht haben. Deshalb zeigt er Menschen. Nur Menschen. Und vertraut darauf, dass in ihnen das Geistliche sichtbar wird. In ihrem Lebensstil, ihren Handlungen und Entscheidungen.

4 Cinomat (website des FILMDIENST, hier: Josef Lederle, FILMDIENST 2010/25) und DVD-Beilage, a.a.O., 10.

5 DVD-Beilage, a.a.O., 11.

6 DVD-Beilage, a.a.O., 12.

Und so lässt er im Film die Mönche beten, mildtätig sein, den Armen und den Kranken helfen. Sie verurteilen nicht die Mitmenschen – auch, wenn sie etwas anderes glauben. Sie entscheiden sich zu bleiben und riskieren damit den Tod, weil sie das Land und die Menschen nicht im Stich lassen wollen. Die Solidarität mit den Menschen und ihre Liebe zu Gott ist größer als alle Gefahren. Das Skandalon der Bibel – die Feindesliebe – wird nicht nur beschworen: vielmehr wird es gelebt![7]

Ein Film kann vor allem eins gut: Geschichten erzählen. Sind es Geschichten von authentisch gelebtem Glauben – gelebter Geistlichkeit – dann spüre ich in ihnen etwas vom Geist Gottes. Dann macht es mir Lust, auch selber mehr davon zu erfahren.

Orgelimpuls

Politische Dimension, Gewalt, Gewaltlosigkeit *(ES)*

„Unsere Ohnmacht und unsere totale Armut hinzunehmen, ist ein Aufruf, ein dringender Appell, mit den Anderen eine Beziehung ohne Gewalt einzugehen. Indem ich mir meiner Schwäche bewusst bin, kann ich die der anderen akzeptieren und darin eine Aufforderung sehen, sie zu fragen, sie zu meiner zu machen nach dem Vorbild von Christus. Eine solche Einstellung verwandelt uns für die Mission. Die Schwäche, die man in sich trägt, ist keine Tugend, sondern der Ausdruck eines grund-legenden Zuges in unserem Wesen, das ständig geprägt wird durch den Glauben, die Hoffnung und die Liebe. Die Schwäche des Apostels ist die Schwäche Christi, verwurzelt in der Kraft des Ostermysteriums, in der Kraft des Geistes. Sie ist weder Passivität noch Resignation. Sie erfordert viel Mut und strebt danach, sich für Gerechtigkeit und Wahrheit einzusetzen, indem sie der trügerischen Verlockung der Stärke und der Macht widersteht."

So Carlo Caretto – ein italienischer Mystiker und Schriftsteller, 1988 gestorben. Schon früh hören die Trappisten des kleinen Klosters Tibhirine im Atlasgebirge diese Sätze, als Lesung beim schweigend eingenommenen Essen. Schon früh zeigt sich, dass sie herausgefordert sind nicht nur im Blick auf ihr Leben. Der Film: er fragt aber nicht nur nach der Konsequenz einer Lebensentscheidung und eines Lebenskonzepts, so wie es sich für diese Mönchsgemeinschaft zeigt. Er fragt nicht nur nach ihrem

[7] DIE ZEIT, 9.12.2010 Nr. 50, http://www.zeit.de/2010/50/Kino-Menschen-Goetter/komplettansicht.

missionarischen Auftrag und nach dem Zeugnis des Christentums, das sie in dieser durch Entbehrung und Armut geprägten Welt geben möchten. Er fragt ganz grundsätzlich auch nach unserem Umgang mit der Gewalt. Er fragt im Blick auf uns nach dem, was menschlich ist und was göttlich ist. Nach unserer Friedensfähigkeit und nach unserem Mut.

Es gibt Momente in einem Menschenleben, in denen alles im Spiel ist. Nicht immer ist es so, Gott sei Dank. Aber genau diese Momente verlangen unseren ganzen Verstand und unsere ganze Wahrnehmung. Das erzählt uns dieser Film auf seine Weise. Wir werden Zeuginnen und Zeugen eines inneren Prozesses. Wir werden auch Zeuginnen und Zeugen eines äußeren Geschehens, von dem wir uns nicht wirklich distanzieren können. Die Gewalt, die wir dort sehen, zeigt sich in ganz unterschiedlichen Formen auch heute, jetzt: in Afghanistan, in den Ländern Nordafrikas, im Nahen und Mittleren Osten unter vielen anderen Orten. Nirgends gibt es gute Lösungen. Überall stoßen wir auf die sichtbare und auf die strukturelle Fähigkeit des Menschen zur Gewalt. Die Ursachen sind ganz unterschiedlich.

Als das algerische Militär 1992 die Machtübernahme durch die radikal-islamischen Heilspartei (FIS) unterband, die aus den Parlamentswahlen als Sieger hervorging, schwoll der fundamentalistische Terror an und erreichte auch die Provinz. Nur wenige Tage zuvor waren befreundete kroatische Bauarbeiter unweit des Klosters barbarisch abgeschlachtet worden; das Ultimatum der „Groupe Islamique Armé" (GIA), das alle Ausländer zum Verlassen des Landes ausforderte, war bitter ernst gemeint. Aber wer sieht und ahnt schon, wie die Dinge eskalieren.

Alles Politische ist konkret. Gewalt hat viele Ursachen. Oft setzt sie sich auf die Religion wie ein Gift und wie ein Parasit. Kränkungen sind oft Anlass zu Gewalt. Manchmal entsteht Gewalt aus ganz anderen, bösen, zwielichtigen Interessen. So, wie die wir Menschen eben sind.

Liebe Gemeinde an diesem Abend!

Gewalt hinzunehmen, wäre nicht etwa fromm, sondern überaus töricht. Mit Anderen eine Beziehung ohne Gewalt eingehen ist etwas höchst Vitales, Lebendiges, Schöpferisches. Der Umgang mit Gewalt in der Tradition der Bibel ist nicht einfaches Hinnehmen, Dulden, Aushalten. Es ist ein engagiertes, auf ganz andere Art und Weise aktives sich Einbringen in die Konflikte dieser Welt. Es ist die andere Art des leidenschaftlichen Lebens. Feindesliebe, Versöhnung, das hören und lesen wir bei Jesus, beginnt nämlich mit dem Wahrnehmen und Benennen von Ungerechtigkeiten, um sie zu erlösen von ihrer Gefangenschaft in zerstörerischen Emotionen. In der Feindesliebe gestehe ich sogar dem Feind einen Sinneswandel zu, eine Bereitschaft zur Veränderung und zur Verwandlung. Das ist gefährlich. Lebensgefährlich, wie wir wissen und in diesem Film sehen.

Aber es ist genau die Möglichkeit, der Raum, in dem Befreiung stattfinden kann. Am Sonntag beginnt der Advent. Wir gehen auf Weihnachten zu. Wir feiern die Geburt des Friedenskönigs. Mit dieser Zeit beginnt auch für uns eine Zeit unseres Nachdenkens – über unser Leben in dieser konfliktreichen, harten, gewaltsamen Welt. Advent ist Zeit der Ankunft. Zeit des Wartens auf unserer Seite.

Aber dieses Warten ist kein passives Hinnehmen, kein einfaches Dulden oder Aushalten dessen, was ist, sondern höchste Konzentration, höchste Sensibilität und Gesammeltheit im Blick auf unser Leben und im Blick auf uns selbst, höchste Wachsamkeit im Blick auf den, der uns in der Welt begegnet als Mensch.

Er sagt uns – nein, er verheißt uns:

„Selig sind, die da hungert und dürstet nach der Gerechtigkeit; denn sie sollen satt werden.
Selig sind die Barmherzigen; denn sie werden Barmherzigkeit erlangen.
Selig sind, die reinen Herzens sind; denn sie werden Gott schauen.
Selig sind die Friedfertigen; denn sie werden Gottes Kinder heißen."

Lied: ***Wie soll ich dich empfangen*** (EG 11,1+3-7)

Gebet

Himmlischer Vater,
lebendiger Gott,
hilf uns
in diesen Tagen des Advent
mit offenen und wachen Sinnen
Dich zu erkennen:

Wie inmitten von Lärm
Und Unruhe
Inmitten von Oberflächlichkeit

und Verunsicherung
Einer auftaucht
mit einem Königsmantel
und mit einer Dornenkrone:

Du, Gott,
noch im Frühnebel,
in Gestalt
eines Kindes
verletzlich und klar
voller Leben
und Verheißung
und dann:
wahrer Mensch unter Menschen.

Reiche uns
die Hand
Berühre uns
Segnend
Und heilend.

Gib uns den Mut
Zum Frieden
Und die Kraft
Zur Versöhnung
mit uns
Und miteinander.
Amen.

Gebet (EG NB 786.14)

Vaterunser

Segen

Orgelnachspiel

Anschließend: Filmsichtung

Weihnachtszeit

Smoke

Dietmar Adler und Gottesdienst-Team Bad Münder

Vorbemerkung

Die Reihe „sonntags um 5 – der besondere gottesdienst" in der Petri-Pauli-Kirche Bad Münder wurde am Sonntag nach Weihnachten 2007 mit einem Filmgottesdienst eröffnet.[1] *An diesem Sonntag, an dem nach den Weihnachtsgottesdiensten sonst wenige Gottesdienstbesucher in die Kirchen strömen, wird seither in der Petri-Pauli-Kirche ein gemeinsamer Filmgottesdienst für die sieben Gemeinden der Region Bad Münder gefeiert.*

Der Film „Smoke" von Wayne Wang ist deshalb besonders gut geeignet, weil er eine Erzählung (Auggie Wrens Weihnachtsgeschichte) und einen in sich geschlossenen stilistisch sich vom ganzen Film absetzenden Kurzfilm (im Abspann) enthält.

Ablauf

Orgelvorspiel
Begrüßungsmoderation
Lied: *Herbei, o ihr Gläubigen* (EG 45,1-4)
Gebet
Lesung: Weihnachtshymnus, Johannes 1,1-5.9-14
Lied: *Es ist für uns eine Zeit angekommen* (EG NB 543,1-5)
Gedicht: Kurtmartin Magiera: Käme er heute
Lied: (EG NB 543,6-10)
Predigt I: Einführung
Filmausschnitt 1
Orgelmusik
Predigt II: Auslegung
Filmausschnitt 2
Lied: *Tochter Zion* (EG 13)
Credo
Abkündigungen
Lied: *Von guten Mächten* (EG 65)
Gebet
Vaterunser
Sendung: Hanns Dieter Hüsch, Weihnachtliche Worte
Segen
Lied: *O du fröhliche* (EG 44)

---

1 Mitgewirkt haben Björn Henkel, Carola Pfohl, Jens Pfohl.

Der Gottesdienst

Orgelvorspiel

Begrüßung

Im Namen des Vaters, des Sohnes und des Heiligen Geistes. Amen.

Herzlich willkommen, liebe Gemeinde, am Sonntag nach Weihnachten. Unser erster *„sonntags um 5-Gottesdienst"*! Einen weihnachtlichen Gottesdienst wollen wir feiern. Und zugleich einen Filmgottesdienst. Filmgottesdienste gibt es schon an manchen Orten, nun versuchen wir's auch einmal. Wir zeigen eine weihnachtliche Geschichte aus dem Film „Smoke" von Wayne Wang nach einer Erzählung von Paul Auster. Und wir wollen diese Film-Geschichte ins Gespräch mit der biblischen Weihnachtsbotschaft bringen. Nachher, um 18.30 Uhr, gibt dann die FilmAG noch einmal Gelegenheit, diesen wunderbaren Film ganz zu sehen, Eintritt frei.

Zu Beginn möchten wir mit Ihnen das Lied *Herbei, o Ihr Gläubigen* singen, die erste Strophe auf Deutsch, dann die englische, und dann die anderen deutschen. Und wem's möglich, der stehe für das Lied einfach mal auf.

Lied: *Herbei, o ihr Gläubigen* (EG 45, Str. 1 dt. und engl., und Str. 2-4 dt.)

Gebet

Lesung *Weihnachtshymnus:* Johannes 1,1-5.9-14 *(zwei Sprecher)*

L1 Im 1. Kapitel des Johannesevangeliums hören wir die Weihnachtsgeschichte in anderer Weise, mit großen Worten, die das Wunder zu fassen versuchen, dass Gott Mensch wird.

L2 Am Anfang war das Wort,
und das Wort war bei Gott,
und Gott war das Wort.
Dasselbe war im Anfang bei Gott.

L1 Alle Dinge sind durch dasselbe gemacht,
und ohne dasselbe ist nichts gemacht,
was gemacht ist.

L2 In ihm war das Leben,
und das Leben war das Licht der Menschen.

L1 Und das Licht scheint in die Finsternis
und die Finsternis hat's nicht ergriffen.
L2 Das war das wahre Licht,
das alle Menschen erleuchtet,
die in diese Welt kommen.
L1 Er war in der Welt.
und die Welt ist durch ihn gemacht;
aber die Welt erkannte ihn nicht.
L2 Er kam in sein Eigentum,
aber die Seinen nahmen ihn nicht auf.
L1 Wie viele ihn aber aufnahmen,
gab er Macht, Gottes Kinder zu werden,
denen, die an seinen Namen glauben.
L2 die nicht aus menschlichem Antrieb und Willen
sondern aus Gott geboren sind.
L1+2 Und das Wort ward Fleisch
und wohnte unter uns,
und wir sahen seine Herrlichkeit,
die Herrlichkeit des eingeborenen Sohnes vom Vater
voller Gnade und Wahrheit.
Amen

Lied: ***Es ist für uns eine Zeit angekommen*** (EG NB 543,1-5)

Gedicht: Kurtmartin Magiera, Käme er heute[2]

Käme ER heute und machte es wie damals –
sähe es so aus?
In den Slums von East-Harlem –
Maria eine Neger-Mammie.
In den Gassen Palermos –
Josef heißt Salvatore.
Im Zelt der Besitzlosen jenseits des Jordan –
Gott, Bruder der Armen.
Elf Quadratmeter für Jesusmariaundjosef
im siebzehnstöckigen Hochhaus
von Wang Tai Sin –

2 Kurtmartin Magiera, Käme er heute, Offenbach: Burckhardhaus-Laetare Verlag

siebentausend Nachbarn sind Hirten unterm
gleichen Dach.
Mietpartei irgendwo im Revier:
ach so, nur ein Zimmermann!
In einer Vorstadtbaracke, im Gleisdreieck,
in der Kolonie Rote Erde.
Längst ist vergessen:
Auch in Bethlehem gab's Wohnzimmer,
reichgedeckte Tische und Marmor.
Käme ER heute und machte es wie damals –
wie sähe es aus?

Lied: (EG NB 543,6-10)

Predigt I: Hinführung zum Film
Eines Tages wird der bekannte New Yorker Autor Paul Auster von der New York Times gebeten, für die Weihnachtsausgabe der Zeitung eine Weihnachtsgeschichte zu schreiben. Leichtsinnig sagt er zu und tut sich dann um so schwerer, die Geschichte zu schreiben, seine erste Kurzgeschichte und dann noch zu Weihnachten, und das er, ein jüdischer Autor. Während er auf seinem Stift kaut, fällt sein Blick auf die Zigarillos, die er immer bei einem Zigarrenladen an der Ecke kauft. Und schon setzt sich seine Phantasie in Gang. Er gibt dem Zigarrenhändler einen neuen Namen: Auggie Wren. Und ihn lässt er eine Weihnachtsgeschichte erzählen, von einer seltsamen Begegnung zwischen Auggie und einer alten schwarzen Frau. Das war 1990.

Ein paar Jahre später kommt der chinesisch-amerikanische Filmemacher Wayne Wang auf die Idee, um diese Weihnachtsgeschichte herum einen Film zu drehen. Und er kann Paul Auster gewinnen, das Drehbuch zu schreiben. So entstand der Film „Smoke" von 1995. Wir zeigen ihn nachher um 18:30 Uhr in ganzer Länge.

Der Film zeichnet die Geschichte ganz unterschiedlicher Menschen, deren Lebenswege sich in eben diesem Zigarrenladen in Brooklyn kreuzen. Und die Person, bei der alles zusammenläuft, ist der Zigarrenhändler Auggie Wren, gespielt von dem großartigen Schauspieler Harvey Keitel. Auggie hat eine merkwürdige Angewohnheit. Jeden Morgen geht er zur gleichen Uhrzeit vor die Tür, nimmt seinen Fotoapparat und schießt ein Foto auf der Straße. Jeden Morgen dieselbe Einstellung und doch an jedem Morgen anders, etwas anders, mit Menschen, ohne Menschen, mit Sonne, bei Regen. Und jedes Bild klebt er in sein Jahresalbum. Er schaut der Zeit beim Vergehen zu, insofern ist es auch ein Film zum Jahreswechsel. Und er erzählt immer wieder die Geschichten von den Menschen.

Jeden Tag ein Foto

Am Ende des Films, da kommt ein Schriftsteller in den Laden, Paul. Er habe der New York Times zugesagt, eine Short Story zu Weihnachten zu schreiben, aber ihm falle nichts ein. Und da setzen sie sich zusammen. Und der Zigarrenhändler Auggie erzählt dem Schriftsteller Paul eine Geschichte, eine Weihnachtsgeschichte.

Filmausschnitt 1: [01:25:22–01:39:20]

Der Schriftsteller Paul kommt in Auggie Wrens Tabakladen und fragt ihn, ob er ihm eine Weihnachtsgeschichte erzählen könne, er müsse eine für die New York Times schreiben. Auggie macht Paul den Vorschlag, ihn zum Mittagessen einzuladen, dann würde er ihm eine Weihnachtsgeschichte erzählen. In einem ungemütlichen Restaurant erzählt Auggie, wie er zu seiner ersten Kamera gekommen sei. Er erzählt von einem jungen Ladendieb, den er im Laden erwischt hatte. Der Junge kann fliehen, verliert aber seine Brieftasche. Auggie hat Mitleid und zeigt den Jungen nicht an. Kurz vor Weihnachten will er ihm die Brieftasche zurückbringen. Eine alte blinde Frau öffnet ihm. Und sie hält ihn für ihren Enkel, und Auggie spielt das Spiel mit, gibt sich für den Enkel der Frau aus.

Sie verbringen den Weihnachtstag miteinander, essen und trinken miteinander. Im Badezimmer findet er einen Stapel Kameras, die der Junge anscheinend gestohlen hatte. Auggie nimmt eine davon mit. Die Großmutter war in der Zwischenzeit eingeschlafen, Auggie geht, mit der Kamera, die Brieftasche lässt er auf dem Tisch. Einige Zeit später ist sie wohl gestorben, aber ihr letztes Weihnachten hat sie mit Auggie verbracht. „Es war eine gute Tat", sagt Paul und hat seine Weihnachtsgeschichte. Dabei deutet er an, dass Auggie diese Geschichte wohl erfunden hat. Am Ende rauchen die beiden und lachen sich zur schrägen Musik von Tom Waits an.

Orgelmusik *(Improvisation im Stil von Tom Waits)*

Predigt II: Auslegung

Liebe Gemeinde,
diese Blicke zum Schluss, dieses Lächeln, dann Lachen. Das sind Freunde, auch wenn sie gerade im Scherze ihre Freundschaft problematisieren, auch wenn der eine in Zweifel zieht, dass die Geschichte, die der andere grad erzählt hat, wirklich wahr ist. Doch auch wenn sie erfunden ist, es bleibt eine wahre Geschichte, auch wenn sie so manchen Ansprüchen nicht gerecht wird. Dem Maßstab historischer Nachprüfbarkeit wird sie nicht gerecht, Auggie hat sie erfunden, und davor hat sie noch der Autor Auster erfunden, der, der im Film die Geschichte noch bezweifelt und für den sie zugleich die beste Weihnachtsgeschichte ist, die er je gehört hat. Historisch nicht beweisbar, und doch wahr – auf ihre Weise wahr. Denn sie rührt uns an, es sind wahre Gefühle.

Noch ein anderer Maßstab wird verletzt: der der Moral: Die Geschichte beginnt mit einem Ladendiebstahl. Der Bestohlene lässt aber nicht der irdischen Gerechtigkeit ihren Lauf, Anzeige, Polizei, Anklage, Gericht. Er will dem Ladendieb die Brieftasche sogar wiederbringen. Und eh er sich's versieht, gibt er sich als einer aus, der er nicht ist. Und die blinde Frau durchschaut die Lüge sehr wohl, dennoch spielt auch sie das falsche Spiel mit. Beide spielen und beide wissen, dass sie spielen. Und die Geschichte endet wieder mit einem Diebstahl, eine Kamera – wohl gestohlen – wechselt noch einmal ihren Besitzer. Also, wenn jeder so handelte, dann herrschte nur noch Lügen und Stehlen.

Nein, bei Faktizität und bei der Moral versagt diese Geschichte ganz eindeutig. Und doch: Ist sie deshalb unmoralisch? Ist sie unwahr? Wir zögern. Vielleicht setzen wir noch mal neu ein:

Es ist Weihnachten. Und vorhin, da haben wir als Lesung vom Beginn des Johannesevangeliums einige Sätze gehört, die auf ihre Weise Weihnachten ausdrücken:

„Das Wort ward Fleisch und wohnte unter uns, und wir sahen seine Herrlichkeit."

Zugegeben, etwas altmodische Worte – aber eben doch Ausdruck dafür, dass Gott Mensch geworden ist, zwischen ziemlich normale menschliche Verhältnisse geraten ist. Damit bringt er die ganz normalen menschlichen Verhältnisse extrem durcheinander. Ein Gott – auf Erden? Wo er doch eigentlich in den Himmel gehört. Und dann noch einer, der die Regeln und Gesetze durcheinander bringt. Und einer, der die Einteilungen in

Frage stellt: hier die Frommen, da die Sünder, hier die Anständigen, dort die Verruchten. Gott wird Mensch – und bringt alles durcheinander.

Und hier sind wir wieder bei Auggies Christmas Story: Weil Weihnachten ist, machen zwei einsame Menschen dieses Spiel mit, nicht nach den Regeln der Moral. Aber ein Spiel, das vom weihnachtlichen Glanz berührt ist. Ein menschliches Spiel. Das Wort ward Fleisch – in den Niederungen und Widersprüchlichkeiten unseres Lebens. Die Menschen werden nicht einfach mal zu besseren Menschen, aber in ihr Leben fällt ein Glanz von Weihnachten, ein Strahl von dem, der das Licht ist.

Immerhin: Auggie hat ganz schön Gewissensbisse. Nicht nur deshalb, weil er die Frau, Granny Ethel, über seine Identität zumindest im Unklaren lässt. Er lässt sogar eine Kamera mitgehen. Und wirklich beruhigen tut ihn auch nicht der Hinweis, dass es sich ja um eine gestohlene Kamera handelt. Na, ja, er wird sie in den zwölf Jahren seitdem dazu gebrauchen, der Zeit beim Vergehen zuzusehen, jeden Morgen um Acht ein Bild zu machen. Insofern auch eine Geschichte zum Jahreswechsel.

Eine merkwürdige Mischung: gutes Werk *und* Lüge und Diebstahl zugleich.

Zwischen die menschliche, allzu menschliche Wirklichkeit auf Erden kommt ein feiner Glanz der weihnachtlichen Freude. Dieser Glanz verändert die Menschen. Wie in Auggies Geschichte mischt sich zu Weihnachten auch in unseren Gefühlen und Erwartungen mancherlei: die Freude über Geschenke mit Konsumrausch, die Unterdrückung eines Familienkrachs mit Sehnsucht nach weihnachtlicher Harmonie, der Festtagsbraten mit der Bereitschaft, für Brot für die Welt zu spenden. Auch bei uns stimmt einiges nicht an Weihnachten.

In solchen Mischungen berühren sich Gott und Mensch, Gotteserfahrungen und Alltags- und Festerfahrungen werden miteinander in Berührung gebracht. Wie das Bild eines ganz weltlichen Stalls, ärmlich, mit einer einfachen Futterkrippe *und* dem göttlichen Kind. Welt und Gott gehen sich nicht aus dem Weg, bleiben nicht an ihrem Ort: dort Himmel – da Erde. Sie berühren einander, in diesem weihnachtlichen Geschehen und immer wieder.

> „Das Wort ward Fleisch und wohnte unter uns und wir sahen seine Herrlichkeit."

Was mir gerade beim Sehen aufgefallen ist: In dem Gespräch gibt es gegen Ende einen Moment, da ist nur der **Mund von Auggie** zu sehen und dann im Gegenschnitt die **Augen von Paul**: Das Wort ward Fleisch ... und wir **sahen** seine Herrlichkeit.

Gott ist nicht weit weg, er teilt in diesem Jesus von Nazareth unser Leben, dort, wo wir Angst haben, wenn wir einsam sind, verdammt einsam, und auch in all den schwierigen Gemengelagen zwischen Wahrheit und Lüge, zwischen Moral und Gemeinheit – in unsre Angst, zu kurz zu kommen.

In all das kommt er hinein, dieser Gott, der Mensch wird, und lässt es in einem neuen, einem weihnachtlichen Licht erscheinen und er teilt euer Leben mit euch.

Weihnachten, Gott wird Mensch, das kann heißen: Irdisches und Menschliches berühren einander, bringen sich durcheinander.

Auch Maßstäbe geraten in Unordnung.

Und durch das weihnachtliche Licht verschmelzen sie.

Und dann kann selbst aus einer Geschichte mit Lüge und Unmoral die Wahrheit sprechen, die Liebe des menschenfreundlichen Gottes.

Und am Ende ist dieser menschenfreundliche Gott durch diese Geschichte gegangen: Granny Ethel und Auggie haben Weihnachten gefeiert, so wie wohl noch nie. Und wie seitdem nie wieder. Das letzte Weihnachten für Granny Ethel. Und sogar Paul, der Autor ist beschenkt, er hat nun endlich seine Geschichte für die New York Times und in hunderttausenden von Lesern wirkt sie nach, diese Weihnachtsgeschichte, und auch in unser Leben, liebe Film-Schauende und Bibel-Hörende in Bad Münder, fällt ein Strahl des Lichtes, das aus Bethlehem kommt, das nach Brooklyn hinein leuchtet und auch in unser Leben einen Schein wirft. In das alte und in das neue Jahr hinein.

Sehen wir nun noch den Abspann, Bilder, schwarz-weiß, und zugleich voller Zärtlichkeit, mit der Musik von Tom Waits.

Sie werden sie leicht erkennen – diese Weihnachtsgeschichte aus Bethlehem, Brooklyn, Bad Münder.

Amen.

Filmausschnitt 2: [1:39.21–1:44:22]

Zu „Innocent when you dream" von Tom Waits wird die gerade von Auggie erzählte Geschichte noch einmal in berührenden schwarz-weiß-Bildern ohne gesprochene Sprache meisterhaft gezeigt.

Lied: ***Tochter Zion*** (EG 13 *im Stehen*)

Credo

Abkündigungen

Lied: ***Von guten Mächten*** (EG 65,1-7)

Gebet und Vaterunser

Sendung: Hanns Dieter Hüsch, Weihnachtliche Worte[3]

Ich bin vergnügt
erlöst
befreit
Gott nahm in seine Hände
Meine Zeit
Mein Fühlen Denken
Hören Sagen
Mein Triumphieren
Und Verzagen
Das Elend
Und die Zärtlichkeit

Segen

Lied: ***O du fröhliche*** (EG 44 *im Stehen*)

3 Hanns Dieter Hüsch: Ich bin vergnügt (Auszug), aus: Hanns Dieter Hüsch/Uwe Seidel, Ich stehe unter Gottes Schutz, Seite 140, 2014/13, © tvd-Verlag, Düsseldorf, 1996.

E.T. – Der Außerirdische[1]

Dietmar Adler und Gottesdienst-Team Bad Münder

Vorbemerkung

Immer wieder wurde unser Gottesdienst-Team[2] gefragt, warum wir nun gerade diesen Blockbuster in weihnachtliche Kontexte mit Krippe und Tannenbaum stellen. In Steven Spielbergs Film haben wir überraschende Parallelen zu Denkfiguren des Philipperhymnus gefunden: Inkarnation, Wandel auf Erden, Verbindung zum Himmel, Freund der Kinder, Verfolgung, Tod, Auferstehung, Himmelfahrt – so viele Motive können da angesprochen und gedeutet werden.

Bei den Gottesdienstbesuchern gab es auch viele Konfirmandeneltern mit ihren Konfirmanden-Kindern (ob nun zusammen sitzend oder möglichst weit voneinander getrennt). Wir hatten den Eindruck, als wollten die Eltern ihren Kindern einen bedeutenden Film ihrer eigenen Jugend zeigen.

Ablauf

E-Piano-Vorspiel
Begrüßungsmoderation *(Moderator durch den Gang nach vorn kommend)*
Wechselgebet: Philipper 2,5-11 (EG NB 760)
Lied: *Herbei o ihr Gläubigen* (EG 45,1-4 *im Stehen*)
Gebet
Lesung: Johannes 1,1-5.9-14 *(zwei Sprecher abwechselnd)*
Lied: *Lobt Gott, ihr Christen alle gleich* (EG 27,1-6)
Filmausschnitt 1
Predigt I
Filmausschnitt 2
Predigt II
Filmausschnitt 3
Predigt III
Filmausschnitt 4
Predigt IV
Filmausschnitt 5
Lied: *Tochter Zion* (EG 13,1-3 *im Stehen*)
Credo
Abkündigungen
Lied: *Stern über Bethlehem* (EG NB 544,1-4)
Gebet und Vaterunser

---

1 Zuerst veröffentlicht in: Zeitschrift für Gottesdienst und Predigt, 4/2010, 31ff.
2 Mitgewirkt haben Björn Henkel, Anja Langkopf, Jens Pfohl.

Sendung: Hanns Dieter Hüsch, Weihnachtliche Worte
Segen
Lied: *O du fröhliche* (EG 44)

Der Gottesdienst

E-Piano-Vorspiel

Begrüßungsmoderation *(Moderator durch den Gang nach vorn kommend)*

Wechselgebet: Philipper 2,5-11 (EG NB 760)
Worte aus dem Philipperbrief. Worte, mit denen sich die frühen Christen zu Jesus Christus bekannten. Er, der gottgleich war, war sich nicht zu schade, herabzukommen und Menschengestalt anzunehmen. Auch eine Form, die Weihnachtsbotschaft, die Menschwerdung Gottes auszudrücken. Beten wir diesen sogenannten Philipperhymnus im Wechsel (*L = Liturg*, *A = Alle*) miteinander:

L Seid untereinander so gesinnt,
wie es dem Leben in Christus Jesus entspricht:
A Er, der in göttlicher Gestalt war,
hielt es nicht für einen Raub, Gott gleich zu sein,
L sondern er entäußerte sich
und nahm Knechtsgestalt an,
A ward den Menschen gleich
und der Erscheinung als Mensch erkannt.
L Er erniedrigte sich selbst
und ward gehorsam bis zum Tode, ja bis zum Tode am Kreuz.
A Darum hat ihn auch Gott erhöht
und hat ihm den Namen gegeben, der über alle Namen ist,
L dass in dem Namen Jesu sich beugen sollen aller derer Knie,
die im Himmel und auf Erden und unter der Erde sind,
A und alle Zungen bekennen sollen,
dass Jesus Christus der Herr ist, zur Ehre Gottes, des Vaters.
Amen

Lied: ***Herbei o ihr Gläubigen*** (EG 45,1 dt., 1 engl., 4 dt. *im Stehen*)

Gebet

Lesung: Johannes 1,1-5.9-14 *(zwei Sprecher abwechselnd, vgl. oben)*

Lied: ***Lobt Gott, ihr Christen alle gleich*** (EG 27,1-6)

Filmausschnitt 1: [0:01:35–0:07:30]

Ein Raumschiff steht auf der Erde. Außerirdische erkunden die Umgebung. Als Menschen das Raumschiff aufspüren, müssen die Außerirdischen schnell zurück ins Raumschiff und starten. Nur der eine, der sich etwas zu weit vom Raumschiff entfernt hat, bleibt zurück.

Predigt I

Da landet ein Raumschiff, und außerirdische Wesen krabbeln heraus, sammeln Pflanzen. Als Einsatzkräfte sich nähern, müssen die Außerirdischen schnell die Klappe wieder zumachen und davonfliegen. Einer bleibt auf der Erde zurück, ein kleiner Kerl, etwas schrumpelig, aber mit besonderen Kräften und ganz viel Heimweh. Und dieser Außerirdische – bald E.T. genannt – macht sich auf den Weg, zu einer Wohnsiedlung.

Eine ganz normale Familie, Mutter, Kinder – der Vater ist grad abhandengekommen –, die tägliche Überforderung. Keine idealisierte Familie, die Hackordnungen, die Großen und die Kleinen. Elliot ist die Hauptfigur. Elliot hat einen großen Bruder, der manchmal etwas grob zu ihm ist, und eine kleine Schwester – na ja, über kleine Schwestern braucht man ja nichts zu sagen. Und vor allem vermisst Elliot seinen Vater. Und Elliot nimmt wahr: Draußen, da stimmt etwas nicht, da ist jemand. Und er legt sich auf die Lauer:

Filmausschnitt 2: [0.18.47–0.29.23]

Elliot begegnet E.T. draußen vor der Tür. Zuerst versucht er Mutter und Bruder zu holen, dann aber vertrauen die beiden einander, Elliot lockt E.T. in sein Zimmer. Sie kommunizieren durch Gesten miteinander. Währenddessen sind Suchtrupps unterwegs, um den Außerirdischen zu fin-den. Elliot simuliert eine Krankheit, um weiter Zeit mit E.T. verbringen zu können. Elliot versucht, ihm menschliches Sprechen beizubringen.

Predigt II

Elliot und E.T. begegnen sich, nähern sich an, fassen Vertrauen. Sie machen sich vertraut miteinander, und sei es, dass sie einander imitieren, sich an Nase, Mund und Augen fassen – wie kleine Kinder das tun. Elliot möchte möglichst viel Zeit mit seinem neuen Freund verbringen, E.T. macht ihn wichtig, gibt ihm Selbstvertrauen. Und Elliot erklärt umgekehrt E.T. die Welt.

Sehen wir einen weiteren Ausschnitt – inzwischen hat Elliot seine Geschwister eingeweiht. Und die Sicherheitskräfte sind unterwegs. Mutter weiß noch nichts vom neuen Mitbewohner im Haus. Aber die Kinder erleben so allerlei Wundersames mit E.T.

Filmausschnitt 3: [0:37:12–0:42:22]
Die drei Geschwister verbringen Zeit mit E.T., die Erwachsenen ahnen nichts davon. E.T. weist die Kinder darauf hin, dass seine Heimat nicht auf der Erde, sondern in einem anderen Sonnensystem ist
.

Predigt III

a) „Warum diesen Film zu Weihnachten?" bin ich die Tage gefragt worden. Nicht in erster Linie, weil dieser Film von Steven Spielberg in der Weihnachtszeit 1982 in Deutschland anlief. Wir meinen, dieser Film erzählt auch eine Weihnachtsgeschichte, die Geschichte einer Menschwerdung oder besser gesagt: einer Fleischwerdung. Ein Wesen kommt auf die Erde, von anders woher.

Man kann den Film ja ganz verschieden sehen und verstehen.

- als einen der erfolgreichsten Film aller Zeiten
- als ein frühes Werk des großen Steven Spielberg, der immer irgendwie Kind geblieben ist.

Man kann ihn sehen

- als ein sentimentales Rührstück, das die ganze Familie ins Kino führt,

oder

- als einen Meilenstein im Genre des Science-Fiction-Film, immerhin kommt hier mal ein lieber Außerirdischer vor, (das war zuvor eigentlich nur bei „Der Tag, an dem die Erde stillstand" der Fall, das Original von 1951. Das Remake von 2008 beeindruckt lange nicht so.) Auch wenn die Außerirdischen eine überlegene militärische Macht hatten, immerhin waren sie nun mal gut. E.T. ist eigentlich wehrlos – und liebenswert.

Was Spielberg vor seinem jüdischen Hintergrund sicherlich wichtig gewesen ist: Da wird ein fremd empfundenes Wesen nur verfolgt, weil es fremd ist – eine politische Botschaft. So kann man den Film sehen und verstehen. Wir möchten Ihnen und Euch heute vorschlagen, ihn auch mal als eine Weihnachtsgeschichte zu begreifen, die Geschichte einer Inkarnation, einer Fleischwerdung. E.T. als Weihnachtsbesuch.

b) Da kommt ein Wesen von ganz anders woher auf die Erde. Ein wehrloses, kleines Wesen, aber ein Wesen, das uns berührt. Und schon kurz nach der Ankunft wird es von den Sicherheitskräften verfolgt. Dieses Wesen kann Dinge tun, die auf Erden unmöglich sind, Dinge, die wir getrost „Wunder" nennen können. Bei Menschen ohne große Macht kommt dieses Wesen besonders gut an: bei den Kindern. Und dieses Wesen schart Freunde um sich. Es stärkt diese kleinen Menschen, es lässt sie wachsen zu aufrechten, selbstbewussten Menschen.

Übrigens: der Film nimmt – auch mit seinen Kameraeinstellungen – bewusst die Perspektive der Kinder und E.T.s selbst ein. Das Wesen wird verfolgt, schließlich gefangen, es stirbt. Und es erlebt eine Auferweckung, schließlich eine Heimkehr, oder sollten wir sagen: „Himmelfahrt"? So viele Parallelen!

c) Liebe Gemeinde, die frühen Christen haben die Geschichte, die sie mit Jesus erfahren haben, verschieden gedeutet. Zu diesen Deutungen, die sich im Neuen Testament niedergeschlagen haben, gehört die Gedankenfigur der Person, die vom Himmel kommt auf die Erde, auf der Erde wandelt, hier verfolgt wird und stirbt und schließlich wieder zum Himmel fährt. Dieser Mythos schlägt sich in jenen Versen des Philipperbriefes nieder, den wir zu Beginn gesprochen haben: Er war Gott gleich, hielt daran aber nicht fest, sondern entäußerte sich, wurde den Menschen gleich. Sein Leben war das eines Menschen. Er wurde getötet, starb am Kreuz. Und Gott hat ihn erhöht, damit alle ihn bekennen.

Und auch im weihnachtlichen Evangelium aus dem 1. Kapitel des Johannesevangeliums klingt diese Figur an: „Am Anfang war das Wort bei Gott. Und das Wort ward Fleisch und wohnte unter uns, doch die Seinen nahmen ihn nicht auf."

d) Steven Spielberg wollte gewiss nicht das Neue Testament verfilmen. Ob er beim Filmen überhaupt an die Parallelen gedacht hat, weiß ich nicht. Und auf keinen Fall wollte er E.T. an die Stelle von Jesus Christus stellen. Und doch stehen diese beiden Geschichten in einer seltsamen Beziehung zueinander, über die Parallelen ließen sich Bücher füllen:

E.T. hat Heimweh, will nach Haus telefonieren, Jesus betet zu seinem Vater und lebt im Bewusstsein seiner himmlischen Heimat. Das Herz E.T.s leuchtet so, dass uns die Herz-Jesu-Bilder in den Sinn kommen: „Ich bin immer bei dir" – die letzten Worte:

Filmausschnitt 4: [1:46:50–:47:20]
E.T. und Elliot verabschieden sich am Raumschiff. E.T. sagt: „Ich bin immer bei dir."

Predigt IV

„Und siehe – ich bin bei euch alle Tage bis an der Welt Ende" – die letzten Worte Jesu nach Matthäus. Man kann darin eine Ausbeutung christlichen geistigen Eigentums sehen. Ich wäre da nicht so ängstlich. Die Geschichte, wie Gott Mensch wird, ist und bleibt eine einmalige Geschichte. Wir brauchen keine E.T.s und keine neuen Jesusse. In wie viel Hollywood-Filmen tragen die Hauptfiguren, die Erlöserfiguren die Initialen JC – Jesus Christus. Wir brauchen keinen neuen Erlöser, um an den Gott Jesu Christi zu glauben. Der Jesus Christus unseres Glaubens ist ein für alle Mal Mensch geworden, zur Mitte der Zeit, in unserer Welt erschienen.

Und diese Geschichte rührt uns an, bis heute, die Menschwerdung Gottes reicht für alle Zeiten. Sie stillt unsere Sehnsucht nach Gott in der Welt. Und zugleich entfacht sie unsere Sehnsucht neu. Weil wir als Christen von diesem Ereignis her leben, sind wir sensibel für Spuren Gottes in der Welt, sind wir aufmerksam für solche Geschichten: in unserem Leben *und* in den großen Erzählungen und Filmen unserer Tage. Und dann können wir Spuren wahrnehmen, Widerspiegelungen der einen Geschichte, Facetten. Und wir brauchen keine Angst zu haben, in anrührenden Geschichten unserer Tage Motive unseres Glaubens zu erkennen.

Was wir nicht wollen: Steven Spielberg diese Geschichte enteignen. Wir wollen nicht behaupten, dass er das darstellen wollte. Aber wenn er uns den Film zeigt, dann wird er auch damit leben können, dass wir den Film *auch* so sehen können. Und wir erkennen religiöse Motive und Haltungen, die wir nicht mit dem christlichen Glauben gleichsetzen müssen, die aber zu unserem Glauben dazu gehören können.

Wenn Menschen in der Begegnung mit einem Kleinen und Wehrlosen, mit einem Fremden, einem von weither kommenden angerührt, verändert werden, wenn sie erleben, dass mehr möglich ist, als das, was der ach so abgeklärte Verstand für möglich hält, dann beginnt Glaube. Dann können wir übers Wasser gehen, dann können wir fliegen – und jubeln.

Amen.

Filmausschnitt 5: [01:04:19...1:05:33]

Elliot fährt mit dem Fahrrad durch den Wald, vorn im Korb sitzt E.T. Als der Weg zu holprig wird, lässt E.T. das gemeinsame Gefährt abheben und durch die Lüfte fliegen, vor dem riesigen Mond. Und Elliot jubelt.

Wir fliegen

Lied: *Tochter Zion* (EG 13,1-3 *im Stehen*)

Credo

Abkündigungen

Lied: *Stern über Bethlehem* (EG NB 544,1-4)

Gebet

Vaterunser

Sendung: Hanns Dieter Hüsch, Weihnachtliche Worte:
(siehe Seite 124)

Segen

Lied: *O du fröhliche* (EG 44 *im Stehen*)

Oliver Twist

Dietmar Adler und Gottesdienst-Team Bad Münder

Vorbemerkung

Der Filmgottesdienst für die Region am Sonntag nach Weihnachten hat sich inzwischen fest etabliert. In zwei aufeinander folgenden Jahren stehen Verfilmungen von Werken von Charles Dickens auf dem Programm: zum einen Disneys „Eine Weihnachtsgeschichte" und dann – hier dokumentiert – „Oliver Twist" von Roman Polanski.[1] *In diesem Entwurf haben die Gestaltenden besonders versucht, schon in den Texten vor der Predigt Filmzitate und Bibelworte miteinander in Beziehung zu setzen. Liedtexte werden inzwischen mit dem Beamer auf die sowieso im Altarraum stehende Leinwand projiziert, dadurch wird das die weihnachtliche Stimmung störende ständige An- und Ausschalten der Beleuchtung vermieden.*

Ablauf

Musikalisches Vorspiel
Eingangsmoderation
Lied: *Herbei, o ihr Gläubigen* (EG 45,1-4 + engl. Vers)
Gebet. Wechselgebet: Philipper 2 (Basisbibel)
Einleitung zum Film
Filmausschnitt 1
Oliver Twist – Heime heute
Filmausschnitt 2
Film- und Bibel-Zitate
Überleitung zum Film
Filmausschnitt 3
Olivers Weg und Jesus
Lied: *Wo ein Mensch Vertrauen gibt* (EG NB 604,1-3)
Weiterführung zum Film
Filmausschnitt 4
Predigt
Lied: *Go, tell it on the mountain* (EG 225 mit Weihnachtsstrophen)
Abkündigungen
Lied: *Ich steh an deiner Krippen hier* (EG 37,1-4)
Fürbitten
Vaterunser
Sendung
Segen
Lied: *O du fröhliche* (EG 44,1-3)

---

1 Zum Team gehören: Sebastian Dittrich, Björn Henkel, Karola Hunte-Schinke, Anja Langkopf, Jens Pfohl und Lothar Ruck.

Der Gottesdienst

Eingangsmoderation

Hallo und herzlich willkommen zu unserem Filmgottesdienst! Am Sonntag nach Weihnachten treffen sich hier in der Petri-Pauli-Kirche die Gemeinden der Region Bad Münder. Schön, dass Sie da sind, dass ihr alle da seid.

Heute sehen wir Ausschnitte aus dem Film „Oliver Twist" aus dem Jahr 2005, dazu Texte, Bibel, Predigt und Lieder. Nach dem Gottesdienst eine Pause, da kann man sich mit Getränken versorgen, und dann folgt der ganze Film.

Nun aber einen guten Gottesdienst. Wir feiern ihn im Namen des Vaters, des Sohnes und des Heiligen Geistes.

Amen.

Lied: *Herbei, o ihr Gläubigen* (EG 45,1-4 + engl. Vers)

Wechselgebet: Philipper 2 (Basisbibel) – *Lektor (L) und Gemeinde (G) im Wechsel*

L Ich suchte meinen Weg, o Gott,
und taste nach seinem Sinn.

G Ich schaue den Weg an, den Christus ging,
und suche deine Weisung für mich.

L Denn wie er, so gehen wir aus von dir
Und suchen in dir unser Ziel.

G Göttlich war Christus wie du, Gott.
Aber er bewahrte sich keine Macht
und behielt sein göttliches Wesen nicht.

L Arm war er und machtlos.
Er nahm die Gestalt eines Knechts an
Und wurde ein Mensch unter Menschen.

G In meiner Gestalt erschien er.
Tief stieg er hinab bis zum Tod,
ja zum Tode am Kreuz.

L Darum hobst du ihn, Gott, über alles empor
Und setztest ihn über alles, was lebt,
Über Menschen und Mächte.

G Denn in ihm sollen sie alle sich finden

und seine Liebe erkennen im Himmel,
auf der Erde und unter der Erde.

L Mit allen Stimmen sollen sie rufen:
„Jesus Christus, Haupt und Herz aller Welt!"
Und dich, den Vater, rühmen und preisen.

G Ich suche meinen Weg, o Gott und finde ihn
in Christus, der mir voranging.

Einleitung zum Film

Das ist ein Klassiker. Charles Dickens, der große englische Autor aus dem 19. Jahrhundert. Und Oliver Twist, der Waisenjunge, ist die Hauptfigur seines vielleicht berühmtesten Buchs. Ab 1837 ist es als Fortsetzungsroman erschienen: „Oliver Twist or The Parish Boy's Progress" – „Oliver Twist oder Der Weg des Fürsorgezöglings". Ein Buch, das Unzählige bewegt hat, ein Buch, das auch viele Nachahmer gefunden hat, und ein Buch, das oftmals verfilmt wurde, mindestens 26 Mal! Die vorletzte Verfilmung zeigen wir Ihnen jetzt im Gottesdienst in Ausschnitten, nachher noch einmal ganz. Es ist der Film von 2005, gedreht in Tschechien. Der Regisseur: kein geringerer als Roman Polanski, dem wir so viele Meisterwerke verdanken: von „Tanz der Vampire" und „Rosemary's Baby" bis hin zu „Der Pianist" und „Der Gott des Gemetzels". Als Person umstritten, als Regisseur ein ganz großer. Sehen wir den Anfang von Oliver Twist.

Filmausschnitt 1: [0:02:01–0:08:52]

Der neunjährige Oliver wird ins Waisenhaus gebracht, von den Honoratioren herablassend befragt und belehrt und schließlich für stupide Arbeit angelernt. Das Leben ist von Hunger, Entbehrung und Arbeit geprägt. Oliver zieht das Los: Er soll bei der Essensausgabe um einen Nachschlag bitten, um auf den Mangel aufmerksam zu machen. Dafür wird er geschlagen. Sein Ansinnen ruft Empörung bei der Leitung des Waisenhauses hervor: „Mit dem Jungen wird es noch bös enden", sagt einer bei einem opulenten Mahl.

Oliver Twist im Waisenhaus

Oliver Twist – Heime heute

Oliver kommt ins Heim. Fürsorgeerziehung nannte man das früher. Auch wenn wir heute einen Film sehen. Das war früher so. Die Heime wurden gebraucht – trotz vieler Straßenkinder in der damaligen Zeit. Geld gab es wenig, um ein Heim zu betreiben. Vieles musste selbst erwirtschaftet werden. Seile entwickeln um neue daraus zu machen, wie im Film. Oder bei uns in Deutschland – Torf stechen, zum Beispiel in Niedersachsen, in Freistatt, ein kleiner Ort im Landkreis Diepholz. Zur selben Zeit, in der unser Film spielt, fand auch dort Fürsorgeerziehung statt, so wie es der Film beschreibt. Heime glichen eher einem Gefängnis, mit vergitterten Fenstern und Einzelzellen. In Freistatt wurden hauptsächlich Zöglinge untergebracht, die schon aus mehreren Heimen entwichen oder straffällig geworden waren. Die Jugendlichen mussten im Moor u.a. beim Abstechen des Torfes arbeiten, waren aber auch in der Land- und Hauswirtschaft beschäftigt. Dennoch reichte das Geld in diesen Heimen kaum aus.

Heute sieht Heimerziehung ganz anders aus. Aber der Oliver Twist steckt uns noch allen in den Knochen. Für mich ist die Heimerziehung Alltag. Seit vielen Jahren leite ich ein Kinder- und Jugendheim in Hannover. Und täglich begegnet mir Oliver Twist. In den Fragen und den Vorstellungen von Besuchern oder Angehörigen der Kinder und Jugendlichen, die bei uns leben. Die Frage nach dem Speisesaal, oder den Schlafsälen. Was man nicht kennt, kann man nicht beurteilen.

Kinder, die nicht in ihren Familien leben können, gibt es noch genauso viele wie damals. Die Gründe sind vielleicht andere – aber die Schicksale ähneln sich. Geldsorgen, Alkoholprobleme, Verwahrlosung, oftmals auch besondere psychische Probleme der Eltern, viele darunter sind alleinerziehend. Aus ihrer Not heraus, wenn die Probleme nicht abreißen und die Kinder nicht still sind, gibt es auch Schläge: Gewalt an Kindern und Möbelstücken – dann geht auch mal eine ganze Wohnung zu Bruch – die Polizei muss kommen

Und wie oft höre ich Eltern, die am Rande ihres Nervenkostüms angekommen sind, drohen: „Wenn du so weitermachst – kommst du ins Heim!" Heute kann da viel geholfen werden – in den Wohngruppen, die wie normale Wohnungen eingerichtet sind, leben zwischen sechs bis acht Kinder. Sie leben in Einzel- und manchmal auch in Doppelzimmern. Und in den Wohnzimmern der Wohngruppen stehen jetzt auch die geschmückten Weihnachtsbäume. Die Kinder werden von Erzieherinnen und Erziehern rund um die Uhr betreut und gehen in die Schulen in der Nachbarschaft und mittags gibt's warmes Essen, oft nach Wunsch. Mit den Eltern oder Müttern oder Vätern wird daran gearbeitet, dass alle wieder zusammen leben können. Heute sieht Jugendhilfe anders aus, die Heime von damals gibt es nicht mehr. Ein Wandel hat sich vollzogen.

Aber in den Vorstellungen der Menschen gibt es das noch: das Kinderheim des Oliver Twist mit den Schlaf- und Essenssälen, der Kinderarbeit, dem Hunger und der Gewalt an Kindern.

Filmausschnitt 2: [0:11:22–0:14:17]

Oliver bekommt einen neuen Herrn, bei dem Bestatter Mr. Sowerberry soll er fortan leben und arbeiten. Zu essen bekommt er dort Reste, die für den Hund beiseite getan worden waren, schlafen soll er bei den Särgen.

Film- und Bibel-Zitate *(2 Sprecher, im Altarraum verteilt)*

1 Erinnern Sie sich? „Armenhauskinder sind im Unterhalt immer teurer, als sie wert sind."

2 Wie anders bei Gott.
So haben die Philipper (2,3f.) gelesen: „Nicht Eigennutz oder Eitelkeit soll euer Handeln bestimmen. Sondern nehmt euch zurück und achtet den anderen..."

1 Armenhauskinder?!

2 „... höher als euch selbst. Seid nicht auf euren eigenen Vorteil aus",

1 immer teurer!

2 „...sondern auf den der anderen – und zwar jeder und jede von euch!"

1 Erinnern Sie sich? „Ich nehme an, es macht dir nichts aus, bei den Särgen zu schlafen. Es gibt keinen anderen Platz für dich."

2: Wie anders bei Gott.
Im Lukas-Evangelium wird berichtet, dass Jesus Platz fand in einer Krippe.

1 Es gibt es keinen Platz für dich.

2 „Und sie gebar ihren ersten Sohn und wickelte ihn in Windeln und legte Jesus, Gottes Sohn, in eine Krippe." (Lukas 2,7)

1 Erinnern Sie sich? „Du weißt wohl nicht, wer ich bin, he?"

2 Wie anders bei Gott, der Jesaja und uns allen begegnet: „Fürchte dich nicht, ich bin mit dir; weiche nicht, denn ich bin dein Gott. Ich stärke dich, ich helfe dir auch."

1 Wer bist Du, he?
2 „Ich halte dich durch die rechte Hand meiner Gerechtigkeit". (Jesaja 41,10)
1 Amen.

Überleitung zum Film

Auch wenn Oliver jetzt genügend zu Essen hat, das Leben ist auch beim Bestattungsunternehmer Mr. Sowerberry kaum auszuhalten. Ein anderer, älterer Junge schikaniert und beleidigt ihn und seine verstorbene Mutter. Wehrt Oliver sich, wird er in den Kohlenkeller gesperrt und geprügelt. Doch dann fasst er den entscheidenden Entschluss: Er flieht.

Sehen wir weiter:

Filmausschnitt 3: [0:21:54–0:26:57]

Oliver flieht, er wandert durch sonnendurchflutete Landschaften und stapft durch den Regen, 70 Meilen sind es nach London. Der Hunger treibt ihn zu Häusern am Wegesrand, einmal wird er davongejagt, einmal wird er aufgenommen und versorgt.

Olivers Weg und Jesus (Auszüge aus Matthäus 25)

Da sehen wir Oliver fliehen,
aus aller Bedrängnis und Demütigung,
fliehen vor der Ausbeutung.
Hoffnungsvoll zieht er los,
die bunten Farben, die Musik, das Licht, die grünen Auen,
– ein Aufbruch der Zukunft entgegen.
London wird sein Ziel.
Aber der Weg ist weit, Regen, Hunger.
Oliver klopft in seiner Not an – und wird vom Hof gejagt.
Bettler will man nicht, auch keine bettelnden Kinder.
Eine alte Frau nimmt ihn auf,
„Es ist zwar nicht viel, was ich hier habe, aber ich gebe es dir gern."
Unterwegs war auch der, dessen Geburt wir in diesen Tagen feiern:
Eine Futterkrippe sein erstes Bett,
die Eltern mit ihm dann auf der Flucht.
Und später wird auch Jesus unterwegs sein:
keinen Ort, wo er sein müdes Haupt hinlegen kann.
Und er wird später das Gleichnis erzählen,
das vom großen Weltgericht:

„Ich bin hungrig gewesen, und ihr habt mir **nicht** zu essen gegeben,
und durstig und ihr habt mir **nicht** zu trinken gegeben",
– wird der Weltenrichter den **einen** sagen
Und den **anderen** wird er sagen:
„Ich bin hungrig gewesen, und ihr **habt** mir zu essen gegeben,
und durstig und ihr **habt** mir zu trinken gegeben.
Ich bin ein Fremder gewesen und ihr **habt** mich aufgenommen.
Was ihr getan habt einem von diesen meinen geringsten Schwestern
und Brüdern,
das habt ihr mir getan."

Lied: ***Wo ein Mensch Vertrauen gibt*** (EG NB 604,1-3)

Weiterführung zum Film

Gestärkt, gekräftigt geht es für Oliver weiter nach London. Was wird Oliver erleben? Wird es ihm dort besser ergehen?

Filmausschnitt 4: [0:26:58–0:33:08]

Hungrig in London angekommen, wird Oliver von Jack, einem anderen Straßenkind, angesprochen. Auf dem Weg durch die geschäftige Stadt, stiehlt Jack ihm etwas zu Essen. Jack führt Oliver zu einer Wohngemeinschaft von Straßenkindern, die unter der Leitung des alten Fagin leben. Die nehmen ihn auf, geben ihm zu essen und zu trinken.

Predigt

1. Wie geht's weiter, liebe Gemeinde?

London, der Ort der Sehnsucht, ist auch nicht das Paradies. Fast am Verhungern ist Oliver Twist in dieser Riesenstadt. Da wird er von einem anderen Jungen aufgegriffen, Jack Dawkins heißt der neue Freund. Straßenkinder finden sich. Jack führt Oliver zu einer Behausung etlicher Jungs. Unter der Aufsicht des alten Fagin leben sie dort, haben zu Essen, haben auch Spaß miteinander. Oliver Twist staunt. Aber machen wir uns nichts vor: Es ist die Behausung einer Diebesbande. Kinder werden auf Tour geschickt, bevorzugtes Objekt der kleinen Diebe: Taschentücher. Oliver gefällt das nicht so richtig, stellt sich auch etwas ungeschickt dabei an. Aber: Er hat hier das Gefühl, willkommen zu sein. Und ganz am Ende wird er zu dem alten Fagin sagen: „Sie waren sehr gütig zu mir". Oliver erlebt eine Form von Gemeinschaft, die er bisher so nicht kannte.

Aber auch hier gilt, was zuvor schon galt: Der Mensch wird beurteilt nach dem, was er einbringt. Sein Wert wird materiell bestimmt. Oliver

Twist, der Waisenjunge, der seinen Namen bekam, weil grad der Buchstabe T im Alphabet dran war, Oliver Twist wird auch hier in London danach beurteilt, was er erarbeiten, verdienen kann. Und als er eine Gefahr für die Diebesbande zu werden droht, soll er gar beseitigt werden. Aber das und wie's überhaupt weitergeht mit Oliver, das können Sie nachher im ganzen Film sehen.

2. Diese Welt bewertet Menschen nach ihren Nutzen.
Wie anders bei Gott!
Gott kommt in diese Welt,
weil er uns für wertvoll hält.
Um uns nah zu sein,
lässt er sich ein auf diese Welt.
Das bedeutet Weihnachten:
Gott kommt zur Welt,
in jenem Stall zu Bethlehem
er kommt,
um uns sein groß Lieb zu zeigen an...
„Du bist in meinen Augen so wert geachtet
und herrlich und ich habe dich lieb." (Jesaja 43,4)
So hatte es schon Jesaja, der Prophet Israels, seinen Zeitgenossen zugesagt, in Gottes Augen wert geachtet.

3. Oliver Twist ist ein Waisenkind, wächst ohne Mutter, ohne Vater auf. Kinder, die ohne ihre Eltern aufwachsen müssen, werden heute anders betreut. Gott Lob. Kinderheime sehen heute nicht mehr aus wie vor 180 Jahren. Kinder und Jugendliche werden professionell von Erzieherinnen und Erziehern betreut und Jugendschutz spielt heute eine ganz andere Rolle.

Gleichwohl: Einfach ist so ein Leben auch nicht, grad wenn man vergleicht. Diese Erfahrung, ohne die eigenen Eltern aufzuwachsen, beschäftigt auch uns, berührt auch uns. Und ich denke, es ist kein Zufall, dass Waisenkinder in der Literatur und im Film so beliebte Figuren sind: nicht nur Oliver Twist, auch Tom Sawyer, Heidi oder Harry Potter wachsen ohne ihre Eltern auf. Das Schicksal dieser Kinder fasst uns an.

Vielleicht berührt uns das aber auch, weil es in uns Gefühle, Phantasien freisetzt, auch Ängste, kein wirkliches Zuhause zu haben, nicht gewollt, nicht bejaht zu sein. Diese Gedanken kennen wir, diese Ängste bewegen viele.

4. Und je mehr ich drüber nachdenke: Setzt sich nicht auch Gott dieser Erfahrung aus? Nicht dass Jesus ohne Eltern aufwachsen musste. Aber: Keinen Ort zu haben, wo er willkommen ist? Schon in der Geschichte der Geburt, nicht einmal Platz in der Herberge, eine Futterkrippe muss herhalten. Und dann die Flucht nach Ägypten.

Und später: die Wanderungen von Ort zu Ort. Der Menschensohn, der nicht weiß, wo er sein müdes Haupt zum Schlafen legen kann. Und dann, am Kreuz: „Mein Gott, warum hast Du mich verlassen?"

Gott selbst setzt sich in Jesus dieser Welt aus, der Heimatlosigkeit,
der Verlassenheit,
selbst der Gott-Verlassenheit...
Und damit kommt er uns nah,
so nah,
in unseren Erfahrungen und Ängsten
unseren Albträumen und Traurigkeiten,
in unserer Sorge, verlassen zu werden ...

5. Oliver Twist

Charles Dickens, der Autor; Roman Polanski, der Regisseur: Sehr realistisch zeigt uns sein Film die Verlassenheit des Oliver Twist,

- wie er einer unmenschlichen Welt ausgeliefert ist,
- was es heißt, ausgebeutet zu werden, ohne Sicherheit,
- wie grausam Menschen einander werden können,
- was sie einander antun können.

Eine Welt, Menschen voller zynischer Doppelmoral, grad die Vertreter von Staat, Kirche, Bürgertum. Grausam auch, aber wenigstens ehrlicher vielleicht, schon die Welt der kriminellen Kinderbanden. Realistisch, ohne *Special Effects*: das England der 1830er Jahre. Und London, die Riesenstadt, ein Gewimmel von Straßen, Mauern, Dächern, nachempfunden zeitgenössischen Stichen von Gustave Doré und geradezu kühl, in Farben, dass es einen fröstelt.

Die Welt, die Roman Polanski uns zeigt, die sozialen Verwerfungen, die unter die Räder gekommene Moral. Ohne Sentimentalität werden Oliver und die Menschen, die ihn umgeben, gezeigt, und doch anrührend. Vielleicht, so vermuten viele, hat Roman Polanski bei all dem an seine eigene Kindheit gedacht. Als Sohn polnischer Juden ist er während der Zeit der Nazi-Besetzung aufgewachsen,

– die Eltern im Konzentrationslager,
– ohne Eltern durch die Lande gestreift,
– dem Krakauer Ghetto entkommen,
– immer in der Angst, entdeckt zu werden.

Das Schlimmste, so hat er es in einem Interview gesagt, sei gewesen, ohne Eltern aufwachsen zu müssen.

Vielleicht, nein, bestimmt hat Roman Polanski seine Erinnerungen mit verarbeitet, als er diesen Oliver auf die Leinwand brachte.

6. Aber Oliver erlebt auch anderes.
Mitten in dieser unmenschlichen Welt erlebt er Menschlichkeit, Kameraden, die Frau unterwegs, die nicht viel hat, und dennoch teilt, mal einen Richter, der zu seinen Gunsten entscheidet, und vor allem einen Wohltäter, der sich seiner anzunehmen versucht.

Momente der Menschlichkeit, sicher nicht die Probleme der Waisenkinder lösend. Aber doch Momente der Zuwendung, der Hilfe. Für mich: Ist auch das Weihnachten. Wo Menschen menschlich werden.

„Mach's wie Gott, werde Mensch" ist ein immer bekannter werdender Spruch. Da ist was dran.

Der Mensch muss dem Menschen kein Wolf sein, er kann ihm Mensch werden. Nicht das Recht des Stärkeren, auch nicht saturierte Schein-Moral muss Dein Fühlen, Denken, Handeln bestimmen. Du bist etwas wert, unendlich viel und das nicht, weil du dies und jenes einbringst, sondern einfach weil Gott für dich Mensch wird. Und für deinen Mit-Menschen auch.

Gott kommt in diese Welt.
Himmel und Erde werden eins
in diesem Kind in der Krippe
in diesem Jesus.
„Euch ist heute der Heiland geboren!"
Und damit kommt er uns ganz nah
und lässt uns spüren,
was schon Jahrhunderte vorher beim Propheten Jesaja gesagt ist:
„Du bist in meinen Augen wert geachtet
und herrlich
und ich habe dich lieb."
Amen.

Lied: ***Go, tell it on the mountain*** (EG 225 mit Weihnachtsstrophen, *evtl. auch mit Chor*)

Refrain:

Go tell it on the mountain,
Over the hills and everywhere,
Go tell it on the mountain,
that Jesus Christ is born.

1. When I was a seeker
I sought both night and day,
I asked the Lord to help me,
And he showed me the way.

2. While shepherds kept their watching
Over silent flocks by night,
behold throughout the heavens,
there shone a holy light.

3. The shepherds feared and trembled,
When low! above the earth,
Rang out the angels chorus
that hailed the Savior's birth.

4. Down in a lowly manger
the humble Christ was born
and God sent us salvation
that blessed Christmas morn.

Abkündigungen

Lied: ***Ich steh an deiner Krippen hier*** (EG 37,1-4)

Fürbitten

Vaterunser

Sendung: Hanns Dieter Hüsch, Weihnachtliche Worte: *(siehe S. 124)*

Segen

Lied: ***O du fröhliche*** (EG 44,1-3 *im Stehen*)

Epiphaniaszeit
3. Sonntag nach Epiphanias

Das Wunder von Bern

Andreas Flug

Vorbemerkung

Seit 2001 habe ich mit der Gemeinde in Mariendrebber, in der ich von 1996-2012 Pastor war, viermal im Jahr Filmgottesdienste gefeiert. Sie waren Teil eines Gottesdienstkonzeptes mit unterschiedlichen Formaten, die immer am letzten Sonntag im Monat als Abendgottesdienste um 19:00 Uhr gefeiert wurden. An diesen Sonntagen fand morgens kein Gottesdienst statt. In meiner jetzigen Pfarrstelle auf Spiekeroog feiern wir Filmgottesdienste von April bis Oktober einmal im Monat mitten in der Woche um 20:00 Uhr.

Die Filmgottesdienste haben unterschiedliche Zielgruppen (Familien, Jugendliche und junge Erwachsene, mittlere Generation oder Senioren). Je nach Zielgruppe sind die Gottesdienste in der Text- und Musikauswahl gestaltet. Sie orientieren sich nicht am Kirchenjahr. Kirchenjahreszeitliche Besonderheiten können aber in den Gottesdiensten aufgenommen werden (zum Beispiel Pfingsten oder Totensonntag).

Während des Gottesdienstes werden mehrere längere Ausschnitte aus dem Film gezeigt. Durch kommentierte Überleitungen können auch diejenigen dem Duktus des Films folgen, die ihn (noch) nicht gesehen haben. Die Predigt nimmt ein Thema des Films (jeder Film hat mehrere Themen) auf und bringt es mit einem Bibeltext und der Lebenswelt der Gemeinde „ins Gespräch". Dabei ist der Film nicht Mittel zum Zweck, sondern ein eigenes, ernstzunehmendes Medium, das die alten Texte der Bibel oft in ein neues Licht stellt und Brücken zwischen Bibel und heutiger Lebenswelt und Lebenserfahrung bauen kann.

Für die Vorbereitung der Gottesdienste steht ein kleines Team zur Verfügung, das unterschiedliche Aufgaben wahrnimmt (Schneiden der Filmausschnitte, Auf- und Abbau der Technik, liturgische Mitgestaltung, häufig besondere Musik, Küster- und Kollektendienste).

Der Filmgottesdienst „Das Wunder von Bern" entstand 2004 zum 50-jährigen Jubiläum des sportlichen Triumphes der deutschen Fußballnationalmannschaft. Er wurde bewusst als Familiengottesdienst konzipiert und auch beworben. Es kamen dann aber vor allem ältere Menschen („Ich habe das damals miterlebt!"), Filminteressierte (Kirche und Kino macht mich neugierig") und Jugendliche (überwiegend Konfirmanden: „Film in der Kirche ist cool!"). Der Film weckt nicht nur Emotionen. Er hilft auch, das landläufige Verständnis von Wundern und die Sensationslust zu überdenken und ihre Überhöhung auf das alltägliche Miteinander von Menschen zu übertragen.

Ablauf[1]

Musik zum Anfang
Begrüßung/Einführung ins Thema
Lied: *Ich lobe meinen Gott* (EG 272)
Eingangsgebet mit Gloria (34)
Lesung
Halleluja (43)
Einleitung in den Film
Filmausschnitt 1
Überleitung
Filmausschnitt 2
Überleitung
Filmausschnitt 3
Überleitung
Filmausschnitt 4
Predigt: „Ihr wollt immer nur Wunder sehen!"
Überleitung
Filmausschnitt 5, Schlussbemerkung
Lied: *Meine Hoffnung und meine Freude* (LW 60)
Ansagen
Lied: *Bist zu uns wie ein Vater* (LW 36)
Segen
Musik zum Ausklang

Der Gottesdienst

Musik zum Anfang

Begrüßung/Einführung ins Thema

Ich war gerade vier Monate alt, als es passierte. Mein Vater hat später manchmal erzählt, dass sie damals alle in der Kneipe saßen – es hatte ja kaum jemand einen eigenen Fernseher – und wie verrückt mitfieberten. Dass sie sich nach dem Schlusspfiff alle in Armen lagen, und dass manche Männer vor Glück weinten.

1 Alle verwendeten Lieder sind, soweit nicht anders angegeben, dem Liederbuch „Zwischen Himmel und Erde" von Peter Böhlemann u.a., tvd-Verlag Düsseldorf, 6. Auflage 2011 entnommen. Die Bibellesungen sind, wenn nicht anders angegeben, der Guten-Nachricht-Bibel entnommen.

Juli 1954 – Deutschland war Fußballweltmeister! Auch 30, 40 Jahre später konnte mein Vater sich noch an jede Einzelheit erinnern. Nur, wie er nach Hause gekommen ist, das wusste er nicht mehr so genau. Manche nannten es das „Wunder von Bern". 50 Jahre später hat der Regisseur Söhnke Wortmann einen Spielfilm daraus gemacht.

Und der steht im Mittelpunkt unseres Filmgottesdienstes, zu dem ich euch alle ganz herzlich begrüße. Wir feiern unseren Gottesdienst im Namen Gottes, der das Wunder vollbracht hat, diese Erde zu schaffen, im Namen Jesu Christi, von dem man sich wunderbare Dinge erzählt, und im Namen des heiligen Geistes, der auch heute noch Wunder tut.

Lied: ***Ich lobe meinen Gott*** (EG 272)

Eingangsgebet mit Gloria (34)

Lesung (mit Hinführung):
Gott tut viele Wunder. Davon waren die Menschen zur Zeit der Bibel fest überzeugt. Allein schon dass und wie er diese Welt geschaffen hat, ist ein Wunder. Im Buch der Psalmen hat jemand ein Lied darüber geschrieben „Gott will ich preisen", heißt es. Ich lese einige Verse nach einer modernen Übersetzung[2]: Lesung Psalm 104

Halleluja (43)

Einleitung in den Film
Es ist der Frühling des Jahres 1954, neun Jahre nach dem Zweiten Weltkrieg. Im Ruhrgebiet rauchen die Schlote wieder, aber das Leben ist hart. Auch für den elfjährigen Matthias Lubanski. Er lebt mit seiner Mutter und den älteren Geschwistern Bruno und Inge in Essen. Sein Vater Richard ist in russischer Kriegsgefangenschaft. Mats hat ihn noch nie gesehen. Und er vermisst ihn auch nicht. Er hat einen Ersatz-Vater: Helmut Rahn, Stürmer bei Rot-Weiß-Essen und Nationalspieler.

Filmausschnitt 1: [08:43–17:05]
Mats gibt ein Fußballergebnis mit einer Brieftaube weiter. Die Familie sitzt am Tisch zum Essen. Da kommt die Nachricht von der Rückkehr des Vaters (circa 10 Minuten.)

---

2 Zum Beispiel in: J. Koerver u.a., Sagt Gott wie wunderbar er ist, Stuttgart 1990, 62f.

Überleitung
Der Vater kommt zurück. Aber er ist nicht mehr derselbe. Der Krieg hat ihn gebrochen. Die Familie und das neue Land sind ihm fremd. Er zerfließt in Selbstmitleid und beschimpft seine Kinder. Als Helmut Rahn sich von Mats verabschiedet, um mit der Nationalmannschaft nach München zu fahren, wünscht sich der Junge, sein richtiger Vater wäre nie zurück gekehrt.

Filmausschnitt 2: [35:45–36:40, 50:28 –52:50; 57:44–1:04:31]
Der Vater betet in der Kirche. Er schlägt Mats und streitet sich mit Bruno. Der Vater schlachtet Mats' Kaninchen. Mats ist entsetzt. Die Mutter versucht zu erklären.

Überleitung
Währenddessen hat Deutschland durch einen 7:2-Sieg über die Türkei das Viertelfinale erreicht. Mats ist glücklich und traurig zugleich, denn sein Bruder haut nachts heimlich nach Ost-Berlin ab. Erst jetzt springt Richard Lubanski über seinen Schatten und beginnt zu reden.

Filmausschnitt 3: [1:07:32–1:14:10]
Der Vater spricht mit dem Pfarrer, dann mit seiner Familie. Die Kinder verfolgen die Weltmeisterschaft im Radio und spielen die Spiele auf dem Bolzplatz nach.

Das Geschenk des Vaters

Überleitung
Endlich kann Richard Lubanski erzählen. Und Mats hört nicht mehr dem Fußballspiel, sondern seinem Vater zu! Deutschland schlägt auch Jugoslawien und steht im Endspiel! Gegner sind die Ungarn, gegen die sie in der Vorrunde 8:3 verloren haben. In der Nacht zum 4. Juli macht der Vater Mats plötzlich mitten in der Nacht wach.

Filmausschnitt 4: [1:18:18–1:19:30, 1:23:10–1:33:11]
Vater und Mats fahren mit dem Wagen des Pfarrers zum Endspiel nach Bern. Sie hören unterwegs das Spiel bis zum 2:2.

Predigt: „Ihr wollt immer nur Wunder sehen!"

Ein herrlicher Film voller Wunder. Die deutsche Mannschaft, der niemand so richtig etwas zugetraut hatte, steht im Endspiel der Fußballweltmeisterschaft! Und Mats und sein Vater finden langsam aber sicher zueinander. „Das Wunder von Bern" und das Wunder von Essen-Katernberg. Einfach herrlich!

Ihr meint, dass das doch keine Wunder sind, wenn eine Fußballmannschaft eine Meisterschaft gewinnt? Oder wenn ein kleiner Junge und sein Vater sich verstehen? Ihr meint, dass Wunder ganz anders aussehen? Zum Beispiel, wenn eine unheilbar an Krebs Erkrankte plötzlich wieder gesund wird? Oder wenn jemand einen schweren Autounfall hat und trotzdem unverletzt bleibt?

Ihr meint: Das sind richtige Wunder? Dann geht es euch genau wie den Menschen zur Zeit Jesu. Die meinten auch, dass nur spektakuläre Ereignisse wirkliche Wunder sind. Zum Beispiel, wenn ein Blinder wieder sehen kann oder ein Verrückter wieder normal wird. Wenn einer übers Wasser laufen oder einen Sturm stoppen kann. So wie Jesus es konnte.

„Das", so sagten die Leute, „sind echte Wunder. Und die wollen wir sehen." Aber Jesus fand das gar nicht gut. Als er wieder einmal in Kana war, wo er aus Wasser Wein gemacht hatte, kam ein Beamter des Königs zu ihm. Dessen Sohn war sehr krank. Da sagte der Mann zu Jesus: „Komm doch zu mir und mach meinen Sohn gesund."

Da sagte Jesus zu ihm und zu all den Leuten, die dabei standen: „Ihr wollt immer nur Wunder und tolle Taten sehen, sonst glaubt ihr mir nicht!" Da sagte der Mann: „Komm doch, bitte!" Und Jesus antwortete: „Geh ruhig nach Hause, dein Sohn lebt und ist gesund." Der Mann glaubte, was Jesus ihm sagte und ging nach Hause.

Schon unterwegs kamen ihm seine Diener entgegen und berichteten: „Dein Sohn lebt! Es geht ihm wieder gut!" Und der Mann kam zum Glauben an Jesus, er und seine ganze Familie. Das war das zweite Wunder, das Jesus vollbrachte. So steht es in der Bibel, im Neuen Testament, im Johannes-Evangelium.

Ja das, denken jetzt vielleicht manche von euch, das ist ein richtiges Wunder. Ein Kranker wird gesund, nur weil einer es gesagt hat. So denken vielleicht manche, wie die Leute damals. Und darum sagte Jesus: „Ihr wollt immer nur Wunder und tolle Taten sehen, sonst glaubt ihr mir nicht!"

Denn wirkliche Wunder sehen für Jesus ganz anders aus.

Nicht, dass der Junge wieder gesund wird, ist für ihn das Wunder, sondern dass der Vater ihm glaubt und vertraut, ohne dass Jesus zu seinem Kind geht. „Er glaubte dem Wort, das Jesus zu ihm gesagt hatte", heißt es ja in der Bibel: „Und der Mann kam zum Glauben an Jesus, er und seine ganze Familie."

Der Mann hätte ja, wie die anderen, sagen können: „Jesus, ich will sehen, wie du meinen Sohn wieder gesund machst. Wenn du mir das zeigst, dann glaube ich, dass du von Gott kommst!" Stattdessen heißt es nur: „Er glaubte dem Wort, das Jesus zu ihm gesagt hatte." Nicht tolle Zaubertricks oder unglaubliche Ereignisse sind das Wunder. Sondern der Glaube eines Menschen, dass Gott das Leben seines Kindes und damit auch sein eigenes verändern und heil machen kann. Und weil dieser Mann Jesus glaubt und vertraut, weil er sich Jesus Christus öffnet und die Hoffnung nicht aufgibt, bekommt sein Sohn, und somit auch er und seine ganze Familie neues Leben geschenkt.

Genau wie bei Mats und seinem Vater. „Das Wunder von Bern" ist „Das Wunder von Essen-Katernberg". Natürlich ist es für Mats toll, dass Deutschland und sein Helmut Rahn im Endspiel stehen. Doch das ist kein Wunder, sondern dem Geschick von Sepp Herberger und dem Teamgeist der Spieler um Kapitän Fritz Walter zu verdanken.

Aber dass Richard Lubanski seiner Familie vertraut, dass er sich seinem Sohn und seiner Familie öffnet, dass er nicht mehr den Starken spielt, sondern erzählt, was ihn bedrückt und so Schritt für Schritt ins Leben zurückfindet, das ist ein Wunder. Denn viele Männer, die auch im Krieg waren, haben das nicht geschafft.

Vielleicht ist es kein Zufall, dass Richard Lubanski den Mut dazu erst findet, nachdem er mit dem Pfarrer in der Kirche gesprochen hatte. Vielleicht hat der ihm Mut gemacht, nicht nur Christus zu glauben, sondern auch seiner Familie zu vertrauen. Und sich bei Mats für die Kaninchen zu entschuldigen.

Überleitung

Aber so wie Mats bei diesem Wunder mitgeholfen hat, so hilft er auch beim „Wunder von Bern". Nach langer Fahrt kommen er und sein Vater endlich in Bern am Wankendorf-Stadion an.

Filmausschnitt 5: [1:34-27–1:44:20]

Mats schleicht sich ins Stadion. Rahn macht das 3:2. Gemeinsam mit der Mannschaft fahren Mats und sein Vater im Weltmeisterzug mit. Mats bekennt sich stolz zu seinem Vater.

Schlussbemerkung

Das ist wirklich ein wunderbarer Schluss – oder nicht? Mich jedenfalls rührt es zutiefst an, wie aus einem verbitterten und gebrochenen Mann ein Mensch wird, der vertrauensvoll seine innersten Gefühle zeigen und sich mit seinem Leben und seinem Sohn endgültig aussöhnen kann. Einer, der vom fremden Mann zum Vater wird.

Das sind für Jesus die wirklichen Wunder. Alle können sie erleben, die ihm glauben, die seinem Wort vertrauen, die sich öffnen, die hoffen, dass Jesus Christus sein Wort hält. Solche Wunder wünsche ich mir in meinem und in eurem Leben auch. Und dass es auch in unserer Gemeinde immer wieder heißt: „Er kam zum Glauben an Jesus, er und seine ganze Familie".

Lied: ***Meine Hoffnung und meine Freude*** (LW 60)

Ansagen

Lied: ***Bist zu uns wie ein Vater*** (LW 36)

Segen

Musik zum Ausklang

Valentinstag

Pretty Woman

Helmut Aßmann

Vorbemerkung

„Pretty Woman" ist Teil einer Filmgottesdienstserie, deren Veranstaltungen als allgemeines Angebot für die Gemeinde ausgelegt war. Die ausgewählten Filme hatten allesamt „Blockbuster"-Qualität und sollten die Besucher dazu ermuntern, auch in den vermeintlich „nur" kommerziellen Filmen religiöse und theologische Stoffe und ihre Verarbeitung zu suchen und zu erkennen.

Der Aufbau hat einen klassischen Gottesdienstcharakter. Es gibt sozusagen vier Lesungen bzw. Texte, davon ist die größte Lesung der Film selbst, der in großen Portionen gezeigt wird, um das „Filmerlebnis" einigermaßen zu gewährleisten. Nach dem Film folgt eine kleine Pause, in der „kinoähnliche" Snacks zur Verfügung stehen. Die Pause wird mit einer Impulsfrage eröffnet, über die die Besucher ins Gespräch kommen können.

„Pretty Woman" als cineastisches Märchen eignet sich für den Valentinstag, sofern eine gottesdienstliche Veranstaltung zu diesem Termin in der Gemeinde üblich ist, steht aber dank des zeitlosen Themas im Grunde jederzeit zur Verfügung.

Ablauf

Musik: Johnny Cash, *Ring of Fire*
Begrüßung
Lied: *Wo Menschen sich vergessen* (LW 85)
Eingangsgebet
Lesung in drei Teilen: 1 Korinther 13,1-3, Hohelied 8,6f, Matthäus 16,26
Musik: Pretty Woman (*eingespielt*)
Einführung in den Film
Filmausschnitt 1
Unterbrechung
Filmausschnitt 2
Unterbrechung
Filmausschnitt 3 bis zum Abspann
Kleine Pause mit Snack
Impulsfrage an die Gemeinde
Predigt
Lied: *Da wohnt ein Sehnen tief in uns* (LW 19)
Fürbittengebet
Vaterunser
Segen
Abspann mit Musik: Pretty Woman (*eingespielt*)

Der Gottesdienst

Musik: Johnny Cash: *Ring of Fire*

Begrüßung

Lied: *Wo Menschen sich vergessen* (LW 85)

Eingangsgebet

Herr, unser Gott,
die Liebe hast Du uns ins Herz gegeben,
weil du sie selber so gut kennst.
Stark ist sie und verwandelt alles, was sie berührt.
Nicht auszuhalten ist manchmal, was sie bewirkt.
Nun aber, Herr, unser Gott,
ist sie deine schönste Gabe, dein wichtigstes Zeichen,
dein innigstes Geschenk.
Hilf uns, sie zu erkennen,
ihr und dir zu dienen,
und uns mit ihr zu verbinden.
Das bitten wir durch Christus, deinen geliebten Sohn,
der uns all dies vorgelebt hat.
Amen.

Lesung in drei Teilen: 1. Korinther 13,1-3, Hohelied 8,6f., Matthäus 16,26 *(drei Sprecher)*

Musik: Titelmusik von Pretty Woman (*eingespielt*)

Einführung in den Film

„Pretty Woman" gehört in die Reihe der sogenannten „kultigen" Filme, die erstens fast jeder gesehen hat oder zweitens dessen Handlung fast jeder kennt, auch wenn er ihn nicht gesehen hat. 1989 kam er mit großem Erfolg in die Kinos, nicht zuletzt aufgrund seiner sehenswerten Starbesetzung: Julia Roberts, die mit diesem Streifen ihren richtigen Aufstieg in Hollywood begann, und der schon damals sattsam berühmte und einschlägig geliebte Beau Richard Gere, der wieder einmal als Frauenheld par excellence reüssieren konnte.

Die Geschichte, die der Film erzählt, ist von mythischer Zeitlosigkeit: eine Mischung aus Aschenputtel und Dornröschen, verbunden mit der Kameliendame, die als Oper La Traviata auch im Film selber einen Platz erhält, sowie dem Pygmalion-Thema wird in einer modernen Szenerie als ewiges Märchen neuaufgelegt. Am Anfang des Films wird von einem Passanten sozusagen programmatisch erklärt, dass es in Hollywood realisierte Träume gibt, oder wenigstens, dass Hollywood dafür steht, Träume wahr werden zu lassen. Genau dies geschieht auch im Film, so dass man weder über den Ausgang noch über die Story des Films irgendwelche Fragen haben muss.

Ein eleganter, aber sozial etwas verarmter Neureicher namens Edward Lewis trifft eher per Zufall als aufgrund eines Plans am Rodeo Drive in Beverly Hills eine Prostituierte, die er, einer Laune folgend, für 3000 Dollar eine Woche lang mietet. Während dieser Woche verwandeln beide ihr Leben grundlegend, so dass am Ende das schnulzigste aller schnulzigen Happy Ends den Film emotional krönt. Aus dem Aschenputtel Vivian Ward wird eine königliche Schönheit, aus dem skrupellosen Finanzhai Lewis wird ein umgänglicher Mensch.

Wir beginnen den Film ein paar Minuten nach dem Vorspann, in dem gezeigt wird, wie Edward Lewis gerade am Telefon sein Freundin verliert, weil sie erstens sein Macho-Gehabe nicht ertragen kann und zweitens er bislang nicht einsehen kann, dass man um irgendetwas kämpfen soll, mit dem man nichts verdienen kann. Gleichwohl geht ihm der Verlust seiner Freundin nahe, und mit dem Lotus seines Rechtsanwaltes Philip Stuckey versucht er, seinen Frust auszufahren. Da er mit Autos aber eigentlich gar nicht umgehen kann, ist diese scheinbar sinnlose Fahrt die abenteuerlichste Unternehmung, auf die er sich bislang eingelassen hat.

Filmausschnitt 1: [01:10:30–24:45]

Vivian und ihre Freundin werden auf den merkwürdigen Autofahrer in seinem Angeberschlitten aufmerksam, Vivian bietet sich an und wird von Edward ins Auto gebeten, übernimmt nach einigen Anzüglichkeiten das Steuer, und nach einer Weile finden sich die beiden in den Räumen eines First-Class-Hotels wieder. Für Vivian so etwas wie eine Traumwelt, in die sie hineinkatapultiert wird.

Unterbrechung

Bevor Edward das Penthouse verlässt, beschließt er, Vivian für die kommende Woche als Begleiterin anzuheuern, für 3000 Dollar. Erstes Date ist die geschäftliche Besprechung mit dem Firmeninhaber Morse, auf

Erst kommt das Geld in der ersten Nacht. Dann die Liebe.

dessen finanziellen Ruin es Edward abgesehen hat, um mit dem Verkauf seiner Firma einen großen Gewinn zu machen. Vivian ist von diesem Angebot zunächst rein finanziell sehr angetan und geht mit Freuden darauf ein.

Lewis bittet sie, sich für das Abendessen mit ordentlichen Kleidern zu versehen. Als sie mit ihren nuttigen Klamotten eine Edel-Boutique betritt, muss sie die schmerzliche Erfahrung machen, dass man sie nicht bedienen will. Deprimiert geht sie zurück ins Hotel und lässt sich vom Hotel-Manager, der für sie die Sprachregelung „Nichte" von Mr. Lewis erfindet, in Sachen Kleidung beraten. Außerdem lässt sie sich das Essen mit den verschiedenen Bestecken beibringen, um für das abendliche Dinner gerüstet zu sein. Mr. Thompson, der Manager des Hotels, beginnt Gefallen an der abenteuerlichen Frau zu finden.

Derweil scheint sich bei Morse doch etwas zu tun. Er bekommt unversehens einen 350 Millionen Dollar Auftrag von der Navy, der seine Firma retten könnte. Um das zu verhindern, versucht Lewis die zur Auftragsvergabe notwendige Zustimmung des Senats zu verhindern. In dieser ausgesprochen verzwickten geschäftlichen Lage findet das Strategiegespräch zwischen Morse und seinem Enkel sowie Lewis und seiner Begleiterin Vivian statt. Als Lewis die Hotelbar betritt, erkennt er sie erst gar nicht, weil sie sich durch das inzwischen von Mr. Thompson vermittelte Kleid fundamental gewandelt hat. Wir steigen wieder ein, als Edward und Vivian zum Dinnertisch gehen.

Filmausschnitt 2: [0:48:45–1.11:40]

Vivian nimmt durch ihre Natürlichkeit alle Beteiligten für sich ein, einschließlich des alten und vor allem des jungen Morse. Eine Episode unbegrenzten Glücks beginnt, die in luftigen Bildern ausgeschmückt ist. Jäh wird diese träumende Unwirklichkeit durch einen Annäherungsversuch des Assistenten Stuckey zerstört.

Unterbrechung

Wir haben jetzt einen ersten Streit zwischen Vivian und Edward weggeschnitten, der sich an die widerliche Anbaggerei-Szene anschließt. Vivian wirft ihm vor, er würde ihre Geschichte überall herumerzählen, er entgegnet richtigerweise, dass sie erstens mit David Morse geflirtet habe und dass er zweitens ja auch nur die Wahrheit erzählt habe, und sie möchte sich bitte nicht so anstellen. Er zahlt sie aus, sie lässt wutschnaubend das Geld liegen und will das Hotel verlassen. Als Edward sieht, dass sie das Geld liegengelassen hat, begreift er, dass mittlerweile etwas anderes zwischen den beiden stattgefunden hat als nur eine geschäftliche Beziehung, und fängt sie kurz vor den Aufzug ab. Er bittet sie, dazubleiben, und sie folgt seiner Bitte. In einer Bettszene erzählt Vivian ihre Geschichte und macht kenntlich, dass sie von Herzen eigentlich gar keine richtige Hure ist, sondern eine nur auf Abwege geratene Frau. Dieses Motiv wird in der nun folgenden Episode als Opernausschnitt aus „La Traviata" aufgenommen und ihr widergespiegelt.

Wir sehen nun den Film bis zum Ende.

Filmausschnitt 3: [1:40:45–1:51:40]

Es kommt nach dem Besuch der Oper zur unvermeidlichen Zuspitzung – und es sieht so aus, als würden Vivian und Edward nun doch verschiedene Wege gehen müssen. Nach einer Meinungsverschiedenheit geht Vivian zurück in ihre WG und ergibt sich in ihr halbgewähltes Schicksal. Am Ende aber fügt sich aber doch alles zu einem Happy End: Edward besinnt sich, beginnt ein konstruktives Geschäft mit dem alten Morse und holt Vivian in einer ergreifend rührseligen Szene über eine Feuerleiter – trotz Höhenangst – zu sich zurück. Und das zu Ray Orbisons „Pretty Woman".

Kleine Pause mit Snack

Impulsfrage an die Gemeinde:

Was ist das eigentlich Berührende an dem Film? *(max. 10 Minuten)*

Predigt

Natürlich ist dies ein Film über die Liebe. Und damit ist es ein Film über die schönste Sache der Welt, über das größte Geheimnis des Lebens, über die mächtigste Kraft der Schöpfung. Man hört bei manchen Szenen geradezu den Apostel Paulus reden:

„Wenn ich mit Engels- und mit Menschenzungen redete und hätte die Liebe nicht, so wäre ich ein tönendes Erz und eine klingende Schelle.

Wenn ich prophetisch reden könnte und wüsste alle Geheimnisse und alle Erkenntnis und hätte allen Glauben, so dass ich Berge versetzen könnte, aber hätte die Liebe nicht, so wäre ich nichts." (1 Korinther 13).

Oder es klingen die betörenden Sätze aus dem Hohelied der Liebe, das dem weisen König Salomo zugeschrieben wird, nach: „Lege mich wie ein Siegel auf den Herz, wie ein Siegel auf deinen Arm. Denn Liebe ist stark wie der Tod und Leidenschaft unwiderstehlich wie das Totenreich. Ihre Glut ist feurig und eine Flamme des Herrn, so dass auch viele Wasser die Liebe nicht auslöschen und Ströme sie nicht ertränken können." (Hoheslied 8,6.7).

Natürlich, dem Kundigen fällt der Unterschied zwischen der erotisch aufgeladenen Liebe und jener geistlich-universal orientierten Liebe auf, die weit über menschliche Beziehungen hinausgreift. Und ein Film wie „Pretty Woman" kann und will nur an die erste der beiden Varianten anknüpfen, an „Eros", nicht an „Agape", wie sie in 1 Korinther 13 besungen wird. Ob allerdings Liebende diese begriffliche Unterscheidung vollziehen wollen oder auch nur können, ist fraglich. Es ist aber genau diese Fraglichkeit, die als Tiefe im Gefühlskosmos von „Pretty Woman" wiederkehrt.

Kurzum, wir sehen in diesem Film zunächst die alles verwandelnde und befreiende Kraft der Liebe:

Sie macht aus dem eisigen, gefühlskontrollierten und scheinbar seelenlosen Börsenspekulanten und Finanzhai Edward einen turtelnden, durcheinander geschüttelten Backfisch, der Dinge tut, von denen er bislang nur gehört, bestenfalls bei niederen Gesellschaftsschichten gesehen hat. Er lernt barfuß im Park zu gehen, Hot Dogs zu essen und sich zu entschuldigen. Er schlägt mit der Faust zu und beginnt, etwas zu bauen statt zu zerstückeln und zu verscherbeln. So etwas kann nur die Liebe.

Die Liebe trennt auf diese Weise die beiden jahrelangen Geschäftspartner Philip Stuckey und Edward Lewis, weil sie deutlich macht, dass der eine – im Grunde – ein Mensch mit Gefühl und Wärme, mit Aufmerksamkeit und vorurteilsloser Neugier ist, während der andere – im Grunde – ein schmieriger und geldversessener Hedonist ist: Die Liebe bringt nicht nur zusammen, was scheinbar nicht zusammengehört – sie trennt auch das, was sich jahrelang als zugehörig verstanden hat.

Die Liebe verwandelt Vivian Ward, so dass sie am Ende niemand mehr wiedererkennt. Aus der mit dem Hintern wackelnden und mit offenem Mund Kaugummi kauenden, ordinären Göre wird eine elegante, schöne, bezaubernde Frau. Diese äußerliche Verwandlung hat eine innerliche Analogie: von den rein geschäftlichen Interessen, die am Anfang ganz unverhohlen zur Schau getragen werden – „eine schöne Stange Geld" –, geht sie langsam ab, bis sie sogar das Geld nicht nehmen will, das Lewis ihr im Augenblick des Streites hinblättert. Sie wird zu einer großen Seele, die sich aus dem Straßenstaub emporhebt und als leuchtender Stern alle anderen Figuren des Films überstrahlt.

Die Liebe verwandelt auch den armenreichen Hotelmanager Bernie Thompson, der eigentlich nur als Statist am Rande des Hauptgeschehens fungiert, aber die Verwandlung fast am handgreiflichsten darstellt. Er ist es, der die ersten Gestaltungsschritte einleitet, zunächst und vor allem um Edward Lewis' willen, am Ende aber, weil er sich der bezaubernden Kraft der veränderten Erscheinung von Vivian und der aufbrechenden Liebe nicht mehr entziehen kann.

Das alles ist märchenhaft, voller Klischees und unwirklich – jeder weiß es. Trotzdem, eben wie im Märchen, bringt gerade dieser kitschig, offensichtlich romantisierende und realitätsferne Plot des Films die Grundstrukturen der wirklich erlebten Liebe und der wirklich empfundenen Gefühle aktiv und deutlich erkennbar zum Tragen. Aber täuschen wir uns nicht: Die Filmmärchen dürfen denselben Aufschlusswert beanspruchen wie alle anderen Märchen auch.

Vieles könnte man an Detail anführen, warum „Pretty Woman" aus diesem Grunde so gut ist.

Etwa dies: Der Weg zur Liebe ist nicht einfach, sondern mit Hindernissen versehen, an denen man stets auch scheitern kann.

Oder: Die Liebe steht immer unter den Anfechtungen derer, die sie nicht gelten lassen wollen – angefangen von solch miesen Vertretern wie Stuckey, bis hin zur harmlosen, aber tiefen Anfrage von Kit de Luca, die den Weg von Vivian für sich selbst überhaupt nicht vorstellen kann.

Oder dies: Die Liebe ist nicht einfach direkt, sondern kommt auf Umwegen zum Ziel – das Geschäft, das am Beginn steht und so gar nichts von der späteren Liebe in sich trägt, ist ein Platzhalter für alle aus dem Staub der Straße und dem Wind des Zufalls herauswachsenden Liebesgeschichten. Die Liebe ist kein direkter Gegenstand der Erfahrung, kein reales Objekt unserer Wahrnehmung.

Doch „Pretty Woman" ist nicht nur ein Film über die Liebe.

Wie so oft, geben aber die Namen einen Hinweis auf eine weitere, tiefere Schicht des Geschehens. Der Finanzhai heißt Edward Lewis –

beide sind Namen, die eine lange Tradition haben – es handelt sich um Königsnamen. Edward – Eduard ist im altgermanischen Sprachgebrauch der Hüter des Besitzes. Ob dieser Name zufällig ausgewählt worden ist oder nicht, bleibt sich gleich; in jedem Fall ist der Name auch das in der Figur dargestellte Programm. Lewis, eine englische Variante des französischen Königsnamens Louis, der wiederum zurückgeht auf den Merowingerkönig Chlodwig, bedeutet im Germanischen: lauter, berühmter, mächtiger Kampf. Auch dieser Name ein Programm. Edward Lewis heißt das Lebensprogramm des modernen, zivilisierten Menschen der urbanen Regionen: Hüter von Besitz und Erbe, Kampf gegen alle und alles, was nicht aus dem eigenen Interesse kommt oder ihm dient.

Die Menschen sind Einzelkämpfer, von denen jeder sehen muss, wie er durchkommt. Übriggeblieben ist ein unbehaustes, unstetes Wesen, das sich aus allen Bindungen zu lösen bereit ist, ein ruheloser, machtorientierter Wille, der gegen alle und alles misstrauisch geworden ist. Natürlich ist diese Figur männlich: Es sind vor allem Männer, die sich diese Steppenwolf-Existenz zulegen, weil sie glauben, nur so ihrer Bestimmung nachkommen zu können und nur so zu maximalem Erfolg zu gelangen. Der Lotus, der Champagner, das Penthouse mit Balkon – alles Insignien einer weit von den Niederungen des normalen Lebens abgelösten Lebensweise.

Nur: Es lebt dies alles nicht. Ist alles nur Staffage. Edward lässt sich fahren – er selber kann gar nicht fahren, und schon sein erstes Auto hat er mit Chauffeur bekommen. Er trinkt selber gar keinen Champagner, weiß aber, dass er mit Erdbeeren noch ein bisschen perliger schmeckt. Er nutzt die Requisiten des hohen Lebens nicht. In diesen Kulissen ist nichts lebendig. Einzig Edwards einsames Klavierspiel erinnert daran, dass hier ein Mensch auf seine Erlösung wartet. Aber selbst dies ist verborgen und verheimlicht, sozusagen aus der Tagesrealität ausgegliedert: „Ich spiele nur für Fremde", also ohne echte Resonanz. Ein Mensch mit Berührungsängsten im umfassendsten Sinne des Wortes. Und entsprechend ist sein „Geschäft" reine Destruktion: Er kauft Firmen wie große Organismen und verkauft sie in kleinen Häppchen weiter, sozusagen als Organspende. Vivian vergleicht diesen Vorgang auch sehr richtig mit dem Tun von Autodieben, die eigentlich das gleiche Prinzip benutzen. Er produziert, baut nichts – er lebt von fremden Kräften und stellt nur Kulissen, Drehbücher und Statisten bereit, nichts von sich selbst. An seine Seite tritt darum Vivian – die Lebendige, so der Name. Auch ihr

Nachname ist ein Programm: ein „Ward" ist das Mündel, der Schützling, dasjenige, wofür man Verantwortung zu übernehmen hat. Vivian wird sein Mündel, sein Schützling, seine Anvertraute, aber zugleich diejenige, die die gesamte Kulisse mit Leben füllt. Sie fährt den Lotus, der in den Kurven „wie auf Schienen liegt" und ruiniert nicht dessen Kupplung. Sie betritt als erstes den Balkon und riecht und schmeckt und fühlt die Luft, die von draußen hereinkommt. Sie isst und trinkt mit Begeisterung die Erdbeeren und den Champagner und wundert sich mächtig, dass dieser komische Mensch nichts tut, was irgendwie lebendig wäre. Sie lebt und lässt nicht leben. Sie hat keinen hochfinanzierten Lebensbewältigungsapparat um sich herum, sondern nur sich: ihren Körper, ihre Sinne und ihre Seele.

Aber: Vivian ist eine Seele, die genauso unbehaust und ungeschützt ist wie der Steppenwolf Edward. Sie ist eine Prostituierte – im weiteren Verständnis des Wortes. Sie repräsentiert die andere, dunkle, tragische Seite unserer modernen Welt: Unsere Seelen gehen auf den Strich, weil sie kein Zuhause mehr haben und nicht „auf den Bergen des Herzens", sondern in der sozialdarwinistischen Konkurrenzgesellschaft ausgesetzt sind. Sie bieten sich jedem billigen Freier an, weil sie wenigstens ein bisschen Schutz und Wärme brauchen. Sie träumen die großen Erlösungs- und Heimholungsgeschichten: von Schneewittchen oder Dornröschen, die Geschichten vom Stall zu Bethlehem und der Erlösung vom Himmel – aber wirklich scheint das alles kaum werden zu können. Die Welt wird beherrscht von Edwards und Lewis', von Königen und Beutegeiern, von Kämpfern und Scheinweltspezialisten, die die großen Paläste bauen, sie aber nicht mit Leben füllen können. Unsere Seelen haben Perücken auf, damit sie die Sehnsucht nach Liebe nicht wie ein feuerrotes Haar nach außen tragen. Sie trauen sich nicht mehr, andere auf den Mund zu küssen, weil so viel Hingabe fast immer bestraft und ausgenutzt wird. Sie müssen damit rechnen, von jedem hergelaufenen Lump, der ein bisschen Geld in der Tasche hat, angebaggert und auf das Bett gezogen zu werden. Vivian ist ein Symbol der modernen Seele, die aus ihrem Königshaus, in das sie eigentlich gehört, vertrieben worden ist und sich auf den Straßen der Zivilisation herumtreibt, um vielleicht, vielleicht doch an den Prinzen zu geraten, der sie zu dem macht, was sie eigentlich ist: jene wunderschöne Anmut alles Lebendigen, die Gott der Schöpfer eigentlich hat machen wollen.

Edward und Vivian sind die beiden Seiten unseres modernen Lebens. Der Mensch, der seine verlorene Seele sucht und findet. Die Seele, die ihr Königshaus sucht und findet. Weil wir uns darin so besonders wiederfinden, darum ist auch das Happy End so rührend und auch in dieser modernen und zeitgenössischen Einkleidung so seltsam überzeugend.

Und noch eine dritte Schicht lässt sich in „Pretty Woman" erahnen. Edward Lewis ist eine königliche Gestalt, die von all dem irdischen, materiellen und handfesten Getriebe und Gewoge der unteren Schichten und armen Welt nichts weiß, nichts braucht, nichts kennt. Er wohnt in den Penthäusern der Weltstädte, kommuniziert vor allem über Telefone und benutzt selbst die schönsten Abendessen nur dazu, um anderen das Fell über die Ohren zu ziehen. Edward Lewis, der unabhängige, durch seinen Reichtum fast allmächtige Jetsetter, dem nur eines fehlt: reales Leben. Dass er damit das Idol einer irrenden und fehlgeleiteten Sehnsucht unserer Tage darstellt, ist nur die eine, naheliegende Seite, auch wenn sie sich ethisch und pädagogisch herrlich auswerten lässt. Mit zweifelhaften Aussichten auf Erfolg übrigens.

Die andere Seite ist eine zugegebenermaßen anfechtbare religiöse Unterstellung. Edward Lewis lässt sich auch lesen als eine schlichte cineastische Abbildung des allmächtigen Gottes, dem in seinem Himmelsthron und all seiner hochherrlichen Ausstattung eine gewisse Lebensarmut und Langeweile anvermutet werden kann. Es ist ja nicht von ungefähr, dass alle Versuche, sich einen nichtlangweiligen Ewigkeitsstatus vorzustellen, erfolglos sind. Je universaler, abstrakter, weltunabhängiger und autonomer die Gottesvorstellungen werden, umso inhaltsärmer werden sie. Unsere maximalen Begriffe tragen zwar höchste Würde, erzeugen aber nur schwache Resonanzen in unserer Seele. Die Ewigkeit Gottes und seine unantastbare Ferne von all seinen Kreaturen ist zwar eine gewaltige Konstatierung seiner Majestät und Souveränität, aber zugleich ein ebenso gewaltiges Hindernis, Gott und das Leben zusammenzudenken, zusammenzuglauben und zusammenzubringen, sei es im eigenen Leben, sei es in der Kirche, sei es in der Welt des menschlichen Alltags.

Der ferne Gott als der mannhafte, ambitionierte und in allem Überfluss lebende Macher, der aber keinen Anteil am Leben hat und deswegen den Menschen als die ungeschützte, seit dem Hinauswurf aus dem Paradies zutiefst unbehauste, vor allem mit sich und seinem Überleben beschäftigte Seele sucht: auch das ist ein Thema von „Pretty Woman". Gott sucht und findet, und der Mensch tut desgleichen.

Ich kann mich dem Eindruck nicht verschließen, dass der Zuschauer des Films nicht nur das Happy End als den pflichtschuldigen Abschluss einer Lovestory goutiert, sondern auch als den Anhauch einer Erlösung empfindet, auf die er oder auch nur seine ihm nicht allzu vertraute Seele wartet. Dass die voreiligen Betrachter des Films dieses Ende in das Reich der Fabel abweisen, ist nicht verwunderlich. Der Osterbotschaft ist es nicht anders ergangen. Es hat an ihrer Wahrheit zum Glück nichts geändert.

Lied: ***Da wohnt ein Sehnen tief in uns*** (LW 19)

Fürbittengebet

Gott der Liebe,
es ist dein schönstes Werk,
dass wir einander lieben können.
Es ist die stärkste Kraft in unserem Leben,
von anderen geliebt zu werden.
Es ist das größte Wunder auf Erden,
wenn Herzen zueinander finden.
Wir bitten dich für alle Liebenden,
alle Geliebten,
alle sich nach Liebe Sehnenden,
alle an Liebe Leidenden,
alle der Liebe Verschriebenen, ach,
für alles, was aus deiner Liebe in die Welt gekommen ist.
Mit den Worten deines geliebten Sohnes beten wir:

Vaterunser

Segen

Abspann mit Musik: ***Pretty Woman*** *(eingespielt)*

Passionszeit
Estomihi

American Beauty

Dirk v. Jutrczenka

Vorbemerkung

Seit 2007 ist die St. Stephani-Kirche am Westrand der Bremer Innenstadt die Kulturkirche der Bremischen Evangelischen Kirche. Die Kulturkirche ist, so die Selbstbeschreibung, „ein Ort des kulturellen Experiments, des spirituellen Spiels und der Sinnsuche". Sie ist offen für den Dialog mit unterschiedlichen kulturellen Sparten wie Musik, Bildende Kunst, Theater, Tanz, Literatur und Film. Regelmäßig werden Kulturgottesdienste gefeiert; das Projekt „Theaterpredigt" wurde 2009 mit dem EKD-Kulturpreis „Grenzgänger" ausgezeichnet. Unter der Verantwortung und Koordina-tion des Projektleiters gestalten verschiedene Bremer (Gemeinde-)Pastoren und Pastorinnen, zum Teil mit Dialogpartnern aus der Kultur, die unterschiedlichen Gottesdienste. Auch Filmgottesdienste oder Filmvorführungen (Stummfilm mit Orgelbegleitung) gehören etwa einmal im Jahr zum Programm.

In der Reihe „Lebensbilanz im Film" wurde auch der Film „American Beauty" (USA 1999, Regie: Sam Mendes) vorgestellt. Er ist nicht nur aufgrund seiner fünf Oscars ein moderner Klassiker.

Ein- bis zweimal im Jahr findet in der St. Remberti-Kirche ein Filmgottesdienst statt, der meistens mit der aktuellen Filmreihe im Zusammenhang steht. So ist es möglich, dass der Film, der im Gottesdienst in Ausschnitten vorgestellt wird, zeitnah auch komplett zu sehen ist.

In „Für den Gottesdienst 67" vom Februar 2008 veröffentlichte Schulpastor Ralf Drewes einen Filmgottesdienst zu „American Beauty", den er gemeinsam mit ehemaligen Schülerinnen und Schülern entworfen hatte. Aus diesem Entwurf wird hier vor allem in den Personenbeschreibungen teils wörtlich zitiert. Der Untertitel des Films, „Look closer", wird als Motto des Gottesdienstes und Schlüssel zum Film aufgenommen: „Sieh genau hin!"

Ablauf

Orgelvorspiel
Begrüßung
Lied: *Dich rühmt der Morgen* (LW 7)
Tagesgebet
Hinführung und Vorstellung
Filmausschnitt 1
Lesung: 1 Korinther 13
Kommentar I
Lied: *Du bist da* (LW 53)
Kommentar II

Filmausschnitt 2
Predigt
Lied: *Da wohnt ein Sehnen* (LW 19)
Abkündigungen
Gebet *(mit Bild-Musik-Collage von der „Tüte im Wind", einer Filmausschnitt)*
Vaterunser
Segen
Lied: *Nada te turbe* (LW 57)
Orgelnachspiel

Der Gottesdienst

Orgelvorspiel

Begrüßung

Lied: *Dich rühmt der Morgen* (LW 7)

Tagesgebet

Ewiger Gott,
dich rühmt der Morgen.
Wir sind hier, weil wir in den Ruhm einstimmen wollen,
inmitten unseres Schweigens.
Nimm du uns auf in deinen Ruhm,
umhüll uns mit deinem Glanz,
lass leuchten auf uns deine Herrlichkeit!
Wir bringen vor dich
die Geschichten unseres Lebens,
jeden einzelnen Moment
von den vielen,
die wir gern erinnern,
die wir lieber vergessen,
die uns zu schaffen machen.
Schärf uns den Blick für das wirklich Wichtige.
Lass uns die Schönheit sehen,
die allem zugrunde liegt.

Hinführung und Vorstellung

„Mein Name ist Lester Burnham. Das ist mein Stadtviertel. Das ist meine Straße. Das ist mein Leben. Ich bin 42 Jahre alt, in weniger als einem Jahr bin ich tot. Natürlich weiß ich das jetzt noch nicht. In gewisser Weise bin ich bereits tot."

Mit diesen Worten stellt sich der Protagonist zu Beginn des Films selbst vor. Eine Stimme aus dem Off, aus dem Tod heraus, „in gewisser Weise."

Lester Burnham ist in den besten Jahren, steht mitten im Leben – von wegen. An einem Abgrund steht er. Plötzlich ist da dieser Gedanke: Mein Leben ist ein einziger Irrtum. Sein Beruf, sein Frau Carolyn, seine Tochter Jane – wo ist das Leben eigentlich hin? Er versucht aus dem Alltag auszubrechen, rennt dem Leben hinterher, seinen Jugendträumen. Besonders rennt er Angela hinterher, der schönen Mitschülerin seiner Tochter. Ist sie die Beauty, die Schönheit, die er sucht?

American Beauty – das ist heile Welt für Carolyn, Lesters Ehefrau. Carolyn ist die Verkörperung des Traums einer amerikanischen Alleskönnerin: Gut aussehend, beruflich erfolgreich, und auch im eigenen Haushalt ist alles bestens in Form. Dass der Griff der Rosenschere farblich zu ihren Gartenclogs passt, ist kein Zufall. Als Lester die Seifenblase des schönen Alltags platzen lässt, ist jedoch auch bei Carolyn die Luft raus.

Das alltägliche Leben ist langweilig, findet Jane, die Tochter der beiden. Sie ist aus dem Gröbsten raus, würden die Eltern über sie sagen, aber Jane ist voll drin im Gröbsten: Sie langweilt sich zu Tode in ihrer gutbürgerlichen Gegend, aber wo ihr Platz ist, das kann sie nicht sagen. In ihrem Leben sieht sie niemanden, der ihr da helfen kann.

Filmausschnitt 1: [0:06:35–0:09:54]

Kinderfotos. Die Familie beim Essen. Gereizte Stimmung. Die Tochter ist genervt von der „Fahrstuhlmusik" und den Kommentaren der Eltern, Vater und Mutter geben sich gegenseitig die Schuld. Als Lester und seine Tochter in der Küche stehen, werden sie von draußen beobachtet: der Nachbarjunge filmt sie mit seiner Videokamera. Die Szene endet mit einem Foto der einst glücklichen Familie.

Lesung: 1 Korinther 13

Kommentar I

„... und hätte die Liebe nicht" (1 Korinther 13,1). Eine Familie, die an materiellen Dingen alles hat, was sie braucht, und doch ist es nichts nütze. „Was hülfe es dem Menschen, wenn er die ganze Welt gewönne und nähme an seiner Seele Schaden", heißt es im Evangelium für heute.

„Wir sehen jetzt durch einen Spiegel ein dunkles Bild." (1 Korinther 13,12). Immer wieder blicken die Protagonisten im Film in Spiegel, durch Fenster und Windschutzscheiben, immer wieder sehen wir als Zuschauer sie auf diese Weise. *„En ainigmati"* steht dort bei Paulus, ein dunkles Bild, rätselhafte Umrisse, ja ein Enigma; ein Rätsel sind diese Menschen sich selbst. Sie können sich und ihre komplizierten Gefühle nicht verstehen und schon gar nicht die Gefühle der anderen. Erst da, wo sie sich geliebt wissen, wo sie ihre aufgesetzten Masken ablegen können, erst da wird es möglich, dass sie erkennen.

Und wir? Haben wir die Liebe? Fühlen wir uns geliebt und erkannt? Von anderen? Von Gott? Oder erkennen wir uns in so einem Film, in so einer Familienkonstellation? Mit einem gesungenen Psalm wollen wir uns vergewissern, dass Gott weiß, wer wir sind.

Lied: ***Du bist da*** (LW 53)

Kommentar II

Mit dem geheimnisvollen Jungen und seiner Videokamera endete der erste Abschnitt, den wir gesehen haben. Das ist Ricky, der Nachbarjunge. Sein Vater, ein Ex-Soldat, geht hart mit ihm und der Welt ins Gericht, seine Mutter hat sich in sich selbst zurückgezogen. Er selbst war zwei Jahre in der Psychiatrie, mit Drogendealen verdient er sich sein Geld. Aber anders als die anderen, die vor ihrem Alltag davonlaufen, sieht er genau hin. Mit seiner Videokamera beobachtet und filmt er die Schönheit der Welt. Es gibt so viel Schönheit für den, der genau hin sieht. Auch da, wo man es nicht erwartet.

Filmausschnitt 2: [0:56:14–1:07:01]

Jane und Ricky auf dem Heimweg. Ein Trauerzug ist zu sehen. Er erzählt ihr davon, wie er mit seiner Kamera auch im Tod Schönheit entdeckt. Zu Hause zeigt er ihr „das Schönste, was ich je gefilmt habe": eine im Wind tanzende Plastiktüte. „Es gibt manchmal so viel Schönheit auf der Welt, dass ich sie fast nicht ertragen kann, und mein Herz droht dann daran zu zerbrechen."

Als Jane nach Hause kommt, sind die Eltern wieder beim Essen und streiten lauthals. Sie zieht sich auf ihr Zimmer zurück. Die Mutter wirft ihr Undankbarkeit vor: „In deinem Alter wohnten ich in der Hälfte von einem Doppelhaus. Wir hatten nicht mal ein freistehendes Haus."

Durch das Fenster beobachtet Ricky sie wieder mit seiner Videokamera.

Predigt

Die Szene mit der Tüte gehört sicher zu den großen magischen Momenten des Kinos. Eine Filmkritikerin schrieb damals dazu: „Nach einer so zärtlichen und leidenschaftlichen Offenbarung kann man als Frau nur noch eines tun: Den Mann küssen und ihn nie wieder loslassen." (Anke Sterneborg, SZ 21.12.2000).

„An dem Tag ist mir klar geworden, dass hinter allen Dingen Leben steckt. Und diese unglaublich gütige Kraft, die mich wissen lassen wollte, dass es keinen Grund gibt, Angst zu haben. Nie wieder."

Eine leere Tüte im Wind. Geborgen in den sanften Luftwogen, mit denen der Wind sie anhaucht, anbläst, sie trägt. Gerade weil sie leer ist, sich hingibt, tragen lässt. Leer werden, Ruhe finden, Geborgenheit. Kann ich mich der Kraft hingeben, die mich trägt? Kann ich leer werden, damit Gott mit mir tanzen kann?

Schneller als ihr lieb ist, ist Jane wieder beim Abendessen zu Hause. Die Atmosphäre ist unerträglich. Da bleibt ihr nur der Rückzug. Und doch hat sich etwas verändert. Sie, die sich sonst nur skeptisch und unzufrieden im Spiegel ansehen mochte, fühlt etwas von ihrer eigenen Schönheit. „Wenn du mich anblickst, werde ich schön, schön wie das Riedgras unter dem Tau", heißt es in einem Gedicht der Chilenin Gabriela Mistral. Wenn ich mich selbst betrachte, dann merke ich meine Fehler, dann merke ich meine Unvollkommenheit und meine Schwächen. Schön werde ich nicht, wenn ich in den Spiegel blicke, schön werde ich, wenn ein anderer mich mit den Augen der Liebe betrachtet. „Wenn du mich anblickst, werde ich schön, schön wie das Riedgras unter dem Tau."

Janes langsamer und immer wieder gebrochener Weg zu ihrer Schönheit ist ein tröstlicher Strang in diesem ansonsten so überaus bissigen Film über American Beauty. Ihr Vater Lester hat die Schönheit in ihrer Mitschülerin Angela gefunden, einer engelsgleichen Lolita, die hinter ihrer vorgetäuschten Fassade am Ende doch auch nur ein zerbrechlicher Mensch ist, der geliebt werden möchte. Seine unverhohlene Lüsternheit wird streckenweise so ätzend erzählt, dass einem die Schauer etwa so spürbar über den Rücken laufen wie ihm der Sabber aus den Mundwinkeln. Trotzdem gönnt der Regisseur auch diesen beiden kurz vor Schluss eine anrührende Begegnung, die sie beide zu Tränen rührt.

Kurz vor Schluss, der ja, wie wir bereits durch den ersten Satz des Films wissen, mit dem Tod von Lester einhergeht. Mit seinem Tod und tatsächlich mit seiner Erlösung. „Eigentlich könnte ich ja ziemlich sauer darüber

Aus Kitsch wird Wahrheit.

sein, was mir widerfahren ist", sagt er wieder aus dem Off. „Aber es fällt schwer, wütend zu bleiben, wenn es so viel Schönheit auf der Welt gibt." Das ist so gut gemacht, schon deshalb müssen Sie morgen Abend noch einmal kommen, um den Film im Ganzen zu sehen...

Ganz am Ende sortiert sich für ihn neu, was wirklich schön und wichtig ist in seinem Leben, die kleinen Details, die an seinem Auge vorüberziehen. Und so kann er, wie er sagt, „nichts empfinden außer Dankbarkeit für jeden einzelnen Moment meines dummen kleinen Lebens ..."

Er, der in gewisser Weise bereits tot war, findet in seinem Tod das Leben wieder. Er, der – fast wie der biblische Hiob – alles verloren hat, kann am Ende sagen: Es ist gut.

Und wir? Müssen wir auch erst alles verlieren? Oder geschieht mit uns etwas, während wir den Film sehen, die Bilder, die Worte, die Musik hören? Sieh genau hin, ist die Botschaft. Unter die Oberfläche deines Lebens, durch die Hochglanzbilder der Konsumwelt hindurch, in die Schönheit der Welt hinein. Eine tanzende Tüte im Wind ist kein Gottesbeweis. Wie überhaupt keine ernsthafte Äußerung des Glaubens ein Gottesbeweis ist. Gott lässt sich nicht beweisen. Vertrauen wächst nicht durch Argumente. Doch wenn ein Mensch im Glauben an Gott angerührt ist, dann kann das so sein wie bei Ricky. Er ist angerührt durch das, was er sieht. Jane ist angerührt dadurch, wie er sie zärtlich mit hinein nimmt in diese Erfahrung. Und auch wir können uns anrühren lassen.

Dieses Angerührt-Sein, kann man das schon Glauben nennen? Glaubensbekenntnisse mit ausgefeilten Formulierungen, Dogmen, Bekenntnisschriften, über die von vielen schlauen Menschen lange diskutiert wurde – darum geht es hier nicht. Getragen sein wie diese Tüte, tanzen mit Gott, das ist die Erfahrung, die Sehnsucht, die uns anrühren kann. Ist diese Sehnsucht nicht auch schon ein Gebet? Und trete ich mit dieser Sehnsucht nicht schon in Verbindung zu der gütigen Kraft, die ich suche? „Diese unglaublich gütige Kraft, die mich wissen lassen wollte, dass es keinen Grund gibt, Angst zu haben. Nie wieder."

Trotz all seiner beißenden Ironie, der drastischen Sprache und der Lust am Sarkasmus ist es das, was von dem Film ausgeht. So als ob trotz all dessen, was in unserer Welt abstoßend und widerlich und hoffnungslos erscheint, trotz all der großen und kleinen Konflikten und Katastrophen, der Gier und der Ungerechtigkeit es immer noch möglich ist, die Botschaft der Engel zu hören: Fürchte dich nicht. Hab keine Angst. Glaube! Hoffe! Liebe!

„Ein Video ist ein armseliger Ersatz, ich weiß. Aber es hilft mir, mich zu erinnern." Und wir müssen uns erinnern.

Amen.

Lied: ***Da wohnt ein Sehnen*** (LW 19)

Abkündigungen

Gebet *(dazu eine siebenminütige Bild-Musik-Collage von der Tüte im Wind)*

Gott, wo bist du?
Wir können dich nicht sehen
und doch zeigst du dich uns in der Schönheit deiner Welt.
Oft fehlt uns der Blick dafür,
mitten in dem, was unser Leben ausmacht.
Bitte sei bei uns und allen, die darunter leiden,
Wenn du verborgen bist.
Fang unsere Zweifel auf.
Hinter allen Dingen steckt Leben –
Lass uns das spüren, wenn wir unser Leben zu verlieren drohen.
Lass uns Zeichen deiner Schönheit sehen,
dass wir deine Nähe erfahren.
Gib uns Kraft, gib uns deine Energie,
die in Glauben, Hoffnung und Liebe gegenwärtig ist.
Hilf uns aufzustehen vom Tod mitten im Leben.
Hilf uns wahrzunehmen, was wir brauchen
und wer uns braucht.
Blick du uns an, dass wir schön werden.
Amen.

Vaterunser

Segen

Lied: ***Nada te turbe*** (LW 57)

Orgelnachspiel

Okuli

Von Menschen und Göttern

Dirk v. Jutrczenka

Vorbemerkung

Einmal im Monat verwandelt sich der Gemeindesaal der Bremer St. Remberti-Gemeinde ins RembertiKino. Seit mittlerweile sechs Jahren wird dort monatlich ein Film gezeigt, eingeführt und im Anschluss diskutiert. Die St. Remberti Gemeinde Bremen ist von ihrem theologischen Selbstverständnis her „liberal-undogmatisch". Der interreligiöse Dialog hat hier einen hohen Stellenwert; so kommt es im „Abenteuer Religion", dem Konfirmandenarbeitsmodell, zu ausführlichen Begegnungen mit den großen Weltreligionen. Dennoch ist es auch hier natürlich nicht selbstverständlich, dass ein Gottesdienst mit Koranversen beginnt und endet. Die radikale Offenheit der im Film dargestellten Mönche gegenüber ihrer islamischen Umgebung fordert aber dazu auf, die Gemeinsamkeiten auch im liturgischen Bereich herauszustellen.

Ablauf

Orgelvorspiel

Filmausschnitt 1
Begrüßung
Lied: *Er weckt mich alle Morgen* (EG 452,1-3.5)
Filmausschnitt 2
Hinführung
Filmausschnitt 3
Gebet mit Psalm 31 (EG 716)
Lesung: Lukas 9,57-62 (Evangelium für Okuli)
Lied: *Holz auf Jesu Schulter* (EG 97)
Filmausschnitt 4
Kommentar I
Filmausschnitt 5
Kommentar II
Filmausschnitt 6
Kommentar III
Filmausschnitt 7
Kommentar IV (mit Worten aus dem Testament von Pater Christian de Chergé)
Lied: *Von guten Mächten* (EG 65,1-4, Melodie Otto Abel)
Abkündigungen
Fürbitten (aus dem Koran, Sure 1 und 2, vgl. Filmausschnitt 1) und Vaterunser

Segen
Lied: *Von guten Mächten* (EG 65,5-7)
Orgelnachspiel

Der Gottesdienst

Orgelvorspiel

2. Filmausschnitt 1: [0:10:30–0:13:15]

Ein Beschneidungsfest im Dorf. Auch die Mönche sind eingeladen. Sie bahnen sich einen Weg durch die Menge und nehmen an dem Gebet teil. Dabei wird aus den ersten beiden Suren des Koran rezitiert:

„Führe uns den geraden Weg, den Weg derer, denen Du Gnade erwiesen hast, die nicht Deinem Zorn verfallen sind und die nicht irregehen. Amen." (Sure 1,6f)

„Der Gesandte glaubt an das, was zu ihm herabgesandt wurde von seinem Herrn, und mit ihm die Gläubigen. Sie alle glauben an Gott, an Seine Engel, an Seine Schriften und Seine Gesandten. Sie sagten: Wir unterscheiden nicht zwischen den Gesandten. Und sie sagten: Wir hören und gehorchen.

Herr, wir bitten um Deine Vergebung. Zu Dir kehren wir zurück. Gott fordert von keinem Menschen mehr, als er tun kann. Jedem kommt zugute, was er leistet, und gereicht zum Nachteil, was er Böses tut. Herr, nimm es uns nicht übel, wenn wir vergessen oder Fehler begehen. Herr, bürde uns keine schwere Last auf, wie Du es mit den Menschen getan hast, die vor uns lebten. Und fordere von uns nichts, was wir nicht schaffen könnten. Verzeih uns, vergib uns und erbarm dich unser! Du bist unser Beschützer. Hilf uns gegen das Volk der Ungläubigen!" (Sure 2,285f)

Begrüßung

„Herr, bürde uns keine schwere Last auf, wie du es mit den Menschen getan hast, die vor uns lebten. Und fordere von uns nichts, was wir nicht schaffen können."

Mit diesen Worten aus der zweiten Sure des Koran begrüße ich Sie zum Gottesdienst. Es ist ein Filmgottesdienst mit einer Filmpredigt, wobei das heute durchaus bedeutet, dass der Film selbst predigt. *„Von Menschen und Göttern"*, ein Film des französischen Regisseurs Xavier Beauvois aus 2010, den ich ganz bewusst für diesen Sonntag in der Passionszeit ausgewählt habe. Es geht um die Konsequenz der Nachfolge. Eine wahre Geschichte: Mönche in einem algerischen Dorf in den 90er Jahren. Sie leben mit den Dorfbewohnern, feiern mit ihnen, beten – manchmal auch mit ihnen. Auch wir wollen das tun, feiern und beten. Im Namen Gottes.

Lied: ***Er weckt mich alle Morgen*** (EG 452,1-3.5)

Filmausschnitt 2: [0:15:17–0:17:02]

Einer der Mönche und eine junge Frau aus dem Dorf sitzen nebeneinander auf einer Bank. Sie fragt ihn: „Sag mal, wie merkt man, dass man wirklich verliebt ist?" Er beschreibt das Gefühl. Sie fragt ihn: „Warst du einmal verliebt?" – „Ja", antwortet er, „aber später habe ich eine andere Liebe erfahren, eine größere. Sie währt inzwischen schon über 60 Jahre."

Ich habe eine andere Liebe erfahren, eine größere.

Hinführung

„Wie weit würdest du gehen für dein Glück?" heißt es im Trailer für GLÜCK, den neuen Film von Doris Dörrie. Und auch wenn die beiden Filme nicht viel miteinander gemein haben, ist das eine Frage, die sich ebenso den Mönchen stellt. Eine glückliche Liebe, das ist ihr Leben dort im Kloster. Eine Liebe zu Gott und den Menschen, die ihnen dort anvertraut sind. Doch wie weit wollen und können sie dafür gehen? Das Land Algerien wird in den neunziger Jahren von einem blutigen Bürgerkrieg aufgerieben. Eine korrupte Militärregierung auf der einen Seite, islamistische Terroristen auf der anderen Seite. Dazwischen die Bevölkerung, die Menschen, um derentwillen sich die Mönche hier ihren Ort gesucht haben. Doch wie sollen sie sich angesichts der Bedrohung verhalten? Gerade wurde eine Gruppe von kroatischen Gastarbeitern von den Terroristen ermordet. Den Schutz durch die Militärs lehnt der Abt Christian trotzdem ab. Aber was folgt daraus? Wie weit würdest du gehen?

Filmausschnitt 3: [0:27:23–0:29:11]

Die Mönche in einer Besprechung. „Wie konntest du diese Entscheidung treffen, ohne sie mit uns zu beraten?", wird der Abt gefragt.

Gebet mit Psalm 31 (EG 716)

Lesung: Lukas 9,57-62 (Evangelium für Okuli)

Lied: ***Holz auf Jesu Schulter*** (EG 97)

Filmausschnitt 4: [0:37:35–0:41:30]

Der Anführer der islamistischen Terroristen fordert von Abt Christian den Arzt und Medikamente. Als der Abt sich widersetzt, sagt der Anführer zu ihm: „Du hast keine Wahl." Doch Christian widerspricht und erinnert an Worte aus dem Koran: „Du wirst sehen, es sind unter denen, die bereit sind, die Gläubigen zu lieben, aber auch solche, die da sagen: Ja, wir sind Christen. Und in ihrer Mitte findest du auch Priester und Mönche, Sie sind nicht hochmütig." (Sure 5,82) Als die Terroristen abziehen, weist der Abt sie darauf hin, dass Weihnachten ist.

Kommentar I

Selbst als die Terroristen eines Nachts in das Kloster eindringen und Forderungen stellen, bleiben Abt Christian und seine Mönche gelassen. Angesichts der direkten Bedrohung besteht er darauf: Ich habe die Wahl. Wer der Gewalt so gegenübertritt, braucht Mut. Und entzaubert die Gewalt zugleich als das, was sie ist: Nämlich die Leugnung von Wahlmöglichkeiten. Wer behauptet „Du hast keine Wahl", macht die Wirklichkeit zwar übersichtlicher, aber hat damit noch lange nicht recht.

Der Herr ist mein Licht und mein Heil, heißt es im Psalm, vor wem sollte ich mich fürchten? Der Herr ist meines Lebens Kraft, vor wem sollte mir grauen?

Dennoch, die Mönche sind verunsichert. Diesmal ist es noch gut gegangen, aber was heißt das schon? Wäre es besser, das Kloster aufzugeben und fortzugehen? Oder doch auf das Militär zu setzen? Sie sprechen mit den Dorfbewohnern.

Filmausschnitt 5: [0:57:45–0:59:12]

Die Mönche sprechen mit Dorfbewohnern darüber, ob sie das Kloster verlassen sollten. „Wir sind wie die Vögel auf einem Baum. Wir wissen nicht, ob wir weiterziehen." – „Die Vögel sind wir", entgegnet eine Dorfbewohnerin: „Sie sind der Baum. Wenn Sie fortgehen, wo sollen wir Kraft schöpfen?"

Kommentar II

Wo sollen wir Kraft schöpfen? Eine algerische, muslimische Dorfbewohnerin spricht aus, was viele vergessen haben. Die Klöster sind Kraftquellen. Dass Menschen sich zu so einem radikalen Lebensentwurf verpflichten, als Mönche oder Nonnen leben, sehen wir heute meist kritisch distanziert. So viele unheilvolle Aspekte der Kirchengeschichte schieben sich vor unsere Wahrnehmung. Andererseits gibt es heute viele Menschen, die sich ganz bewusst eine Zeitlang auf das Klosterleben einlassen. Retreats nicht nur für gestresste Manager.

Im algerischen Dorf Tibhirine wird deutlich, dass die Hingabe an Gebet und klösterliches Leben gut vereinbar ist mit dem Engagement für die Menschen. Die spirituelle Kraft, die die Mönche erleben, strahlt aus. Und manchmal strahlt sie von draußen wieder zurück. So wie in dieser Begegnung mit den Dorfbewohnern.

Die Kraft, sie steckt auch in den alten Worten und Gesängen. Dass wir sie heute noch haben, auch das ist bekanntlich den Mönchen und Nonnen zu verdanken. Mit den Psalmen haben sich Menschen zu allen Zeiten Worte leihen können, um ihre Angst und ihre Zuversicht, ihre Klagen und ihr Flehen auszudrücken.

Filmausschnitt 6: [01:19:00–01:23:24]

Die Mönche beim Psalmgebet (Psalm 143). Anschließend eine weitere Besprechung und Abstimmung. Alle Mönche entscheiden sich zu bleiben.

Kommentar III

„Wer seine Hand an den Pflug legt und sieht zurück, der ist nicht geschickt für das Reich Gottes." (Lukas 9,62) Die Radikalität der Nachfolge, die Jesus mit diesen Worten beschreibt, ist für viele abschreckend. Und doch hat es immer wieder Menschen gegeben, die sich davon nicht von ihrem Weg abbringen ließen. Die unerschrocken an ihren Überzeugungen, ihrem Glauben festgehalten haben. Das allein ist natürlich noch kein Verdienst, es gibt ja Unbeirrbare an allen politischen und religiösen Ecken. Aber dass Menschen im Namen Christi Verfolgung, Gewalt, sogar den eigenen möglichen Tod in Kauf nehmen, um andren beizustehen und sich dem Unrecht entgegenzustellen, ist etwas, dass uns unsere eigene Lebenssituation zumindest in Frage stellen lassen sollte.

Flüchten oder standhalten? Wie weit würdest du gehen für dein Glück? Für das Glück der anderen? Für die Liebe zu Gott, zum Nächsten? Und ist die Liebe zu sich selbst, die in der hebräischen Bibel ebenso wie bei Jesus mit der Gottes- und der Nächstenliebe zusammengehört, ist diese Liebe zu sich selbst in der Lage, das eigene, private Glück im größeren Glück, in der größeren Liebe aufgehen zu lassen? Am Ende sind die Mönche gestärkt in dem, was sie entschieden haben.

Und indem sich ihr Weg der Nachfolge an den Weg des Jesus von Nazareth angleicht, der ihnen vorangegangen ist, erleben sie die größte Nähe zueinander in dem Abendessen, dem Abendmahl. Achten Sie einmal darauf, wie der Regisseur und seine Kamerafrau Caroline Champetier, die übrigens den Bremer Filmpreis bekommen hat, hier mit dem Licht und den Blicken, der zunehmenden Nähe, der Musik etwas in Szene setzen, was selbst zu einem ergreifenden spirituellen Erlebnis wird.

Filmausschnitt 7: [01:38:37–01:43:10]

Die Mönche bei einem gemeinsamen Essen mit deutlichen Anklängen an das letzte Abendmahl Jesu. Unterlegt mit Musik aus dem „Schwanensee" nähert sich die Kamera den Mönchen.

Kommentar IV *(mit Worten aus dem Testament von Christian de Chergé)*

Am Ende stürmen die Terroristen das Kloster. Wie die Mönche ums Leben kamen, ob die Islamisten oder die Militärs dafür verantwortlich sind, ist bis heute nicht geklärt.

Ich lese aus dem Testament von Pater Christian, das dieser schon zum Jahreswechsel 1993/1994, zwei Jahre vor der Verschleppung und Ermordung der Mönche schrieb *(in Auszügen, gesamter Text auf der Website der Trappisten www.ocso.org unter >history>persons>saints...> atlasmartyrs)*:

„Wenn es mir eines Tages geschehen sollte – und das könnte heute schon sein – ein Opfer des Terrorismus zu werden, der sich nun auch gegen alle Fremden in Algerien zu richten scheint, so möchte ich, dass meine Gemeinschaft, meine Kirche, meine Familie sich daran erinnern, dass mein Leben Gott und diesem Land geschenkt war.

[...] Sie mögen diesen Tod im Zusammenhang mit so vielen Toden sehen, die ebenso gewalttätig waren, aber in der Gleichgültigkeit dieser Zeit namenlos geblieben sind.

[...] Ich habe genügend lange gelebt, um zu wissen, dass auch ich Komplize des Bösen geworden bin, das – leider – in der Welt die Oberhand zu behalten scheint, Komplize gar dessen, der mich dereinst blind erschlagen wird.

Ich möchte, wenn dieser Augenblick kommt, so viel ruhige Klarheit haben, dass ich die Verzeihung Gottes und meiner Menschengeschwister anrufen kann, aber ebenso, dass ich dem aus ganzem Herzen vergeben kann, der mich umbringen wird.

Ich kann einen solchen Tod nicht wünschen. Es scheint mir wichtig, das zu bekennen. – Ich sehe nicht, wie ich mich freuen könnte, dass dieses Volk, das ich liebe, ohne Unterschied wegen meiner Ermordung angeklagt wird. [...]

Ich weiß wohl, wie sehr man die Algerier in ihrer Gesamtheit mit Verachtung belegt hat. Ich kenne auch die Karikaturen des Islam, die ein gewisser islamischer Fundamentalismus hervorgerufen hat. Es ist zu leicht, sich ein ruhiges Gewissen zu machen, indem man den religiösen Weg des Islam mit dem fundamentalistischen Integrismus und seinen Extremisten gleichsetzt.

Algerien und der Islam: für mich ist das etwas anderes, für mich ist das wie Leib und Seele! ...

Mein Tod scheint denen recht zu geben, die mich immer schnell als naiv oder zu idealistisch angesehen haben. „Er mag uns jetzt sagen, was er darüber denkt!" Aber jene, die so dachten, müssen wissen, dass nun endlich meine stechendste Neugier zufriedengestellt sein wird:

Nun werde ich, wenn es Gott gefällt, meinen Blick mit dem Gottes, des Vaters, vereinen dürfen, um so mit Ihm seine Kinder aus dem Islam zu betrachten, und zwar so, wie Er sie sieht [...] In diesen Dank, mit dem nun alles über mein Leben gesagt ist, schließe ich sicherlich Euch ein, Freunde von gestern und von heute, [...] Und auch Du bist eingeschlossen, Freund meines letzten Augenblicks, der Du nicht weißt, was Du tust! Ja, auch für Dich will ich diesen Dank und dieses A-Dieu, das Du beabsichtigt hast. Dass es uns geschenkt sei, uns als glückliche Schächer im Paradies wiederzusehen, wenn es Gott, dem Vater von uns beiden, gefällt. Amen. Inch' Allah."

Lied: ***Von guten Mächten*** (EG 65,1-4, Melodie Otto Abel)

Abkündigungen

Fürbitten[1] *(aus dem Koran, Sure 1 und 2, vgl. Filmausschnitt 1)*
Führe uns den geraden Weg, den Weg derer, denen du Gnade erwiesen hast, die nicht deinem Zorn verfallen sind und die nicht irregehen.

---

1 Das Gebet wird als Koranrezitation gekennzeichnet.

Herr, wir bitten um deine Vergebung. Zu dir kehren wir zurück. Gott fordert von keinem Menschen mehr als er tun kann. Jedem kommt zugute, was er leistet, und gereicht zum Nachteil, was er Böses tut. Herr, nimm es uns nicht übel, wenn wir vergessen oder Fehler begehen. Herr, bürde uns keine schwere Last auf, wie du es mit den Menschen getan hast, die vor uns lebten. Und fordere von uns nichts, was wir nicht schaffen können. Verzeih uns, vergib uns und erbarm dich unser.

Du bist unser Beschützer.

Vaterunser

Segen

Lied: ***Von guten Mächten*** **(EG 65,5-7)**

Orgelnachspiel

Palmsonntag

Gran Torino

Dirk v. Jutrczenka

Vorbemerkung

Der Gottesdienst zum Film „Gran Torino" (USA 2008) von Clint Eastwood stand unter dem Titel „Erbarmungs Los"; dies erinnert an einen der bekanntesten Filme Eastwoods („Unforgiven"/dt. „Erbarmungslos", USA 1992) und bringt als Wortspiel zugleich zum Klingen, welche Konsequenzen „barmherziges" Handeln haben kann. Im Gottesdienst kamen als biblische Texte der Philipperhymnus (Philipper 2,5-11 = EG NB 760 im Wechsel, Epistel am Palmsonntag) sowie als Lesung Der barmherzige Samariter (Lukas 10,25-37) zur Sprache.[1]

Ablauf

Orgelvorspiel
Begrüßung
Lied: *Das Kreuz ist aufgerichtet* (EG 94, Melodie 521)

Hymnus aus dem Philipperbrief (EG 760)
Gebet
Hinführung und Vorstellung
Filmausschnitt 1
Lesung: Lukas 10,25-37: Der barmherzige Samariter
Lied: *Zwischen Jericho und Jerusalem* (EG 582)
Predigt I
Filmausschnitt 2
Predigt II
Filmausschnitt 3
Predigt III
Filmausschnitt 4
Predigt IV
Lied: *O Haupt voll Blut und Wunden* (EG 85,1-3)
Abkündigungen
Gebet und Vaterunser
Segen
Lied: *Korn, das in die Erde* (EG 98)
Orgelnachspiel

---

1 Lukas 10 (Barmherziger Samariter) ist Evangelium am Diakoniesonntag (13. Sonntag nach Trinitatis).

Der Gottesdienst

Orgelvorspiel

Begrüßung

Lied: ***Das Kreuz ist aufgerichtet*** (EG 94, Melodie 521)

Psalm: Hymnus aus dem Philipperbrief (EG NB 760)

Gebet

Ewiger Gott, was sollen wir tun?
Wie sollen wir handeln?
Wir wissen: Du bist die Liebe.
Du begegnest uns in Liebe.
Du willst, dass wir lieben.
Mach uns bereit
zu sehen und zu verstehen,
wie weit deine Liebe gehen kann.
Durch Jesus, den Christus,
unsern Bruder, unsern Herrn.
Amen.

Hinführung und Vorstellung

Mit dem Tod fängt alles an. Die erste Szene des Films „Gran Torino" spielt in einer Kirche; es ist die Trauerfeier für die gerade verstorbene Frau des Protagonisten Walt Kowalski. Der steht, gespielt von Clint Eastwood, vorn am Sarg und schaut auf eine Weise in die sich versammelnde Trauergemeinde, wie es eben nur Clint Eastwood kann: Die Augen blicken aus grimmig zusammengedrückten Lidern voller Verachtung, die Mundwinkel sind zu einem schmalen Spalt zurückgezogen. Dirty Harry lässt grüßen.

Auch hinterher beim Kaffeetrinken zu Hause haben seine Gäste es nicht leicht mit ihm: weder seine dumpfbackigen Söhne noch die gelangweilte Enkelin, der Priester nicht, der mit ihm ins Gespräch zu kommen versucht, und schon gar nicht der Nachbarsjunge, der es wagt, an der Tür zu läuten und um einen Gefallen zu bitten. „Zeig mal ein bisschen Respekt, Bambusratte, wir sind hier in Trauer", raunzt er ihn an.

Auch in den nächsten Szenen, die wir jetzt sehen, wird der scheinbar unüberbrückbare Gegensatz betont, der den verbitterten und kratzbürstigen Walt Kowalski von seinen asiatischen Nachbarn trennt, aber auch vom Priester, der es nicht aufgeben will, ihn zur Beichte zu holen. Und wir sehen, wie der Nachbarsjunge auf seinem Weg zum ersten Mal unter die Räuber fällt.

Filmausschnitt 1: [0:11:07–0:15:07]

Kowalski ärgert sich über die „verdammten Schlitzaugen", in seiner Nachbarschaft. Er weist den Priester an der Tür ab. Der Nachbarsjunge Thao wird von Jugendlichen bedroht, die Gang seines Cousins tritt auf den Plan.

Lesung: Lukas 10,25-37, *Der barmherzige Samariter*

Lied: ***Zwischen Jericho und Jerusalem*** (EG NB 582)

Predigt I

Ja, so einfach ist das in diesen pädagogisch gemeinten Erzählliedern. Der Weg ist zwar weit, aber wenn wir uns zusammenreißen, dann schaffen wir das schon mit der Barmherzigkeit. Ganz anders dagegen der Film. Da werden die Gräben erst mal noch weiter aufgerissen. Thao, der Nachbarsjunge, lässt sich von der Gang seines Cousins dazu überreden, den alten Ford Modell *Gran Torino* von Walt zu stehlen. Eine Mutprobe, die natürlich schiefgeht, und da Walt immer eine Waffe griffbereit hat, fehlt nicht viel und die Geschichte hätte schon hier ein vorhersehbares tragisches Ende nehmen können.

Doch es kommt anders. Als die Gang wieder einmal bei den Nachbarn aufkreuzt und Thao unter Druck setzt, vertreibt Walt sie mit gezogener Waffe, denn die Jungs haben dabei seinen Rasen betreten. Von da an gilt er in der Nachbarschaft als Held, er wird beschenkt und eingeladen und vorsichtig entwickelt sich ein Kontakt zu Thao und seiner Schwester Sue. Ob das so schlüssig ist und nachvollziehbar, darüber gehen die Meinungen auseinander, schließlich bleibt Walt bei seinen abfälligen Sprüchen und rassistischen Einstellungen über die „Schlitzaugen", wie er sie nennt. Aber er spürt auch, dass der Junge Thao, wenn sich nichts ändert, keine Chance hat, und so nimmt er sich widerwillig seiner an. Er kümmert sich um den, der unter die Räuber gefallen war, und so wird aus dem bärbeißigen Menschenhasser vielleicht nicht gerade ein barmherziger Samariter, aber doch immerhin einer, der seinem Nachbarn ganz konkret hilft.

Und was macht ein Mann vom Schlag eines Walt Kowalski, ein früherer Automechaniker und Koreakrieger mit dem verweichlichten und schüchternen Nachbarsjungen? Er bringt ihm erst mal bei, wie ein richtiger Mann sich gebärdet. „Pygmalion" auf amerikanische Art, „My Fair Boy" in Detroit. Wir gehen eben mal mit zum Friseur.

Filmausschnitt 2: [1:10:11–1:13:18]

Beim Friseur soll Thao lernen, „wie richtige Kerle sich unterhalten". „Das ist das Weichei von nebenan, ich versuch gerade irgendwie ‚nen Mann aus ihm zu machen", stellt Walt ihn vor.

Predigt II

Tatsächlich schafft Walt es, den Jungen als Bauarbeiter bei einem Bekannten unterzubringen. Er gibt ihm sein Werkzeug, er bietet ihm sogar an, den Gran Torino zu fahren, das ist vermutlich einer der höchsten Grade an Zuwendung.

Nicht geglaubte Zuwendung – Walt und Thao

Doch auch hiermit ist die Geschichte nicht zu Ende. Denn die Gang lässt Thao nicht in Ruhe, sie lauern ihm auf, klauen sein Werkzeug und verletzen ihn. Und nun will Walt diesem Konflikt ein für alle Mal ein Ende setzen, so wie er das gewohnt ist. Er wartet, bis er einen aus der Gang allein vorfindet, schlägt ihn zusammen und droht damit, ihn und die anderen das nächste Mal gleich umzubringen.

Hier wendet sich dann ein feingeistiger bremischer Christenmensch angewidert ab. So würden wir doch nicht vorgehen. Doch bitte nicht mit Gewalt. Aber mal ehrlich, wie sieht es in bremischen Klassenzimmern und Schulhöfen aus? Was läuft in etlichen Familien, unter Kollegen und Nachbarn an verbaler, symbolischer und oft genug auch körperlicher Gewalt? Wie funktioniert die militärische Logik, die allen weltweiten Konflikten zugrundeliegt und der sich längst auch die Bundeswehr wieder unterworfen hat? Vergeltung, Drohkulisse, Säbelrasseln. Das heißt nicht immer so, aber der Kreislauf von Gewalt und Rache ist in unserer Gesellschaft, in unserer Welt allemal typischer als der so seichte von uns besungene Weg der Barmherzigkeit.

Walt Kowalski hat gelernt, dass man Konflikte so lösen muss, mit gezogener Waffe. Und wem das zu amerikanisch vorkommt, der sollte sich überlegen, was er oder sie selbst in den eigenen Alltagskonflikten in Familie und Beruf als Waffe einsetzt: Die immer wieder gern vorgebrachten Argumente und Vorwürfe? Die eigene Macht oder intellektuelle Überlegenheit? Das Geld? Es ist doch erstaunlich – und Ehe- und Familienberater können ein Lied davon singen –, wie vorhersehbar unsere Konfliktstrategien oft sind. Obwohl wir wissen, dass es nicht wirklich etwas bringt, spulen wir immer wieder die gleichen Verhaltensmuster ab. Wenn du mir so kommst, dann blocke ich ab. Wenn du das sagst, dann reagiere ich so. Wenn du mich bedrohst, dann schlage ich zurück.

Es kommt, wie es kommen muss im Kreislauf der Gewalt. Als Walt im Wohnzimmer sitzt und fernsieht, wird die Logik der Rache aufs Neue inszeniert.

Filmausschnitt 3: [1:22:41–1:29:38]

Walt sitzt beim Fernsehen, als das Nachbarhaus angegriffen wird. Er läuft zu den Nachbarn. Sue wird vermisst; als sie nach Hause kommt, ist sie misshandelt. Als Walt wieder in seiner Wohnung sitzt, kommt der Priester. „Thao und Sue werden nie ihren Frieden finden, solange diese Gang da ist", sagt Walt.

Predigt III

Sie wissen, was Thao erwartet, sagt der Priester. Für Thao ist klar: Die Vergewaltigung seiner Schwester muss gerächt werden. Walt sitzt dort im Halbdunkel, die Hände vor Zorn blutig geschlagen, und überlegt, was er nun noch machen kann. Was würden Sie tun, fragt er den Priester. Und er bereitet den letzten Schlag vor.

Er kauft einen Anzug, geht noch einmal zum Friseur, bittet den verdutzten Priester sogar um die Abnahme der Beichte. Er putzt seine Waffen, schreibt sein Testament. Dann kommt Thao, er brennt auf Rache. Doch statt ihn mitzunehmen zum letzten Gefecht, sperrt er ihn in den Keller ein. Allein macht er sich auf den Weg zu dem Haus, in dem die Mitglieder der Gang leben.

Filmausschnitt 4: [1:39:30–1:43:50]

Walt allein vor dem Haus der Gang. Es kommt zum Streit, die Nachbarn schauen zu. Als er mit provozierender Geste sein Feuerzeug hervorholt, wird er erschossen. „Dieses Mal haben wir Zeugen", sagt ein Polizist zu Thao, „die Kerle kommen für lange Zeit hinter Gitter."

Predigt IV

Mit dem Tod fing alles an. Mit dem Tod hört alles auf. Im Licht der Polizeifahrzeuge sehen Thao und seine Schwester, was Walt mit seinem Tod erreicht hat. Alle Gangmitglieder werden für die Erschießung des unbewaffneten Walt im Gefängnis landen. Thao hat eine Chance, aus den Fängen der Räuberbande zu entkommen. Eine Chance, aus dem Kreislauf der Gewalt und der Logik der Rache zu entkommen, in die er selbst schon eingetreten war.

Mit ausgebreiteten Armen wie ein Gekreuzigter lag Walt auf dem Boden. Einer muss sterben, damit die anderen leben können. Das ist die Logik des Opfers. Aus dem grantigen, aber letztlich doch barmherzigen Samariter ist ein Erlöser geworden, der sich wie Jesus unschuldig hinrichten lässt.

Und da meldet sich natürlich Protest unter manchen Filmkritikern und auch manchen Kirchenleuten gleichermaßen. „Höchst pathetisch" findet ein Kritiker das tödliche Finale, und ein Theologe meint, Clint Eastwood verkläre in seinem Film die Selbstaufopferung und zementiere damit die Gewalt.

Ist die Sache mit dem Opfer nicht eine längst überholte, heute nicht mehr angemessene Weise, über den Sinn des Kreuzestodes nachzudenken? Widerspricht nicht die Botschaft Jesu von der unbedingten Liebe Gottes einer Deutung seines Todes als Opfer, das Erlösung bringt? Gehört es nicht zu den „Notwendigen Abschieden" (Klaus-Peter Jörns), solche Vorstellungen aufzugeben?

In der Theologie und der kirchengemeindlichen Realität hat die vor einigen Jahrzehnten noch selbstverständliche Rede vom Sühnopfer Christi sicherlich viel an Plausibilität verloren. Die in den alten Gesangbuchliedern noch ganz ungebrochene Rede vom blutigen Opfer am Kreuz verursacht bei vielen meiner Kolleginnen und Kollegen – und ich will mich da gar nicht ausschließen – echte Schwierigkeiten, wenn es um die Liedauswahl für die Passionsgottesdienste geht.

Warum aber ist in einer Zeit, in der den Kirchen die Rede vom Opfer peinlich zu werden scheint, im Kino das Opfer so präsent? Einer muss sterben, damit die anderen leben können – das wird in fast allen Genres durchgespielt, in Science Fiction und Action andauernd, aber mit Hingabe auch in etlichen Romanzen oder Tragödien. Von Leonardo di Caprio bis Bruce Willis oder Will Smith geben vor allem Männer ihr Leben für die Liebe oder gleich für das Überleben der Menschheit, und nicht zuletzt um dieser geschlechtsspezifischen Einseitigkeit etwas entgegenzusetzen, hat der Regisseur Lars von Trier in mehreren seiner Filme Frauen geopfert. Doch dass etwa die Sängerin Björk im Film „Dancer in the Dark" den eigenen Tod am Strang auf sich nimmt, um ihrem Sohn das Augenlicht zu retten, wird nur dann überhaupt verständlich, wenn man das Geschehen auf dem Hintergrund einer christlichen Opfertheologie interpretiert. Wenn man das nicht tut, dann erscheint es ohne Zweifel völlig sinnlos und unangemessen

Und damit wird es doch spannend. Wenn es Filme gibt, und dazu rechne ich in gewisser Weise auch „Gran Torino", die erst mit den alten theologischen Deutungsmustern sinnvoll werden, dann verweist das darauf, das beidem – Film ebenso wie den alten biblischen Geschichten – eine tiefere Wahrheit zugrundeliegen könnte, die wir heute vielleicht nicht mehr verstehen, die deshalb aber ja nicht zwangsläufig überwunden ist.

„Tief ist der Brunnen der Vergangenheit", hat Thomas Mann seinem Josephroman vorangestellt und dann immer von neuem durchbuchstabiert, wie jedes religiöse Denken, jede Erzählung, jeder Mythos immer wieder auf etwas verweist, das ihm vorangeht. Jesus ist nicht der Erste, der geopfert wird, der durch seinen Tod das Leben bringt. Und obwohl wir das in Theologie und Kirche gern anders sähen: Er ist anscheinend nicht der Letzte. Und Walt Kowalski wird auch nicht der Letzte sein. Tun wir doch nicht so, als ob wir den tiefen Brunnen je ganz ausleuchten könnten oder als ob wir ihn zuzuschütten oder gar einfach abzudecken in der Lage wären.

Genauso wenig wie wir die Vielfalt der Christuszeugnisse auf das stellvertretende Sühnopfer reduzieren dürfen – das ist sicher eines der Grundübel der Theologie- und Dogmengeschichte gewesen –, sollten wir unser Reden über Gott auf das beschränken, was uns rational exakt zugänglich ist, auf Fakten, auf „Tatsachen". Denn das sind die biblischen, mythisch-metaphorischen Vorstellungen nicht. Sie berichten nicht faktenhaft-digital, sondern konfessorisch, sie tasten das Unsagbare ab.

Die Dogmen können wir sicher kritisieren, auseinandernehmen, uns von ihnen verabschieden. Aber die Erfahrungen, die ihnen zugrundeliegen, die Mythen, die „Stories", werden wir damit nicht los, nicht im Kino und hoffentlich auch nicht in der Kirche.

„Gran Torino" ist kein Film zum Nachmachen, Walt Kowalski ist kein Vorbild. Und doch sehe ich in seiner Art, den Kreislauf der Rache durch Selbsthingabe zu beenden, einen nachvollziehbaren, auf seine Weise vernünftigen Weg. Der Filmemacher Clint Eastwood bringt mich, bringt uns dazu, den Tod Jesu am Kreuz – allen zeitgenössischen Vorsichtigkeiten zum Trotz – wieder als Opfer zu sehen, das den Gewaltkreislauf durchbricht. Einer stirbt. Wir sollen leben.

Amen.

Lied: ***O Haupt voll Blut und Wunden*** (EG 85,1-3)

Abkündigungen

Gebet und Vaterunser

Ewiger Gott,
für die, die unter die Räuber gefallen sind,
beten wir,
die unter Gewalt leiden,
unter Ausbeutung und Abhängigkeit.
Für die, die mutig sehen, was zu tun ist,
beten wir,
die anderen Schutz geben,
Wunden verbinden,
den Rädern in die Speichen fallen.
Für uns, die wir auf beiden Seiten stehen,
beten wir,
in Ängsten und herausgerufen aus der Angst,
verstrickt in Schuld und erlöst,
leidend dein Leid sehend
und immer schon befreit.

Gib uns Mut zur Nachfolge,
Kraft zum Glauben,
Konsequenz im Handeln.

Vater unser

Segen

Lied: ***Korn, das in die Erde*** (EG 98)

Orgelnachspiel

Osterzeit
1. Mai, Tag der Arbeit

Moderne Zeiten

Louis-Ferdinand v. Zobeltitz (LFvZ) und Dirk v. Jutrczenka (DvJ)
Musik: Bremer Kantorei St. Stephani unter Leitung von Tim Günther

Vorbemerkung

Aus einer Gruppe, die für den Deutschen Evangelischen Kirchentag 2009 in Bremen ein Filmprogramm entwickelte, formierte sich der ökumenische „Arbeitskreis Kirche und Kino". In Zusammenarbeit mit dem kommunalen Kino City 46 veranstaltet der Arbeitskreis seither monatliche Filmvorführungen und Filmseminare zu verschiedenen Themenreihen. In der Reihe „arbeit@eine-welt.com" wurden Filme zur Arbeitsrealität in der globalisierten Welt gezeigt und diskutiert, oft mit kompetenten Gästen, z.B. aus Gewerkschaften. Der Filmgottesdienst in der Kulturkiche St. Stephani zum Abschluss des gleichnamigen Filmseminars richtete sich sowohl an Seminarteilnehmende als auch an die weitere Öffentlichkeit. Sein Motto: „Im Schweiße deines Angesichts sollst du dein Brot essen..."

Ablauf

Chor zum Eingang: *Keine Zeit (Text: Peter Maiwald, Chorsatz: Annegret Keller)*
Begrüßung *(LFvZ)*
Lied: *Ich weiß, mein Gott, dass all mein Tun* (EG 497,1.2.5.11)
Psalm 104 im Wechsel (Psalm 104 in Ausschnitten)
Eingangsgebet: *(LFvZ)*
Predigt I: Vom Segen der Arbeit *(LFvZ)*
Lied: *Gott gab uns Atem* (EG 432)
Filmausschnitt 1
Predigt II: Vom Fluch der Arbeit *(DvJ)*
Lied: *Da wohnt ein Sehnen tief in uns* (LW 19)
Einführung der nächsten Szene *(DvJ)*
Filmausschnitt 2
Predigt III: Arbeit gehört zum Leben, ist aber nicht das Leben *(LFvZ)*
Chor: *Die Steppe wird blühen* (Durch Hohes und Tiefes 407)
Abkündigungen
Fürbittgebet *(DvJ u. LFvZ)*
Vaterunser
Lied: *Der Tag, mein Gott, ist nun vergangen* (EG 266)
Segen
Chor: *Zeit des Fluchs und Zeit des Segens (T: Huub Oosterhuis, M: Bernard Huijbers)*

Der Gottesdienst

Chor zum Eingang: Keine Zeit *(Text: Peter Maiwald, Chorsatz: Annegret Keller)*

Begrüßung *(LFvZ)*
Herzlich begrüße ich Sie zum Filmgottesdienst zu Charlie Chaplins „Moderne Zeiten".

Dieser Gottesdienst steht am Ende eines Filmseminars, in dem wir mit satirischen Filmen über Arbeit als ein höchst widersprüchliches Phänomen im menschlichen Leben nachgedacht haben.

Arbeit kann zugleich mit Schweiß, Verzweiflung, Resignation, Langeweile, brutaler Unterdrückung aber auch Lebensfreude und Momenten der Hoffnung und des Glücks verbunden sein. Diese Widersprüchlichkeit ist so ohne weiteres nicht aufzuheben. Wir haben versucht, sie mit dem Thema des Gottesdienstes „Vom Fluch und Segen der Arbeit" zum Ausdruck zu bringen.

Arbeit schändet nicht, so hat es schon der griechische Dichter Hesiod vor mehr als zweieinhalbtausend Jahren gesagt. Als Kinder der Aufklärung haben wir ein durchgängig positives Verhältnis zur Arbeit, wie es sich beispielsweise in einem Gedicht von Gottlieb Wilhelm Burmann äußert:

Arbeit macht das Leben süß
Macht es nie zur Last;
Der nur hat Bekümmernis,
Der die Arbeit hasst.

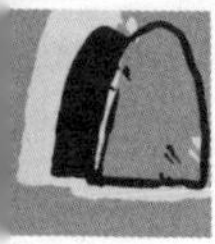

Viele von uns sind so erzogen worden, dass sie verinnerlicht haben: Ich lebe, um zu arbeiten. Gleichzeitig haben sich mit der industriellen Revolution und der Digitalisierung unserer Lebenswelt die Arbeitsprozesse so verändert, dass viele Menschen ihre Arbeit als sinnentleerte Tätigkeit empfinden. Wir wollen in diesem Gottesdienst versuchen, dem biblischen Verständnis von Arbeit als einer sinnvollen, in den Gesamtzusammenhang der Schöpfung passenden Tätigkeit nachzuspüren.

Wir singen als einen der wenigen Choräle, die Arbeit und menschliche Tätigkeit zum Thema haben, das Paul-Gerhardt-Lied: *Ich weiß mein Gott, dass all mein Tun.*

Lied: *Ich weiß, mein Gott, dass all mein Tun* (EG 497,1.2.5.11)

Psalm 104 im Wechsel (Psalm 104,1.2.5.10-12.14.15.19-24.27.28)

Eingangsgebet: *(LFvZ)*

Wir danken dir, Gott, für gute Arbeitsplätze,
und für alle Hilfe, die Menschen ohne Arbeit erfahren.
Vor allem aber danken wir dir,
dass deine Liebe zu uns nicht abhängig ist
von dem, was wir leisten und können,
nicht von dem Ansehen, das wir erwerben,
nicht von dem Lohn, den wir bekommen.
Du, Gott, liebst uns so, wie wir sind.
Dafür wollen wir dich loben und preisen.
Lass diesen Lobpreis ein Schutzwall sein
gegen alle Angst und Verbitterung.
Gegen alle Sorgen und Nöte.
Gib uns Kraft für unseren Alltag
und stärke unser Vertrauen zu dir.
Das bitten wir dich durch Jesus Christus,
der mit dir und dem Heiligen Geist lebt und Leben gibt
von Ewigkeit zu Ewigkeit.
Amen.

Predigt I: Vom Segen der Arbeit *(LFvZ)*

Im großen Schöpfungspsalm 104, den wir eben gemeinsam gebetet haben, wird dem Menschen und seiner Arbeit in der wohl durchdachten Schöpfungsordnung Gottes klug ein Platz zugewiesen. Da hieß es:

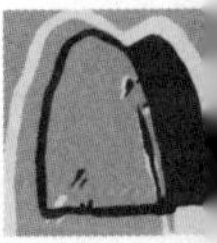

Du machst Finsternis, dass es Nacht wird.
Da regen sich alle wilden Tiere,
die jungen Löwen, die da brüllen nach Raub
und ihre Speise suchen von Gott.
Wenn aber die Sonne aufgeht, heben sie sich davon
Und legen sich in ihre Höhlen,
dann geht der Mensch aus an seine Arbeit
und an sein Werk bis an den Abend.

In der schönen, poetischen Sprache der Psalmen ist die Arbeit des Menschen Teil des Schöpfungsplanes Gottes. Am Anfang der Bibel, in der Geschichte von der Erschaffung der Welt als Garten Gottes, also in der Paradiesgeschichte, wird in fast kindlicher Weise beschrieben, wie Gott als großer Gärtner den Garten Eden schafft, den Menschen und die Tiere. Dann heißt es:

„Und Gott der Herr nahm den Menschen und setzte ihn in den Garten Eden, dass er ihn bebaute und bewahrte."

Das Paradies ist kein Schlaraffenland, in dem uns die gebratenen Tauben in den Mund fliegen und wir uns faul und träge einer dumpfen Fress- und Genusssucht hingeben. Nein, im Paradies hat die Arbeit ihren festen Platz. Ja. Man kann sagen, dass die Arbeit im Paradies erfunden wurde. Sie gehört zum Menschen. Er hat den Auftrag, den Garten Gottes zu bebauen und zu behüten. Das ist es, was Gott mit den Menschen im Sinn hat. Im Paradies wurde gearbeitet. Arbeit hat etwas mit Gott zu tun. Die Arbeit setzt in Gottes Sinne fort, was er angefangen hat. Sie wirkt mit am großen Werk, das Gott in seiner Schöpfung begonnen hat. Mit der Arbeit nimmt der Mensch an dem Schöpfungsprozess Gottes teil. Gelingende, aufbauende Arbeit hat das Ziel, die Welt für den Menschen zur Heimat zu machen, ihn also in der Welt zu beheimaten.

Deshalb nimmt selbst in den endzeitlichen Visionen der Bibel Arbeit einen Raum ein. Der ewig Halleluja singende Münchner im Himmel ist eine lächerliche Karikatur des Reiches Gottes. Nehmen wir nur die Vision vom Reich Gottes, wie sie im 65. Kapitel des Propheten Jesaja zu finden ist. Da heißt es:

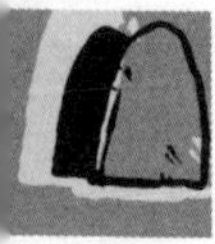

„Sie werden Häuser bauen und bewohnen, sie werden Weinberge pflanzen und ihre Früchte essen. Sie sollen nicht bauen, was ein anderer bewohne, und nicht pflanzen, was ein anderer esse. Denn die Tage meines Volks werden sein wie die Tage eines Baumes, und ihrer Hände Werk werden meine Auserwählten genießen. Sie sollen nicht umsonst arbeiten und keine Kinder für einen frühen Tod zeugen; denn sie sind das Geschlecht der Gesegneten des HERRN, und ihre Nachkommen sind bei ihnen." (Jesaja 65,21-23)

Die von Entfremdung, Ausbeutung und Sklaverei befreite Arbeit, die gesegnete Arbeit also bleibt Teil des Menschen. Noch aber leben wir in einer Welt, in der Arbeit auch ihre zerstörerischen Kräfte entfalten kann.

Damit ist ja nicht nur die Arbeit in den großen Waffenschmieden gemeint, sondern alle Arbeitsprozesse, die den Garten Gottes eben nicht behüten und bewahren, sondern rabiat ausplündern, vergiften und verätzen und alle Arbeitsstrukturen, die den Menschen knechten und kaputt machen.

Doch nach dem biblischen Grundauftrag soll Arbeit ein Segen sein, der an der guten Schöpfung Gottes mitwirkt und uns in dieser Welt beheimatet.

Lied: ***Gott gab uns Atem*** (EG 432)

Filmausschnitt 1: [0:00:56–0:17:54]

Eine Schrifttafel: „Eine Geschichte über Industrie, individuellen Unternehmungsgeist, den Kreuzzug der Menschen auf der Suche nach Glück." Dahinter eine Uhr. Man sieht eine Schafherde, dann die Menschenmassen, die zu den Fabriken strömen. Der Fabrikdirektor gibt Anweisung, die Produktionsgeschwindigkeit zu erhöhen. Der Tramp am Fließband hat Mühe, mit dem Tempo Schritt zu halten.

In einer weiteren Szene wird eine Ernährungsmaschine, die die Arbeitspausen überflüssig machen soll, vorgestellt und am Tramp ausprobiert. Als die Bandgeschwindigkeit ein weiteres Mal erhöht wird, gerät der Tramp zwischen die Zahnräder. Seine zunehmende „Verrücktheit" steigert sich zum widerständigen Tanz gegen das System, bis er am Ende vom Krankenwagen abgeholt wird.

Tanz gegen das Fließband-System

Predigt II: Vom Fluch der Arbeit *(DvJ)*

Als der Film Moderne Zeiten 1936 erscheint, ist der Mann, der ihn gemacht hat, längst weltbekannt, ein Idol, eine Ikone. Der „Tramp", die Figur, als die Charlie Chaplin sich in das kollektive Gedächtnis bis heute eingebrannt hat, ist damals schon seit über 20 Jahren sein unverwechselbares Markenzeichen. Und obwohl der erfolgreiche Komiker, Schauspieler, Regisseur Chaplin zu dieser Zeit längst zu den bestverdienenden Menschen der Welt gehört, spiegelt sich in jedem seiner Filme ein Stück seiner eigenen Lebensgeschichte.

1889 wurde Charles Chaplin in London geboren, im Stadtteil Kennington in Hör- und Sichtweite des Big Ben, unter ärmlichsten Bedingungen. Seine Eltern waren beide Varietékünstler, trennten sich früh, er wuchs zum Teil in Kinderheimen und im Armenhaus auf. Schon als Kind spielte er Szenen, als Zwölfjähriger versuchte er, durch Arbeit – auch in Fabriken – Geld zum Überleben zu verdienen. Als Kinderdarsteller fand er Zugang zu Music Halls und Varieté-Theatern, ging auf Tourneen, man wurde auf ihn aufmerksam, und 1914 schloss er einen Jahresvertrag bei der Keystone, einer amerikanischen Filmgesellschaft, ab. Schon nach wenigen Wochen fand er seine Rolle, die ihn innerhalb kürzester Zeit weltberühmt machen sollte: den Tramp mit Bärtchen und übergroßen Schuhen, mit Stock und dem unnachahmlichen Watschelgang.

Über 70 Filme drehte Chaplin mit dieser Figur, allesamt Stummfilme. Doch 1935 ist die Stummfilmära längst vorbei. Noch bei seinem bis dahin letzten Film, „City Lights"/dt. „Lichter der Großstadt", hatte er sich trotzig gegen die verbreiteten technischen Neuerungen gewehrt, jetzt muss er kapitulieren. Doch wie er das tut, das ist typisch Chaplin. Denn dieser Tonfilm bleibt weitgehend ein Stummfilm: fast bis zum Schluss ist abgesehen von der Filmmusik der Ton immer nur dort zu hören, wo Maschinen surren, die Stechuhren klingen oder die Fabrik- und Polizeisirenen jaulen. Sprache hören wir nur dann, wenn sie durch Lautsprecher verfremdet ist. Sein Film über die veränderten Arbeitsbedingungen wird inhaltlich und formal zu einer Auseinandersetzung auch mit seinem eigenen Arbeitsfeld.

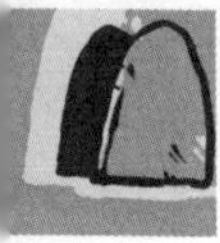

Der Film beginnt mit der Uhr, dem Diktat der Zeit, der Berechnung. Eine Schafherde, eine Menschenherde strömt in die Fabriken, verteilt sich auf riesige Werkhallen, Maschinen, Fließbänder. Interessanterweise wird nirgendwo im Film sichtbar, dass diese Maschinen irgendetwas produzieren: das Ergebnis der Arbeit bleibt den Ausführenden unsichtbar. Es ist die Zeit des Taylorismus und des Fordismus, der Zerlegung von Arbeitsabläufen und der Fließbandproduktion. Eine entfremdete Arbeit, bei der es nur noch um Effizienz geht. Kreativität, ein sinnstiftendes Verhältnis zum Arbeitsprozess oder zum Produkt spielt keine Rolle. Vom Segen der Arbeit ist nichts mehr zu spüren, es bleibt nur der Fluch: „Im Schweiße deines Angesichts sollst du dein Brot essen..." (1 Mose 3,19) Der Glaube an die Automatisierung und Effizienzsteigerung wird bei Chaplin satirisch auf die Spitze getrieben in der Szene mit der Füttermaschine. Selbst Essenspausen sollen sich wegrationalisieren lassen.

Doch der arme Tramp wird hier ebenso wie am anschließend immer weiter beschleunigten Fließband zum Sklaven der Technik: der Mensch kommt zwischen die Zahnräder, er wird Teil der Maschine. Ein Bild, das Filmgeschichte geschrieben hat.

Ein Mensch, der ins Getriebe gerät: Zuerst, so scheint es, als Opfer der menschenfeindlichen Apparatur. Doch zunehmend entwickelt sich aus der passiven Rolle eine aktive. Die Verrücktheit wird zum subversiven Protest, die zwanghafte Schraubbewegung am Fließband wandelt sich zum anarchischen Tanz gegen die entmenschlichten Arbeitsbedingungen. Das Öl, das das Getriebe am Laufen halten soll, verspritzt der Clown auf alle, die das System der Fabrik repräsentieren. Das ist keine Revolution, aber mit dem Lachen fängt die Veränderung an. Kein Wunder, dass der Film in Deutschland erst 1956, mit zwanzigjähriger Verspätung gezeigt wurde und Chaplin im Amerika der McCarthy-Zeit verfemt war. Gefährlich ist dieses Lachen noch heute.

Lied: ***Da wohnt ein Sehnen tief in uns*** (LW 19)

Einführung der nächsten Szene *(DvJ)*

Filmausschnitt 2: [1:14:13–1:19:37]

Vom Anfang des Films springen wir nun gleich bis zum Schluss. Die bekanntesten Bilder sind sicherlich die von den Fließbändern und Zahnrädern. Aber im gesamten Film geht es darum, dass der Tramp und auch das Straßenmädchen, das er kennenlernt, auf Arbeitssuche sind und verschiedenes ausprobieren: auf der Werft und im Kaufhaus, in einer anderen Fabrik. Am Ende findet das Mädchen eine Anstellung als Tänzerin in einer Bar und vermittelt ihrem Freund die Möglichkeit, sein Talent als Kellner und Sänger unter Beweis zu stellen.

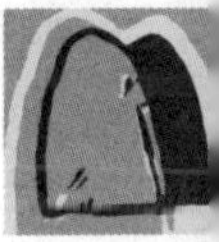

Wir sehen, wie er sich auf seinen Auftritt vorbereitet, und wir hören den Tramp singen, zum ersten und letzten Mal in der Filmgeschichte. Charlie Chaplin zitiert aus seiner eigenen Lebenserfahrung als Varietékünstler und der Tramp, der immer stumm geblieben war, verabschiedet sich hiermit von der Leinwand. Die Worte kann sich der Pantomime nicht merken, aber darauf kommt es nicht an. „Never mind the words", der Text ist unwichtig, heißt es darum auf einer der letzten Texttafeln dieses letzten fast-noch-Stummfilms. Und der Tramp singt in einem völlig unsinnigen und trotzdem irgendwie verständlichen Kauderwelsch den Gassenhauer „Je cherche après Titine". Er bekommt den Job. Aber weil das verwaiste Mädchen gleich darauf von der Jugendbehörde festgenommen werden soll, wird er – das werden wir nicht mehr sehen – mit ihr fliehen. Zu zweit gehen sie der Sonne entgegen. Arbeit ist eben doch nicht alles.

Predigt III: Arbeit gehört zum Leben, ist aber nicht das Leben *(LFvZ)*

Am Ende des Films Moderne Zeiten dreht Charlie Chaplin noch einmal auf, reißt uns mit diesem Nonsens-Lied, mit diesem unnachahmlichen Tanz mit. Mit dieser Szene zaubert er uns ein Lächeln ins Gesicht.

Der Film handelt ja eigentlich von Arbeit und Arbeitslosigkeit und dann auf einmal dieser Ausbruch in den puren Unsinn, der nur das eine Ziel hat, uns aus unseren drögen Gedanken herauszureißen und uns eine Ahnung von der unbändigen Lust am Leben zu vermitteln. Arbeit gehört ohne Zweifel zum Leben, ist aber nicht das Leben. Diese Botschaft tanzt und singt uns Charlie Chaplin in unser Herz. Doch damit ist er nicht weit weg von der biblischen Botschaft.

Das bürgerliche Arbeitsethos hat uns viele Lebensweisheiten beschert, die immer mal wieder gerne zitiert werden: „Bete und arbeite", „Morgenstund hat Gold im Mund", „Der frühe Vogel fängt den Wurm", „Arbeit und Fleiß, das sind die Flügel, die führen über Strom und Hügel", „Arbeit ist des Bürgers Zierde", „Arbeit macht das Leben süß" usw. usw.

Die Bibel hält sich mit solchen Sprüchen zurück. Selbstverständlich ist der Mensch nach der Bibel ein arbeitender Mensch. Es wird hier kein Loblied auf die Faulheit angestimmt. Im 2. Thessalonicherbrief schreibt Paulus: „Wer nicht arbeiten will, soll auch nicht essen." Meines Wissens das einzige Bibelwort, das in den Schriften von Karl Marx zitiert wird.

Aber es gibt eben kein Gebot, das unmittelbar zum Arbeiten auffordert. Demgegenüber gibt es unzählige Gebote, die sich mit der Begrenzung der Arbeit beschäftigen. Die Bibel weiß um die Gefährdung des Menschen durch Arbeit. Arbeit wird dann zum Selbstzweck. Man fühlt sich nur gut, wenn man arbeitet. Die Bibel warnt vor Arbeitssucht. Den Workaholics redet die Bibel ins Gewissen.

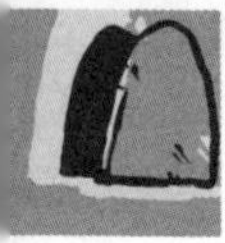

Sechs Tage darfst du arbeiten, aber den siebten Tag, den Sabbat, sollst du heiligen. Das ist vor allem und zuerst eine arbeitsrechtliche Bestimmung. Ursprünglich ist der Sabbat nicht religiös aufgeladen. Es geht hier einzig und allein darum, für einen Tag in der Woche mit der Arbeit aufzuhören. Und dieser von Arbeit befreite Tag gilt ohne Ausnahme für alle: für Kinder und Frauen, Gesinde und Sklaven, ja auch für das Vieh.

Wir leben in einer Zeit, die dieses seit mehr als 2000 Jahren geltende Recht auf einen gemeinsamen freien Tag in der Woche unterhöhlt und letztendlich abschaffen will. Mit jedem verkaufsoffenen Sonntag versucht man den heiligen siebten Tag sturmreif zu schießen. Es bleibt der Kampfauftrag der Christen, alles daran zu setzen, den Sonntag als Tag der gemeinsamen Muße und Lebensfreude zu retten.

Lassen Sie mich mit einer Beobachtung zum ersten Gebot schließen. Das erste Gebot heißt wörtlich: „Ich bin Jahwe, dein Gott, der dich aus dem Land Ägypten, dem Sklavenhaus herausgeführt hat." Gott ist im Alten Testament der Verborgene und Unfassbare. Hier aber macht er sich bekannt und unverwechselbar. Das erste Gebot erinnert an die Versklavung Israels unter dem Pharao. In saurer Arbeit mussten sie unter Gewalt Tag für Tag Ziegel schaffen. Kein Zweifel, dass diese Unterdrückung von Blut und Tränen, Folter und Mord begleitet war. Auf diese Arbeitsverhältnisse bezieht sich das erste Gebot und besagt damit: Gott ist derjenige, der diese verknechtenden Arbeitsverhältnisse in befreite und menschenwürdige umgekehrt hat und will, dass es keine versklavenden Arbeitsverhältnisse gibt.

Lasst uns deshalb für Arbeitsverhältnisse eintreten, die der Würde des Menschen entsprechen, die ihm Luft zum Atmen lassen und Spielräume für die Lust am Leben eröffnet.

Chor: ***Die Steppe wird blühen*** (Durch Hohes und Tiefes 407)

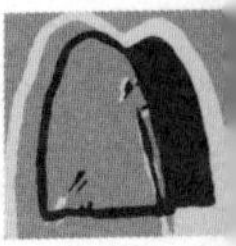

2. Die Flüchtlinge kommen nach Hause mit leuchtenden Garben.
Die gingen in Trauer bis ans Ende der Erde,
hoffnungslos und allein, sie kommen in Scharen.
Wie Bäche voll Wasser, wie Bäche voll rauschenden Wassers,
stürzend herab von den Bergen,
wie Lachen und Jauchzen. Die säten in Tränen,
sie kommen und lachen und jauchzen.

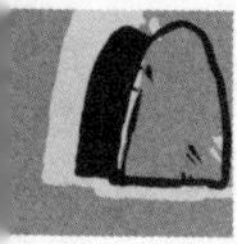

3. Der Tote wird leben, die Tote wird hören: jetzt Leben.
Zu Ende gegangen, unter Steinen begraben:
Toter, Tote, steh auf, ein ganz neuer Morgen.
Es winkt eine Hand uns, es ruft eine Stimme:
ich öffne Himmel und Erde und Abgrund.
Und wir werden hören, und wir werden aufstehn
und lachen und jauchzen und leben.

Text: Huub Oosterhuis, Musik: Antoine Oomen, Übersetzung: Diethard Zils
Aus: Oekumene heute, Mein Liederbuch 2, 1992
Textrechte: beim Autor, Musikrechte: Gooi en Sticht – Utrecht (NL), Rechte für die Übersetzung: tvd-Verlag, Düsseldorf

Abkündigungen

Fürbittgebet

Gott, wir denken an die Menschen, die Arbeit haben.
Wir danken dir, dass du ihnen Kraft gibst,
jeden Tag ihre Arbeit zu tun.

Wir danken dir, dass sie ihr tägliches Brot zum Leben haben.
Das ist keine Selbstverständlichkeit. Lass sie das nicht vergessen.
Gott, wir denken an die Menschen,
die keine Arbeit haben, die krank sind oder arbeitslos.
Sie leiden darunter, dass sie nicht gebraucht werden.
Sie leiden darunter, dass andere ihnen vorwerfen,
sie seien arbeitsscheu.
Lass uns umdenken, dass Arbeit gerechter verteilt wird
und wir den Wert eines Menschen nicht nach seiner bezahlten Arbeit bemessen.

Gott, wir denken an die Menschen,
die ihre Arbeit krank macht,
weil die Arbeit zu viel oder zu schwer für sie ist.
Wir denken an die Menschen,
die durch die Arbeit krank werden,
weil sie mit giftigen Stoffen zu tun haben
oder weil die Atmosphäre am Arbeitsplatz vergiftet ist.

Gott, wir denken an Menschen,
die die Arbeit anderer Menschen ausbeuten.
Lass sie einsichtig werden,
dass sie sich nicht mehr auf Kosten anderer bereichern.
Lass die Arbeitgeber, die über Arbeit und Lohn entscheiden,
den Wert und die Würde der Arbeitenden achten.

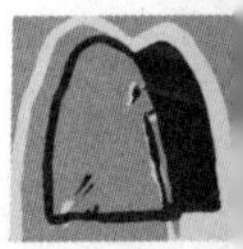

Gott, vor dir ist jede und jeder gleich viel wert,
ob sie viel oder wenig leisten können,
ob ihre Arbeit bezahlt wird oder nicht.
Du möchtest, dass alle Menschen genug zum Leben haben.
Wir danken dir dafür.

Vaterunser

Lied: ***Der Tag, mein Gott, ist nun vergangen*** (EG 266)

Segen

Chor: ***Zeit des Fluchs und Zeit des Segens*** *(Text: Huub Oosterhuis, Melodie: Bernard Huijbers)*

Jubilate/Kantate

Wie im Himmel

Dirk v. Jutrczenka

Vorbemerkung

Der Film „Wie im Himmel" (Schweden 2004, Regie: Kay Pollak) ist seit seinem Erscheinen – nicht nur, aber besonders – bei Kirchenchorsängerinnen und -sängern beliebt. Das Gemeinschaftsgefühl eines Chores wird hier ebenso thematisiert wie die befreiende Kraft der Musik, die jedem zur Selbstwerdung verhilft. Zugleich wird die Geschichte des Dirigenten Daniel Dareus mit erkennbar christologischen Bezügen als Passionsgeschichte erzählt.

Am Filmgottesdienst unter dem Motto „Mitten unter uns" in der St. Remberti-Kirche war der Gemeindechor beteiligt. Der Organist nahm den Klangteppich am Ende des letzten Filmausschnittes mit der Orgel auf und improvisierte weiter, so dass das Gegenüber von Film- und gottesdienstlicher Musik aufgehoben war – ein „magischer" Augenblick.

Da der Film in der Reihe „Lebensbilanz im Film" auch im RembertiKino gezeigt wurde, konnten die Gemeindeglieder neben den gottesdienstlichen Filmausschnitten auch den ganzen Film ansehen.

Ablauf

Orgelvorspiel
Chor I: *Dich rühmt der Morgen* (LW 7)
Begrüßung
Lied: *Nun jauchzt dem Herren* (EG 288,1.2.4.5) oder: *Singt, singt dem Herren* (EG 286)
Tagesgebet
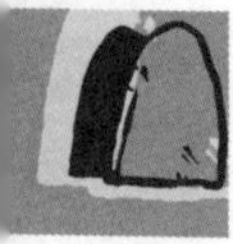
Lied: *Nun jauchzt dem Herren* (EG 288,7)
Filmausschnitt 1
Lesung: Mitten unter uns, Lukas 17,20f
Chor II: *Du bist da* (LW 53)
Predigt I:
Filmausschnitt 2
Predigt II
Filmausschnitt 3
Predigt III
Filmausschnitt 4
Orgelimprovisation
Lied: *Du meine Seele, singe* (EG 302,1+8)
Abkündigungen
Chor III: *Lobe den Herrn, meine Seele* (LW 46)

Gebet
Vaterunser
Lied: *Du bist heilig* (LW 75)
Sendung und Segen
Orgelnachspiel

Der Gottesdienst

Orgelvorspiel
Chor I: *Dich rühmt der Morgen* (LW 7)

Begrüßung

Lied: *Nun jauchzt dem Herren* (EG 288,1.2.4.5) oder:
Singt, singt dem Herren (EG 286)

Tagesgebet (Hermann-Josef Frisch)
Voll und ganz das Leben leben,
Licht und Schatten, Glück und Leid.
Voll und ganz das Leben ausschöpfen,
rundum Mensch sein.
Voll und ganz die Liebe spüren,
getragen werden und auch selber tragen,
zum neuen Menschen werden,
ganz in dir geborgen sein.
Voll und ganz im Glauben stehen,
einen Halt finden, der hoffen lässt.
Sein Herz an einen Größeren binden,
Leben in Fülle gewinnen.

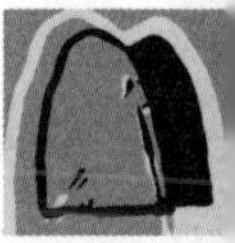

So bitten wir dich, Gott,
öffne unsere Herzen für dich,
unsere Augen und Ohren.
Wende unser Leben
voll und ganz.
Amen.

Lied: ***Nun jauchzt dem Herren*** (EG 288,7)

Filmausschnitt 1: [0:26:30–0:35:57]

Der berühmte Musiker Daniel Dareus bewirbt sich um die Kantorenstelle einer kleinen schwedischen Dorfgemeinde und beginnt das Üben mit dem Dorfchor. „Stellt euch vor, dass alle Musik schon irgendwo ist. Da oben, überall vibriert sie... Alles geht bloß darum, dass wir zuhören, dass wir auch bereit sind, sie von da oben zu holen." Allerdings wird er bei seiner Arbeit immer wieder unterbrochen und gestört. Mit ungewöhnlichen Körperübungen beginnt er die Chormitglieder zu motivieren. Doch vor allem der Pfarrer ist misstrauisch. Beim gemeinsamen Tönen spüren die Chormitglieder, wie es gehen könnte.

Lesung: Mitten unter uns (Lukas 17,20f)

„Als Jesus von den Pharisäern gefragt wurde: Wann kommt das Reich Gottes?, antwortete er ihnen und sprach: Das Reich Gottes kommt nicht so, dass man's beobachten kann; man wird auch nicht sagen: Siehe, hier ist es!, oder: Da ist es! Denn siehe, das Reich Gottes ist mitten unter euch."

Luther übersetzte: „Das Reich Gottes kommt nicht mit äußerlichen Gebärden... Sehet, das Reich Gottes ist inwendig in euch."

Es ist schon da – überall – unter euch – in euch.

Chor II: ***Du bist da*** (LW 53)

Predigt I

Es beginnt mit einem Kornfeld. Die Ähren wiegen sich im Wind. Ein kleiner Junge steht inmitten der goldgelben Halme und spielt auf seiner Geige. Er ist ganz bei der Sache, die Töne scheinen genauso wie die Notenblätter und das ganze Feld im Wind zu tanzen. Da nähern sich drei gleichaltrige Jungen, er läuft davon, sie verfolgen und packen ihn, zwei halten ihn fest und der dritte prügelt auf ihn ein, bis er am Boden liegt. In einem Schnitt sehen wir den Jungen als Erwachsenen: Ein Dirigent mit seinem Orchester, er gibt alles, schweißnass, blutend kämpft er bis zur Erschöpfung. Tatsächlich hat er etwas später auf offener Bühne einen Herzinfarkt. So nimmt er, der berühmte Musiker Daniel Dareus, der eigentlich schon über Jahre hinaus verplant ist, Abschied vom öffentlichen Leben und zieht sich in das Dorf seiner Kindheit zurück.

Wie er dort nach anfänglichem Zögern die Leitung des kleinen Kirchenchors übernimmt und mit welchen Mitteln er zu arbeiten versucht, das haben wir eben gesehen. Tatsächlich ist es eine ganz andere Welt, in die er dort geraten ist, immer wieder muss er sich herantasten an die Menschen, denen er dort begegnet, doch auch an sich selbst, seine eigenen Gefühle.

„Wie im Himmel" ist ein Film über einen Menschen, der sein Leben ändern muss. Der sich in einer Lebenskrise fragt, was wirklich wichtig ist und wofür er weiter leben will. Darum fügt sich der Film natürlich gut in unsere Reihe „Lebensbilanz im Film" im RembertiKino ein. Daniel Dareus ist zugleich ein Mensch, der andere dazu bringt, ihr Leben zu ändern. Er habe vor zuzuhören, erzählt er dem Dorfpfarrer bei ihrer ersten Begegnung. Und indem er zuhört und zusieht, indem er die Menschen zum Sprechen und vor allem zum Singen bringt, zu ihrem eigenen Ton, setzt er in ihnen etwas in Bewegung.

Dabei ist er kein Zauberer. Wir haben gesehen, mit welchen Widerständen und Unterbrechungen er zu kämpfen hat und wie er selbst den richtigen Weg erst lernen muss. Aber er ist überzeugt von dem, was er spürt und hört, von dem großen Geheimnis: Alles ist schon da. Alle Musik ist schon irgendwo. Überall vibriert sie. Jeder hat seinen eigenen Ton in sich.

„Das Reich Gottes ist mitten unter euch", sagt Jesus (Lukas 17,21).

„Wie im Himmel" ist ein Film über Musik, über den Klang, der allem innewohnt. „Nada Brahma – Die Welt ist Klang" hat der Musikjournalist Joachim-Ernst Berendt eine ausführliche Studie überschrieben. Die ganze Welt, das ganze Universum besteht aus Schwingung, aus Tönen, aus Klang. Und was Joachim-Ernst Berendt an physikalischen Frequenzen und Lichtwellen, an Walgesang und Sternenklängen durchbuchstabiert, lässt Daniel Dareus seinen kleinen Chor am eigenen Leib erfahren: Wenn jeder sich selbst zum Klingen bringt und dabei eintaucht in den Klang der anderen, in den Klang, der immer schon da ist.

„Das Reich Gottes ist mitten unter euch", sagt Jesus.

Mit seinen unkonventionellen Methoden bringt Daniel den Dörflern nicht nur das Singen bei, sondern stiftet bei jedem ein neues Bewusstsein seiner selbst. Er deckt Lebenslügen und versteckte Konflikte auf. Indem sie diese Erfahrungen machen, werden die Chormitglieder zusehends mutiger. In einer Szene erleben wir, wie gleich mehrfach Aufbrüche geschehen: Der von Arne gehänselte Holmfrid wehrt sich gegen dessen Sticheleien und die von ihrem Mann geschlagene und ängstlich in sich verkrümmte Gabriella traut sich, beim Chorkonzert ein Solostück zu singen.

Filmausschnitt 2: [1:09:30–1:13:45]

Gabriella wird mutig.

Predigt II

Später wird Gabriella sich endlich trauen, ihren prügelnden Mann zu verlassen, ebenso wie die Pfarrfrau, die sich zumindest vorübergehend von ihren Mann trennt. „Wie im Himmel" ist ein Film über den Mut zur Klarheit, zu der manchmal auch Trennungen gehören.

Vor allem aber ist „Wie im Himmel" ein Film über die Liebe. „Woher weiß man, dass man einen anderen liebt?", fragt Daniel unbeholfen, als er spürt, dass er sich zu der blonden Lena hingezogen fühlt. Und kurz vor dem Ende des Films wird er von seinem früheren Agenten gefragt: „Hat sich für dich erfüllt, wovon du immer geträumt hast? Aber wie? Und warum mit diesen Menschen?" – „Sie lieben mich", antwortet er, „und ich liebe sie." Die Liebe, so die Botschaft des Films, ist die den allgegenwärtigen Klängen korrespondierende Schwingung zwischen den Menschen. Wer sich ganz darauf einlässt, den Klang zu hören, seinen eigenen Ton zu finden, der kann gar nicht anders als lieben. Die Liebe ist eine Kraft, die Menschen in sich spüren und die zugleich über sie hinaus da ist, um sie herum.

„Das Reich Gottes ist mitten unter euch", sagt Jesus.

„Wie im Himmel" ist darum durchaus auch ein Film über Jesus. Die Anklänge an die Lebens- und Passionsgeschichte Jesu sind mit den Händen zu greifen. Nicht zufällig fällt Daniels Ankunft in die Weihnachtszeit. Er wohnt in der abbruchreifen ehemaligen Grundschule, fast schon ein Stall, Engel sind dort an die Wand gemalt. Auch im Laden begegnet er einem Engel, Lena heißt die junge Frau in offensichtlicher Anspielung an Maria Magdalena. Daniel will zurück zu dem Eigentlichen, zum Ursprung der Musik, er sammelt sich seine Jünger, so etwa zwölf sind es zunächst. Über die Wirkungen, die von ihm ausgehen, die Aufbrüche und Veränderungen haben wir schon gehört. Und natürlich gibt es Gegner. Der Pfarrer ist geradezu die Karikatur eines Pharisäers, eines scheinheiligen Vertreters der institutionalisierten Religion. Folgerichtig wird Daniel im Verlauf des Films per Kirchenvorstandsbeschluss die Stelle gekündigt. Und der brutale Ehemann von Gabriella vollzieht mit seinen unkontrollierten Attacken nur die Gewalt, die als Eifersucht, Neid, Angst auch in den anderen steckt.

Wir sehen noch einen weiteren kurzen Ausschnitt. Daniel kommt aus dem Haus des Pfarrers, der selbst kurz davor war, ihn umzubringen. Als Gabriellas Mann ihn sieht, kommt es zu einem erneuten Ausbruch von Gewalt.

Filmausschnitt 3: [1:43:39–1:45:50]

Daniel wird von Gabriellas Mann zusammengeschlagen. Die Frauen kümmern sich um den Verletzten; die Kamerasicht erinnert an Pietà- und Grablegungsdarstellungen der Kunstgeschichte.

Predigt III

Das ist nun wirklich klassische Ikonographie: die Beweinung und Grablegung Christi, eine Perspektive wie bei dem Renaissancemaler Andrea Mantegna (1431-1506)

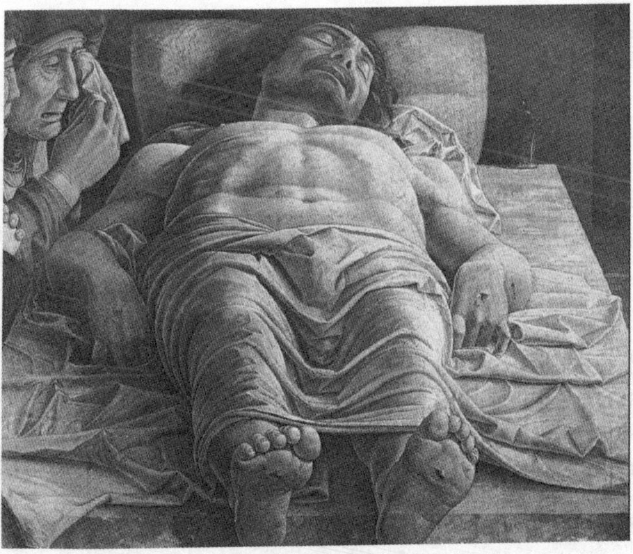

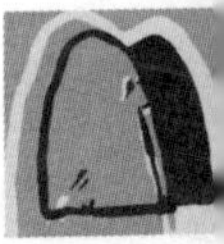

Spätestens hier ahnen wir, dass Daniel sterben wird. Als er seinen versammelten Jüngern noch einmal erscheint, die Wundmale noch immer deutlich sichtbar, bedankt er sich bei ihnen für das, was er mit ihnen erleben durfte – es klingt wie eine Abschiedsrede. *Amazing Grace* singen alle gerührt.

Doch eine Aufgabe wartet noch auf den Chor. Bei einem internationalen Wettbewerb in Österreich wollen sie antreten. Und was dort passiert, das werden wir uns jetzt anschauen. Wir werden sehen, wie das ist, wenn die Jünger – erst zögerlich, dann entschlossen – etwas weitergeben von dem, was sie angerührt hat, wie der Geist überspringt, wie der sterbende Daniel selbst noch Zeuge davon wird, dass sein Wirken weitergeht. Eine Passionsgeschichte, die über die vielen kleinen Auferstehungsgeschichten geradewegs zu einem Pfingstwunder führt. Zu einem Klang „wie im Himmel".

Das Reich Gottes ist mitten unter euch.

Amen.

Filmausschnitt 4: [1:58:22–2:03:50]

Daniel ist mit dem Fahrrad unterwegs und kommt nicht rechtzeitig zum Chorauftritt. Als er auf der Toilette des Konzerthauses zusammenbricht, hört er, wie seine Chormitglieder ohne ihn angefangen haben. Ihr freies Tönen überträgt sich auf die im Saal versammelten Chöre.

***Orgel** nimmt schon während der letzten Filmszene den Klangteppich auf und führt ihn improvisierend weiter.*

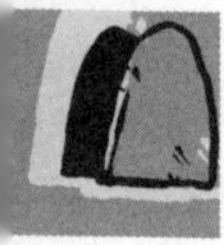

Lied: *Du meine Seele, singe* (EG 302,1+8)

Abkündigungen

Chor III: *Lobe den Herrn, meine Seele* (LW 46)

Gebet

Gott des Himmels und der Erde,
dein Reich ist schon mitten unter uns.
Du brauchst uns Menschen dafür.
Keiner ist überflüssig,
keiner ohne Bedeutung.

Doch wir achten einander gering,
wir vertrauen nicht auf deine verwandelnde Kraft.
Bring uns in Bewegung
durch die Kraft deiner Hoffnung und Liebe.
Wir bitten für alle, die auf der Suche sind nach dir.
Dass sie in den vielen Worten und Klängen, die sie täglich hören,
deine Stimme vernehmen.
Dass sie keine Angst haben müssen,
aufzubrechen aus gewohnten Bindungen, die sie lähmen.
Wir bitten für alle, die sich fest eingerichtet haben in ihrem Leben,
die nichts mehr erwarten von dir.
Lass sie, lass uns neue Erfahrungen machen,
die dem Leben eine andere Richtung geben:
auf dich hin.
Dein Reich ist mitten unter uns.

Vaterunser

Lied: ***Du bist heilig*** (LW 75)

Sendung und Segen

Orgelnachspiel

Kantate

Vaya con Dios

Andreas Flug

Vorbemerkung

Den Filmgottesdienst „Vaya con Dios" haben wir nicht, wie man vermuten könnte, zum Sonntag Kantate gefeiert, sondern im August. Unter der Leitung eines Urlauberkantors hatte sich ein Urlauberchor aus Gästen zusammengefunden, der zwei mehrstimmige Stücke sang und Teile der Liturgie übernahm. Die Lieder passen alle sehr gut zu diesem Sonntag. Zielgruppe des Gottesdienstes war die Urlaubergemeinde und hier besonders die Sangesfreudigen, von denen viele auf die Insel kommen und den Gesang unserer Gottesdienste und Andachten beleben oder am offenen Singen oder im Urlauberchor teilnehmen.

Ablauf[1]

Chor zum Eingang
Begrüßung/Einführung ins Thema
Lied: *Ich sing dir mein Lied* (LW 49)
Eingangsgebet
Kyrie (EG 178.12): Chor
Gloria (nach Taizé[2]): Chor
Lesung: 1 Samuel 3,1-10
Halleluja (43)
Lied: *Ich glaube* (Gesänge zum Gottesdienst, EGb 27)
Einleitung in den Film
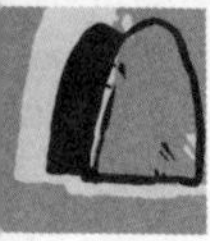
Filmausschnitt 1
Überleitung und Filmausschnitt 2
Überleitung und Filmausschnitt 3
Überleitung und Filmausschnitt 4
Überleitung und Filmausschnitt 5
Lied: *Singt dem Herrn ein neues Lied* (EG 287)
Predigt: „Die Meinen hören meine Stimme"
Lied: *Ich lobe meinen Gott* (EG 272)
Ansagen
Vaterunser

---

1 Alle verwendeten Lieder sind, soweit nicht anders angegeben, dem Liederbuch „Zwischen Himmel und Erde" von Peter Böhlemann u.a., tvd-Verlag Düsseldorf, 6. Auflage 2011 entnommen. Die Bibellesungen sind, wenn nicht anders angegeben, der Guten-Nachricht-Bibel entnommen.

2 Ateliers et Presses de Taizé, Jacques Berthier

Lied: *Möge die Straße uns zusammenführen* (LW 100)
Segen
Chor zum Ausklang

Der Gottesdienst

Chor zum Eingang

Begrüßung/Einführung ins Thema

Einen guten Abend und herzlich willkommen zum Filmgottesdienst hier in der Neuen Ev. Kirche.

Film*gottesdienst* – das sind Lieder, Gebete und Worte aus der Bibel, so wie in jedem anderen Gottesdienst auch. *Film*gottesdienst, das ist ein richtig guter Film, aus dem wir uns einige Szenen anschauen und über den ich dann zusammen mit einem Wort aus der Bibel predige.

„Vaya con Dios" – „Geh mit Gott" heißt der Film, der heute Abend im Mittelpunkt steht. „Sequi vocem!" lautet der wichtigste Satz im Film. „Folge der Stimme!" Welche Stimme gemeint ist, und warum es gar nicht so einfach ist, sie zu hören, dazu später mehr Wir feiern unseren Filmgottesdienst im Namen Gottes, im Namen Jesu und im Namen des Heiligen Geistes.

Lied: ***Ich sing dir mein Lied*** (LW 48)

Eingangsgebet

Gott, ich danke dir für diesen Tag, der nun bald zu Ende geht. Ich danke dir für alles, was Du mir auch heute wieder Gutes gegeben hast. Nun bin ich noch einmal zu Dir gekommen, um dir nahe zu sein. Öffne mich für deine Nähe und hilf mir, auf dein Wort zu hören. Herr, erbarme dich!

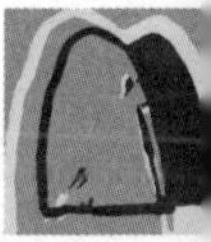

Kyrie (EG 178.12) *(Chor)*

Gott, noch bevor ich dich suche, hast du mich schon gefunden. dein Wort gibt mir Halt für mein Leben. Dein Wort spendet Trost und schenkt Mut und zeigt mir die Richtung für die Wege, die vor mir liegen. Dafür danke ich dir und singe dir, mein schönstes Gloria.

Gloria *(Chor)*

Lesung
In der Bibel ist es häufig Gott, der hört, wenn Menschen zu ihm rufen. Manchmal sind es aber auch einfache Menschen wie der junge Samuel, die Gottes Stimme hören und sie zuerst gar nicht als solche erkennen. Ich lese einige Verse aus dem 1. Samuelbuch im 3. Kapitel und bitte Sie und Euch, dazu aufzustehen:

Lesung: 1 Samuel 3,1-10

Halleluja (43) *(Chor und Gemeinde im Wechsel)*

Lied: ***Ich glaube*** (Gesänge zum Gottesdienst, EGb 27)

Text und Melodie: Albert Frey © 1994 SCM Hänssler. 71087 Holzgerlingen für Immanuel Music, Ravensburg

Einleitung in den Film

In Brandenburg leben noch vier Mönche des Cantorianer-Ordens. Sie glauben daran, dass sich der Heilige Geist vor allem in der Musik und im Gesang offenbart. Sie können ihr baufälliges und heruntergekommenes Kloster nicht mehr halten und müssen es verpfänden. Abt Stephan, der das Kloster und die Brüder von der Welt ferngehalten hatte, bekommt einen Herzanfall.

Auf dem Sterbebett gibt er den drei Brüdern den Auftrag, die Ordensregeln „Regula Cantorianorum" zu retten. Darin hat der Ordensgründer Urban von Lauterbach die Grundsätze des Ordens niedergeschrieben. Der wichtigste Satz lautet: „*Sequi vocem!* Folge der Stimme!" Die drei sollen die „Regula" ins italienische Mutterkloster Montecerboli zurückzubringen.

Dort gibt es ebenfalls noch einige Brüder des Cantorianer-Ordens. So machen sich der bibliotheksvernarrte Benno, der von einem ostdeutschen Bauernhof stammende Tassilo und der schon als Kind im Kloster aufgewachsene Arbo auf den Weg nach Italien. Doch in der Welt warten manche Versuchungen auf die drei weltfremden Mönche. Kaum unterwegs, da passiert es...

Filmausschnitt 1: [18:13–27:45]

Arbo wird von Chiara fast überfahren. Chiara nimmt die Mönche mit. Sie fotografiert einen Müllskandal. Dabei werden sie beobachtet und verfolgt. Die Mönche singen. Chiara ist bewegt

Überleitung

Chiara, die ein eher hippes und lautes Leben führt, ist vom Leben und vom Gesang der Mönche fasziniert. Aber besonders hat es ihr Arbo angetan. Auf der Weiterfahrt bittet Tassilo Chiara, einen kleinen Umweg zu machen und bei seinem Elternhaus vorbeizufahren.

Filmausschnitt 2: [0:34:20–0:40:25]

Alle besuchen Tassilos Mutter. Tassilo erliegt den Knödeln und dem alten Traktor und will bleiben. Er streitet sich heftig mit Benno .

Tassilo sieht seinen Traktor und will bleiben.

Überleitung

Tassilo bleibt bei seiner Mutter. So fährt Chiara Benno und Arbo zum Bahnhof, kauft ihnen eine Fahrkarte nach Italien und küsst Arbo, in den sie sich längst verliebt hat. In Karlsruhe verpassen die beiden ihren Zug und begegnen dem Leiter des dortigen Jesuitenordens, Claudius Leis. Er ist ein alter Studienfreund von Benno, der selber einmal Jesuit war.

Leis bittet Benno und Arbo ein paar Tage im Kloster zu bleiben. Er ködert Benno mit dem Angebot, die alten Schriften der Bibliothek neu zu ordnen. In Wahrheit will Leis nur die „Regula Cantorianorum" haben. Benno erliegt der Versuchung. Doch Arbo will den letzten Willen des Abtes erfüllen und die Regula nach Italien bringen.

Filmausschnitt 3: [0:59:30–1:06:15]

Arbo redet vergeblich mit Benno. Arbo stiehlt die Regula, flieht und ruft Chiara um Hilfe an.

Überleitung

Durch eine glückliche Fügung und einige Wirren finden Arbo, Tassilo und Chiara zusammen und überlegen, wie sie Benno wieder aus dem Jesuitenorden holen können. Da hat Tassilo eine Idee. Sie gehen in die Jesuitenkirche in die Messe.

Filmausschnitt 4: [1:16:00–1:22:20]

Chiara bezirzt den Organisten, das Lied „Wer nur den lieben Gott lässt walten" zu spielen. Tassilo und Arbo singen. Benno stimmt mit ein und geht mit. Leis lässt sie verfolgen.

Überleitung

Die drei entkommen ihren Verfolgern und fahren mit der „Regula Cantorianorum" ins Kloster Montecerboli. Chiara, die meint, dass Arbo bei den Brüdern im Orden bleiben will, versucht in ihr altes Leben zurückzufinden. Mit ihrem Chef will sie nach Rio fliegen.

Filmausschnitt 5: [1:29:40–1:39:00]

Chiara findet Arbos Stimmgabel und fliegt nicht mehr mit. Benno, Tassilo und Arbo erreichen das Kloster Montecerboli. Sie singen mit ihren Brüdern. Arbo ist unzufrieden. Als Chiara ihm die Stimmgabel schickt, verlässt Arbo das Kloster und fährt zu Chiara.

Lied: *Singt dem Herrn ein neues Lied* (EG 287)

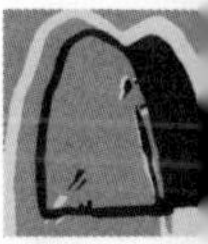

Predigt: „Die Meinen hören meine Stimme"

„Sequi vocem!" lautet die wichtigste Regel der Cantorianer. „Folge der Stimme!" Gemeint ist natürlich: Der Stimme Gottes. Aber so einfach, wie es klingt, ist es dann doch nicht für Benno, Tassilo und Arbo. Im ewig gleichen Klosteralltag mit Arbeit, Essen und Gesang, geschützt hinter Mauern, war es kein Problem, den Stimmen Gottes und der Ordensregel zu folgen.

Aber jenseits der Klostermauern sind es plötzlich viele Stimmen, die die drei Mönche hören. Die Stimme ihres Glaubens wird leiser und bald wissen sie nicht mehr, welcher Stimme sie folgen sollen. Tassilo bleibt am Kochtopf seiner Mutter hängen und lässt sich wieder in die Feldarbeit einspannen. Benno, der Bücherwurm, lässt sich zum Bleiben locken.

Und Arbo – noch folgt er der Stimme seines bisherigen Lebens. Aber mehr aus Pflicht denn aus Überzeugung. Auch in ihm klingt längst eine andere Stimme, die Stimme der Liebe. Er lernt zum ersten Mal in seinem Leben eine Frau kennen und verliebt sich in sie. Die drei singen nicht mehr. Die Stimmen Gottes und ihres Glaubens scheinen verstummt.

Und selbst Chiara weiß nicht mehr, welcher Stimme sie folgen soll. Lebte sie anfangs als Journalistin ein eher flippiges Leben mit Partys und wechselnden Partnern, lernt sie mit den Brüdern, speziell mit Arbo, eine ganz andere Seite des Lebens kennen. Und plötzlich wird aus der toughen Frau mit ihren lockeren Sprüchen ein zutiefst verunsicherter Mensch.

„Sequi vocem! – Folge der Stimme Gottes und deines Glaubens!" Das ist auch für mich leichter gesagt als getan, denn es sind so viele Stimmen, die täglich auf mich einreden und mich locken. „Benutz deine Ellenbogen und setz dich durch! Sieh zu, dass du nicht zu kurz kommst!" „Kümmere dich nicht um die Verlierer. Jeder muss selber sehen, wie er zurechtkommt!"

„Sieh zu, dass du erfolgreich bist. Denn nur wer Erfolg hat, ist in dieser Welt etwas wert." „Je mehr du dir leisten kannst, umso glücklicher und zufriedener wirst du werden!" „Du kannst die Welt auch nicht besser machen. Also habe Spaß und kümmere dich nicht darum, was alles so passiert!" Es sind so viele Stimmen. Welcher soll ich folgen?

Das wussten auch die Menschen zur Zeit Jesu nicht. Schon damals gab es viele Stimmen. Zum Beispiel die von Jesus. Dieser Mann aus Nazareth sagte Worte, welche die einen anrührten und andere zornig machten. Als Jesus wieder einmal in Jerusalem im Tempel war, umringten ihn die Menschen. Der Evangelist Johannes erzählt, was dann geschah:

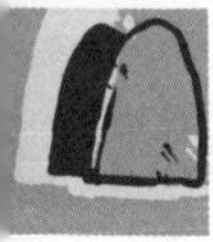

> „Die Leute fragten Jesus: „Wie lange lässt du uns noch im Ungewissen? Wenn du Christus bist, den Gott geschickt hat, dann sag uns das!" „Ich habe es euch schon gesagt, aber ihr wollt mir ja nicht glauben", antwortete Jesus, „denn ihr gehört nicht zu meiner Herde. Meine Schafe erkennen meine Stimme. Ich kenne sie, und sie folgen meiner Stimme. Ihnen gebe ich das ewige Leben, und sie werden niemals umkommen. Niemand kann sie aus meiner Hand reißen. Ich und Gott sind eins."

„Wer zu mir gehört, der kennt meine Stimme und folgt mir", sagt Jesus. Ich bin Christ, und sollte auf seine Stimme hören. Aber *was sagt sie* mir? *Wie höre* ich seine Stimme? *Was will sie* von mir? *Was kann ich tun,* damit ich sie höre?

Am leichtesten ist noch die erste Frage zu beantworten, *was* er mir sagt. Im Beispiel vom Hirten und den Schafen sagt Jesus: „Du gehörst zu mir, ich habe dich lieb und will mit Dir zusammen sein, obwohl ich weiß, dass Du eben kein Unschuldslamm bist, selbst wenn alle anderen oder sogar Du selbst Dich nicht leiden kannst. Ich bin dir ganz nahe –immer."

„Ich habe mich die Liebe zu Dir ganz schön was kosten lassen – ich habe mein Leben für dich gegeben. Das alles habe ich getan, damit du leben kannst, heute und in Ewigkeit. Und so wie ich mich um dich kümmere, so sei du den Menschen nahe, die mich oder dich brauchen", sagt Jesus und fügt bekräftigend hinzu, „Vergiss nicht: Ich und Gott sind eins."

Damit beantwortet sich auch die andere Frage, **wie** ich Gottes Stimme heute hören kann. Zuallererst indem ich die Bibel aufschlage und darin lese. Dort haben Menschen aufgeschrieben, was Gott selber und durch Jesus gesagt hat. Auch in der Musik kann Gott zu mir sprechen. Als Tassilo und Arbo in der Kirche sangen, hörte Benno darin Gottes Stimme und folgte ihr.

Und manchmal sind es andere Menschen, durch die Gott mir sagt, was für mich wichtig ist oder was ich tun soll. Dabei sind es selten große Aufträge, sondern eher kleine, unscheinbare. Ein Anruf bei einem Menschen, der viel allein ist und nur schwer zurechtkommt. Es nicht hinnehmen, dass in unserem reichen Land Kinder hungern müssen.

Ein Gebet für eine Frau, die eine große Operation vor sich hat. Etwas spenden für die Opfer eines schlimmen Erdbebens. Jemanden trösten, der traurig ist. Widersprechen, wenn mehr Geld für die Rettung von Banken da ist als für die Bildung unserer Kinder und die Unterstützung arbeitsloser Menschen. Und manchmal ruft Gott mich auch dazu auf, mein Leben zu ändern.

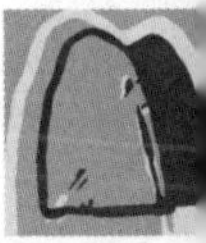

Aber was kann ich tun, damit ich Gottes Stimme höre? Ich brauche, um im Bild Jesu zu bleiben, einen Hirten und eine Herde. Ich brauche einen, der weiß, was ich nötig habe, und der mich dorthin führt. Und ich brauche andere, die mich begleiten und mir Mut machen. Oder anders gesagt: Ich brauche Jesus und ich brauche andere, die auch seiner Stimme folgen wollen.

Je enger meine Beziehung zu Jesus ist, desto vertrauter wird mir seine Stimme. Umso besser höre ich sie im Trubel des Alltags. Aber das geschieht nicht von allein. Es geschieht, wenn ich mir Zeit für Jesus nehme, wenn ich still werde und meine Ohren auf die richtige Frequenz einstelle und mich nicht ständig von anderen Stimmen ablenken lasse.

Im Laufe der Zeit entwickele ich dann ein Gespür für Gottes Stimme. Ich höre, wenn er zu mir spricht. Und ich verstehe, was er von mir will. Das begreifen auch Tassilo und Benno. Spät, aber nicht zu spät gehen sie ihren Weg zu den Brüdern nach Montecerboli und finden in der Küche, beim Studieren alter Bücher oder im Gesang ihre Berufung wieder. Nur Arbo nicht.

Doch als Chiara ihm die Stimmgabel schickt, folgt er der Stimme der Liebe. In der Bibel heißt es, dass Gott Liebe ist. Wer der Stimme der Liebe folgt, auch der folgt Gott. „Meine Schafe erkennen meine Stimme. Ich kenne sie, und sie folgen meiner Stimme. Ihnen gebe ich das ewige Leben. Niemand kann sie aus meiner Hand reißen", sagt Jesus. Ich bin gespannt, was Gott mir und euch noch alles zu sagen hat und wohin er uns führt.

Lied: ***Ich lobe meinen Gott*** (EG 272)

Ansagen

Vaterunser

Lied: *Möge die Straße uns zusammenführen* (LW 100)

Segen

Chor zum Ausklang

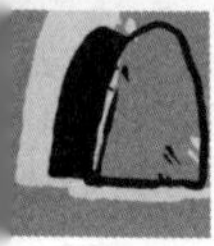

Rogate

Bruce Allmächtig

Helmut Siegel

Vorbemerkung

Die Reihe „Andreas um 6" in Hildesheim hat vor knapp zehn Jahren einen vor sich hin dümpelnden Abendgottesdienst im Gemeindehaus abgelöst. Sie ist so konzipiert, dass unterschiedliche Zielgruppen auch außerhalb der Kirchengemeinde angesprochen werden: Es gibt Kurzvorträge zu aktuellen Themen in einem gottesdienstlichen Rahmen; eine Art „VIP" Kanzel mit anschließenden Fragen und Antworten; neue Gottesdienstformen wie Meditations- und Filmgottesdienste; liturgische Kirchenführungen; geistliche Abendmusiker – kurz „Andreas um 6" ist ein Ort des gottesdienstlichen Experiments.

Ablauf

Begrüßung zum Themengottesdienst Gebet: „Wer will schon wie Gott sein"
Lied: *Höre uns, wir rufen dich* (Durch Hohes und Tiefes, 115)
Lesung: 1 Mose 3
Einführung zum Film
Filmausschnitt 1
Fortsetzung
Filmausschnitt 2
Fortsetzung
Filmausschnitt 3
Fortsetzung
Musik zum Nachdenken: (z.B. Variationen zu *Vaterunser im Himmelreich*, Orgelmusik von Bach; Mendelssohn o.ä.)
Fortsetzung
Filmausschnitt 4
Fortsetzung
Filmausschnitt 5
Fortsetzung
Filmausschnitt 6
Fortsetzung
Filmausschnitt 7
Fortsetzung
Filmausschnitt 8
Fortsetzung
Filmausschnitt 9

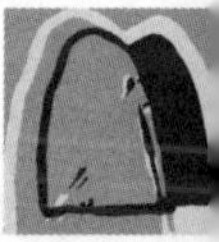

Fortsetzung
Filmausschnitt 10
Abschluss
Lied: *Ich sing dir mein Lied* (LW 48)
Gebet
Stille
Vaterunser
Lied: *Bleib mit deiner Gnade bei uns* (LW 103)
Segen
Orgelnachspiel

Der Gottesdienst

Begrüßung

Herzlich willkommen zum Filmgottesdienst in der Reihe „Andreas um 6". Besonders danken möchte ich unserem KV (NN), der für die Film-Projektion verantwortlich ist.

Heute steht die Komödie „Bruce Allmächtig" im Mittelpunkt und mancher wird sich fragen: Kann man das? Eine Komödie in das Zentrum eines Gottesdienstes stellen? Zugegeben, es ist ein Wagnis. Aber ich meine: Es ist möglich. Denn hier werden hochtheologische Fragen angesprochen:

Wie ist Gott? Wie frei ist der Mensch? Wie werden Gebete erhört? Ja, was ist Beten überhaupt? Was ist ein Wunder? Nur ein paar der theologischen Fragen, die in diesem Film – natürlich mit leichter Hand – aufgeworfen werden. Lassen Sie uns diesen Fragen nachgehen und die Antworten, die der Film gibt, prüfen.

Aber zuerst lasst uns selbst beten, und zwar mit Tönen, „religiös musikalisch" sozusagen:

Lied: ***Höre uns, wir rufen dich*** (Durch Hohes und Tiefes, 115)

Text: Eugen Eckert, © Strube Verlag, München, Musik: 12. Jhd.

Hören wir nun auf einen biblischen Text, der wie ich meine, sehr viel mit diesem Film zu tun hat:

Lesung: 1 Mose 3

Einführung zum Film
Der Film „Bruce Allmächtig" ist in drei große Abschnitte aufzuteilen. Im ersten Teil, den ich „Prolog" nennen möchte, werden die Protagonisten vorgestellt und der Handlungsstrang entworfen. Ich will Ihnen dies kurz erzählen: Bruce Nolan ist unglücklich. Doch warum? Gute Frage! Kein Glück in der Liebe? Nein, denn er darf jeden Morgen neben der zauberhaften, ihn über alles liebenden Grace (Jennifer Aniston) aufwachen. Keine vernünftige Wohnung? Nun, eigentlich hat er sein Appartement sogar ziemlich schön eingerichtet. Arbeitslos? Auch nicht. Im Gegenteil. Er ist Außenreporter eines lokalen Nachrichtensenders im schönen amerikanischen Städtchen Buffalo. Doch eben da liegt für Bruce der Hase im Pfeffer. Er ist es leid, nicht ernst zu nehmende Reportagen über den größten Keks der Stadt oder das älteste Schiff an den Niagara-Wasserfällen zu drehen. Er möchte seriöse Nachrichten machen und ins Nachrichtenstudio an die Seite von Starreporterin Susan Ortega (Catherine Bell) kommen. Doch es kommt ganz anders. Während einer Live-Schaltung muss er vor laufender Kamera erfahren, dass nicht er, sondern sein größter Rivale Evan Baxter (Steve Carell) den Job bekommen hat.

Bruce dreht völlig durch und verliert seinen Job. Im Gespräch mit seiner Freundin wird sein Egozentrismus deutlich, alles dreht sich nur um ihn, um sein vermeintlich riesiges Unglück und seinen Ehrgeiz. Er möchte seinem, wie er es nennt, „beschissenen Durchschnittsleben" entkommen. Tief gekränkt verlässt seine Freundin die Wohnung und Bruce nimmt Kontakt mit Gott auf, er betet und stellt damit das Gebetskettchen auf die Probe, das ihm seine Freundin, die in einem Kindergarten arbeitet, geschenkt hat:

Filmausschnitt 1: [00:20:41–00:24:24]

Auf dem Parkplatz will er einem von einer Streetgang bedrohten Obdachlosen helfen. Die Bande schlägt Bruce zusammen und zerkratzt sein Auto. Mit dem kracht er kurz darauf gegen einen Laternenpfahl. Ein Pager, ein modernes elektronisches Rufgerät, blinkt mit einer Nummer und obwohl Bruce ihn voller Wut zerstören will, geht er nicht kaputt, sondern blinkt weiter eine Telefonnummer.

(Fortsetzung)

Eines der vielen Gebete in diesem Film. Interessanterweise ist es eines der herausragenden. Es erinnert an die Klagepsalmen im Alten Testament, in denen Gott das Leid geklagt wird und er auch angeklagt wird. Die biblischen Belegstellen zeigen, dass man so nicht nur beten kann, sondern auch beten darf. Wenn man nicht – so wie Bruce – gleichzeitig blind in sein Unglück rennt, die Zeichen, die einen warnen, so wie er einfach missachtet. Beten und die Augen offen halten – darauf kommt es an. Und zu einer Begegnung mit Gott kommt es nicht, weil Bruce es will, sondern weil Gott es will. Der brennende Dornbusch in der Bibel

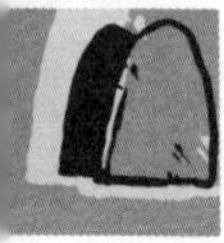

wird hier zum nicht zerstörbaren Pager, der die Telefonnummer blinkt, die Bruce wählen soll. In seinen Zeichen, die Gott gibt, ist er nicht auf ein altertümliches Repertoire festgelegt, sondern sie passen in die Zeit, man muss sie nur erkennen. Bruce folgt diesem Zeichen und es kommt zu einer Begegnung, zu einer Begegnung mit Gott:

Filmausschnitt 2: [00:25:14–00:29:18]

Bruce wählt die Telefonnummer und wird zur Gottesbegegnung in ein altes, aufgegebenes Fabrikgebäude bestellt. Dort begegnet er Gott, der ihm als schwarzer Reinigungsmann entgegentritt oder ein Stock höher als jemand, der die Leuchtmittel in Lampen auswechselt, aber Bruce erkennt ihn nicht. Im 7. Stock endlich tritt ihm derselbe dunkelhäutige Mann in weißem Anzug gegenüber und offenbart, wer er ist: Gott persönlich. Bruce ist nicht überzeugt, sondern besteht auf Beweise für Gottes Allmacht. Er bekommt sie von Gott souverän geliefert.

(Fortsetzung)

Über diese vier Minuten könnte man allein einen ganzen Gottesdienst bestreiten. Bruce trifft Gott, aber er erkennt ihn nicht. Wie sollte man im schwarzen Reinigungsmann auch Gott sehen, oder in dem, der die Lampen auswechselt? Ein biblisches Motiv – auch dort wird in vielen Gottesbegegnungen Gott erst nicht erkannt. Eine bis heute gültige Wahrheit, denn wie viele Begegnungen mit Gott haben wir versäumt, weil wir ihn nicht erkannten? Gott zeichnet sich durch seine Allgegenwart aus, erst unten im Erdgeschoss, die nächste Minute im 7. Stock – eine theologische Lehre wird hier amüsant ins Bild gesetzt.

Und? Hätten Sie sich Gott so vorgestellt? Schwarz? Im eleganten weißen Anzug? Sicher nicht. Aber wie dann? Unser Staunen, vielleicht auch unsere Entrüstung über diese Gottesdarstellung lässt uns nach unseren Gottesbildern fragen und nach ihrer Angemessenheit.

Und Gott findet keinen Glauben, Bruce zweifelt daran, dass es Gott ist, dem er gegenübersteht und besteht auf kindischen Proben. Unreif? Gott unangemessen? Ja, sicher. Aber eben zutiefst menschlich, man lese nur das Richterbuch in der Bibel und welche Proben da die Boten Gottes zu bestehen haben, um als solche akzeptiert zu werden.

Filmausschnitt 3: [00:30:50-00:36:26]

Gott bietet Bruce seinen Job an, er soll zeigen, dass er es besser kann als Gott selbst. Bruce greift ohne zu Zögern zu, er will allmächtig sein. Aber ist er es auch? Nach dem Treffen mit Gott führt er einige Proben seiner neuen Macht aus.

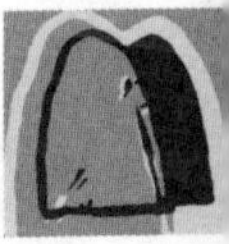

Bruce wartet, was geschieht…

(Fortsetzung)

Ein Rollentausch: Bruce wird von Gott an seine Stelle gesetzt. Das Versprechen der Schlange „Ihr werdet sein wie Gott“ geht hier scheinbar in

Erfüllung. Und hätten wir nicht auch als erstes nach der Macht Gottes gegriffen, allmächtig sein wollen, statt allwissend oder allliebend?

Bruce erprobt seine Macht, immer noch zweifelnd. Es sind kindische alberne Proben, die dem Komiker Jim Carrey Gelegenheit verschaffen, dem Affen Zucker zu geben. Und doch: Würden wir uns ganz und gar anders verhalten? Vielleicht würden wir nicht die Suppe wie das rote Meer teilen, aber ausprobieren, was wir alles können, bloß weil die Macht dazu haben – ist das nicht eine zutreffende Beschreibung eines Stranges menschlicher Forschung und technischen Fortschritts?

Gott schreitet noch einmal ein, indem er ein paar Regeln gibt, die den Rollentausch betreffen und auch ein paar Warnungen.

Ob Sie anders als Bruce die Einschränkung der Allmacht eben gehört haben? Gottes Macht hat ihre Grenzen am freien menschlichen Willen. Warum? Weil Gott es eben so will. Uns nicht als Marionetten zum Spielen, sondern als Gegenüber, die sich auch gegen seinen Willen und gegen ihn entscheiden können.

Und Gott macht Urlaub – und zum ersten Mal wird Bruce bange. „Gott kann doch nicht Urlaub machen", ruft er, weil ihn die Angst vor der alleinigen Verantwortung packt. Aber er wird allein gelassen.

Musik zum Nachdenken: *(z.B. Variationen zu Vaterunser im Himmelreich, Orgelmusik von Bach; Mendelssohn o.ä.)*

(Fortsetzung)

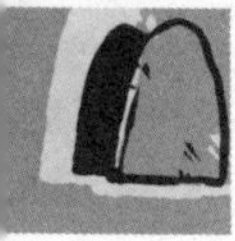

So ein bisschen können Sie sich denken, wie es weitergeht im 2. Teil des Filmes: Bruce genießt seine Allmacht: er holt sich ein neues Hemd aus dem Schaufenster, einfach durch bohrende Blicke, lässt den Rock der hübschen Blondine hoch wirbeln, verwandelt sein schrottreifes Auto in einen Ferrari, holt den Mond für Grace, seine Freundin, näher an die Erde, um eine perfekte Liebesnacht zu begehen. Er wird Exklusiv-Sensationsreporter, indem er mit seiner Allmacht die entsprechende Sensation selber schafft, und besorgt sich seinen Job wieder, indem er dafür sorgt, dass Evan sich bei seinen Ansagen lächerlich macht. Dies verkündet er Grace bei einer Einladung in das exklusivste Restaurant der Stadt. Sie, die erwartet hat, dass ihr Geliebter ihr nach fünf Jahren nun einen Heiratsantrag macht, hört nur das selbstverliebte: „Ich bin Anchorman!", und ist tief enttäuscht. Aber Bruce bemerkt es nicht. Bemerkt aber zum ersten Mal die immer lauter werdenden Stimmen in seinem Kopf. Gott klärt ihn auf: „Es sind die Gebete! Und sie werden immer lauter, je länger man sie überhört!" Und nun macht sich Bruce zum ersten Mal an Gottes ureigene Arbeit:

Filmausschnitt 4: [00:55:23–01:00:13]

Die Gebete, gespeichert in einem immer länger werdenden Schreibtisch-Karteikasten, sind nicht zu zählen. Bruce hört sich einzelne davon an, kindliche und kindische, anrührende und alberne, alles sind Bittgebete. Da ihm schwant, dass er sie nie einzeln bearbeiten kann, beschließt er Kraft „göttlicher Allmacht": „Alle Bitten werden erhört!"

(Fortsetzung)

Die Gebete zeigen Bruce' Grenzen auf, allein ihre Vielzahl erschlägt ihn. Und hier wäre für mich vor allem am Film theologische Kritik zu üben. Denn hier wird Beten mit Bitten gleichgesetzt, obwohl am Anfang ja ein fulminantes Klage- und Anklagegebet des Hauptdarstellers zu hören war. Gut, es ist ein landläufiges Missverständnis, dass Beten gleich Bitten ist, aber es ist eben ein Missverständnis. Die Beantwortung der Gebete lässt Bruce schnell erlahmen, er automatisiert die Antwort und alle erhalten ein „Yes" – ihre Bitte wird ihnen erfüllt. Mit fatalen Folgen, wie sich zeigt.

Grace will nicht zur Party kommen, mit der Bruce seinen Erfolg feiert, als sie dann durch Bruce' Allmacht-Tricks doch kommt, erwischt sie ihn bei einem Tête-à-Tête mit einer Starjournalistin. Sie verlässt ihn und Bruce verliert alle Lust an der Party.

Es folgt ein kurzer Dialog mit Gott – eben ein richtiges Gebet, das ihm aber keine einfache Lösung verspricht:

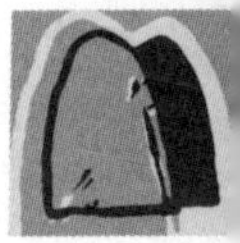

Filmausschnitt 5: [01:05:10-01:05:50]

(Fortsetzung)

Nun setzt Bruce seine ganze Allmacht ein, um Grace zurückzugewinnen, Wolken formen sich zu einem küssenden Paar, Vögel formieren sich zum Schriftzug „Ruf ihn an!", aus dem Radio schallt: „Vergib ihm!" – alles vergeblich. Bei einem Wiedersehen in dem Kindergarten, in dem sie arbeitet, erfährt Bruce die Grenzen der Allmacht:

Filmausschnitt 6: [01:09:14–01:10:12]

Seine Bitte an Grace: „Liebe mich!" kann und will sie nicht erfüllen. Und hier endet die göttliche Allmacht.

(Fortsetzung)
Liebe lässt sich nicht erzwingen, sie kann nur verschenkt werden, die Allmacht hat am freien Willen ihre Grenze. Zu dieser Niederlage erlebt Bruce nun die fatalen Folgen seines fahrlässigen Umgangs mit den Bittgebeten:

Tausende haben Sechs Richtige im Lotto und bekommen 17 Dollar ausgezahlt. Daraufhin kommt es zu Protesten und gewaltsamen Auseinandersetzungen. Sein erster Auftritt als Anchorman im Fernsehen scheitert an den Stromausfällen, die durch die gewalttätigen Proteste entstehen. Er wirft seine Sachen hin und flieht. – Wohin kann ein Mensch fliehen, wenn er nicht mehr weiter weiß? Der Film gibt – vielleicht unbewusst – die treffende Antwort: zu Gott.

Filmausschnitt 7: [01:13:45–01:16:14]

(Fortsetzung)
„Was hast du mit deiner Allmacht getan?", wird Bruce gefragt und er erkennt: Er hat egoistisch nur für sich selbst gesorgt und ist leichtfertig mit seiner Macht umgegangen. „Als ob die Menschen jemals wüssten, was sie sich wirklich wünschen", so seufzt der Film-Gott, doch ihm ist hier zu widersprechen. Er meint zwar das Richtige, sagt aber etwas Falsches. Menschen wissen schon sehr genau, was sie sich wünschen; aber sie wissen nur selten, ob sie das auch wirklich brauchen. In der Filmkritik hat „Bruce Allmächtig" für diese paar Minuten Prügel bezogen. Sicher, das hier ist alles ein bisschen dick aufgetragen, aber stimmt die Kritik an

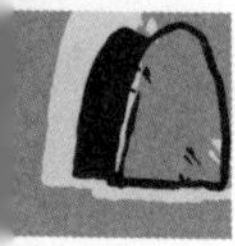

unserem Wunder-Verständnis nicht, das immer das Übernatürliche, nicht Erklärbare zum Wunder erklärt und die Lebensleistungen und –meisterungen mancher Menschen gar nicht wahrnimmt? Und der Satz „Sei selbst das Wunder" ist zwar ein typischer amerikanischer Selfmade-Man-Satz und man sucht ihn in der Bibel vergebens. Und doch hat er in Grenzen sein Recht: Wir neigen wirklich dazu, vieles Gott abzuverlangen oder in die Schuhe zu schieben, was wir selbst tun müssten oder selbst verschuldet haben. Zumindest verändert diese Begegnung Bruce:

Er nimmt die Not eines anderen Autofahrers wahr und hilft ihm schieben, er entschuldigt sich bei seinem alten Rivalen Evans und gibt ihm seinen Posten wieder zurück, er klebt die Fotos seiner Geschichte mit Grace ein und ist zum ersten Mal geduldig mit seinem Hund. Als die Schwester von Grace kommt, um ihre Sachen aus dem Appartement zu holen, entspinnt sich bei ihrem Fortgehen folgender Dialog:

Filmausschnitt 8: [01:20:15–01:22:17]

(Fortsetzung)
Das Belauschen des intimsten Akts eines Menschen, dem Gespräch mit Gott, öffnet Bruce die Augen für Graces Liebe und für sich selbst. Er begreift, was er angerichtet und was er verloren hat und gibt auf.

Filmausschnitt 9: [01:22:25–01:26:05]
Auf einer Landstraße wird Bruce von einem riesigen Lastwagen überfahren. Er kommt – nun als Gestorbener? – vor Gott und es entwickelt sich ein langer Dialog mit der zentralen Botschaft des Films.

(Fortsetzung)
Wieder vier Minuten voller Theologie. Wenn der Film-Gott von dem göttlichen Funken redet, den er in Bruce gelegt hat, so meint er die besonderen Gaben und Talente, die er als Schöpfer Bruce mitgegeben habt und die dieser bisher gering geachtet hat. – Haben Sie Ihren göttlichen Funken schon entdeckt, leben Sie ihn? Oder achten Sie auch Ihre Gaben und Begabungen gering, lassen sie schlummern? Es wird Zeit, sie zu entdecken, einfach deswegen, weil unsere Zeit begrenzt ist.

Zum andern gibt es hier eine köstliche kleine Gebetsschule: Das nämlich ist das Zweite, was Gott von Bruce verlangt: „Bete!", man kann auch sagen: „Trete in Kontakt mit mir! Nehme mit mir Verbindung auf!" Und Bruce betet ein wunderschönes, allgemeines Gebet. Erinnert es Sie nicht auch, nun nicht an die Miss-America-Wahlen, sondern an manches Kirchengebet oder manches von Ihnen gesprochene Gebet? Beten heißt, das zu sagen, was dich wirklich bewegt, und nun wird deutlich, welche Wandlung Bruce durchgemacht hat: Er, der nur sich selber sah, betet darum, dass ein anderer Mensch, nämlich Grace, glücklich wird. In ganz normalen, unfrommen Worten – und Gott ist begeistert und schickt Bruce wieder ins Leben zurück.

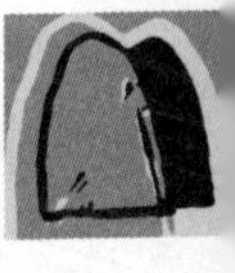

Der Film endet, wie erwartet. Es ist eben eine amerikanische Komödie.

Filmausschnitt 10: [01:27:15–01:28:56]

Abschluss
Bruce tut das, was er am besten kann: er macht lustige Reportagen. Er spendet sogar Blut – was er vorher vehement abgelehnt hat, und er hat

Grace wieder. Ist es ein Zufall, dass der Vorname „Grace" eben auch „Gnade" bedeutet? Wie er, brauchen wir Gottes Gnade, die uns die Augen öffnet für unsere Gaben und für die Menschen um uns und für die Gegenwart Gottes, der eben der schmuddelige blinde Bettler sein kann, den wir lieber übersehen möchten.

Amen.

Lied: ***Ich sing dir mein Lied*** (LW 48)

Gebet

Nachdem wir so viel über das Gebet gehört haben, lasst uns nun selber beten:

Unser Gott! Es ist gut, dass du uns hörst und dass es keinen Automaten gibt, der uns Antworten gebiert. Du willst, dass wir mit dir Kontakt halten, sagen, wie es uns geht, dir unser Leid klagen, unsere Freude mitteilen, reden mit dir wie mit einem Freund. So wollen wir nun jeder für sich, dir sagen, was wir auf dem Herzen haben und was uns bewegt:

(Stille)

Und damit wir nicht nur bei uns selbst bleiben, Gott, leihen wir uns die Worte aus, die uns Jesus gelehrt hat und beten gemeinsam:

Vaterunser

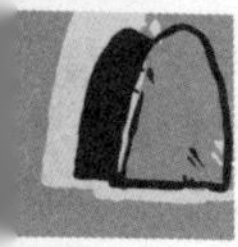

Lied: ***Bleib mit deiner Gnade bei uns*** (LW 103)

Segen

Orgelnachspiel

Pfingsten und Trinitatiszeit

Die Truman Show

Andreas Flug

Vorbemerkung

(Grundsätzliches siehe zum Gottesdienst „Das Wunder von Bern")

Der Filmgottesdienst „Die Truman Show" spricht die Sehnsucht vieler Menschen nach echtem, selbstbestimmtem Leben an. Nicht wenige haben immer wieder einmal das Gefühl: „Ich lebe nicht. Ich werde gelebt!" Und so ergaben sich nach dem Gottesdienst noch lange lebhafte Gespräche in kleiner Runde. Zwei Gäste baten am nächsten Tag um Termine für ein seelsorgerliches Gespräch, in denen es dann um das Gefühl erlebter Enge und den Wunsch ging, aus dem jetzigen Leben auszubrechen. Aber auch um die Ängste, einen neuen Anfang zu wagen. Der Gottesdienst hatte keine bestimmte Zielgruppe. Da wir ihn im Juni außerhalb der Sommerferien gefeiert haben, waren vor allem Erwachsene der Generation 50+ gekommen.

Ablauf[1]

Musik zum Anfang
Begrüßung/Einführung ins Thema
Lied: *Komm, Heilger Geist*
Gloria (nach Taizé[2])
Halleluja (43)
Lied: *Ich glaube* (Gesänge zum Gottesdienst, EGb 27)
Einleitung in den Film
Filmausschnitt 1
Überleitung
Filmausschnitt 2
Überleitung
Filmausschnitt 3
Überleitung
Filmausschnitt 4
Predigt: Leben als Show -– Was ist wirklich?
Überleitung
Filmausschnitt 5
Schlussbemerkung

---

1 Alle verwendeten Lieder sind, soweit nicht anders angegeben, dem Liederbuch „Zwischen Himmel und Erde" von Peter Böhlemann u.a., tvd-Verlag Düsseldorf, 6. Auflage 2011 entnommen. Die Bibellesungen sind, wenn nicht anders angegeben, der Guten-Nachricht-Bibel entnommen.

2 Ateliers et Presses de Taizé, Jacques Berthier

Lied: *Du bist meine Zuflucht* (LW 56)
Ansagen
Vaterunser
Lied: *Sei behütet*
Segen
Musik zum Ausklang

Der Gottesdienst

Musik zum Anfang

Begrüßung/Einführung ins Thema
Kennt ihr den Spruch: „Ich glaub' ich bin im falschen Film"? Kennt ihr dieses Gefühl, alles, was man erlebt, ist irgendwie nicht wirklich, ist eben wie ein Film, in dem man mitspielt. Die Rollen sind festgelegt. Und Regie führt ein anderer? Man kann eigentlich nichts selber machen und entscheiden.

Alles erscheint irgendwie unecht, Show, Kulisse, hinter der die wahre Wirklichkeit verborgen liegt? Kennt ihr dieses überhaupt nicht gute Gefühl, das man dabei bekommt? Von einem, der es kennenlernt, handelt der Film „Die Truman Show", der heute Abend im Mittelpunkt unseres Filmgottesdienstes steht.

Ich begrüße euch ganz herzlich zu diesem Gottesdienst, der alles andere als eine Show sein will. Im Gegenteil. Unsere Filmgottesdienste wollen die Wahrheiten und das Leben, die in und hinter den Bildern stecken, entdecken und mit den Worten der Bibel ins Gespräch bringen. Möge Gott uns seinen guten Geist dazu geben.

Lied: ***Komm, Heilger Geist***

2. Wie der Sturm, so unaufhaltsam dring in unser Leben ein.
Nur wenn wir uns nicht verschließen,
können wir deine Kirche sein.

3. Schenke uns von deiner Liebe, die vertraut und die vergibt.
Alle sprechen eine Sprache,
wenn ein Mensch den andern liebt.

Text: Klaus Okonek, Joe Raile, © Rechte bei den Autoren, Musik: Sara Levy-Tanai

Gloria (34)

Lesung: Psalm 146
Dass Gott seinen Menschen Wahrheit schenkt, die ruhig und getrost werden lässt, und Leben, das einen Menschen erfüllt, davon ist der Beter des 91. Psalms überzeugt. Ich lese einige Verse nach einer modernen Übertragung von Peter Spangenberg:[3]

Halleluja (43)

Lied: *Ich glaube* *(Noten siehe S. 206)*

Einleitung in den Film
Lebenshunger! Der Hauptdarsteller des heutigen Films, Truman Burbank, weiß nicht, was das ist. Denn er lebt glücklich und zufrieden seit seiner Geburt in dem idyllischen Städtchen Seahaven. Was Truman nicht weiß: Seahaven ist ein riesiges Filmstudio und er der Hauptdarsteller einer 24-Stunden-Live-Fernsehshow, die seit 30 Jahren weltweit ausgestrahlt wird. Aber am 10 909. Tag der Show passiert es.

3 Peter Spangenberg, Höre meine Stimme, Hamburg 1995, 167.

Filmausschnitt 1: [0:03:00–0:04:01, 0:09:30–14:50]

Truman fällt ein Scheinwerfer vor die Füße. Er will weg aus Seahaven, nach Fidschi. In einer Rückblende wird gezeigt, wie der „Vater" vor Trumans Augen ertrunken ist. Seitdem hat Truman große Angst vor dem Wasser. Plötzlich sieht er den „Vater" in der Stadt wieder.

Überleitung

Das Wiedersehen mit seinem „Vater" bringt Truman auch die Erinnerung an Silvia zurück, seine erste und einzige wirkliche Liebe. Silvia ist Schauspielerin, wie all die anderen in Trumans Leben auch. Aber sie verliebt sich in ihn und fällt, gegen den Willen der Regie, aus der Rolle. Weitere merkwürdige Ereignisse verunsichern Truman noch mehr.

Filmausschnitt 2: [0:24:20–0:32:30]

Silvia sagt Truman am Strand die Wahrheit über sein Leben. Truman hört im Autoradio Regieanweisungen und sieht im Fahrstuhl ein Aufnahmeteam.

Überleitung

Die Erinnerung und die Ereignisse der letzten Tage machen Truman immer misstrauischer. Auch seiner „Frau" Meryl glaubt er nicht mehr. Einzig seinem „Freund" Marlon gesteht er: „Ich werde für eine Weile weggehen." Truman beginnt zu ahnen, dass sein Leben nicht die ganze Wahrheit, nicht die ganze Wirklichkeit ist. Die Liebe zu Silvia stärkt seine Sehnsucht nach Freiheit.

Filmausschnitt 3: [0:38:40–0:50:45]

Truman versucht mit Flugzeug und Bus zu verreisen. Dann durchbricht er mit dem Auto alle Sperren und wird doch wieder eingefangen.

Überleitung

Truman ist verzweifelt. Er bedroht Meryl mit einem Messer. Um ihn wieder zu beruhigen, lässt der Regisseur Christof, Trumans „Vater" zurückkehren. Die Truman-Show kann nun ungestört weitergehen. Das Fernsehen macht Werbung. Regisseur Christof gibt ein Exklusivinterview.

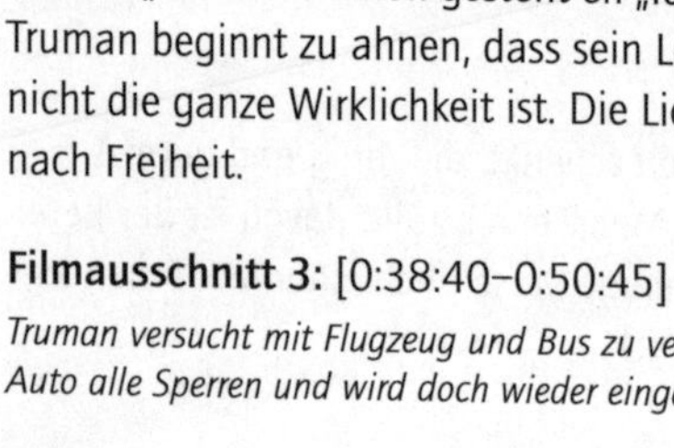

Christof – der Herrscher über ein Fernsehimperium

Filmausschnitt 4: [0:59:55–1:06:00]
Christof wird interviewt. Silvia schaltet sich per Telefon ein und beschimpft ihn.

Predigt: Leben als Show – Was ist wirklich?
„Wir akzeptieren die Welt so, wie sie uns dargeboten wird. Und Seahaven ist so, wie die Welt sein sollte", antwortet Christof auf die Frage, warum Truman all die Jahre mitgespielt hat in seiner Show, die er für das wirkliche Leben gehalten hat. Und warum es ihm so schwer fällt, sich nun von dieser Welt zu lösen.

„Er ist ein Gefangener, aber er zieht im Grunde genommen seine Zelle vor", sagt der Regisseur. Dabei meint Truman lange Zeit, alles sei echt, wahr und wirklich. Er hat keinen Grund zu zweifeln, dass es außerhalb seiner Wirklichkeit noch eine andere geben könnte. Alles ist gut und geordnet. Alles scheint wahr.

Alles scheint wirklich so zu sein, wie es sich darstellt. Und Truman fühlt sich wohl in diesem Leben. Es ist ja auch zu schön an diesem beschaulichen Ort, geradezu perfekt. Lange ahnt er nicht, dass es in Wahrheit ein Leben aus zweiter Hand ist, das nicht er selber, sondern andere bestimmen. Dabei ist er in der ganzen Show der Einzige, der keine Rolle spielt.

Sein Name Truman ist nicht ohne Grund eine lautmalerische Anlehnung an *True Man*. Er ist der einzige wahre Mensch, der einzige echte. Alle anderen sind Akteure und spielen ihre Rollen, wie das Drehbuch es vorschreibt. Alle Gefühle sind falsch. Und wenn doch einmal echte auftauchen, wie beim Film-Vater oder bei Silvia, werden sie schnell unterbunden.

„Die Truman-Show" spielt in einer fiktiven, nahen Zukunft, in der die weltweite Vernetzung der Unterhaltungsindustrie noch weiter fortgeschritten ist als heute schon. Das mag manche zu der Meinung verleiten, dass es so etwas in Echt ja nicht gibt. Wirklich nicht? Ich empfinde „Die Truman-Show" als sehr echt, beängstigend echt sogar.

Andrew Niccol, der Drehbuchautor, sagt: „Wer von uns hat nicht schon mal das Gefühl gehabt, dass Freunde, Bekannte oder sogar Familienangehörige schauspielern, dass sie einem ihre wahren Gedanken oder Gefühle vorenthalten? Und immer wieder tauchen dieselben Nebendarsteller, dieselben Autos und Kulissen im Leben auf."

Hat dieser Mann Recht? Ist das Leben doch nicht mehr als ein gigantischer Film? Nicht mehr als eine große Show, in der alle mitspielen und keiner wirklich echt ist? Echte Menschen scheinen heute nicht mehr gefragt. Wer sich selbst gut in Szene setzen kann, wer den Trends des

Marktes folgt und sich in der virtuellen Welt auskennt, der ist „in".

Viele haben sich in dieser „Welt" eingerichtet, wie Truman in seiner. Sie haben sich an das gewöhnt, was sie umgibt. Sie begnügen sich mit diesem Leben aus zweiter Hand und fragen nicht, ob es noch mehr als das gibt. Wie Truman sind sie gefangen. Und sehnen sich doch nicht selten nach einem ganz anderen Leben, nach Fidschi, nach Freiheit.

Jesus Christus macht das Angebot eines anderen, freien Lebens. Er sagt: „Wenn ihr bei dem bleibt, was ich euch gesagt habe, und euer Leben darauf gründet, seid ihr wirklich meine Jüngerinnen und Jünger. Dann werdet ihr die Wahrheit erkennen, und die Wahrheit wird euch frei machen. Wenn der Sohn euch frei macht, seid ihr wirklich frei."

Die Wahrheit, von der Jesus spricht, die kann ich nicht lernen. Die kann ich nur nach und nach erfahren und entdecken, wenn ich mich auf das einlasse, was er gesagt hat. Jesus hat vom Leben so gesprochen, wie es wirklich ist: von Freude und Trauer, von Glück und Schmerz, von Gelungenem, von Fehlern, von Schuld und von Befreiung.

„Und die Wahrheit ist", sagt Jesus, „dass eben dieses gebrochene, unvollkommene und mit Widersprüchen behaftete Leben das wirkliche, das wahre Leben ist. Und dieses Leben ist es wert, gelebt zu werden. Denn hier muss niemand schauspielern, sondern kann ganz er oder sie selber sein, frei von inneren und äußeren Zwängen. Lebt dieses Leben und ihr seid frei!"

„Und habt keine Angst", sagt Jesus, „Ihr seid in diesem Leben nicht allein. Gottes guter Geist ist bei euch. Er tröstet euch und lässt euch nie allein." Nicht wenige Menschen haben dennoch Angst vor diesem echten Leben. Sie können oder wollen aus dem gespielten nicht heraus und bleiben im falschen Film, manchmal ein Leben lang.

Überleitung

Truman will das nicht mehr. Er überlistet die Kameras und flieht unbemerkt. Christof ist so außer sich, dass er die Show das erste Mal seit ihrem Bestehen abschalten lässt. Alle suchen fieberhaft nach Truman, ohne Erfolg. Da hat Christof eine Idee:

Filmausschnitt 5: [1:18:10–1:31:23]

Truman fährt in einem Segelboot auf dem Wasser. Er trotzt dem „Sturm" und gibt nicht auf. Am „Horizont" öffnet er eine Tür. Truman redet mit Christof – und geht.

Schlussbemerkung

Alle freuen sich, dass Truman den Mut hat, sein altes Leben zu verlassen, das sie doch nur zu gerne begafft haben. Christof, der glaubt, Trumans Schöpfer zu sein, kann ihn nicht halten. „Da draußen findest du nicht mehr Wahrheit und kein anderes Leben als in der Welt, die ich für dich geschaffen habe", sagt Christof beinahe flehentlich.

Aber Truman glaubt ihm nicht mehr. Als sein Schiff am Ende den Horizont durchstößt, bricht Trumans falsche Welt mit einem Schlag zuammen. Die einzige Hoffnung ist der Name seiner Jolle – „Santa Maria". So hieß auch das Schiff, mit dem Kolumbus Amerika „entdeckte". Truman muss nun allein sein Leben entdecken. Und was ist mit mir?

Ich habe auch einen Regisseur für mein Leben. Das ist Gott. Aber anders als Christof führt Gott mich nicht vor. Er macht mit meinem Leben keine Geschäfte. Und Gott hat auch kein fertiges Drehbuch für mich, in dem ich nur noch eine Rolle spiele. Ich bin sein Geschöpf, das ist wahr. Aber er hat mir ein freies Leben und einen freien Willen geschenkt hat.

Die Entscheidung für oder gegen dieses wahre und echte Leben nimmt Gott mir jedoch nicht ab. Aber er lädt mich und auch euch in Jesus Christus ein: „Wenn ihr bei dem bleibt, was ich euch gesagt habe, und euer Leben darauf gründet, seid ihr wirklich meine Jüngerinnen und Jünger. Dann werdet ihr die Wahrheit erkennen, und die Wahrheit wird euch frei machen."

„Wenn der Sohn euch frei macht, seid ihr wirklich frei." Es ist an mir, diesem Gott zu glauben und zu vertrauen. Und mal ehrlich: Was habe ich schon zu verlieren: Nur ein unechtes künstliches Leben. Nein, ich will nicht gelebt werden! Ich will leben und dieses Leben auskosten mit seinen Höhen und Tiefen. Gott gebe mir den Mut dazu! Amen.

Lied: ***Du bist meine Zuflucht*** (LW 56)

Ansagen

Vaterunser

Lied: ***Sei behütet***

2. Manchmal, wenn ein Tag zu Ende geht
und die Nacht durch alle Ritzen dringt,
spüre ich den Wind, der uns umweht
und diese Zeilen mit sich bringt.

3. Immer, wenn wir auseinandergehn,
spür ich Trauer, fühl ich mich allein.
Und bis wir uns einmal wieder sehn,
solln die Worte dein Begleiter sein.

Text, 01: Clemens Bittlinger, Rechte beim Urheber.
Melodie: Clemens Bittlinger, Fabian Vogt, Rechte bei den Urhebern

Segen

Musik zum Ausklang

3. Sonntag nach Trinitatis

Walk the Line

Dietmar Adler und Gottesdienst-Team Bad Münder[1]

Vorbemerkung

Der Gottesdienst unter dem Motto „Die zweite Chance" bezieht sich thematisch nicht nur auf den Film, sondern auch auf das Leben des Country-Sängers Johnny Cash. Während bei unseren anderen Filmgottesdiensten, in denen die Musik eine große Rolle spielte („Wie im Himmel", „Die Kinder der des Monsieur Mathieu") die Musikstücke vom Chor aufgegriffen und (weiter-)gesungen werden konnten, fehlte uns bei dem Biopic über Johnny Cash eine Country-Band. Die Orgel- bzw. E-Piano-Begleitung der Lieder konnte und wollte den Stil nicht imitieren. Allerdings ist die Einspielung von Johnny-Cash-Songs von einer CD eine Möglichkeit, Johnny Cashs Musik durch den Gottesdienst hören zu lassen. Durch das Einsprechen von Übersetzungen der Songs können Cash-Texte im Gottesdienst verstehbar werden.

Ablauf

Musik zum Beginn: *Ring of Fire*, CD-Einspielung (CD: Johnny Cash / „The Legend"/ CD 1 – Track 8)
Begrüßungsmoderation
Lied: *Ich lobe meinen* Gott (EG NB 585; 1-3)
Gebet
Lesung: Lukas 15,11-32 (Basisbibel)
Filmausschnitt 1
Statement: The wrong son – Aus der Sicht eines Sozialpädagogen
Weiterführung: Die frühe Karriere des Johnny Cash
Filmausschnitt 2
Übersetzung: Einige Verse aus *Walk the Line*
Weiterführung: Zwischen Walk the Line und Breakdown
Filmausschnitt 3
Weiterführung: Eine zweite Chance?
Filmausschnitt 4
Weiterführung: Das neue Leben – Johnny Cash nach 1968
Musik: *The Kneeling Drunkard's Plea*, CD-Einspielung (CD: JohnnyCash / „Unchained", Track 8) *(Hineingesprochen: dt. Übersetzung einiger Verse aus: The Kneeling Drunkard's Plea)*

---

[1] Mitgewirkt haben Sebastian Dittrich, Björn Henkel, Jens Pfohl, Lothar Ruck.

Abkündigungen
Lied: *Ins Wasser fällt ein Stein* (EG NB 603)
Fürbittengebet
Vaterunser
Segen
Musikalisches Nachspiel

In der Pause zum Film: CD: „Johnny Cash at Folsom Prison"

Der Gottesdienst

Musik zum Beginn: *Ring of Fire*, CD-Einspielung
(CD: Johnny Cash / „The Legend"/ CD 1 – Track 8)

Begrüßungsmoderation

Hallo und guten Abend,
es ist mal wieder so weit: „sonntags um 5 – der besondere gottesdienst" in der Petri-Pauli-Kirche in Bad Münder. Herzlich willkommen! Heute wieder ein Filmgottesdienst: Es geht um den Film „Walk the Line" des Regisseurs James Mangold.

Und in dem Film geht es um Johnny Cash, den großen Country-Musiker. Um seine Musik, sein Leben.

Am 26. Februar 1932 geboren, starb er im Alter von 81 Jahren 2003. Ein Leben wird zum Spielfilm, zumindest Aspekte daraus. Ein Leben mit Höhen und Tiefen. Mit Aufstieg. Und Fall, ganz tiefem Fall,

und mit einer neuen Chance:

Lasst uns diesen Gottesdienst feiern im Namen des Vaters, des Sohnes und des Heiligen Geistes.

Amen.

Lied: *Ich lobe meinen Gott* (EG NB 585,1-3)

Gebet

Haben wir sie verdient?
Die zweite Chance.
Ist unsere erste Chance vorbei?
Ich frage mich:

Wieviel Chancen haben wir?
Wann ist es zu spät?
Barmherziger Gott,
lass uns jetzt leben und handeln.
Lass uns sagen, was gesagt werden muss,
und hören, was wichtig ist.
Hilf uns dabei mit deine Liebe und Güte.
Amen.

Lesung: Lukas 15,11-32 (Basisbibel)

Filmausschnitt 1: [0:00:35–0:10:03]

Im Vorspann sind Szenen eines Gefängnis-Konzerts Johnny Cashs zu hören und zu sehen, seine Band spielt einen hämmernden Rhythmus, die Gefangenen klopfen ihn erwartungsvoll mit. Johnny, noch in einem Nebenraum, erinnert sich an seine harte Kindheit. Er stand im Schatten seines älteren Bruders Jack, der schneller arbeitet, mehr Bibelsprüche auswendig kann und sowieso viel besser ist. Als Jack an den Folgen einer Verletzung stirbt, gibt der Vater Johnny die Schuld am Tod des Lieblingssohnes.

Statement: The wrong son, Aus der Sicht eines Sozialpädagogen
Ein schwerer Schicksalsschlag.

Die ganze Familie verzweifelt.

Jeder geht mit dem Schmerz anders um.

Und hier geht eine gute und für die Verhältnisse doch recht glückliche Kindheit zu Ende.

Einen großen Bruder zu haben, bedeutet gerade für Jungen in der Vorpubertät neben dem Vater eine besondere Figur zur Identifikation, hin zum Erwachsenwerden.

So auch bei Jonny Cash – der große Bruder hat für ihn eine besondere Bedeutung – sorgt er doch auch für den harmonischen Ausgleich, den es zwischen Jonny und seinem Vater anscheinend kaum gibt.

Erwartungen, die der Vater an seinen Sohn hat, kann und wird er nicht erfüllen – können.

Der Tod des ältesten Sohnes – alle Wünsche und Hoffnungen setzte der Vater in diesen Sohn – dann die schreckliche Botschaft an Johnny – der Teufel hat den Falschen geholt.

Welch ein Schlag, den geliebten und geachteten Bruder verlieren, sein besonderes Vorbild.

Eine Familie kann an einer solchen Tragödie zerbrechen. Schuldgefühle machen sich breit. Was hätte ich tun oder lassen können, um diesen Unfall zu verhindern?

Wer einen Bruder oder eine Schwester durch Tod verloren hat, muss nicht nur mit dem Verlust des Geschwisters zurechtkommen. Auch die Eltern sind nicht mehr die, die sie einmal waren. Sie können – da sie selbst in der Krise sind – oft keine angemessene Stütze für ihre trauernden Kinder sein. Das gesamte Familiensystem ist irritiert, die Familie muss ohne den Verstorbenen zurechtkommen. Hinzu kommt die schwierige Aufgabe für alle Familienmitglieder, das Familiensystem in eine neue Balance zu bringen.

Manchmal reagiert eine Familie auf den Verlust eines Kindes, indem sie sich auf sich selbst zurückzieht. Sie versucht, einen Rest von Normalität festzuhalten, den sie noch nach außen aufrecht erhalten kann. Das ist oft nur möglich, wenn Trauer verdrängt wird, und auch Konflikte, die vorher schon da waren, überspielt werden. Hier ist es für trauernde Geschwister sehr schwer, innerhalb der Familie Gefühle von Trauer, Schmerz und Aggression zu zeigen, besonders, wenn schon vorher keine Kommunikation über Gefühle üblich war. Trauernde Geschwister sind häufig auf sich selbst gestellt und müssen mit ihren Gefühlen und Phantasien zurechtkommen.

Geschwister haben eine enge Beziehung zueinander, auch wenn sie sich im Alltag manchmal nicht besonders gut verstehen. Nicht selten entsteht bei Kindern der Gedanke, ein Streit hätte dazu geführt, dass der Bruder oder die Schwester gestorben ist. Dieses Missverständnis muss klar und offen ausgeräumt werden. Das Kind kommt sonst mit den Schuldgefühlen nicht zurecht. Eltern müssen unmissverständlich klarstellen, dass sie das lebende Kind genauso lieben wie das verstorbene Geschwisterkind.

Johnny Cash muss damit leben lernen, dass seine Eltern, und besonders der Vater, nicht in der Lage sind, ihre Trauer so zu bearbeiten und zu bewältigen. Von Eltern und Umfeld angestellte Vergleiche zwischen lebendem und verstorbenem Kind helfen nicht weiter.

Ich lebe noch, obwohl mein Bruder viel netter war? Eine einfache Logik, die fatale Folgen haben kann. Sie mindert das Selbstwertgefühl und weckt Schuldgefühle. Für Geschwister ist es sehr wichtig, etwas von ihrem verstorbenen Geschwisterkind zu behalten. Fotografien, eine Haarspange, das liebste Kuscheltier. Das gestorbene Kind ist in den Gedanken immer noch da, es bleibt ein Teil der Familie. Wie geht's weiter?

Weiterführung: Die frühe Karriere des Johnny Cash

Liebe Gemeinde,
dieses Ereignis, der Tod des Bruders, sollte Johnny Cash sein Leben lang verfolgen, so schreibt er in seiner Autobiographie, so ist es die Idee des Films „Walk the Line", mit dem James Mangold das Leben Johnny Cashs nachzeichnet, neu für die Leinwand erfindet. Die erste Hälfte seines Lebens – bis 1968.

Ein genialer Joaquin Phoenix als Hauptdarsteller, Reese Witherspoon als Partnerin. Ein mitreißender, ein berührender Film, der in die Beine geht.

Nach diesen Kindheitserlebnissen, die immer wieder im Film aufscheinen, wird Johnny Cash als junger Erwachsener gezeigt. Seinen Dienst bei der US-Army verrichtet er in Deutschland. Dort kauft er sich eine Gitarre und schreibt erste Songs.

Zurück in den USA heiratet er 1955 Vivien, seine große Liebe, die Töchter werden geboren. Als Handelsvertreter ist er erfolglos, aber mit zwei Freunden spielt er in einer Band. Als Kind immer nur J.R. genannt, wird er nun zu Johnny Cash.

Ein erstes Vorspiel im Sun-Records-Plattenstudio, in dem Studio von Memphis – dort wurde auch Elvis entdeckt –, ein Produzent, der aus ihm mehr Energie, mehr Gefühl herauskitzelt. Die erste Single wird aufgenommen, die zweite „Folsom Prison Blues" ein Erfolg. Und „I Walk the Line" die erste Nummer 1. Es folgt eine steile Karriere. Erst als Vorgruppe vor den Stars, dann selbst als Star, als Top-Act. Ein anstrengendes Leben auf der Tour.

Der folgende Ausschnitt fasst diese Jahre Ende der Fünfziger zusammen: der Aufstieg, die mitreißende Musik, die Versuchungen, der Sänger, der ihnen immer mehr erliegt.

Filmausschnitt 2: [01:02:56–01:04:47]

Zu „I walk the Line" werden Bilder der musikalischen Karriere gezeigt, zwischen Studio und Bühne, Familienleben und Fankult, Vertragsunterzeichnung und Autogrammjägerinnen.

Übersetzung: Einige Verse aus *„I Walk the Line"*

Ich sehe tief in mein Herz hinein
Ich halte meine Augen weit offen alle Zeit
Ich halte die Enden des Bandes, das mich bindet.
Ich bleibe standhaft – denn Du bist mein
Because you're mine – I walk the Line...

Weiterführung: Zwischen *I Walk the Line* und *Breakdown*

Because you're mine – I walk the Line...
Weil du zu mir gehörst, halte ich Kurs...
Walk the Line – gerade gehen, Linie halten –
ja das hat er vorgehabt.
Und was kam?
Der Alkohol, die Drogen, die Frauen.
Der große Johnny Cash ist schwach.
Zum Vorbild taugt er nicht.
Die Entfremdung von seiner Frau Vivien,
die langen Abwesenheiten von zu Hause, wo die Kinder aufwachsen.
Die Versuchungen – das Fremdgehen.
Und die Drogen, der Alkohol.
Nein, da hat er nicht Linie gehalten,
da ist er nicht treu geblieben –
seiner Frau nicht, seinen Kindern nicht, sich selbst nicht.
Für ihn war das ein schrecklicher Absturz, er will der gute
Familienvater und Ehemann sein,
kann es aber immer weniger.
Ein Scheitern...
Psychologisch vielleicht erklärbar – trotzdem nicht gut.
Eine Person wird immer wichtiger,
er ist verliebt in June Carter, ebenfalls ein Country-Star –
und als Mitglied der Carter-Family schon lange vor Johnny berühmt.
Ring of Fire hat sie für Cash geschrieben.
Oft treten sie miteinander auf.
Lange lässt sie sein Werben unbeantwortet.
Große Erfolge und Alkoholexzesse bestimmen Johnny Cashs Leben.
Drogenrausch.
Sogar verhaftet wird er: man findet Drogen in seiner Gitarre.
Unbeherrschtheit... auch auf der Bühne.
Schließlich der Absturz, Ende der Karriere – so schien es...
Die Trennung, Vivienne und die Kinder ziehen aus.
Mit 35 am Ende.
Das Leben des Country-Stars, des Ehemanns, des Vaters – sein Leben
in Trümmern.
Er zieht nach Nashville.
Eines Tages taucht er bei June Carter auf:

Filmausschnitt 3: [01:31:35–01:34:14]

Johnny erscheint betrunken bei June Carter und ihrer Familie. Sie konfrontiert ihn mit seiner Erscheinung. Er macht ihr einen Heiratsantrag. „Wo ist mein Freund John? ... Diesen Cash kann ich nicht ausstehen", antwortet sie, auch eine Tour mit ihm kann sie sich nicht vorstellen. „Fang endlich an, dich selbst zu lieben, dann können wir wieder anfangen zu arbeiten."

Weiterführung: Eine zweite Chance?

Am Ende.
Der Star – ein Wrack.
Hat so einer eine zweite Chance verdient?
Alles hatte er:
Talent, Stimme, Erfolg, Familie, Berühmtheit.
Und alles ist hin.
Wer hat überhaupt eine zweite Chance verdient?
Alles hatte auch der Sohn,
der aus der Geschichte von Jesus.
Alles hatte er: sein Erbteil, Intelligenz, Jugend...
Und alles verprasst er.
Ganz tief unten, Schweinehirt.
So tief unten,
dass es ihm nicht zu demütigend ist, zurückzukehren,
zum Vater.
Als Tagelöhner, als Zeitarbeiter möchte er bei ihm arbeiten,
ohne Mindestlohn.
Aber essen und trinken.
Und was macht der Vater?
Er nimmt ihn auf
nimmt ihn in die Arme...,
macht ein Fass auf,
feiert ein Fest mit ihm, für ihn.
Da mögen sich die Rechtschaffenden, Treuen, Fleißigen, die anderen,
die guten Brüder und Schwestern noch so ärgern.
Eine zweite Chance soll er bekommen, der jüngere Bruder.
Der, der alles verspielt, alles verprasst hatte.
Empfangen werden,
willkommen sein,
geliebt sein,
darauf kommt es an.

Bei Gott bekommst du eine zweite Chance.
Vielleicht nicht verdient, aber geschenkt.
Bei Gott geht's nicht ums Verdient-haben,
ob nun Musiker, Minister oder wir, du und ich.
Hier geht's ums Geschenkt-bekommen,
die zweite Chance ist Geschenk.
Vorher steht die Reue, die Zerknirschung,
nicht einfach weitermachen wie bisher,
nicht rausreden aus allem, „ein Fehler, ist mir halt so unterlaufen..."
nicht Schuld weiterreichen: sorry, die Umstände waren eben so.
Vorher steht das Wissen, das Spüren versagt zu haben. Das Bekennen.
Geliebt werden,
von Gott,
von einem Menschen,
das ist der Anfang,
das ist die Chance.
Johnny Cash geht durch die Hölle, den Drogenentzug.
Er bekommt eine zweite Chance.
Bei ihm kann sich der ältere, der gute, der bessere Bruder nicht mal mehr ärgern.
Denn er ist tot. Und sein Schatten liegt über Johnnys ganzem Leben.
Und zugleich beginnt Johnny zu spüren:
Ich bin geliebt:
bei Gott
und von June.
June und ihre Familie schaffen es, ihm die Hilfe zu geben, die er braucht.
Wer geliebt wird, kann auch anfangen, sich selbst zu lieben.
Kann auch aus sich selbst wieder etwas machen...
„Du bist kein Nichts.
Gott hat dir eine zweite Chance gegeben, um es besser zu machen...
Das ist deine Chance", sagt June.
Ich möchte, dass auch mir das jemand sagt:
„Du bist kein Nichts, Gott gibt dir eine zweite Chance"

Filmausschnitt 4: [01:45:02–01:55:00]

June besucht Johnny mit Erdbeeren, kümmert sich um ihn: „Ein Freund von mir braucht Hilfe". Sie gibt ihm die Chance. Sie werden ein Paar, besuchen miteinander einen Gottesdienst.

Die Fanpost von Gefangenen weckt in ihm wieder den Wunsch, im Gefängnis ein Konzert zu geben und als Platte aufzunehmen. Diesen Plan setzt er gegen Widerstände durch. Der Film kehrt wieder zu seinem Anfang zurück, Johnny Cashs Auftritt im Gefängnis Folsom, der Unruhe und Begeisterung hervorruft.

Johnny Cash at Folsom Prison

Weiterführung: Das neue Leben – Johnny Cash nach 1968

„Gott hat dir eine zweite Chance gegeben, um es besser zu machen." Mit June, mit ihren Eltern schafft er es. Er ergreift die Chance, Entzug. Und der alte Impuls: ich muss im Gefängnis spielen, bei den ganz schweren Jungs... Briefe von Knackis rufen diesen Traum wieder wach. Gegen alle Widerstände spielt er in Folsom Prison. 1968. Ein grandioser Erfolg. Und daraus wird seine erfolgreichste Platte überhaupt: Johnny Cash at Folsom Prison. Was folgt, das ist sein großes Comeback. Mehr Erfolg denn je – auf den Bühnen, im Radio, im Fernsehen mit eigener Show. Und im gleichen Jahr noch heiraten June Carter und Johnny Cash.

Übrigens: Im Film, den wir nachher ja ganz zeigen, sehen Sie einen wunderbaren Heiratsantrag auf der Bühne, bei dem ich mir jedes Mal ein paar Tränen aus dem Augenwinkel wischen muss. Der Film endet hier. June und Johnny werden glücklich, bleiben beisammen bis zu ihrem Lebensende. Nun lief auch nach diesem persönlichen und musikalischen Comeback nicht alles nach Plan. Es gab in den 70ern wieder Abstürze, es gab auch dann wieder ganz armselige, ganz erfolglose Zeiten, und wieder neue Aufbrüche.

Das war mehr als nur eine zweite Chance, die Johnny Cash da erhielt. Das waren mehr. Mitte der 90er – die Karriere schien wieder mal vorbei, da kam ein Produzent auf die Idee, mit Johnny Cash neu anzufangen. Nur er und seine Gitarre. Die „American Recordings" erschienen. Und läuteten die dritte große Karriere ein. Als alter Mann, umjubelt von Millionen, weit über die Country-Fans hinaus. Verehrt von Musikern aller Richtungen. Die Zeit, in der auch ich meine Vorurteile über Johnny Cash ablege, eine Platte kaufe, und fasziniert bin. Und es sind inzwischen ganz schön viele.

Wie archaisch die Musik, voller Lebenserfahrung die Texte. Immer wieder verarbeitet er seine Erfahrungen.

2003 stirbt erst June Carter, kurze Zeit später Johnny Cash, bis zuletzt immer wieder neu alte und neue Songs aufnehmend. Hören wir als Abschluss eine gesungene Predigt:

Musik: *Kneeling Drunkard's Plea* *(CD-Einspielung: CD: Johnny Cash / „Unchained", Track 8)*
(Hineingesprochen: dt. Übersetzung einiger Verse aus The Kneeling Drunkard's Plea)

Lord have mercy on me
Herr, erbarme dich meiner
war das Flehen des knieenden Trinkers
Und als er auf dem Boden niederkniete,
wusste ich, dass Gott im Himmel herunter schaute.
Ich kam herunter bei einer alten Landkirche.
Ich sah den Trinker schwanken und taumeln.
Und als er das Grab seiner Mutter erreichte,
sah ich diesen Trinker knien und beten.
Herr, erbarme dich meiner
war das Flehen des knieenden Trinkers
Und als er auf dem Boden niederkniete,
wusste ich, dass Gott im Himmel herunter schaute.
Lord have mercy on me.
I know that God in heaven looked down.

Abkündigungen

Lied: *Ins Wasser fällt ein Stein* (EG NB 603)

Fürbitten

Vaterunser

Segen

Musikalisches Nachspiel
(In der Pause bis zum Film: CD „Johnny Cash at Folsom Prison")

5. Sonntag nach Trinitatis

Oben

Andreas Flug

Vorbemerkung

(Grundsätzliches siehe zum Gottesdienst „Das Wunder von Bern")

Der Filmgottesdienst „Oben" ist im doppelten Sinne generationsübergreifend. Inhaltlich und auf der Beziehungsebene. Inhaltlich, weil Aufbruch, Neues wagen, von unerfüllbaren Träumen Abschied nehmen, alle Generationen auf die eine oder andere Art bewegt. Und auf der Beziehungsebene, weil der Film die Botschaft vermittelt: Leben geschieht nie allein, sondern erfüllt sich erst im Miteinander verschiedener Menschen unterschiedlichen Alters. So macht der Film Mut, sich mit anderen auf den Weg zu „neuen Ufern" zu machen. Ein Gedanke, der auch der Botschaft Jesu und dem christlichen Glauben nicht fern ist.

Der Inhalt des Films bildete sich auch in der Zusammensetzung der Gottesdienstgemeinde ab. Kinder und Erwachsenen unterschiedlichen Alters waren gekommen. Dies wurde sicher dadurch begünstigt, dass wir den Gottesdienst in den Sommerferien gefeiert haben, eine Zeit, in der besonders viele Familien auf der Insel sind. Dass der Film vielen schon aus dem Kino oder Fernsehen bekannt war, tat der Aufmerksamkeit keinen Abbruch, im Gegenteil. Kommentar einer Frau in mittleren Jahren: „Ich kannte den Film. Aber heute habe ich ihn noch einmal mit ganz anderen Augen gesehen."

Ablauf[1]

Musik zum Eingang
Begrüßung / Einführung ins Thema
Lied: *Lasst uns miteinander* (EG NB 563)
Eingangsgebet
Gloria (nach Taizé[2])
Lesung mit Hinführung
Lesung: 1 Mose 12,1-6a
Halleluja (43,4)
Lied: *Laudato si* (EG 515)
Einleitung in den Film
Filmausschnitt 1
Überleitung
Filmausschnitt 2
Überleitung

---

1 Alle verwendeten Lieder sind, soweit nicht anders angegeben, dem Liederbuch „Zwischen Himmel und Erde" von Peter Böhlemann u.a., tvd-Verlag Düsseldorf, 6. Auflage 2011 entnommen. Die Bibellesungen sind, wenn nicht anders angegeben, der Guten-Nachricht-Bibel entnommen.

2 Ateliers et Presses de Taizé, Jacques Berthier

Filmausschnitt 3
Überleitung
Filmausschnitt 4
Überleitung
Filmausschnitt 5
Predigt: „Wer sein Leben festhalten will..."
Lied: *Herr, deine Gnade* (LW 50)
Ansagen
Vaterunser
Lied: *Bewahre uns, Gott* (EG 171)
Segen
Musik zum Ausklang

Der Gottesdienst

Musik zum Eingang

Begrüßung/Einführung ins Thema

„Leben ist das, was passiert, während du eifrig dabei bist, andere Pläne zu machen." Diese Worte stammen – ihr werdet euch vielleicht darüber wundern – von John Lennon, Mitglied der legendären „Beatles". Um nichts weniger als das Leben geht es heute Abend in unserem Filmgottesdienst, zu dem ich euch herzlich begrüße.

Um das Leben, das passiert, ob ich etwas dazu beitrage oder nicht. Um das Leben, das ich verpasse und nicht wirklich lebe, wenn ich ständig an etwas anders denke. Was mich davon abhält, zu leben und wie ich es schaffen kann, wirklich und bewusst zu leben, davon erzählt der Film „Oben". Er steht im Mittelpunkt dieses Gottesdienstes, den wir im Namen Gottes, im Namen Jesu und im Namen des Heiligen Geistes feiern.

Amen.

Lied: ***Lasst uns miteinander*** (EG NB 563)

Eingangsgebet

Mein Gott, dieser Tag geht zu Ende und ich bin noch einmal in dein Haus gekommen. Ich will dir sagen, wie dankbar ich bin, dass ich diesen Tag erlebt habe. Dass du bei mir warst und mich beschützt hast.

Nun übergebe ich dir den Tag. Ich lasse all das los, was war. Ich habe versucht, den Tag so zu leben wie es mir möglich war. Ob es mir gelungen ist, weiß ich nicht.
Ich überlasse dir das Urteil und vertraue mich deiner barmherzigen Liebe an. Segne du diesen Abend. Segne mich und alle die sonst noch hier sind. Dir Gott, singe ich mein schönstes Gloria.

Gloria (34)

Lesung mit Hinführung
„Leben ist das, was passiert, während du eifrig dabei bist, andere Pläne zu machen", sagt John Lennon. Von einem, dessen Leben sich im Alter von einem Tag auf den anderen veränderte, erzählt das erste Buch Mose. Ich lese einige Verse aus dem 12. Kapitel:

Lesung: 1 Mose 12,1-6a

Halleluja (43,4)

Lied: ***Laudato si*** (EG 515)

Einleitung in den Film
Der kleine Carl ist ein Kind wie jedes andere. Er spielt gern und träumt von großen Abenteuern. Sein großes Idol ist der Entdecker und Weltenbummler Charles Munz. Im Kino sieht Carl in der Wochenschau, was seinem Vorbild passiert.

Filmausschnitt 1: [0:0:51–0:6:50]
Carl sitzt im Kino. Gezeigt wird ein Wochenschau-Film über Carles Munz. Carl begegnet Elli. Gemeinsam träumen sie den Traum von der Reise zu den Paradiesfällen.

Überleitung
Später heiraten Ellie und Carl. Sie renovieren das alte Haus, träumen von Kindern und einer Reise zu den Paradiesfällen. Aber Kinder können sie nicht bekommen und für die Reise fehlt immer das Geld. Eines Tages stirbt Ellie. Carl ist allein. Um ihn herum entstehen Hochhäuser. Er soll ins Altenheim. Da fasst er einen Plan. Doch vorher bekommt er unerwarteten Besuch.

Filmausschnitt 2: [0:14:46–0:24:15]

Der kleine Pfadfinder Russel kommt an Carls Tür und wird abgewiesen. Das Haus fliegt, gehoben von unzähligen Luftballons, mit Carl davon. Russel fliegt mit.

Russel und Carl fliegen davon – nach oben.

Überleitung

Bald geraten sie in ein heftiges Unwetter und müssen notlanden – dicht bei den Paradiesfällen! Während Carl und Russel das Haus zu den Wasserfällen ziehen, begegnet ihnen ein großer, bunter Vogel, dem Russel den Namen Kevin gibt. Dieser Vogel würde Munz' Ehre wiederherstellen. Denn er ist der lebende Beweis, dass Munz mit dem gefundenen Skelett damals nicht betrogen hat. Und sie treffen auf Dug, einen Hund, der sprechen kann. Bald tauchen noch andere sprechende Hunde auf, die sie zu einer Höhle bringen.

Filmausschnitt 3: [0:51-42–0:58:00]

Carl und Russel sind bei Charles Munz in seinem Zeppelin zu Gast. Bald merken sie, wie verbittert und rachsüchtig Munz geworden ist. Er hat nur noch einen Gedanken: Den Vogel zu fangen und damit seine Ehre wiederherstellen. Sie fliehen.

Überleitung

Carl, Russel, Dug und Kevin fliehen. Dabei verletzt sich der Vogel schwer. Russel überredet Carl, den verletzten Kevin zu seinen Jungen zu bringen. Und obwohl Carl eigentlich sein Haus zu den Paradiesfällen bringen will, geht er mit. Doch Munz, der den Vogel unbedingt fangen will, ist ihnen auf den Fersen.

Filmausschnitt 4: [1:03:50–1:10:30]

Kevin wird gefangen. Carl geht zu den Wasserfällen. Im fast zerstörten Haus liest er Ellies Widmung im Fotoalbum.

Überleitung

Als Carl das liest und begreift, überschlagen sich die Ereignisse. Russel will Kevin retten. Und Carl. Aber seht selbst.

Filmszene 5: [1:14–1:25:18]

Carl und Russel starten eine Rettungsaktion im Zeppelin. Kevin wird befreit. Munz stürzt ab und stirbt. Kevin kehrt zu seinen Jungen zurück. Russel wird bei den Pfadfindern ausgezeichnet. Carl ist dabei. Dann fliegen beide davon, neuen Abenteuern entgegen.

Predigt: „Wer sein Leben festhalten will ..."

„Leben ist das, was passiert, während du eifrig dabei bist, andere Pläne zu machen." Treffender kann man die Botschaft dieses Films kaum beschreiben. Und das gilt für Carl, den Luftballonverkäufer, genauso wie für den Abenteurer und Entdecker Charles Munz. Beide verfolgen sie einen Plan – und merken gar nicht, was um sie herum alles passiert.

Munz, der sich aus der Welt zurückzieht und verbissen, ja fast krankhaft den Rest seines Lebens damit verbringt, den seltenen Vogel zu fangen, um seine verlorene Ehre wieder herzustellen. Und Carl, der am Ende des Lebens seinen Schwur gegenüber Ellie einlösen und das Haus zu den Paradiesfällen bringen will. „Und wenn ich dabei draufgehe", wie er sagt. Und der, besessen von diesem Plan, auch nicht merkt oder nicht merken will, was und wer da alles in sein Leben tritt. Russel, der kleine, traurige Pfadfinder, der davon träumt, dass er jemandem etwas Gutes tun kann. Dass endlich mal jemand Zeit für ihn hat, ihm zuhört und mit ihm zum Pfadfindertreffen geht, der mit ihm Eis isst und dabei die Autos zählt. Der sprechende, ein wenig einfältige aber doch liebenswerte Hund Dug, der ein Herrchen sucht, das ihn einfach nur gern hat und dem er ein guter Hund sein kann. Und der bunte Vogel, den Russel Kevin nennt. Der sie vor Munz und seiner wütenden Hundemeute rettet und sich dabei so schwer verletzt, dass er auf Hilfe angewiesen ist.

Sie alle treten in Carls Leben. Sie brauchen ihn und er braucht sie. Aber Carl merkt das nicht oder will es nicht merken. „Leben ist das, was passiert, während du eifrig dabei bist, andere Pläne zu machen."

Aber dieser Film hat noch eine andere Botschaft und die lautet: Leben heißt, sich verändern, aufzubrechen, Vertrautes zu verlassen, sich Neuem zu öffnen.

Wo ich mich den Veränderungen stelle und sie nutze, da entfaltet sich das Leben. Wo ich am Alten festhalte, verkümmert es. Es dauert zwar ziemlich lange, aber anders als Charles Munz begreift Carl das irgendwann. Und als er es begreift, fängt dieser alte Mann an, endlich richtig zu leben. Aber der Reihe nach. Ich sagte:

Leben bedeutet, aufzubrechen. Zwar fasst Carl den Plan, nicht ins Altersheim zu gehen sondern mit seinem Haus zu den Paradiesfällen zu fliegen. Das Haus steht für das Vertraute, Beständige. Mit dem Haus nimmt Carl sein ganzes bisheriges Leben mit. Aber, je länger, je mehr wird es ihm zur Last. Er muss sein Haus entrümpeln, um noch vorwärts zu kommen.

Ich frage mich: Welchen Ballast muss ich, müsst ihr abwerfen? Was muss ich entrümpeln, um auch in Zukunft zu leben und nicht vor lauter Festhalten im Vergangenen hängen zu bleiben? In sechs Jahren möchte ich in den Ruhestand gehen, da wird manches entrümpelt werden müssen, äußerlich und innerlich. Aber was kann heute schon weg, weil es mich vom Leben abhält?

Leben bedeutet, Vertrautes zu verlassen. Carl hat sein Haus mit all den Erinnerungen. Er hat das alte Abenteuerbuch und den Plan aus Kindertagen, einmal zu den Paradiesfällen zu reisen. Aber es ist der kleine Russel mit seiner Warmherzigkeit und seinem Willen zu helfen, der Carl dazu bringt, immer wieder seinen Plan zu verschieben und schließlich ganz aufzugeben.

Und ich? Von welchen Plänen muss oder kann ich mich verabschieden? Und wer oder was hilft mir dabei? „Heute ist der erste Tag vom Rest deines Lebens", lautet ein Spruch. Mit anderen Worten: „Fang heute an zu leben und bleibe nicht am Vergangenen hängen!" Nutze und lebe ich den Augenblick mit seinen vielen Möglichkeiten?

Und schließlich: *Leben bedeutet, sich Neuem zu öffnen.* Eigentlich hätte Carl das im Verlauf seiner Reise längst merken können. Aber erst als er im Abenteuerbuch Ellies Widmung liest, begreift er: „Danke für das Abenteuer. Such Dir ein neues. Deine Ellie." Erst da öffnet er sich der Not anderer. Und es öffnet sich für Carl die Tür zu einem neuen Leben.

Eine schöne Szene in dem Film. Noch schöner wäre es, das auch im eigenen Leben zu erleben. Doch wer oder was öffnet mir die Augen für die Veränderungen, die um mich herum und in meinem Leben passieren? Und wo ist die Tür, die mich aus dem Labyrinth meiner alten Pläne und Träume heraus führt. Zu einem neuen Leben mit denen, die mich brauchen und die ich brauche.

Wenn ich es recht bedenke, dann habe ich ja auch ein Abenteuerbuch. Die Bibel, ein Buch voller Erinnerungen, voller Leben und Widmungen. Eine dieser Widmungen lautet: „Wer sich an sein Leben klammert, der wird es verlieren. Wer aber sein Leben für mich und für Gottes frohe Botschaft einsetzt, der wird es für immer gewinnen."

Kein geringerer als Jesus selber hat diese Widmung seinen Freundinnen, Freunden und anderen Menschen zugerufen. Und der Evangelist Markus hat sie dann später aufgeschrieben. Vorausgegangen war die Frage einiger, wie sie Jesus mit ihrem Leben nachfolgen können. Dabei wollen die Fragenden die alten Pläne und das bisherige Leben nach Möglichkeit nicht ändern.

Aber das, sagt Jesus, ist nicht möglich. „Ihr könnt nicht einfach so weiter leben wie bisher und gleichzeitig mit mir unterwegs sein wollen. Ihr könnt nicht am alten Leben hängen bleiben und gleichzeitig ein neues haben wollen. Ihr könnt nicht die alten Vorstellungen und Pläne bewahren und daneben Neues von mir erwarten. Ihr müsst schon das, was euch bisher wichtig war, loslassen, damit ihr den Kopf, das Herz und die Hände frei habt für Neues."

Jesus ermutigt mich dazu, keine Angst vor Veränderungen zu haben, sondern in ihnen Jesu Spuren zu entdecken und ihm darin zu folgen. Wer es wagt aufzubrechen und das alte Leben loszulassen, dem verspricht Jesus ein neues Leben, ein ewiges.

Auch Carl findet am Ende ein neues Leben. Und was für eines! Seine Krücke, die Gehhilfe, braucht er nicht mehr. Fortan hat er Kraft und Mut genug, alleine zu laufen. Er findet eine neue Aufgabe auf der Erde, wo er sich um Russel kümmern kann. Und er findet mit dem Zeppelin – ob das Zufall ist? – ein neues Zuhause im Himmel.

„Leben ist das, was passiert, während du eifrig dabei bist, andere Pläne zu machen." Und „Wer sich an sein Leben klammert, der wird es verlieren. Wer aber sein Leben für mich und für Gottes frohe Botschaft einsetzt, der wird es für immer gewinnen." Das Leben mit Jesus Christus ist das größte Abenteuer, das es gibt. Jede und jeder von uns ist eingeladen, es zu leben.

Amen.

Lied: ***Herr, deine Gnade*** (LW 50)

Ansagen

Vaterunser

Lied: ***Bewahre uns, Gott*** **(EG 171)**

Segen

Musik zum Ausklang

Into the Wild

Eberhard Schwarz (ES), Inge Kirsner (IK),
Elisabeth Wied-Schwab

Vorbemerkung

Der Film „Into the Wild" genießt in der jüngeren Generation geradezu Kultstatus. Der „Stampede Trail" in Alaska ist nach dem Film- und Bucherfolg zum Pilgerpfad geworden. Die Radikalität Christopher McCandless', der hier „gepilgert" ist und dessen (wahre) Lebensgeschichte hier erzählt wird, fasziniert. Sie erinnert an den jungen Mann in Matthäus 19, der Jesus nach dem „erfüllten Leben" fragt. McCandless ist seinen Weg gegangen, bis an das tödliche Ende. Letzteres zeigen wir in diesem Filmgottesdienst jedoch nicht, der sich eher mit der Dimension eines seiner Tagebucheinträge, – „Happiness is only real when shared" – auseinandersetzt.

Ablauf

Filmausschnitt 1 und Intro (Vorspann)
Begrüßung und kurze Einführung
Orgelvorspiel
Votum
Psalm 36
Lied: *Herr, deine Güte reicht, so weit der Himmel ist* (EG 277)
Gebet
Lesung: Prediger 4,8-12
Zwischenspiel
Filmausschnitt 2
Lied: *Herr, unser Herrscher, wie herrlich bist du* (EG 270,1-6)
Filmausschnitt 3
Lied: *Die Gott suchen* (EG 176, Kanon)
Lesung: Der reiche Jüngling, Matthäus 19,16-26
Filmausschnitt 4
Betrachtung
Lied: *Mach in mir deinem Geiste Raum* (EG 503,14f), o.ä.
Gebet
Vaterunser
Lied: *Komm, Herr, segne uns* (EG 170)
Segen

Der Gottesdienst

Filmausschnitt 1: Intro (Vorspann) [0:01:46–0:01:50]

Begrüßung und kurze Einführung *(IK)*
„Ich habe ein glückliches Leben gelebt und bin Gott von ganzem Herzen dankbar. Lebt wohl, und Gott segne euch alle!"

Dies sind die letzten überlieferten Worte von Christopher McCandless, der im Alter von 24 Jahren in der Wildnis Alaskas starb. Sein Schicksal wurde durch Jon Krakauers Reisebericht „In die Wildnis" von 1996 und durch die Verfilmung von Sean Penn aus dem Jahr 2007 bekannt. Ich begrüße Sie herzlich zum Filmgottesdienst heute Abend, der sich mit dem Film beschäftigt.

Mit Ausschnitten daraus nähern wir uns seinem Lebensbild an und überlegen, wie theologische Bezüge zum geradezu religiösen Naturideal des Jungen, der sich „Alexander Supertramp" nannte, aussehen könnten.

„Into the Wild" erzählt davon, wie ein junger Mann, der gerade sein Studium in Atlanta erfolgreich abgeschlossen hat, alles hinter sich lassen möchte und aufbricht, „um zu leben", wie er sagt.

All sein Erspartes und alles, was ihn an sein bisheriges Leben bindet, lässt er hinter sich und macht sich auf den Weg. Sein Ziel: die unendliche Wildnis Alaskas, Sinnbild für Freiheit.

Der erste Teil des Filmes ist überschrieben mit: „Die Geburt." Die Geburt seines neuen Lebens, in dem nun andere Gesetze gelten. Es geht nicht mehr darum, die Regeln der Eltern, der Gesellschaft zu erfüllen, sondern dem Ruf der Natur zu folgen. In diesem neuen Leben versucht Chris sich selbst zu finden und der Mensch zu werden, der er sein möchte: frei von allen Zwängen und der Zivilisation erlebt er die unendliche Freiheit der Natur und des Lebens.

Diese Sehnsucht nach einem wahren nicht entfremdeten Leben in Einklang mit der Natur kommt in einem Gedicht von Lord Byron zum Ausdruck, aus dem stellenweise im Film zitiert wird:

Es wohnt Genuss im dunklen Waldesgrüne,
Entzücken weilt auf unbetretener Düne,
Gesellschaft ist, wo alles menschenleer,
Musik im Wellenschlag am ewigen Meer,
Die Menschen lieb ich, die Natur noch mehr.

Auch die Filmmusik, das Lied zu Beginn, widmet sich dem Freiheitsgedanken und dem Ausbrechen aus den alten Zwängen:

Freiheit:
Es ist mir ein Rätsel.
In uns ist eine Habgier, der wir zugesagt haben.
Und wenn du mehr willst, als du hast, denkst du, du brauchst es unbedingt.
Bist du alles hast, bist du nicht unabhängig.
Menschen, habt Gnade mit mir!
Ich hoffe, ihr seid nicht wütend, wenn ich widerspreche.
Menschen, ihr seid eine komische Rasse.
So verrückt und mächtig.
Ich hoffe, ihr seid ohne mich nicht einsam.
Herumreisen ist zu einfach, mit all dem Geld.
Meine Tage waren aufregender, als ich kein Geld hatte.
Alle, denen ich begegne, leben freiwillig in Käfigen.
Sie denken über mich nach, mich und meinen Weg
aber es ist anders, als sie es sich vorstellen.
Trotz meiner Empörung sind meine Gedanken rein.
Ich lebe.
Die Freiheit und die Schönheit sind zu gut, um sie einfach vorübergehen zu lassen.
Den Wind in meinen Haaren
fühle ich mich überall zuhause.
Überlasst es mir, meinen Weg zu finden.
Betrachtet mich als einen Satelliten, der unaufhörlich kreist.

Orgelvorspiel

Votum

Psalm 36

Lied: ***Herr, deine Güte reicht, so weit der Himmel ist*** (EG 277,1-5)

Gebet *(IK)*

„Sie haben Unrecht, wenn Sie denken, die Freude im Leben würde hauptsächlich aus menschlichen Beziehungen erwachsen. Gott hat sie überall um uns angelegt. Sie steckt überall drin, in allen Dingen, die wir fähig sind, zu erfahren. Die Menschen müssen nur ihre Sichtweise auf diese Dinge verändern."

Was Chris einem alten Freund sagt, wollen wir nun im Gebet vor Gott bedenken:

Gott des Himmels und der Erde, Du hast uns ganz verschiedenartig geschaffen, wir entwickeln uns unterschiedlich und unsere Visionen, Denkweisen sind vielfältig.

Aber wir alle sehnen uns nach einem Leben in Fülle, nach einem Leben, das nicht auf Kosten anderer geführt werden muss und das allen Menschen zugänglich sein sollte. Wir danken dir, dass wir nicht nur zu unserem Vergnügen auf der Welt sind, sondern zur Freude, einer Freude, wie sie auch Chris McCandless kennengelernt und mitgeteilt hat, auch angesichts des Todes.

Amen.

Lesung: Prediger 4,8-12

Zwischenspiel

Filmausschnitt in zwei Teilen: Freiheit und Bindung

Filmausschnitt 2: (K. 5: Jan und Rainy) [00:28–00:29.30]

Am Lagerfeuer spricht Chris mit einem älteren Paar, das ihn im Auto mitgenommen hat, über das Umherreisen mit und ohne Geld, über Wahrheit und Familie.

Wenn man sein ganzes Geld verbrannt hat, ist man auf die Gnade der Umwelt angewiesen. Die Umwelt setzt sich zusammen aus Menschen und der Natur. Die Natur liefert Beeren, Kräuter, Fleisch – doch kann man sich darauf immer verlassen? Chris will sich auf nichts anderes verlassen, sagt er. Doch diese Antwort führt zur nächsten Frage: (Filmzitat)

Jan: „Sag mal, wo sind deine Eltern?"
Chris: „Die leben ihre Lügen irgendwo."
Jan: „Sei nicht unfair. Du siehst aus wie ein geliebtes Kind."

Kann man Liebe sehen? Ist Geliebt-Werden sichtbar? Jan, der weibliche Part des Hippiepärchens, welches für Chris eine Art Ersatzelternpaar darstellt, sieht einen jungen Mann mit einem offenen Blick und klaren Meinungen auf der Suche nach dem wahrhaftigen Leben. Er hat die Kraft gefunden, mit seinem alten Leben Schluss zu machen und sich neu zu finden, zu erfinden. Ein solcher Entschluss aber lebt von Vertrauen, von einem Urvertrauen, das er letztlich nicht sich selbst verdankt. Seine Eltern scheinen ihm genug davon mit auf den Weg gegeben zu haben, das ist es, was Jan sieht und anspricht. Aber „Vertrauen" ist das Stichwort, das Chris zu seiner folgenden Replik führt:

„Anstatt Liebe, Berühmtheit, Geld, Vertrauen oder Fairness, gebt mir Wahrheit."

Chris zitiert hier aus dem Schlusskapitel von Henry Thoreaus Roman „Walden oder Leben in den Wäldern" (Kapitel 21), wo es wörtlich heißt: „Wahrheit gib mir, nicht Liebe, Geld und Ruhm."

Doch gibt es Wahrheit ohne Liebe? Und wie sähe eine Wahrheit ohne Vertrauen aus? Es wäre eine recht erbarmungslose Wahrheit, auf deren Fundamenten kaum Leben möglich wäre. Leben heißt auch immer Scheitern. Scheitern an den eigenen Ansprüchen oder an fremden. Die Eltern genügen den Ansprüchen ihres Sohnes nicht. Sie haben andere Wertvorstellungen, sind Kompromisse eingegangen und haben, wie der Vater, eine Zeitlang gar ein Doppelleben geführt, wie man so sagt. Trotz und in allem: Sie haben ihren Sohn geliebt, auf ihre unvollkommene, vielleicht verquere Art und Weise. Sie haben ihn genug geliebt, (Ihre Liebe war „gut genug", wie es der Psychoanalytiker Donald W. Winnicott ausgedrückt hat.) Genug, dass er auf eigenen Beinen stehen und sie sogar verlassen konnte.

So, wie Gott den Menschen geschaffen hat: mit der Freiheit, ihn (wieder-) zu lieben, ihn zu verlassen, einen eigenen Weg zu gehen.

Diese göttliche Freiheit entspricht der seiner Geschöpfe. Diese brauchen neben der Freiheit aber auch Liebe wie Luft zum Atmen. Von einem geliebten Wesen verlassen zu werden, plötzlich, ohne Angabe von Gründen, das hinterlässt eine tödliche Wunde. Jan weiß das, und deshalb spricht sie noch einmal mit Chris.

Lied: ***Herr, unser Herrscher, wie herrlich bist du*** (EG 270,1-6)

Filmausschnitt 3: (K.11: Familie) [01:33:29–1:34:54]

Chris trifft einige Monate später wieder auf Jan und Rainy. Jan erzählt ihm, dass ihr Sohn ebenfalls unterwegs ist und dass sie ihn seit zwei Jahren nicht mehr gesehen hat. Mit Tränen in den Augen fragt sie ihn: „Wissen deine Eltern, wo du bist?"

Der einzige Mensch, der weiß, wo Chris steckt, ist seine Schwester. Sie erzählt seine Geschichte und überlegt kurz vor dem Ende: „Ich beginne mich zu fragen, ob ich alles was Chris sagt, noch verstehen kann. Aber dann halte ich plötzlich inne und denke daran, dass das nicht die Eltern sind, bei denen er aufgewachsen ist, sondern Menschen, die durch das erzwungene Nachdenken, die mit dem Verlust einhergeht, weich geworden sind."

Chris Eltern haben sich durch den Verlust verwandelt. Andere Dinge sind ihnen nun wichtig geworden, auch sie haben sich von ihrem alten Leben losgesagt. Auch Chris verändert sich. Er muss, um zu überleben, töten, zunächst nur kleinere Tiere, dann aber auch mal einen Elch. Dessen Fleisch kann er nicht rechtzeitig verbrauchen, er fühlt sich schuldig an dem Tier, an der Natur. Er ist nach seiner Wiedergeburt als neuer Mensch erwachsen geworden, und den Übergang zum Erwachsenwerden markiert sein Sündenfall, nichts anderes ist die Erkenntnis, dass Leben Schuldigwerden heißt. Er hat seine Unschuld verloren, seinen unbedingten Glauben an eine Wahrheit, die aus Abgrenzung besteht. Es gibt kein wahres Leben im Falschen – was Adorno gesagt hat, nimmt Chris ganz wörtlich und glaubt, das eigentliche Leben sei anderswo. Doch die Wahrheit, die er sucht, findet sich weder in der völligen Einsamkeit noch in dem Eingehen von Beziehungen. Beides hat sein Recht und ist menschliches Bedürfnis. Doch die Freude im Leben, die wir alle suchen und glücklicherweise für längere oder kürzere Augenblicke auch finden, ist vielfältiger Natur. Chris findet diese Freude und er lernt, seine Sichtweise auch im Hinblick auf seine Eltern zu verändern, ohne ihnen ähnlich werden zu müssen. Er bleibt auf seine Weise ein Prophet, nur ein menschenfreundlicherer als zu Beginn seiner Lebenslaufbahn.

Lied: *Die Gott suchen* (Kanon) (EG 176)

Lesung: Der reiche Jüngling (Matthäus 19,16-26)

Filmausschnitt 4: (K.14) [01.55.55–01.59.42]

Chris klettert auf einen Berg und animiert den alten Mann, der ihn nach Alaska fahren wird, dazu, es ihm gleichzutun. Auf dem Berg sprechen sie über Beziehungen, über Gott, Liebe und Vergebung.

Betrachtung *(ES)*

Die Zehn Gebote sind ein unterschwelliges Thema der Erzählung. Realisierung von Freiheit und Wahrheit im Mitsein, das ist ein christliches Verständnis von Freiheit und Wahrheit, von Kultur und Natur.

„Meister, was soll ich Gutes tun, damit ich das ewige Leben habe?" Lehrer, wie soll ich handeln, wie soll ich leben, dass ich lebendig bleibe? Wie soll ich mich verhalten, dass Bestand hat, was ich bin? Es ist diese uralte Frage, die einen Menschen zu Jesus von Nazareth führt, ein Jüngling nach dem Markusevangelium. Es ist die Unschuldsfrage derer, die beginnen, die noch nicht gefallen, noch nicht gekränkt, noch nicht verstrickt und korrumpiert sind. Auch diese Frage ist es, die auf seine Weise Chris bewegt. Wo finde ich Wahrheit? Wo finde ich Freiheit? Mit seinen starken Bildern aus der Natur, mit den Lebensentwürfen und Charakteren, die uns erzählerisch begegnen, sind es diese Motive unserer Existenz, die der Film öffnet. Gibt es integres Dasein? Das gute Leben?

Chris bricht auf, weil er – vielleicht das Privileg der Jugend, vielleicht das Privileg derer, die besonders genau sehen und empfinden, was nicht gut ist in unserem Zusammenleben, in dieser Zivilisation von Lebensversuchen, von Freiheit und Abhängigkeit, von Lüge und Selbstbetrug – Chris bricht auf, weil er eine Ahnung hat, dass es diese Wahrheit tatsächlich gibt. Wie viele vor ihm sucht er sie in der Wildnis, in einem unverbildeten Leben, in einer natürlichen Ursprünglichkeit.

Es ist ein uraltes Motiv: Auch das Volk Israel mit seinem Weg in die Freiheit aus der ägyptischen Sklaverei ist nahe an diesem Thema: In der Wüste machen die Israeliten die wesentlichen existenziellen und spirituellen Erfahrungen.

Es ist die heimliche Hypothese vieler Vorgänger von Chris, – so beschrieben in der Buchvorlage John Krakauers –, dass sich eine Wahrheit in der Abkehr von der Zivilisation finden lässt. Aber der Film zeigt sehr schnell: Nicht die Wiedergewinnung unserer ursprünglichen Natur ist die Möglichkeit zu dieser Wahrheit. Schritt für Schritt sehen wir in dem kompromisslosen Weg des jungen Mannes nicht nur, wie er an Größe gewinnt, wie er seine eigenen Grenzen und darin seine Kräfte erfährt, wir sehen auch, wie er schuldig wird, wie ihn seine Familiengeschichte, seine Vergangenheit einspinnt und verfolgt. Wie er Menschen verletzt: Seine Eltern, die Liebe eines jungen Mädchens, die Freundschaft eines alten Mannes, wie er Leben tötet, wie er sich selber – und das größte Geschenk, das er besitzt, zerstört: sein eigenes Leben. Nirgends sieht man ihn als einen, der ahnt, was er vernichtet, was er kränkt und verletzt.

Anders, als der reiche Jüngling, der Jesus sucht, hat Chris keine Probleme mit dem Reichtum. Er verschenkt sein Geld. Er verzichtet auf jeglichen Komfort. Er lebt mit dem absoluten Minimum. Er wandert erhobenen Hauptes durch das Nadelöhr. „Kein Telefon, kein Pool, keine Haustiere, keine Zigaretten". Auch keine Sexualität. Tage, Wochen, Monate, Jahre in extremer Anspruchslosigkeit. Sieg über das Fleisch. Die Idee eines freien Lebens. Aber was ist das für eine Freiheit, die solche Schmerzen macht?

„Meister, was soll ich Gutes tun, damit ich das ewige Leben habe?" Wie soll ich handeln, wie soll ich richtig leben, dass ich lebendig bleibe, wie soll ich mich verhalten, dass Bestand hat, was ich bin? Es ist also diese Frage, die einen Menschen zu Jesus von Nazareth führt. Die derer, die noch nicht gefallen, noch nicht gekränkt, noch nicht verstrickt und korrumpiert sind.

Und Jesus gibt ihnen eine Antwort, die zunächst nichts anderes ist als die, die wir von Anfang an in der Bibel finden. „Niemand ist gut als Gott allein." Es gibt diesen Zustand nicht. Es gibt diese Wahrheit nicht. Es gibt diese Freiheit nicht. Vielleicht gibt es eine andere Wahrheit und eine andere Freiheit. Aber gut, frei, integer, schlüssig – niemand ist das, außer Gott allein. Und dann zitiert Jesus ihm ganz einfach Sätze aus den Zehn Geboten, die es braucht, damit wir – so, wie wir in Wahrheit sind – eben als Menschen zusammenleben können.

Chris scheitert an seinem eigenen Begriff von Wahrheit. An einer Idee vom guten Leben, die an den Menschen vorbei geht. Der kompromisslose Weg des jungen Chris hinein in die Natur erweist sich auch als ein Weg der verlorenen Menschlichkeit. Erst spät, zu spät, als es kein Zurück mehr gibt über den großen Fluss, entdeckt er, wie sehr er Ideen gefolgt ist, die ihm die Wahrheit seines Lebens nicht bringen werden. Wahrheit: Der Begriff fällt irgendwann nicht mehr. Stattdessen eine Einsicht, die er nicht mehr verlebendigen kann: Glück ist nur echt, wenn man es teilt. „Ich hatte ein glückliches Leben und danke dem Herrn. Gott segne euch alle."

Das sind im Film seine letzten Lebensäußerungen. Sie hinterlassen einen bitteren Nachklang, weil sie zugleich alles Uneingelöste, Nicht-Gelebte dieses jungen Lebens zeigen, eines Lebens, das sich hätte entfalten und gut und reich werden können in einem Raum jenseits der Vollkommenheit.

Chris vor seinem Magic Bus im Norden Alaskas

Doch die Sehnsucht nach der Vollkommenheit ruft das Lebensbild dieses Jungen wieder wach. Sich nicht zufrieden zu geben, oder zu schnell; lebenden Leibes tot zu sein, das verhindert die Sehnsucht, die der Atem Gottes ist in dieser Welt.

Lied: *Mach in mir deinem Geiste Raum* (EG 503,14-15)

Gebet

Himmlischer Vater,
Schöpfer des Himmels und der Erde.
Du bist ein Gott,
der in die Freiheit ruft.
Wir sollen nicht Sklaven
Von Menschen
Und auch nicht Gefangene
von Ideen und Phantasien sein.

Hilf uns
durch die Nadelöhre
des Loslassens zu gehen,
wenn wir älter werden,
wenn wir Menschen hergeben müssen,
wenn wir Abschied nehmen müssen

auch von Vorstellungen über uns selbst,
und über unsere Zukunft,
über unsere Wege und unsere Wahrheiten.
Lass uns darauf vertrauen,
dass du uns führst
und dass unser Leben
ein Wachsen und ein Reifen
zu der Würde hin sind,
die du uns zugedacht hast:
deine Töchter und Söhne zu sein.

Du Schöpfer aller Dinge,
wir machen uns Sorgen
um die Natur:
denken an die Opfer der Wirbelstürme
in den USA
und an Menschen, die
von Dürre und Überschwemmung
heimgesucht sind
an anderen Orten dieser Welt,
die nicht in den Blick der Medien fallen.

Wir beten
Für die jungen Menschen,
die nach sich selber suchen,
nach der Wahrheit ihres Lebens:
dass sie sich begleitet und getragen wissen
von Menschen, die ihnen freundlich sind,
durch deine Kraft und deinen Segen.

Gib, dass sie sich nicht verlieren
in Vorstellungen vom Leben,
die ihnen zur Last werden.

Schenke uns allen
den Mut zur persönlichen,
zur Freiheit von uns selbst.

Um den Frieden bitten wir.
Die, die krank sind und im Sterben liegen
Befehlen wir Deinem Trost an.

Vaterunser

Lied: ***Komm, Herr segne uns*** (EG 170)

Segen
„Ich habe ein glückliches Leben gelebt und bin Gott von ganzem Herzen dankbar. Lebt wohl, und Gott segne euch alle!"

Aaronitischer Segen

Nachspiel

9. Sonntag nach Trinitatis oder Diakoniesonntag

Le Havre

Gerald Birkenstock (GB), Inge Kirsner (IK), Eberhard Schwarz (ES)

Vorbemerkung

Le Havre wurde in der Stuttgarter Leonhardskirche gezeigt. Diese wird in der Fastenzeit zur Vesperkirche, was ein interessanter Bezugspunkt für einen Film ist, der davon handelt, was der Mensch zum Leben (wirklich) braucht. Im Mittelpunkt des Gottesdienstes steht das Doppelgleichnis vom Schatz im Acker und der Perle (Matthäus 13).

Ablauf

Orgelvorspiel
Votum
Lied: *Dona nobis pacem* (EG 435)
Begrüßung und Einleitung zum Film
Psalm 22 II (EG 710)
Lied: *Laudate omnes gentes* (EG 181,6)
Gebet – Stilles Gebet
Orgel-Improvisation
Lesung: Matthäus 13,44-46
Lied: *Suchet zuerst Gottes Reich* (EG 182,1-4)
Filmausschnitt 1
Annäherung I: Junge *(IK)*
Lied: *Brich mit den Hungrigen dein Brot* (EG 420,1-5)
Filmausschnitt 2
Annäherung II: Marcel Marx *(ES)*
Orgel-Improvisation
Filmausschnitt 3
Annäherung III: Kommissar *(GB)*
Lied: *Hilf, Herr meines Lebens* (EG 419,1-5)
Fürbitte und Abschluss
Lied: *Der Abend kommt* (EG Württ. 673,1-4)
Segen
Nachspiel
Filmsichtung

Der Gottesdienst

Orgelvorspiel

Votum

Im Namen Gottes des Vaters und des Sohnes und
des Heiligen Geistes.
Amen.

Einleitung *(ES)*

ich hab dich
verloren
du großer fund
klein wie die perle
im ackergrund

ich such dich in allem
versuche dich
und wo ich dich suche
da finde ich
mich

ich bin
nach dir
süchtig
ich suche dich
ich kann dich
nicht finden
finde du
mich

ich hab dich
verloren
du großer
fund
klein wie
die perle
im ackergrund.

Wilhelm Willms

Begrüßung und Einleitung zum Film
Herzlich willkommen zum Filmgottesdienst hier in der Leonhardskirche mit diesem Gedicht von Wilhelm Willms. Der Schatz im Acker. Die Perle, die so leicht verlorengeht. Die große Begegnung, für die man alles stehen lassen möchte. Begegnung, die dort geschieht, wo wir uns finden lassen. Als Menschen. Als Gegenüber.

Eine wunderbare märchenhafte Erzählung von Aki Kaurismäki wird uns an diesem Abend bewegen. Im Gottesdienst werden wir einige Film-Szenen sehen, Sie ins Gespräch bringen mit dem Evangelium der Bergpredigt und natürlich mit unserem eigenen Leben. Wir singen, hören, beten. Und dann im Anschluss haben wir die Gelegenheit, den Film ganz zu sehen.

„Le Havre", seit Mai 2011 im Kino, die heilige Geschichte eines Schuhputzers und Lebenskünstlers, seiner kranken Frau, eines Flüchtlingsjungen aus Gabun, eines ungewöhnlichen Kommissars und einiger nicht weniger ungewöhnlicher anderer Menschen. Eine Parabel auf das andere Leben.

Lied: ***Dona nobis pacem*** (EG 435)

Psalm 22 II (EG 710)

Gebet

So, gütiger Gott,
wollen wir
an diesem Abend
unsere Augen aufheben
von den alltäglichen Dingen
und dir entgegensehen.

Und es möge zu uns kommen
dein Wort
und in ihm Bilder
vom getrösteten Leben
in dieser Zeit,
in dieser Welt,
in uns.

Und es möge dieses Wort seinen Ort finden
in der Mitte unseres Ich
als eine Kraft.
Aufbrechen soll es die Sorgen,
wegwaschen die Schuld
und leicht machen unsere Gewissen,
auf dass wir Frieden haben
und einander Frieden geben
im Vertrauen auf Dich.

Das bitten wir in Jesu Namen.
Amen.

Stilles Gebet

Votum:

Er wird mit Gerechtigkeit richten die Armen und rechtes Urteil sprechen den Elenden im Lande. (Jesaja 11,4)

Orgelimprovisation

Lesung: Matthäus 13,44-46

Lied: ***Suchet zuerst Gottes Reich in dieser Welt*** (EG 182,1-4)

Filmausschnitt 1: (K. 2) [00:10.5–00:14.28]

Im Hafen von Le Havre wird ein Container geöffnet, in dem sich Flüchtlinge aus Afrika befinden. Ein Junge, von seinem Großvater dazu ermuntert, flieht. Gerade noch hält Kommissar Monet einen Polizisten davon ab, auf den Jungen zu schießen.

Annäherung I: Junge *(IK)*

Liebe Filmgemeinde,
als der Container geöffnet wird, erwarten wir eigentlich das Schlimmste, so still, wie es in seinem Inneren war. Doch – Gott sei Dank – die Menschen darin leben noch und sie schauen uns direkt an. Ganz still, bewegungslos, mit einem Ausdruck, den man nicht mehr vergisst. Die Gesichter werden zu einem Angesicht, von dem der französische Philosoph Emmanuel Levinas gesagt hat, dass es einen unmittelbaren Appell aussende – eine

Aufforderung, diesen Menschen, der uns sein Antlitz zuwendet, als Bruder und als Schwester anzusehen.

Da gerät Bewegung in die Galerie der Antlitze, ein Kopfnicken, der Blick eines alten Mannes in Richtung eines Jungen, der die Aufforderung sofort begreift – und blitzschnell durch die Phalanx der Polizisten hindurch huscht, um zwischen den Hafencontainern zu verschwinden.

Es ist gefährlich, was der Junge macht, doch er hat keine andere Chance, will er nicht in die größere Gefahr geraten, dahin abgeschoben zu werden, wo er hergekommen ist. Er hat die Vorstellung, seine Familie zu finden, für dieses Ziel riskiert er alles. So, wie auch der Mann, der den Schatz im Acker findet, alles auf diese Karte setzt. Alles aufgeben, was man hat, um das zu bekommen, von dem man viel mehr hat als von aller vermeintlichen Sicherheit. Ein immaterieller Schatz, der es dann auch für die anderen wird, die dem Jungen später begegnen.

Der Junge wird zunächst für den Mann, der ihn findet, zu einem solchen Schatz. Er riskiert eine Menge, um ihn zu verstecken, zu versorgen und schließlich zu versuchen, ihn zu seinem Ziel zu bringen. Der Schuhputzer und Lebenskünstler Marcel Marx spürt den Appell, der vom Angesicht des Jungen ausgeht, und er gibt ihm nach und wächst über sich hinaus. Indem er des Jungen Sache als seine eigene begreift, wird er zu einem Menschen, der seine ganze Umgebung mit der Sache ansteckt, den Schatz zu bergen.

Lied: *Brich mit den Hungrigen dein Brot* (EG 420,1-5)

Filmausschnitt 2: (K. 2) [00:14:29–00:16.40]

Der Schuhputzer Marcel Marx trifft an einer Treppe im Hafengelände auf den Flüchtling, der ihn fragt, ob er hier in London sei. Marx verneint und fragt ihn, ob er Hunger hätte – da wird das Gespräch unterbrochen. Der Junge hat sich bereits wieder versteckt, als Kommissar Monet sich nähert und Marx fragt, ob er einen schwarzen Jungen gesehen habe; Marx leugnet dies, sie gehen wieder auseinander.

Annäherung II: Marcel Marx *(ES)*

Marcel Marx – was für ein Name! Eine Mischung aus Marcel Marceau, dem wunderbaren Bip, dem tragikomischen Clown der französischen Pantomime oder Marcel Carné, dem französischen Filmregisseur, dem Kaurismäki die Referenz erweist – und auf jeden Fall Karl Marx. Eine Mischung aus Märchen- und Theaterfigur und zugleich Sozialrevolutionär. Mit einem eigenen Gefühl für Zeit und für Bewegung. Mit erfrischender Sparsamkeit an Worten. Mit einer erstaunlichen Widerständigkeit, Entschlossenheit und Beharrlichkeit. In den Filmen von Aki Kaurismäki ist Marcel Marx (André Willms) nicht unbekannt. In dem 1992 entstandenen „Das Leben der Bohème" sehen wir ihn als einen jüngeren Mann: Er ist ein erfolgloser Autor, der unermüdlich auf der Flucht vor seinen Vermietern ist. Was er geschrieben hat, findet keinen Absatz.

Jetzt, in Le Havre, findet er so etwas wie seine Bestimmung. Es ist nicht weniger als der Widerstand gegen die weltweiten Ströme von Menschen und Waren, die lebenspraktische Umsetzung Marxscher Ideen. Er praktiziert mit Würde, was von den anderen verachtet wird. Er ist Schuhputzer geworden. Notorisch in Finanznot. Er muss anschreiben lassen. Er lebt von einem System nachbarschaftlicher Güterverleihung und Güterverteilung. Er ist gerade darin der Held eines anderen Lebensentwurfs. Ein frei gewähltes Leben in großen Worten. Und dieses Leben ist zugleich seine Revolte gegen menschliche Gleichgültigkeit. Das Buch seines Lebens ist der eigentliche Roman, das eigentliche Wunder. Er ist sich keine Frage, sondern in seiner vollen Würde bei sich.

In „Le Havre" kämpft Marcel Marx um zwei andere Leben: um das seiner schwer kranken Frau Arletty (die „Garance" in Carnés „Kinder des Olymp") und um das Schicksal des Afrika-Flüchtlings Idrissa, den ihm das Leben sozusagen in die Hände spielt. Unerschütterlich optimistisch, mit einem eigenen Gefühl für Zeit und Sprache, aber mit einer nicht weniger unerschütterlichen Beharrlichkeit macht er sich auf den Weg: um zu helfen – oder besser: um das Selbstverständliche zu tun. Und mit ihm verändert sich Idrissa, der Flüchtlingsjunge, und mit diesen beiden jeder in dieser kleinen, großen Welt von Le Havre, dem Hafen, in der Marcel Marx lebt, die ihn liebt, mit seiner ganzen Freiheit und Skurrilität.

Eigentlich ist es ein Film auch über den Mut, das Wagnis zu leben zu beginnen. Voller Humor, voller Spiritualität, voller Anspielungen und Referenzen – nicht nur hinein in die Filmwelt, sondern auch in die Literatur, in die Religion. Irgendwann lesen die Freundinnen der schwer kranken Frau von Marcel Marx an deren Krankenbett aus Franz Kafkas Parabeln. Unversehens wird die Krankenhausszene zu einem Gleichnis der Menschen vor den Entscheidungen ihres Lebens.

Unversehens wird die Filmparabel vor allem zu einer Auslegung der Bergpredigt. „Neben dem Beruf des Schäfers", wird Marx dem jungen Flüchtling erklären, sei „der Beruf des Schuhputzers dem Volk am nahesten". Die Schuhputzer seien im Übrigen die Einzigen, die sich an die Gebote der Bergpredigt hielten.

Marcel Marx und Idrissa beim Gespräch.

Er meint damit diese besondere Demut, oder besser: diese besondere Freiheit, den anderen Blick auf die Welt und auf die Wirklichkeit. Aki Kaurismäki entführt uns in Perspektiven, die wir so nicht kennen. Wir sehen die Welt von unten. Manchmal nur die Schuhe, die Objekte der Erdenhaftung von Menschen, sehen, wie ein einziges Paar Schuhe diese Menschen charakterisieren. Wir sehen die Welt aus der Sicht der Hündin Leika – Leika, das ist auch im sogenannten wirklichen Leben der Name dieser Hündin. Seltsame Brücke zwischen hier und dort. Wir sehen die Dinge so anders, so neu, wie sie uns die Bergpredigt zeigt: oben und unten, Hohes und Tiefes müssen in dieser Parabel neu begriffen werden. Und indem das geschieht, verändert sich das Leben.

Für mich am eindringlichsten sind die Momente des Innehaltens: Blicke, Perspektiven, aus denen lange Momente des Sehens, aus denen Handlungen und Worte werden, die überraschen. In diesen Verzögerungen liegt das Moment der Freiheit. Marcel Marx, der sich nicht den Gegebenheiten der Dinge beugt. Der in den Widerständen des Lebens widerständig bleiben kann, weil er sich Zeit nimmt, weil er sieht und hört. Weil er in seinem Sehen und Hören die ganze Musik und Poesie der Bergpredigt hat. Mit dieser Poesie wird er auf eine ganz ungewöhnliche Art und Weise und mit einer ungewöhnlichen Sprache und Gestik der Krankheit seiner Frau eine Würde geben. Und sie tut es ihrerseits. Was daraus entsteht, sind Heilung und Heilsein. Große Momente der Menschlichkeit. Große Momente der Hoffnung. Große Momente des Glaubens. Große Momente des Evangeliums, eingefangen in dieses szenische Spiel.

Orgelimprovisation

Filmausschnitt 3: (K. 9) [01:11.4–01:15.38]

Monet kommt zu Marx in die Wohnung, fast entdeckt er den sich dort versteckt haltenden Jungen. Marx wäre bereit gewesen, Monet zu töten – doch dieser sagt, er wäre gekommen, um ihn zu warnen. Er habe eine empfindliche Stelle im Herzen, könne es nicht ertragen, wenn Unschuldigen Unrecht zugefügt werde. Er solle sein wertvolles Päckchen bald auf die Reise schicken.

Annäherung III: Der Kommissar *(GB)*

Monet. Kommissar Monet. Übrigens kein Zufall. Denn kein Geringerer als Claude Monet, der Begründer des Impressionismus ist in Le Havre aufgewachsen – dem Spielort unseres heutigen Films.

Apropos „Zufall". Trieb unseren Kommissar Monet nur ein kurzer Moment der Großherzigkeit oder bewegt ihn eine feste innere Überzeugung?

Am Anfang der Szene entsteht folgender Dialog:

Marx: „... welche Überraschung. So früh schon unterwegs?"

Kommissar: „Liegt in meiner Natur."

In dem Filmdialog steckt ein Subtext: Dass Kommissar Monet so früh erscheint, um Marx zu warnen, ist nicht spontan und zufällig, sondern liegt in Monets Natur. Könnte es seine Art sein, so für wahre Gerechtigkeit zu sorgen?

„Liegt in meiner Natur" ist zudem noch ein Echo. Am Anfang des Films sagt Marcel Marx folgenden Satz, nachdem ihn seine Frau wegen seiner fleißigen Arbeit lobt: „Liegt in meiner Natur, es ist mir nicht möglich, untätig zu sein." „Nicht untätig sein können", das bestimmt auch die Handlung von Marx angesichts der Not des Jungen. Und hier ist es ein Hinweis, dass auch Kommissar Monet nicht untätig sein kann.

Später dann die grandiose Aussage:

Kommissar: „Da ist eine empfindliche Stelle in meinem Herzen."

Das sagt keiner, der einfach nur ein Auge zudrückt. Was man bewusst aus dem Herzen macht, macht man aus voller Überzeugung.

Damit ist die Szene für mich mehr als eine sentimentale Hinführung zum Happy End. Vielmehr ist sie eine Impression darüber, wie es sein sollte; wie man handeln sollte, wenn man auf so eine Not trifft.

Vor ein paar Wochen war ich Zuschauer einer Podiumsdiskussion über das Thema „Mobbing in Schulen". Die Frage kam auf, warum von Schulbehörde und Politik so wenig dagegen unternommen wird. Unter den Zuschauern war auch ein bekannter Filmregisseur, der konnte sich nicht mehr halten: „Ja, da müssen wir doch was dagegen tun!" Die anwesenden Journalisten lächelten ob der fast naiven Reaktion. Ich hingegen nehme das sehr ernst. Dieser Regisseur wird etwas tun. „Schulmobbing" wird sicherlich Stoff einer seiner nächsten Filme sein.

So stelle ich mir auch die Entstehungsgeschichte von Kaurismäkis „Le Havre" vor. Auch bei ihm stand sicherlich am Anfang so ein Aufschrei – und sei es nur ein innerer: „Da müssen wir doch was dagegen tun!" Dass Kinder abgeschoben werden, zurück in Krisengebiete müssen, in Hungergebiete; dass sie getrennt werden von ihren Eltern; das schreit doch zum Himmel. Es fordert eine Aktion. Und sei es eine noch so kleine. „Da muss man doch was dagegen tun!"

Kaurismäki tat es mit seinen Mitteln: Er machte einen Film. Und zeigt darin, wie der Einzelne, wie die kleinen Leute, wie jeder von uns einen Unterschied machen kann.

Übrigens ist das brandaktuell. Gestern las ich auf Seite 1 der aktuellen „ZEIT": „Die Großzügigkeit der Türkei und Jordaniens bei der Aufnahme von Flüchtlingen aus dem kriegsgeschüttelten Syrien ist bewundernswert. Nicht nur die beiden Regierungen helfen, vor allem sind es einfache Leute, Bauern in den Grenzregionen, die ihre Hand ausstrecken, obwohl sie selbst nicht viel haben." (DIE ZEIT Nr. 44/12, S. 1)

Es braucht nämlich in Wirklichkeit nur einen, der die Dominosteine der Nächstenliebe ins Rollen bringen kann. Und dann... jeden Einzelnen von uns, sich anstecken zu lassen.

Lied: *Hilf, Herr meines Lebens* (EG 419,1-5)

Gebet

Fürbitte 1 *(IK)*:

Gott des Himmels und der Erde,
als eine Antwort auf das Leid in dieser Welt hast du selbst das Leid auf dich genommen und du hast uns geschaffen.
Schenk uns immer wieder die Kraft, den Einfallsreichtum und den Mut, deine Hände, deine Füße, deine Gedanken zu sein.
Hilf uns dabei, nicht zu fragen, wer ist unser Nächster, sondern zu fragen, wem wir jeweils der und die Nächste sind.
Darum bitten wir dich.

Fürbitte 2 *(GB)*:

Barmherziger Gott,
die Situation in Kriegs- und Hungergebieten bedrückt mich.
Menschen hungern. Menschen sterben. Menschen müssen fliehen.
Mächtige, dort wie hier, schaffen Systeme der Ungerechtigkeit.
Wir beten für die Mächtigen, dass sie ihren Machtmissbrauch erkennen und davon lassen können.
Wir beten für die Friedensvermittler, Entwicklungshelfer und die Politiker in unserer Regierung, die für eine menschenwürdige Asylpolitik kämpfen, dass sie an Erkenntnis, Weisheit und Einfluss gewinnen, um einen Unterschied machen zu können.
Gütiger Gott,
ich selber fühle mich klein und ohnmächtig. Was kann ich schon unternehmen. Mir fehlen die Mittel. Ich kann Gesetze nicht ändern.
Hilf mir – hilf uns –, ein Stein einer ganzen Kette von Dominosteinen zu sein, die sich von der Nächstenliebe bewegen lassen.

Fürbitte 3 *(ES)*:

Du Gott des Lebens,
dich bitten wir um Begegnungen, die uns berühren und verändern.
Gib, dass wir einander sehen können mit der Würde,
in der du uns geschaffen hast, mit den Möglichkeiten,
die du in unser Leben gelebt hast.
Gib, dass wir uns nicht auffressen lassen von der Dynamik dieser Welt.
Deine heilende Gegenwart komme zu uns
in unseren Alltag
in unser Miteinander.

Vaterunser

Lied: ***Der Abend kommt*** (EG Württ. 673,1-4)

2. Die Nacht ist tief. Sie hält das Herz gefangen.
Wo wir auf dunklen Wegen irrgegangen,
führst du uns selbst, dass neu dein Tag beginnt,
und wir von deinem Licht durchdrungen sind.

3. Die Nacht ist bang. Gib uns, dass Frieden werde.
Sieh diese arme, leidzerrissne Erde.
Du Gott des Friedens, ende allen Streit.
Mach uns zu Friedensboten dieser Zeit.

4. Es kommt dein Morgen. Bleib mit deiner Güte
bei allen Menschen. Schütze und behüte,
was du erschaffen, bis dein Tag anbricht,
und wir dich schaun, dich und dein helles Licht.

Segen

Orgelnachspiel

Diakoniesonntag

Felix

Thomas Damm

Vorbemerkung

„Felix" ist ein 20-minütiger Kurzspielfilm, der für ein Publikum jeden Alters (ab circa 10 Jahren) geeignet ist gute Ansätze für ein Gespräch über Inklusion, Erziehung, Familienbeziehungen, Pubertät, erste Liebe, Lüge und Wahrheit sowie neue Medien bietet. Die Texte und Lieder des vorlie-genden Gottesdienst umkreisen das Themenfeld „Hören und Verstehen", das im Film eine wichtige Rolle spielt. Im Gespräch aber werden erfahrungsgemäß auch andere Filmimpulse aufgenommen. Die Texte sind als Sinn- und Denkangebote zu verstehen. Die Verarbeitung im gottesdienstlichen Filmnachgespräch geht üblicherweise darüber hinaus.

Zum Inhalt: „Der zwölfjährige Felix begegnet im Internet einem gleichaltrigen Mädchen, das sich im Chatroom „Taubenfee" nennt. Die beiden kennen sich offenbar schon seit einiger Zeit und jetzt möchte sie ihn endlich persönlich treffen, zumal beide in derselben Stadt leben. Aber Felix ist das seltsamerweise gar nicht recht. Obwohl er ein Foto von ihr bei sich trägt, erfindet er Ausreden, um eine Begegnung hinauszuzögern. Andere Altersgenossen scheinen ihm nicht wichtig zu sein. Und verborgen vor den Blicken seiner Eltern, ist er in sich gekehrt mit sonderbaren Zeichen beschäftigt. Als sich „Taubenfee" nicht länger hinhalten lässt, stimmt Felix einem Treffen zu, das an ungewöhnlicher Stelle stattfinden wird ... Ein kurzer Film über eine erste, zarte Annäherung, die durch eine Unaufrichtigkeit in Gefahr gerät." (Text: Nordmedia)

Regisseur Andreas Utta hat 2007 den 20-minütigen Kurzfilm „Felix" publiziert. Im Oktober des Jahres fand die Filmpremiere auf dem Internationalen Filmfestival für Kinder und junges Publikum in Chemnitz statt. Er ist mit zwölf nationalen und internationalen Preisen bedacht worden. Der Filmverleih „Nordmedia" hat die Rechte für die filmliturgische und -pädagogische Verwertungsschiene erstanden, so dass „Felix" in kirchlichen und kommunalen Filmzentralen und Mediatheken mit den Ö-Rechten auszuleihen ausgeliehen werden kann.

Ablauf

Begrüßung und Thema: „Hören" und „Verstehen"
Lied: *Herr des Tanzes* (Durch Hohes und Tiefes 281)
Votum
Gebet
Psalm 81: *(im Wechsel von Männern und Frauen)*
Lied: *Dank dir für die Nacht* (LW 15)
Biblische Impulse: assoziatives Bibellesen zum Thema Hören
(Lektorin): Prediger 7,5 und Sprüche 8,1
(Lektorin): Jeremia 6,10 und 2 Mose 6,12
(Lektorin): Matthäus 13 und 2 Petrus 3,16
(Lektorin): Sprüche 2,9 und Hiob 32

Lied: *Lobe den Herrn meine Seele* (LW 46)
Filmvorführung „Felix"
Filmnachgespräch
Lied: *Meine Hoffnung und meine Freude* (LW 60)
Abkündigungen *(Kollekte am Ende für Seelsorge an Gehörlosen)*
Fürbittengebet
Vaterunser
Lied: *Verleih uns Frieden gnädiglich* (LW 79)
Segen

Der Gottesdienst

(Einüben der unbekannten Lieder)

Begrüßung und Thema: „Hören" und „Verstehen"

Lied: *Herr des Tanzes* (Durch Hohes und Tiefes 281)

2. Ich tanzte für die Weisen und die hohen Herrn,
sie lehnten ab, zeigten sich mit mir nicht gern,
ich tanzte für die Fischer und kleinen Leut',
und sie tanzten mit, tanzen mit bis heut.

3. Ich tanzte am Sabbath und im Gotteshaus,
die Priester grollten und warfen mich hinaus.
Ich tanzte weiter und sie hängten mich
ans Kreuz, und sie ließen mich im Stich.

4. Ich tanzte am Freitag durch die schwarze Nacht,
mein Todestanz hat dem Tod den Tod gebracht.
Nur ein Toter mir einem Dornenkranz?
Nein ich bin der Tanz, bin der Lebenstanz!

5. Bis heute tanze ich durch die ganze Welt,
kommt und tanzt mit mir, wie es meinem Gott gefällt!
Lasst uns tanzen, lieben und Gutes tun
bis die Welt mittanzt, und nicht eher ruhn.

Musik: trad./dt. Text: neu von Thomas Damm © beim Urheber

Votum

Gebet

Gott des Hörens, Gott des Verstehens,
vielschichtig ist dein Reden zu uns,
oberflächlich unser Hören,
anfänglich unser Verstehen.
Viele Bilder haben wir wieder in uns aufgenommen
In der nun zu Ende gehenden Woche.
Danke, dass wir nun zur Ruhe kommen können
In deiner Gegenwart.
Gott des Hörens, Gott des Verstehens,
wir bitten Dich um Ohren, die wirklich hören,
und um ein Wahrnehmungsvermögen,
das wirklich verstehen kann.
Führe uns an die wesentlichen Dinge heran!
Amen.

Psalm 81[1] *(im Wechsel von Männern und Frauen)*

Jubelt Gott zu, unserem starken Beschützer!
Jauchzt vor Freude über den Gott Jakobs!
Stimmt den Lobgesang an,
schlagt die Tamburine,
greift in die Saiten von Leier und Laute!
Blast das Horn zum Neumond,
blast es wieder zum Vollmond,
dem Tag unseres Festes!
Ich höre Worte,
die ich so noch niemals hörte:
»Ich habe dir die Last von den Schultern genommen
und den schweren Tragkorb aus den Händen.
Du hast zu mir geschrien in deiner Not
und ich habe dich daraus befreit.
Ich habe dir Antwort gegeben
mitten aus der Gewitterwolke,
in der ich mich verborgen hielt.
An der Quelle von Meriba
habe ich dein Vertrauen geprüft.

---

1 Gute-Nachricht-Bibel, Vers 2-11.

Mein Volk, hör mir zu, ich muss dich warnen!
Wenn du doch auf mich hören wolltest, Israel!
Bei dir darf kein Platz sein
für einen anderen Gott,
vor keinem fremden Gott darfst du dich niederwerfen!
Ich bin der HERR, dein Gott,
ich habe dich aus Ägypten herausgeführt.
Mach deinen Mund weit auf,
ich werde ihn füllen!"

Lied: ***Dank dir für die Nacht*** (LW 15)

Biblische Impulse *(assoziatives Bibellesen)*
Ich möchte mit Ihnen heute die Themen „Hören" und „Verstehen" etwas umkreisen. In der Bibel gibt es dazu unzählige Impulse und Gedanken. Einige davon habe ich gesammelt. Zunächst ein paar Bibelworte zum „Hören".

Weise Sprüche kennt der Prediger Salomo, aber auch das Buch der Sprüche. Je einen davon lese ich nun: „Es ist besser, das Schelten des Weisen zu hören als den Gesang der Toren" (Prediger 7,5). „Ruft nicht die Weisheit, und die Klugheit lässt sich hören?" (Sprüche 8,1)

L1 Jeremia beklagt sich bitter bei Gott: „Wen soll ich dennnoch ansprechen, wem ins Gewissen reden? Wer hört denn? Ihre Ohren sind zugewachsen, sie können gar nicht hören! Was du mich ihnen sagen lässt, empfinden sie als Beschimpfung und ärgern sich darüber." (Jeremia 6,10)
Mose sprach: „Nicht einmal die Leute von Israel haben mir geglaubt, wie sollte da der Pharao auf mich hören? Ich bin ja auch so ungeschickt im Reden." (2 Mose 6,12)

L2 Und Jesus ruft in den drei ersten Evangelien: „Wer Ohren hat zu hören, der höre!" (Matthäus 13,9)
Das Hören könnte zum „Verstehen" führen, im besten Falle jedenfalls. Hier zunächst ein innerbiblischer Kommentar darüber, wie schwer der Paulus manchmal zu verstehen ist: Der Verfasser des 2. Petrusbriefes schreibt über ihn: „Genau das (‚was ich Euch geschrieben habe,) hat euch auch unser lieber Bruder Paulus geschrieben, dem Gott viel Weisheit gegeben hat. Er sagt das in allen seinen Briefen, wenn er über dieses Thema schreibt. Es gibt in ihnen

allerdings einige schwierige Stellen. Die werden von unverständigen Leuten missdeutet, die im Glauben nicht gefestigt sind. Aber so verfahren diese Leute ja auch mit den übrigen Heiligen Schriften." (2 Petrus 3,16)

L3 In den weisheitlichen Sprüchen lesen wir die selbstbewusste Ermahnung: „Wenn du auf mich hörst, wirst du erkennen, was vor Gott recht und gut und geradlinig ist. Dann wirst du ein Leben führen können, das er gutheißt." (Sprüche 2,9)
Und Hiobs Freund Elihu stellt in Frage, dass das Verstehen mit dem Alter zunimmt: „Ich bin noch jung, bin nicht so alt wie ihr; drum hielt ich mich zurück... Ich sagte mir: ‚Erst soll das Alter reden, Erfahrung langer Jahre hat den Vortritt.' Doch was den Menschen klug macht, ist der Geist, der Hauch, den Gott ihm eingeblasen hat. Ob einer weise ist, liegt nicht am Alter; was recht ist, weiß man nicht aufgrund der Jahre". (Hiob 32,9)

Lied: ***Lobe den Herrn meine Seele*** (LW 46)

Filmvorführung: „Felix"

Felix trifft sich mit der „Taubenfee" an der Raststätte. Hören und verstehen sie sich?

Filmnachgespräch

Lied: ***Meine Hoffnung und meine Freude*** (LW 60)

Abkündigungen: *(Kollekte am Ende für Seelsorge an Gehörlosen)*

Fürbittengebet
Familientragödien erschüttern in diesen Tagen unser Land:
Wir beten für die Frauen, Männer und Kinder, die Opfer von häuslicher Gewalt geworden sind; für alle, die da Schuld auf sich geladen haben.

Wir rufen gemeinsam: Herr, erbarme dich!

Am Mittwoch beginnen in London die Olympischen Spiele für Menschen mit Behinderung:

Wir beten für die Teilnehmerinnen und Teilnehmer an den Paralympics im sportlichen Miteinander; für alle, die sich für die gesellschaftliche Integration von Menschen mit Behinderungen einsetzen.

Wir rufen gemeinsam: Herr, erbarme dich!

Seit Montag ist der Bluttest auf dem Markt, mit dem schon in der Schwangerschaft genetische Schäden zu erkennen sind.

Wir beten für alle, die sich einsetzen gegen die Abtreibung von Ungeborenen – zum Beispiel wegen Down-Syndroms;
für alle, die ihr Leben mit einem behinderten Kind teilen; und für alle, die sich schwer tun, sich für ein Kind mit wahrscheinlicher Behinderung zu entscheiden.

Wir rufen gemeinsam: Herr, erbarme dich!

In diesen Wochen beginnt für die Erstklässler der „Ernst des Lebens":

Wir beten für alle Schulanfänger, die verhalten oder neugierig in die Zukunft blicken;
für alle, denen die Bildung unserer Kinder anvertraut ist.

Wir rufen gemeinsam: Herr, erbarme dich!

Die Dürre in den USA, in Indien und in der Ukraine sowie die Biosprit-Produktion gefährden die weltweite Lebensmittelversorgung:

Wir beten für alle, deren Lebensgrundlagen die Klimakatastrophe bedroht; für alle, die der Nahrungsmittel-Spekulation den Kampf angesagt haben.

Wir rufen gemeinsam: Herr, erbarme dich!

Schließlich beten wir für uns und unsere Familien und für unsere Gemeinde, dass wir neu lernen, aufeinander zu hören, einander zuzuhören, einander zu verstehen. Lehre uns auch, immer mal wieder in die Stille zu gehen und den Versuch zu machen, deine Stimme zu hören.

Vaterunser

Lied: *Verleih uns Frieden gnädiglich* (LW 79)

Segen

Michaelistag

Rendezvous mit einem Engel

Dirk Woltmann

Vorbemerkung

In der Michaelisgemeinde Hildesheim werden sporadisch Filmgottesdienste gefeiert, in der Regel im nördlichen Seitenschiff. Dort herrschen auch im Sommer relativ früh am Abend Lichtbedingungen, die eine Projektion möglich machen. Das Seitenschiff der Michaeliskirche ist groß genug für eine Großbildleinwand und eine ausreichende Anzahl von Sitzplätzen. Der Eingriff in den Raum durch die Leinwand wird nicht so gravierend erlebt, wie im Mittelschiff der Weltkulturerbe-Kirche.

Die Filmgottesdienste werden vom Cateringteam der Gemeinde begleitet, die zwischen Gottesdienst und der Vorführung des Films Getränke und Speisen anbietet.

Wochentage und Anfangszeiten wechseln. Der hier vorgestellte Gottesdienst gehörte ursprünglich zu einer Reihe „Flügelschlag. Engel im Film" (mit dem Filmen „Rendezvous mit einem Engel", „Lebe lieber ungewöhnlich", „Ein himmlischer Sünder", „Stadt der Engel"). Die Gottesdienste der Reihe begannen jeweils Freitagabend um 20.00 Uhr. Die späte Anfangszeit lockte tatsächlich etliche „Nachtschwärmer" an, die nicht zum üblichen Gottesdienstpublikum gehören. Bei „Rendezvous mit einem Engel" war der Anteil von Paaren im mittleren Alter auffällig hoch. Die prominente Besetzung mit Denzel Washington und Whitney Houston war dabei offensichtlich ein Zugpferd.

Die Form der Gottesdienste war jeweils bewusst einfach gehalten. Die Wortbeiträge zum Film verzichteten auf typische Predigtrahmungen und verstanden sich als Hinweise zu einer möglichen Filmrezeption aus Theologensicht. Der Bibeltext nahm jeweils ein Motiv des Films auf, wurde aber über den Hinweis auf den Bezug zum Film hinaus nicht weiter ausgelegt. In diesem Fall war es die Geschichte vom Besuch der drei Männer bei Sara und Abraham aus 1 Mose 18, in der das Thema der Paarbeziehung, der himmlischen Boten in Menschengestalt und insbesondere in der Figur der Sara die Skepsis und in ihrem Lachen der Humor variiert werden, die auch tragende Motive des Films sind. Die traditionellen Texte zum Michaelistag – es sind ja auch nur zwei: Lukas 10,17-20 und Offenbarung 12,7-12 – waren für diesen Brückenschlag ungeeignet.

Der Michaelistag wird in der Gemeinde regelmäßig am 29. September mit einem Gottesdienst in unterschiedlicher Form begangen, und zwar auch dann, wenn er auf einen Wochentag fällt.

Ablauf

Vorspiel
Filmausschnitt 1
Einführung
Filmausschnitt 2
Lied: *Heut singt die liebe Christenheit* (EG 144,1-4)
Gebet
Filmausschnitt 3

Lesung: Biblische Engelbegegnung, 1 Mose 18,10-15
Filmausschnitt 4
Sichtweisen I
Filmausschnitt 5
Lied: *Seht ihr den Mond dort stehen* (EG 482,3-5)
Sichtweisen II
Filmausschnitt 6
Sichtweisen III
Filmausschnitt 7
Lied: *Gott, aller Schöpfung heilger Herr* (EG 142,1-6)
Gebet
Segen
Filmausschnitt 8

Der Gottesdienst

Vorspiel

Filmausschnitt 1: [0:41.34–0:42:26]

Reverend Henry Biggs versucht Dudley loszuwerden. Er glaubt ihm nicht, dass er ein Engel ist. „Wenn Sie wirklich – na, Sie wissen schon – wo sind dann Ihre Flügel?", fragt er ihn. „Sie denken zu sehr in Klischees", entgegnet Dudley.

Begrüßung und Einführung

„Er hat seinen Engeln befohlen, dass sie dich behüten auf allen deinen Wegen."

Mit Worten aus dem 91. Psalm begrüße ich Sie zum Filmgottesdienst am Michaelistag.

„Du denkst zu sehr in Klischees", sagt der Engel Dudley dem Reverend Henry Biggs. Engel müssen keine Flügel haben. Aber wie soll der arme Reverend auch glauben, dass dieser smarte, gut aussehende Mann im besten Alter Gottes Engel, sein eigener Schutzengel ist, dem Gott befohlen hat, ihn auf seinen Wegen zu behüten? Henry ist gefangen in seinen Aufgaben, mit dem Tunnelblick des gutwilligen, aber völlig überlasteten Arbeiters in Gottes Weinberg, kurz vor dem Zusammenbruch, ohne Zeit für ein Gespräch, ohne Zeit für seine Frau und seinen Sohn, immer schon auf dem Sprung. Dass Dudley Gottes Antwort auf seine Gebete sein soll, kann er nicht verstehen. Wie sollte er das auch können! Dass Gott ihn behütet auf allen seinen Wegen, hat er in seinem Alltag längst aus den Augen verloren.

Engel sind Dauergäste im Kino. Vielleicht auch deshalb, weil das Medium Film, das Phänomen Kino so viele Beziehungen hat zum Phänomen der Engel. Ich möchte es nur für das Phänomen Kino so sagen: Da ist nur eine weiße Leinwand, nichts anderes. Sie bleibt weiß. Sie verändert ihre Farbe nicht. Es kommt nur Licht dazu, farbiges Licht, das uns die Illusion bewegter Bilder verschafft – so intensiv, wenn der Film uns gefangen nimmt, dass wir vollkommen vergessen, dass wir nur auf Lichtreflexe auf einer weißen Leinwand starren... Nichts ist da real. Und doch – es ist ein Erlebnis. Das Kino kann uns bewegen, anrühren, mitnehmen.

Heute Abend machen wir uns also auf den Weg mit Reverend Henry Biggs und seinem Schutzengel, lassen wir uns einfangen von der weißen Leinwand und den Lichtreflexen und fragen mit diesem Erlebnis vor Augen nach Gottes Reflexen in unserem Leben, die kaum weniger schwer zu greifen sind und uns doch ebenso bewegen, anrühren, mitnehmen können.

Der kleine Jeremiah, der Sohn der Biggs', der einzige, der sich auch nach dem Besuch des Engels noch an Dudley erinnern kann, nimmt uns hinein in den Film.

Filmausschnitt 2: [0:01:03–0:02:25]
Wir hören aus dem Off die Stimme von Jeremiah, dem kleinen Sohn der Biggs'. In Luftbildern sehen wir Kirchen verschiedener Konfessionen. „Woher weiß Gott, wenn er jemandem helfen muss? Woher hat er gewusst, dass er zu uns kommen muss?" Jeremiah behauptet, dass wir jetzt die Wahrheit sehen werden!

Lied: ***Heut singt die liebe Christenheit*** (EG 144,1-4)

Gebet

Gott unseres Lebens, hörst du uns?
Schickst du uns deinen Engel, manchmal?
Bist du da, wenn wir dich rufen?

Manchmal ist es leicht, das zu glauben.
Manchmal bin ich zu gefangen in meinen Zweifeln und Fragen.
Doch du zweifelst nicht an mir.

Deine Gegenwart hat kein Ende.

Daran halte ich mich fest, wenn alles wankt,
und weiß: Wenn ich fest im Leben stehe,
stehe ich auf dem Grund,
den du mir bereitet hast.
Amen.

Filmausschnitt 3: [0:09:24–0:11:02]

Henry ist am Ende seiner Kräfte. Die Gemeinde ist arm. Das Jugendhaus muss geschlossen werden. Seine Ehe steht vor dem Ende. Er hat keine Kraft mehr für eigene Predigten, benutzt die seines Schwiegervaters. Henry packt sein Kollar in eine Schublade. In einem Stoßgebet bittet er Gott um Hilfe. Im selben Moment fällt draußen ein Mann vom Himmel – Dudley – und landet im Schnee, in dem er sich vor Freude, auf der Erde zu sein, im Schnee wälzt.

Lesung: Biblische Engelbegegnung, Abraham und Sara

Henry wird noch so seine Schwierigkeiten haben, in diesem „Schneemann" Gottes Boten zu erkennen. Auch in den Erzählungen der Bibel sind die Boten Gottes immer wieder nicht eindeutig; so in der Geschichte von Abraham und Sara. Wie ein Spiegelbild zum Film des heutigen Abends ist diese Geschichte – wirklich gespiegelt, seitenverkehrt: Hier lacht die Frau, Sara, und kann nicht glauben, was sie hört und der Mann, Abraham, nimmt die Boten ernst und lässt sie wie selbstverständlich in sein Leben. Außerdem herrscht südländische Hitze und nicht nordamerikanischer Winter.

Aber es gibt auch eine Spiegelachse, die sich durch beide Geschichten zieht: Das Sich-Lustig-Machen und das Ernst-Nehmen der Boten; die Boten, die in menschlicher Gestalt und mit menschlichen Bedürfnissen erscheinen – jedenfalls lassen sie sich in der biblischen Geschichte bewirten! – und die neue, gute Wendung, die sie dem Leben geben.

Wir hören auf die Geschichte aus dem 18. Kapitel im 1. Buch Mose.

Filmausschnitt 4: [0:18:15–0:21:58]

Henry hält Dudley für einen verwirrten Menschen, als er behauptet, ein Engel zu sein. Dudley lässt sich nicht beirren und erklärt ihm die drei Regeln des Engel-Handbuchs: 1. Engel können nichts tun, was ein Mensch selber tun könnte; 2. Alle Handlungen der Engel sind auf den freien Willen des Menschen angewiesen; 3. Nach erfülltem Auftrag gibt es keine Erinnerungen an den Engel.

Sichtweisen I

Die Verbindung zu biblischen Motiven ist mit Händen zu greifen: Auch Dudley erscheint als Engel in Menschengestalt, der isst und trinkt, sich sogar verlieben kann, der ernstgenommen wird und über den ungläubig gelacht wird. Auch Dudley greift ein in das Leben einer Familie.

Dudley trägt grau: grauer Anzug, grauer Mantel, Schal, Krawatte, Handschuhe, Schuhe – grau. Anzug und Mantel sind auch in anderen Kinofilmen die Kleidung der Engel, bis hin zu Wim Wenders und „Der Himmel über Berlin". Anzug und Mantel kennzeichnen sie als Beamte des himmlischen Hofstaates. Anzug und Mantel nehmen die Persönlichkeit des Engels zurück: keine modischen Accessoires, keine Farbakzente, kein Auftritt à la Lagerfeld, eben auch keine ausgesprochen himmlische Er-scheinung. Das macht Dudley verwechselbar. Der Reverend rechnet eher damit, eine verwirrte Seele vor sich zu haben, der er sich bei einem Seelsorgetermin annehmen sollte.

Dudley trägt grau – das zeigt mit zeitgenössischen Mitteln, was schon biblisch gilt: Der Engel tritt zurück hinter seinen Auftrag. Dudley kann das nicht ganz durchhalten. Anders, als die Engel der Bibel, war er schon einmal Mensch, in diesem, unseren Leben. Er ist zurückgekehrt aus dem Himmel, in dem sich – so schildert er es – die Engel offenbar nichts sehnlicher wünschen, als noch einmal zurückkehren zu dürfen auf die Erde. Dudley ist ein erdschwerer Engel, der sich verlieben kann und erst durch göttliches Donnergrollen in seine Schranken verwiesen werden muss. Trotzdem kann er in der Abschiedsszene, zu der auch ein Abschiedskuss gehören wird, zu Julia sagen: „Verrückt, dreißig Jahre lang habe ich gedacht, wie wunderschön es wäre, irgendwann mal wieder hierher zurückzukommen. [...] Aber ich weiß jetzt, wo ich hingehöre."

Dudley trägt grau – aber seine Methoden, in das Leben der Menschen einzugreifen, ohne gegen die Regeln aus dem Engelhandbuch zu verstoßen, sind facettenreicher, bunter.

Filmausschnitt 5: [01:24:55–01:26:16]

Henry und seine Frau Julia verteilen Weihnachtsgeschenke der Gemeinde an arme Familien. Henry rutscht – mit sanfter Nachhilfe Dudleys – auf dem Weg aus, seine Frau dann auch. Alle lachen – die erste fröhliche Szene der Eheleute seit langem!

Engel Dudley bei der Arbeit

Lied: ***Seht ihr den Mond dort stehen*** (EG 482,3-5)

Sichtweisen II

Auch in dieser Szene, die wir zuletzt gesehen haben, wird kinogerecht ein durchaus biblisches Motiv verarbeitet: der himmlische Hauch, das göttliche Wehen, das sich hier allerdings doch so physisch auswirkt, dass Menschen ins Stolpern geraten. Dudley bringt Henry und dann Julia zu Fall, damit sie sich endlich wieder in den Armen liegen können.

Liebe, Hoffnung und Glaube der Menschen zu stärken – das ist Dudleys Auftrag. Hilfe zur Selbsthilfe also. Wir haben es gehört: Laut Engelhandbuch darf Dudley nichts tun, was Henry nicht selber tun könnte und er darf nichts gegen seinen Willen unternehmen.

Allerdings: Um Henry an diese Quellen seines Lebens – Liebe, Hoffnung, Glaube – um Henry an diese Quellen seiner Kraft, seiner eigenen Ausstrahlung auf andere zurückzuführen, geht der Engel Dudley ziemlich unkonventionell vor. Dudley provoziert Henry. Er macht ihn eifersüchtig. Er fordert ihn heraus. Selbst, dass Dudley sich in die Ehefrau verliebt, dient noch dazu, dass Henry endlich merkt, was er zu verlieren droht. Auch wenn zunächst die Konkurrenz zwischen den beiden männlichen Protagonisten von ausgesprochen unfairen Rahmenbedingungen bestimmt ist – der Engel Dudley ist viel charmanter, witziger, er sieht besser aus, ist offen und aufmerksam, verkörpert den idealen Mann, neben dem Henrys Verkniffenheit und Misstrauen umso stärker auffallen – trotz dieses Kontrastes: Dudley tut nicht anderes, als Henry wieder in Kontakt zu bringen mit – sagen wir – seinem besseren Selbst. Am Schluss ist Henry kaum wiederzuerkennen: Er wirkt wie von einer übergroßen Last befreit, er predigt im Weihnachtsgottesdienst, der im Fernsehen übertragen wird, spontan, begeisternd und ist fähig, offen seine Gefühle zu leben. Das Happy End ist groß. Und Dudleys Auftrag ist erfüllt.

Filmausschnitt 6: [1:44:18–1:48:30]

Henry will im Weihnachtsgottesdienst eine deprimierte Predigt halten, ein Abgesang auf seine Gemeinde, für die er keine Hoffnung mehr hat. Aber dann weicht er vom Text auf dem Teleprompter ab und hält eine ganz andere, inspirierte Predigt mit einem flammenden Appell zu Erneuerung. „Hoffnung und Liebe" seien die „Geheimwaffen Gottes" in den Mühsalen des Lebens. Die Liebe, die auch die Vergebung beinhaltet, ist der Kern seiner Worte. Dudley hört zu und weiß, dass sein Auftrag erfüllt ist.

Sichtweisen III

Alles ist gut. Natürlich ist das kitschig. Natürlich schauen wir uns das gerne an, weil das Leben oft nicht so gut ausgeht. Natürlich erzählt uns dieser Film ein Märchen. Aber die Rührung, die sentimentalen Seufzer, das warme Gefühl – all das rührt auch an unser besseres Selbst, an die Kräfte zum Guten, die Gott in uns stärken will.

Und der Sohn der Biggs, Jeremiah – nicht umsonst trägt er den Prophetennamen Jeremia; und wenn wir im Buch Jeremia nachlesen, finden wir im 1. Kapitel im Blick auf den Film nicht ganz zufällig die Aussage des Propheten: „Ach, Herr, HERR, ich tauge nicht zu predigen; denn ich bin zu jung." (Jeremia 1,6) – unser junger Film-Jeremia also, dem ja doch keiner glaubt, wie er selbst behauptet, hat uns am Schluss des Films dann auch noch etwas Grundsätzliches zum Thema Glaube zu sagen, das weit über den Abspann des Films hinaus gültig ist – eine grundlegende Botschaft, der ich dann auch nichts mehr hinzuzufügen habe.

Filmausschnitt 7: [1:54:15–1:55.25]

Dudley ist fort, niemand erinnert sich mehr an ihn – außer Jeremiah. Die Eltern glauben, er habe Dudley erfunden. Jeremiah weiß: Auch Gott gibt es, obwohl man ihn nicht sieht.

Lied: *Gott, aller Schöpfung heilger Herr* (EG 142,1-6)

Gebet

Gott,
du hast deinen Engeln befohlen,
dass sie uns behüten auf allen unseren Wegen.
Wir bitten dich,
sende deine Engel aus in unsere Welt,
deine belebenden Mächte,
die unsere Not wenden,
mit der frohen Botschaft, dass du nahe bist.

Sende deine Engel aus in unsere Welt:
den Engel der Liebe
den Engel des Glücks
den Engel der Zufriedenheit
den Engel der Wahrhaftigkeit
den Engel der Gerechtigkeit

Sende deine Engel aus in unsere Welt:
den Engel der Ruhe
den Engel des Trostes
den Engel der Barmherzigkeit
den Engel des Friedens
den Engel des Glaubens

Sende deine Engel aus in unsere Welt.
Wir bitten dich um deine Nähe
für die Kranken,
die Schwermütigen,
die Verlassenen,
die Gefangenen.
Du wachst mit den Wachenden.
Du bist der Schlaf der Schlafenden,
und die Sterbenden leben in dir.

Wir bitten dich,
lass uns zu Engeln werden
und sende uns zu allen,
die uns brauchen.
Mit Jesu Worten beten wir:

Vater unser im Himmel...
Amen.

Segen

Filmausschnitt 8: [01:48:35–01:52:49]

Der Song aus dem Weihnachtsgottesdienst, den Julia nach der Predigt ihres Mannes anstimmt – statt bzw. als Nachspiel.

Erntedankfest

We Feed the World

Martin Hauschild

Vorbemerkung

In den meisten Kirchen wird das Erntedankfest mit einem festlich geschmückten Altar, mit Sonnenblumen und Kürbis, Obst, Gemüse und einer Erntekrone gefeiert. So ist es vielen Gottesdienstbesuchern vertraut, so erwarten sie es am Erntedankfest. Auch im monatlichen Abendgottesdienst darf das nicht fehlen. Der Film „We Feed the World" setzt an diesem Tag aber auch kritische Impulse jenseits von „Landlieberomantik" und bäuerlichen Klischees und erinnert daran, dass der Großteil unserer Lebensmittel längst aus industrieller Produktion stammt. Fisch, Tomaten, Brot und Hühnerfleisch sind zu Massenprodukten geworden. Der Film zeigt mit eindrucksvollen Bildern und anregender Sachlichkeit wie diese Produkte erzeugt werden. Die Stärke dieses Filmes liegt gerade darin, dass er die Bilder für sich sprechen lässt, ohne eine Wertung explizit zu machen. Die Bewertung und die Entscheidung, welche Konsequenzen diese Bilder für das eigene Konsumverhalten haben, überlässt der Film dem Zuschauer.

In der Predigt kommen bewusst zwei konträre Standpunkte zum Thema industrielle Lebensmittelproduktion zu Wort. Sie lassen die Komplexität und den Spannungsreichtum des Themas erkennen.

Ablauf

Begrüßung
Eingangslied: *Ich singe dir mit Herz und Mund* (EG 324,1-8)
Psalm im Wechsel 104 (EG 743)
Tagesgebet
Lesung: Genesis 2,4-10.15
Lied: *Die güldne Sonne* (EG 449,1-5)
Anmoderation
Filmausschnitt 1
Filmausschnitt 2
Filmausschnitt 3
Zwischentext
Musik (meditativ, unter Anklängen von EG 508)
Predigt
Lied: *Wir pflügen und wir streuen* (EG 508,1-3)
Ansagen
Lied: *Da wohnt ein Sehnen* (LW 19)
Fürbitten
Vaterunser
Segenslied: *Geh unter der Gnade* (LW 96)

Segen
Nachspiel

Der Gottesdienst

Begrüßung
Lobe den Herrn, meine Seele, und vergiss nicht, was er dir Gutes getan hat. Mit diesen Psalmworten begrüße ich sie ganz herzlich hier in St. Albani. Hier vorn steht ein großer Bollerwagen, er ist reich geschmückt mit Früchten und Blumen. Wir feiern heute Abend Erntedank. In diesem Gottesdienst soll Zeit sein darüber nachzudenken: Wo haben wir im letzten Jahr geerntet? Was ist in unserem Leben gewachsen? Wofür habe ich Danke zu sagen?

Erntedank ist auch ein nachdenkliches Fest, das uns über die Hintergründe dieser Welt und meines Lebens nachdenken lässt. Nachdenklich machen wird uns auch der Film „We Feed the world", aus dem wir Ausschnitte sehen werden. Wir feiern diesen Gottesdienst im Namen des Vaters und des Sohnes und des Heiligen Geistes.

Eingangslied: *Ich singe dir mit Herz und Mund* (EG 324,1-8)

Psalm 104 *(im Wechsel)* (EG NB 743)

Tagesgebet
L Lasst uns beten.
Herr, unser Gott. Du bist der Vater allen Lebens. Du schenkst uns die Ernte unserer Felder und den Erfolg unserer Arbeit, das Dach über dem Kopf und das Geld auf dem Konto, jeden Schlag unseres Herzens und jede glückliche Minute, eigentlich alles, was wir sind und haben. Oft nehmen wir es gar nicht mehr wahr. Aber heute halten wir inne. Wir feiern deine Güte.
Lass uns dankbar sein für alles, was du uns schenkst und gib uns fröhliche und zufriedene Herzen. Das bitten wir durch Jesus Christus. Amen.

Lesung: 1 Mose 2,4-10.15

Lied: ***Die güldne Sonne*** (EG 449,1-5)

Anmoderation

Sprecher 1

Hier vorn steht ein alter Bollerwagen. Darauf liegen die Erntegaben. Wir sehen, was zu Erntedank gehört: Dunkle Kartoffeln, pralle Maiskolben, dicke Kohlrabi, ein großer Kürbis, und über allem die schöne Sonnenblumen. Und ganz oben hängt die Erntekrone. So sind wir es am Erntedankfest gewohnt. Rustikal soll es sein und urtümlich. Dieser Erntewagen steht für ein Stück heile Welt.

Sprecher 2

Aber auf dem Bollerwagen ist noch mehr drauf: Tiefkühlpizza, eine Dose mit Fertiggericht, eine Stange Fischstäbchen. Eine Flasche Ketchup, eine Flasche Cola. Auch das gehört zu unserem Alltag dazu. Lebensmittel ganz unromantisch, aus der Fabrik. Dazu sehen wir jetzt Ausschnitte aus einem Film. Es ist der Dokumentarfilm „We Feed the World" aus dem Jahr 2006.

Filmausschnitt 1: [Track 3:0–3 2,10, 0:23:52–0:32:10]

Tomatenerzeugung im spanischen Almeria. Erst aus dem Flugzeug erschließt sich die gigantische Treibhausfläche, unter deren Plastikplanen Tomaten für ganz Europa angebaut werden.

Filmausschnitt 2: [Track 6:0–15,16, 1:08:22–1:15:16]

Hühnerküken werden zum Versand massenweise auf Fließbändern sortiert.

Filmausschnitt 3: [Track 1:0–4,42, 0:00:00–0:04:42]

Ein Bauer erzählt, wie sich sein Alltag verändert. Weizen wird geerntet. Blick in eine Lagerhalle, wo ein LKW tonnenweise altes Brot abkippt.

Brot, Brot, Brot

Zwischentext

Sprecher 1

Das waren starke Bilder, Bilder, die unter die Haut gehen. Lassen wir sie jetzt nachklingen, während Musik spielt.

Musik *(meditativ, unter Anklängen von EG 508)*

Predigt

Pastor:

Irgendwie geahnt habe ich es ja immer schon beim Einkaufen. Wenn ich die Tiefkühlhühner zu 2,99 Euro in der Truhe gesehen habe. Oder das Hackfleisch zu 1,99 Euro.

Irgendwie geahnt habe ich es immer schon, wenn die Tomaten mehrere Wochen frisch und rot in der Schale lagen, ohne sich zu verändern oder zu gammeln. Schmecken tun die nach nichts, und trotzdem kaufe ich sie immer wieder, genau wie die Pizza und die Fischstäbchen und die Aufbackbrötchen.

Geahnt habe ich es eigentlich immer, aber diese Bilder haben mir noch mal ganz neu die Augen geöffnet. Für das, was ich sonst nicht sehe, vielleicht gar nicht sehen will: Endlose Treibhauskulturen für Tomaten, verseuchtes Wasser, verdorbener Boden. Nie wieder wird es in Almeria richtige Natur geben. Pflanzen auf Steinwolle voll mit Chemie und Dünger. Kein Wunder, dass die nicht mehr schmecken. Hühnerküken auf dem Fließband, Berge von weggeworfenem Brot. Mir gehen diese Bilder unter die Haut. Gerade heute am Erntedankfest.

Haben sie die Lesung noch im Ohr: Gott pflanzt einen wunderschönen Garten und gibt ihn an den Menschen, damit er darin leben kann ihn bebaue und bewohne. Wie weit haben wir uns davon entfernt!

Über Jahrtausende haben Menschen so gelebt und geackert. Sie waren abhängig von Wetter und Boden. Eigentlich bis ins letzte Jahrhundert. Das ist noch gar nicht lange her. Meine Großeltern hatten beide noch richtige Gemüsegärten. Da wurde gegraben und gesät, gegossen und gejätet. Die harte Arbeit kann man an den Händen sehen. Die Abhängigkeit vom Wetter war deutlich. Und dann wurde geerntet und eingekocht. Marmelade und Bohnen und Mirabellen und Kirschen. In der Speisekammer standen endlose Reihen von Weckgläsern. Und die Äpfel kamen auf Zeitungspapier in den Keller. Jede Woche wurde sorgfältig nachgesehen, ob einer faul war. Wer macht das heute noch? Außer den

Alten? Und den Russlanddeutschen? Wer liest noch Fallobst auf und kocht es ein? An den Sträußen hängt das Obst und keiner erntet mehr. Die Marmelade von Aldi ist billiger und das Gemüse aus der Tiefkühltruhe bequemer. Wer kann heute noch ein Kaninchen schlachte oder ein Huhn rupfen. Auch das konnten unsere Großeltern noch.

Sprecher 1

Mich erschreckt, wie technisch alles geworden ist. Früher kam es auf fruchtbaren Boden an und man betete für gutes Wetter. Heute zieht man die Plastikfolie drüber und setzt die Pflanzen auf Steinwolle und auf künstliche Ernährung. Die Eier kommen in den Brutschrank, werden maschinell sortiert. Hühner wachsen ohne Tageslicht auf, das Futter kommt aus dem Computer. Schlachtgewicht und Futterverbrauch sind exakt berechnet und durchgeplant. Da wird nichts mehr dem Zufall überlassen.

Aber sind diese Tiere und Pflanzen noch Gottes Geschöpfe, oder haben wir sie zu unseren Geschöpfen gemacht? Ist das noch das „Bebauen und Bewahren", oder ist das schon Ausbeutung und Eroberung? Ist Gott noch der Herr im Garten, oder spielt sich der Gärtner als Herr im fremden Garten auf?

Pastor

Das sind unbequeme Fragen. Aber was heißt das für mich und mein tägliches Verhalten? Was heißt das für mich als Verbraucher? Mein erster Gedanke war: Ab heute kaufe ich nur noch Bio. Ich möchte, dass meine Lebensmittel sorgfältig und bewusst erzeugt werden. Ich möchte nicht, dass Äcker gespritzt und Tiere mit Medikamenten vollgepumpt werden. Ich möchte, dass Hühner auf Stroh sitzen und Schweine Tageslicht sehen. Und ich möchte, dass Tomaten nach Tomate schmecken und Schnitzel nach Schwein und nicht nach Fisch. Gute Lebensmittel sind mir etwas wert. Bio darf auch teurer sein.

Sprecher 2

Das klingt ja richtig gut. Aber wie soll das praktisch gehen. Wir verbrauchen so viele Eier und so viel Fleisch, das lässt sich gar nicht biologisch erzeugen. Mitten im Winter haben wir frische und auch gesunde Lebensmittel. Abwechslungsreiches Obst und Gemüse kommt per LKW oder Flugzeug zu uns. Das geht nicht anders. Sonst müssten wir wieder monatelang Kohl essen, wie früher.

Viele Landwirte müssen so viel erzeugen, wie sie können. Die Preise für Fleisch, Getreide, Milch und vieles andere sind niedrig, die Kosten für Dünger und Energie hoch. Gewinn geht da oft nur noch über die Menge. Der Wettbewerb in der Landwirtschaft ist knall hart geworden. Früher war ein Bauernhof groß, wenn er 30 Hektar hatte, heute muss er für denselben Lebensstandard 120 Hektar beackern.

Und schließlich: Wir haben mehr als sechs Milliarden Menschen auf dieser Erde zu ernähren. Da zählt jede Tonne Weizen und jedes Kilo Fleisch. Wenn wir so viele Menschen ernähren wollen, geht das nicht wie zu Omas Zeiten. Dazu brauchen wir eine moderne Nahrungsmittelproduktion: Massentierhaltung, Kunstdünger und Gentechnik helfen gegen den Hunger in der Welt.

Pastor

Liebe Abendgemeinde!
Zwei Stimmen sind zu Wort gekommen. Es gibt zwei Arten Lebensmittel zu erzeugen, zwei Arten mit der Natur um zugehen. Beide haben Vorteile, beide haben Nachteile. Es gibt kein Patentrezept, schon gar nicht hier von der Kanzel. Das bleibt das nüchterne Ergebnis unserer langen Gespräche in der Vorbereitungsrunde. Es gibt keine heilen Welten und keinen Weg zurück ins Paradies des Garten Eden. Jetzt muss jeder für sich entscheiden, was die Bilder des Films für ihn bedeutet. Und wie er damit weiterlebt und weiterisst und weiterkauft.

Aber, und das ist mir heute wichtig: Trotzdem dürfen wir heute dankbar sein. Für die Biotomate genauso wie für die Fischstäbchen, für die Fertigpizza so wie für den Weizen, für die Fischstäbchen und die Sonnenblumen. Alles das gehört zu unserem Leben, alles das hält uns gesund und kräftig, alles das ist uns geschenkt, letztlich von Gott. Dafür und für vieles mehr dürfen wir dankbar sein. Und ich denke, es ist mehr als Folklore, wenn wir gerade nach diesem Film das alte Erntedanklied zusammen singen: Wir pflügen und wir streuen.

Lied: ***Wir pflügen und wir streuen*** (EG 508,1-3)

Ansagen

Lied: ***Da wohnt ein Sehnen*** (LW 19)

Fürbitten

Pastor

Lasst uns miteinander und füreinander beten:

Gott, du schenkst uns jeden Tag so viel. Du sorgst für uns wie eine Mutter. Du behütest uns wie ein Vater. Deshalb bringen wir jetzt vor dich, was uns beschäftigt und auf dem Herzen liegt.

Sprecher 1

Wir bitten dich für unsere Äcker und Wälder, unsere Firmen und Geschäfte, unsere Landwirte, und alle Menschen, die arbeiten Tag für Tag. Segne Du ihre Arbeit. Dass die Böden und Gärten Frucht bringen, dass Handwerker und Geschäfte genug zu tun haben. Schütze uns vor Unwetter, Krise und Krieg.

Wir rufen zu dir: Herr erhöre uns.

Sprecher 2

Wir bitten dich für Menschen, mit denen wir zusammen leben. In unseren Familien. In unserer Nachbarschaft. In unserer Kirchengemeinde. Gib, dass wir miteinander im Gespräch bleiben, aufeinander achten und Liebe üben.

Wir rufen zu dir: Herr, erhöre uns.

Sprecher 1

Wir bitten dich für Menschen, die Not leiden. Denen das Nötigste zum, Leben fehlt. Die alles verloren haben oder die nichts ernten konnten. In fernen Ländern und hier bei uns. Lass sie Hilfe finden, die sie stärkt und ihnen gut tut. Lass uns nicht vergessen, das zu teilen, was du uns geschenkt hast.

Wir rufen zu dir: Herr, erhöre uns.

Sprecher 2

Wir bitten dich für Menschen, die Verantwortung tragen, in Stadt und Land, in Betrieben und an der Universität, in Banken und Versicherungen. Gib ihnen wache Augen zu sehen, was dran ist und mutige Herzen, das Rechte auch zu tun. Lass sie die Starken in die Pflicht nehmen und die Schwachen schützen.

Wir rufen zu dir: Herr, erhöre uns.

Sprecher 1

Wir bitten dich für unsere Kirchengemeinde St. Albani und alle Menschen, die hier leben und arbeiten. Lass Menschen hier offene Türen finden und weite Herzen erleben, lass sie hier etwas spüren von Dir und Deiner Kraft.

Wir rufen zu dir: Herr, erhöre uns.

Pastor

In der Stille bringen wir vor dich, was uns heute Abend besonders bewegt, wofür wir bitten und wofür wir danken:

(Stille)

Vaterunser

Segenslied: ***Geh unter der Gnade*** (LW 96)

Segen

Und nun geht in diesen Abend und in die neue Woche unter dem Segen unseres Gottes:

Der Herr segne dich und behüte dich.
Der Herr lasse sein Angesicht leuchten über dir und sei dir gnädig.
Der Herr erhebe sein Angesicht auf dich und schenke dir Frieden.
Amen.

Nachspiel

Ende des Kirchenjahres

Die Kinder des Monsieur Mathieu

Dietmar Adler und Team

Vorbemerkung

Ein Glücksfall: Ein Chor, der die Lieder aus diesem Film, in dem ein Chor eine Hauptrolle spielt bzw. singt, darbieten kann. Auch diese Kooperation des Gottesdienstteams der evangelischen Gemeinde und des Chores der katholischen Gemeinde fand – angesichts der Lichtverhältnisse – im Herbst statt. Die Nähe zum Reformationstag hat ihn auch zum Bestandteil des Programms „Hallo Luther" gemacht, das im Kirchenkreis Hameln-Pyrmont mit zahlreichen Gottesdiensten und Veranstaltungen durchgeführt und beworben wird.[1]

In dem Gottesdienst wird die Rahmenhandlung (einer der von Monsieur Mathieu betreuten Jungen kehrt nach Jahrzehnten zurück und bekommt das Tagebuch von Clemont Mathieu überreicht) ausgeklammert.

In vielen unserer „sonntags-um-5"-Gottesdiensten führen wir einen Kollektengang durch, wie wir ihn in unserem Partnerkirchenkreis Kalahari (Südafrika) kennengelernt haben. Zu einer meist peppigen Musik, die auch ohne Blick auf die Texte mitgesungen werden kann, werden die Gottesdienstbesucher und -besucherinnen nach vorn gebeten, um ihre Gabe in einen großen im Altarraum stehenden Korb einzulegen. So kommt die Gemeinde in Bewegung, manche fangen auf ihren Wegen gar ein wenig an zu tanzen.

Ablauf

Chor: *Vois sur ton chemin*
Eingangsmoderation
Psalmgebet: Psalm 98
Lied: *Da berühren sich Himmel und Erde* (LW 85)
Filmausschnitt 1
Überleitung
Filmausschnitt 2
Chor: *Caresse sur l'océan*
Überleitung
Filmausschnitt 3:
Biblische Texte: Markus 2,23-28 in Auszügen; Johannes 13,34f.
Lied: *Vertraut den neuen Wegen* (LW 98,1-3 oder EG 395)
Predigt I
Filmausschnitt 4

---

1 Inhaltlich mitgewirkt haben Paula Ballmaier, Björn Henkel, Anja Langkopf, Jens Pfohl. Der Gottesdienst kann aber auch zum Sonntag und Thema Kantate gefeiert werden.

Predigt II
Lied: *Ich sing dir mein Lied* (LW 48)
Abkündigungen
Chor- und Gemeindelied: *Mercy is falling* (LW 50) *mit Kollektengang*
Gebet
Vaterunser
Lied: *Bewahre uns Gott* (LW 97 oder EG 171)
Sendung
Segen
Chor: *Cerf volant*

Der Gottesdienst

Chor: *Vois sur ton chemin*

Eingangsmoderation

Psalmgebet: Psalm 98 *(mit zwei Sprechern)*
Lasst uns beten mit alten Worten in neuer Übersetzung[2]:

1 Singt dem Herrn ein neues Lied,
denn er hat Wundertaten vollbracht!
2 Seine starke Hand hat sie ausgeführt
zusammen mit seinem heiligem Arm
1 Der Herr hat seine Hilfe bekannt gemacht.
Vor den Augen der Völker hat er enthüllt,
dass seine Gerechtigkeit allen Menschen gilt.
2 Er dachte dabei an seine Güte und Wahrheit,
die er dem Haus Israel entgegengebracht hat.
1 Menschen aus allen Teilen der Erde
haben die Hilfe unseres Gottes gesehen.
2 Begrüßt den Herrn, alle Länder der Erde!
Brecht in Jubel aus, seid fröhlich und musiziert!
1 Musiziert für den Herrn mit der Leier,
mit der Leier und mit Blasinstrumenten!

[2] Psalm 98 – der Psalm vom neuen Lied in der Fassung der Basisbibel

2 Mit Trompeten und dem Schall des Widderhorns
begrüßt den Herrn als den König!
1 Das Meer soll brausen mit allem, was in ihm lebt!
Der Erdkreis soll jubeln mit allen seinen Bewohnern!
2 Die Flüsse sollen in die Hände klatschen
und die Berge sollen jubeln im Chor –
1 Vor dem Angesicht des Herrn, wenn er kommt.
Dann wird er Gericht halten auf der Erde.
2 Über den Erdkreis wird er ein gerechtes Urteil fällen
Und die Nationen nach Recht und Ordnung richten.
1 Ehre sei Gott
2 Amen.

Lied: *Da berühren sich Himmel und Erde* (LW 85)

Filmausschnitt 1: [00:04:14–00:15:55]

Clement Mathieu erreicht 1949 das Jungen-Internat, um dort als Aufseher zu arbeiten. Der Hausmeister führt ihn zum Direktor, der ihm die strengen Internats-Regeln beibringt. Bei einem Streich wird der Hausmeister verletzt, alle Schüler müssen zum Appell antreten. Da sich der Schuldige nicht meldet, müssen alle Schüler nacheinander in den Karzer, Mathieu soll willkürlich den Namen des ersten nennen. Im Unterricht hat Mathieu Disziplinprobleme, als der Direktor kommt, stehen alle still, Mathieu deckt aber den Unruhestifter. Als Mathieu den Namen des an der Verletzung Schuldigen erfährt, denunziert er ihn nicht, sondern verpflichtet ihn, den Verletzten in der Krankenstation zu betreuen.

Überleitung

So beginnt die Geschichte von Monsieur Mathieu und seinen Kindern, seiner Arbeit im Erziehungsheim. Monsieur Mathieu erzählt sie uns, d.h. er hat sie aufgeschrieben (in einem Tagebuch) und sie wird Jahrzehnte später gelesen.

Die Geschichte spielt 1949, kurz nach dem 2. Weltkrieg, in Frankreich in einem Heim für schwer erziehbare Jungs. Direktor Rachin führt ein hartes, ja grausames Regiment. Und er hat seine Prinzipien: Aktion – Reaktion.

Auf jedes Tun der Schüler muss eine Strafe folgen, und zwar eine harte, und wenn man den Schuldigen nicht hat, dann eben Strafe für alle. Monsieur Mathieu, der neu als Lehrer dorthin kommt, geht anders mit den Jungs um. Sie werden mit den Folgen ihrer Taten konfrontiert, der Täter soll den verletzten Hausmeister pflegen. Wie geht's weiter?

Mathieu lässt die Jungen ihre Berufswünsche und Träume formulieren, da fangen sie an träumen, und darin steckt Kraft. Und so kommt das Thema in den Film: die Musik, das Singen, der Chor.

Als die Jungs Mathieus Schrank aufbrechen, finden sie Noten, er ist Musiker, hat komponiert. Ein irgendwie gescheiterter Musiker, der sich geschworen hatte, nie wieder ein Notenpapier in die Hand zu nehmen. Aber es kommt alles ganz anders.

Mathieu erwischt einen Jungen, erwischt ihn nämlich dabei, wie er singt. Das bringt ihn auf die Idee. Die Idee, mit den Kindern zu singen, einen Chor zu gründen. Und er fängt wieder an zu komponieren.

Der nächste Schritt: Vorsingen und Einteilung – je nach den jeweiligen Gaben.

Filmausschnitt 2: [00:30:34–00:35:27]

Mathieu lässt die Jungen vorsingen und teilt sie je nach ihren gesanglichen Möglichkeiten für die einzelnen Stimmen ein. Pépinot wird Assistent des Chorleiters, ein anderer wird zum „Notenpult" ernannt.

Pierre singt und seine schöne Stimme wird entdeckt.

Chor: ***Caresse sur l'ocean***

Weiterführung

Der Film erzählt mehrere Geschichten parallel.

Auf der einen Seite: Das repressive System geht weiter: Aktion – Reaktion – Karzer. Und auch die Aggressionen. Auch die Angst, bei Schülern – und Lehrern.

Auf der anderen Seite: Gleichzeitig wächst, blüht und gedeiht die Chorarbeit, die Kinder hören aufeinander, achten auf den Dirigenten, die Stimmung verbessert sich auch insgesamt. Und beim Fußballspielen spielt selbst der Direktor mit und hat seinen Spaß. Das Singen löst und befreit.

Nachts komponiert Mathieu – eines Tages wird seine Musik aufgeführt werden, das hat er immer gewusst. Und der Chor verbessert sich von Tag zu Tag, und Pierre singt das Solo – seine Stimme hatte Mathieu entdeckt.

Aber die Chorarbeit löst nicht alle Spannungen, es ist kein Paradies. Eines Tages wirft Pierre mit Tinte nach Mathieu, so dass der ganz bekleckert ist. Die Folge? Schauen wir weiter:

Filmausschnitt 3: [01:05:22–01:08:01 und 01:11:57–01:15:53]

Pierres Solo wurde gestrichen, traurig verlässt er den Chor. Der Direktor stört die Probe mit der Nachricht, dass die Gönnerin des Internats den Chor hören möchte, der Hausmeister hatte sie darauf aufmerksam gemacht. Es folgt der Auftritt des Chores vor der Comtesse, sie lobt die „humanen Erziehungsmethoden", der Direktor lässt sich gleich mit loben. Pierre darf zu seiner großen Überraschung nun doch sein Solo singen.

Der Chor von Monsieur Matthieu singt – nur Pierre fehlt zuerst

Biblische Lesungen: Markus 2, 23-28 in Auszügen, Johannes 13,34f

(von vier Sprechern gelesen)

1 Jesus hat seinen Leuten einen neuen Umgang mit dem Gesetz Gottes beigebracht,
für den Menschen ist es da, nicht als Selbstweck, und nicht, um Menschen zu versklaven.
Hört die Geschichte aus Markus, Kapitel 2:

2 An einem Sabbat ging Jesus durch die Felder.
Unterwegs rissen seine Jünger Ähren von den Halmen.
Da sagten die Pharisäer zu ihm:

3 „Sieh nur, was sie tun.
Das ist am Sabbat verboten."

2 Er antwortete ihnen:

4 „Habt ihr denn nicht gelesen, was David getan hat,
als er und seine Männer in Not waren und Hunger hatten?

2 Und Jesus sagte zu den Pharisäern:

4 „Gott hat den Sabbat für den Menschen gemacht, nicht den Menschen für den Sabbat.
Also kann der Menschensohn auch bestimmen, was am Sabbat erlaubt ist."

1 Und an seinem letzten Abend sagt er seinen Jüngerinnen und Jüngern – so lesen wir's bei Johannes, Kapitel 13:

4 Ich gebe euch ein neues Gebot:
Liebt einander!
Genauso wie ich euch geliebt habe, sollt ihr einander lieb haben.
Daran werden alle erkennen, dass ihr meine Jüngerinnen und Jünger seid:
wenn ihr einander liebt.

Lied: ***Vertraut den neuen Wegen*** (EG 395)

Predigt I

Singt dem Herrn ein neues Lied ...

So, liebe Gemeinde, haben wir gebetet mit Psalm 98.

Singen befreit. Musik erweicht selbst hart gewordene Herzen. Monsieur Mathieu hat es geschafft, diese Bande unerzogener Jungs zu zivilisieren, nicht mit Gewalt, nicht mit brutaler Strafe, sondern mit Musik.

Musik befreit ... auch aus den inneren Gefangenschaften, befreit sogar den in seinen Methoden gefangenen Direktor der Anstalt. Zumindest zeitweise. Musik lässt aufeinander achten.

Singt dem Herrn ein neues Lied ...

Ja, in der Tat, es ist ein neues Lied, nicht nur wörtlich – Monsieur Mathieu komponiert ja wirklich des nachts neue Lieder – auch übertragen gesprochen: Es ist eine ganz andere Melodie, die er da zu singen gibt. Nicht mehr die Melodie von Gericht und Strafe, Aktion – Reaktion – Karzer, wie der Direktor zu sagen pflegt. Nicht mehr die Melodie von Zwang und Repression, sondern eine Melodie von Wertschätzung für jeden einzelnen, von Freiheit für den Menschen, sich zu entwickeln, je nach seinen Gaben, – und sei es die, als Notenpult hilfreich zu sein – und zugleich zu einer Gemeinschaft zu werden.

Das ist eine Melodie, wie sie dem Evangelium von Jesus Christus sehr viel näher kommt als die von Gericht und Strafe.

Vier Tage nach dem Reformationsfest und in der Woche, da wir lieber „Hallo Luther" als „Halloween" feiern, sei mir gestattet zu sagen: Das ist etwas, was Martin Luther entdeckt hat, wieder- entdeckt hat, einst.

Nicht Leistung und Gegenleistung, Tun und Strafe sind die Tonarten, die bei Gott gelten, sondern Vertrauen und Glauben, und die Freiheit, zu der ein Christenmensch berufen ist. Und nicht nur weil wir einen katholischen Chor hier mit dabei haben, sage ich: Das hat inzwischen die katholische Theologie auch wieder begriffen. An dieser Stelle gibt's kaum noch Unterschiede zwischen den Kirchen. Die liegen woanders.

Es ist nicht so, dass die Gesetze und Gebote Gottes nicht mehr gelten. Nein, sie zeigen uns, dass wir als Menschen immer wieder schuldig werden und in der Tat immer wieder auf Vergebung angewiesen sind. Und: sie helfen uns zum Leben, zum Umgang miteinander. Aber nicht zur Versklavung und auch nicht als Selbstzweck sind sie da, sondern um der Menschen willen.

Monsieur Mathieu schafft die Regeln im Erziehungsheim nicht ab, aber er befragt sie, ob sie den Menschen dienen. Und er verändert sie, mit viel Mut. Er ist kein Vertreter einer antiautoritären Erziehung, nach der sich jedes Kind selbst die Regeln zu geben hätte. Es gibt Regeln, und es gibt auch Folgen der Taten: Wer einen anderen verletzt, muss nicht grün und blau geprügelt werden, aber er sollte den, den er verletzt, pflegen. Und wer Monsieur ein Tintenfass über den Kopf kippt, singt eben nicht mehr mit. Aber es gibt auch eine zweite Chance.

Filmausschnitt 4: [01:15:53–01:16:54]

Chorprobe. Mathieu spricht dazu: „In den Blicken meiner Kinder lese ich die Sehnsucht nach Freiheit, sich Hütten zu bauen, dem Himmel so nah wie möglich."

Predigt II

Soweit die Filmausschnitte für den Gottesdienst. Nachher können Sie ja noch einmal den ganzen Film sehen, auch all die Geschichten und Geschichtchen neben denen, die wir hier durch unsere Auswahl für den Gottesdienst betont haben.

Singt dem Herrn ein neues Lied, denn er tut Wunder, heißt es im Psalm. Ja, es geschehen Wunder: Der sonst so überkorrekte Mathelehrer entdeckt seine musikalische Ader und spielt mit.

Singt dem Herrn ein neues Lied, denn er tut Wunder.

Ja, es geschehen Wunder:

Jungs, in denen alle nur potenzielle Verbrecher sehen, werden zu Chorknaben. Aber keine Angst, anschließend sind sie wieder frech.

Was entscheidend ist: In ihnen findet eine Veränderung statt, man traut ihnen was zu, und damit wachsen sie, bekommen ein Selbstbewusstsein, das sich nicht über Gewalt und Gegengewalt aufbaut, sondern dadurch, dass sie jemand sind, eine Stimme haben im Konzert des Lebens.

Singt dem Herrn ein neues Lied, denn er tut Wunder:

„In den Blicken meiner Kinder lese ich die Sehnsucht nach Freiheit, sich Hütten zu bauen, dem Himmel so nah wie möglich." schreibt Monsieur Mathieu im Rückblick. Komm, lass uns Hütten bauen, ein Satz urprünglich von Petrus, dem Jünger, dem Freund von Jesus. Unvorstellbares hatte er mit Jesus erlebt, dem Himmel so nah. Die Jünger hatten gesehen, gespürt, dass Jesus von Gott kommt. Dort, wo sich Himmel und Erde begegnen, da wollen wir Hütten bauen, in diesem Gefühl, in diesem Augenblick wollen wir bleiben. Diesem Augenblick Beständigkeit verleihen

– das ist die Sehnsucht des Petrus,

– das ist die Sehnsucht dieser Kinder,

– von Monsieur Mathieu motiviert.

Vereint im Singen erleben sie, wie sich Himmel und Erde ganz nahe kommen, da wollen sie Hütten bauen, das ist ihre Sehnsucht. Mit diesem Geschmack von Freiheit leben sie, und sie werden ihn nie wieder verlieren. Dieser Geschmack von Freiheit, diese Sehnsucht bleibt ihnen ihr Leben lang.

Wo sich Himmel und Erde ganz nahe kommen, da wollen auch wir Hütten bauen, das ist auch unsere Sehnsucht. Einem Moment, einem Augenblick, Beständigkeit verleihen. Wir können so einen Moment nicht auf Dauer stellen. Aber wir können uns immer wieder daran erinnern lassen, dass wir von solchen Augenblicken her leben. Immer wieder in diese Hütte einkehren. Momente der Freiheit, auch der Musizierens, des Singens. Momente, in denen wir ganz da sind. Kinder Gottes, den Geschmack von Freiheit kostend und immer noch schmeckend.

Singt dem Herrn ein neues Lied, denn er tut Wunder.

Amen.

Lied: ***Ich sing dir mein Lied*** (LW 48)

Abkündigungen

Chor- und Gemeindelied: ***Mercy is falling*** (LW 50)
(mit Kollektengang)

Fürbittengebet *(mit vier Sprechern)*

1 Lasst uns beten,
für alle, die dein Lied nicht hören können,
für alle, denen deine Melodie fehlt.
für alle, die Deine Kraft und Güte brauchen.
Hilf Ihnen.
Herr, erbarme Dich

2 Lasst uns beten für alle Menschen,
die von Stürmen oder anderen Naturkatastrophen geplagt werden,
für alle Menschen, die ihr Hab und Gut verloren haben,
für alle Menschen, die kein Dach über ihrem Kopf haben
und nicht wissen, ob es morgen etwas zu essen geben wird.
Herr, erbarme Dich

3 Viele fühlen sich allein und verloren,
gemieden und ignoriert.
Hilf ihnen.
Und hilf uns, ihnen zu helfen.
Lass uns für die anderen da sein,
für jeden, der uns braucht.
Herr, erbarme Dich

4 Lasst uns beten für alle, die ihre Arbeit verloren haben.[3]
Und für alle, die nicht genug verdienen, um ihre Familie zu ernähren.
Lass uns beten für alle, die verzweifelt sind,
weil sie nicht wissen, wie es weitergehen kann.
Herr, erbarme Dich

1 Lass uns dein Lied hören.
2 Lass uns deine Melodie fühlen.

---

3 Aktueller Bezug: Wenige Tage vor dem Gottesdienst war ein erheblicher Arbeitsplatzabbau beim größten Arbeitgeber der Region bekannt geworden.

3 Lass sie unser Leben weben und verändern.
4 Damit wir nicht wegsehen,
1 sondern zusammen singen.
2 Die Kraft deiner Musik gibt uns Liebe und Vertrauen.

Vaterunser

Segenslied: *Bewahre uns Gott* (EG 171; LW 97)

Sendung und Segen

Chor: *Cerf volant*

Reformationstag

Luther

Christine Tergau-Harms

Vorbemerkung

Wenn Gottesdienste am Reformationstag (31.10.) gefeiert werden, dann finden sie meistens am Abend statt. Die Dunkelheit ist für die lichttechnische Seite eines Filmgottesdienstes günstig, aber auch atmosphärisch für die Auseinandersetzung mit der „dunklen" Seite Gottes.

Für diesen Gottesdienst wird außer dem Film der dazu gehörige Soundtrack[1] *gebraucht. Dies erleichtert die musikalische Gestaltung des Gottesdienstes, wo personelle Ressourcen an einem Werktag möglicherweise knapp sind.*

Der vorliegende Entwurf unter dem Motto „Ist der Feind wirklich mein Feind?" greift aus den vielen möglichen Themen des Films das Symbol des Feindes bzw. des Teufels heraus und verfolgt diese Spur durch den Film, um mit Hilfe dieses Symbols zu Luthers Gedanken über den verborgenen und den offenbaren Gott (deus absconditus – deus revelatus) hinzuführen. Die ausgewählten Filmausschnitte sind nicht für eine Ersteinführung in die Person Luther, etwa für Konfirmandinnen und Konfirmanden, geeignet. Sie setzen Grundkenntnisse der Reformationsgeschichte voraus.

Ablauf

Musik zum Eingang: *Of God and the Devil*
Begrüßung und Votum Lied: Aus meines Herzens Grunde (EG 443,1-2+6-7)
Filmausschnitt 1
Nach-gedacht
Einleitung zum Kyrie-Psalm
Psalm 13 (EG 706)
Gloria-Musik: *The Glory and the Power*
Filmausschnitt 2
Nach-gedacht
Filmausschnitt 3
Nach-gedacht
Filmausschnitt 4
Lied: *Aus tiefer Not* (EG 299)
Nach-gedacht
Lesung aus dem Alten Testament: Jakobs Kampf am Jabbok (1 Mose 32, 23-32)

[1] Luther. Original Motion Picture Soundtrack, Music composed and conducted by Richard Harvey, Soundtrack Album produced by A. A. McLelland. 2003 BMG Ariola Media GmbH. NFP TELEART 2003. 2003 Fireworks Music Ltd.

Musik: *Infinite Mercy*
Evangelium: Macht gegen die Feinde (Lukas 10,17-19.(20))
Nach-gedacht: Fliehen von Gott zu Gott
Filmausschnitt 5: Reichstag zu Worms,
Lied: *Ist Gott für mich, so trete gleich alles wider mich* (EG 351)
Glaubensbekenntnis
Lied: *Ein feste Burg ist unser Gott* (EG 362)
Fürbittengebet
Vaterunser
Sendung und Segen
Musik zum Ausgang: *A Wise Protector* (Soundtrack Nr. 12)

Der Gottesdienst

Musik zum Eingang: Of God and the Devil

(Soundtrack Nr. 2. Die Musik beginnt feierlich, fast pompös und wird dann leiser und nachdenklicher. Sie ist sehr abwechslungsreich und kann helfen, verschiedene Bilder und Atmosphären des Films vor dem inneren Auge aufscheinen zu lassen.)

Begrüßung und Votum

Herzlich willkommen zum Gottesdienst zum Reformationstag! Wir feiern ein Ereignis, das fünfhundert Jahre zurückliegt. Ein halbes Jahrtausend! Wie war die Welt damals? Der Film „Luther" nimmt uns mit in die Zeit damals. Einige Szenen aus diesem Film werden uns heute durch den Gottesdienst leiten.

Wer ist mein Feind?
Diese Frage werden wir den Filmszenen stellen.
Es ist Luthers Frage, und es ist unsere Frage auch.
Das ist die Frage nach Gott.
Wir feiern diesen Gottesdienst im Namen des Gottes,
des Vaters, des Sohnes und des Heiligen Geistes. Amen.

Lied: ***Aus meines Herzens Grunde*** (EG 443,-1-2+6-7)

Filmausschnitt 1: [00:01:40–00:07:37]

Der junge Luther gerät auf freiem Feld bei Stotternheim in ein schweres Gewitter. Er rennt um sein Leben, fällt in den Schlamm, fleht die Hl. Anna verzweifelt um Hilfe an und gelobt ihr, Mönch zu werden.

Erfurt 1507: Luther liegt flach auf dem Boden des Altarraums der Augustinerkirche (Ablegen der Mönchsprofess). Er hält seine erste Messe, Freunde aus früheren Zeiten, Ordensbrüder und Luthers Familie sind anwesend. Luther verschüttet, vor Angst zitternd, den Messwein. Der Vater, der mit missbilligendem Blick die Messe verfolgt hatte, will nach der Messe sofort abreisen. Bei Luthers Versuch, ihn zum Bleiben zu bewegen, macht der Vater ihn für seine Angst lächerlich und macht ihm seine berufliche Entscheidung und die Missachtung des Elterngebots zum Vorwurf.

In seiner Mönchszelle martert Luther sich für sein Versagen, zweifelt an seiner Berufung und ringt im Gebet mit dem Teufel bzw. Gott. Beichtvater Staupitz versucht ihn aufzurichten. Ihm gegenüber äußert Luther seine Angst vor dem jüngsten Gericht und vor dem Zorn Gottes und seine Suche nach einem barmherzigen Gott, von dem er sich geliebt weiß. Staupitz nimmt seine Kette mit Kreuzanhänger ab und gibt sie Luther: Schau auf Christus. Sage zu ihm: Ich bin dein. Erlöse mich.

Martin Luther hält seine erste Messe.

Nach-gedacht

Wer ist mein Feind? Drei Feinde fürchtet Luther in diesem ersten Teil.

1. Das Gewitter. Für uns eine Naturgewalt. Wir können sie meteorologisch erklären.

Für Luther ein gewaltiger Fingerzeig Gottes. Eine Drohung. Sie veranlasst ihn, Mönch zu werden.

2. Den Vater. Feindselig verfolgt er Luthers erste Messe und verachtet sein Versagen, als er den Wein verschüttet. Doch eigentlich ist der Vater nicht sein Feind. Der Vater hatte einen guten Weg für seinen Sohn im Auge: das Jurastudium. Eigentlich ist er enttäuscht.

3. Den Teufel. Oder ist es Gott? Luther ringt mit einem unsichtbaren Feind. Der Feind ist zornig auf ihn sein ganzes Leben lang, er verdammt ihn, er droht ihm und lässt ihn gedemütigt dastehen. Ist es eine Macht, die gegen Gott kämpft? Der Teufel? Oder ist es Gott, wie Gott eben auch sein kann?

Zwischen Luther und uns liegen Welten. Wie Menschen vor fünfhundert Jahren gedacht und gefühlt haben, das können wir nicht wirklich verstehen. Ihr ganzes Weltbild, auch ihre Glaubenswelt war anders. Sie hatten Angst vor Schuld und Strafe, vor Teufel, Höllenqual und vor dem Jüngsten Gericht.

Was wir vielleicht nachfühlen können, ist die Angst. Das Gefühl, von Feinden bedroht zu werden.

Einleitung zum Kyrie-Psalm

Was will der Feind?

Ich stehe allein. Die anderen sind gegen mich. Feindselig beobachten sie alles, was ich tue. Sie warten nur darauf, dass ich etwas falsch mache. Ein falsches Wort, eine falsche Bewegung, und ich bin beschämt. Dann haben sie Grund, mich zu verachten. Über mich herzufallen. Oder bilde ich mir das alles nur ein? Seit Jahrtausenden kennen Menschen diese Situation. Die Psalmen erzählen davon, wie oft Menschen gegen Feinde an beten müssen – äußere und innere.

Psalm 13 (EG 706)

(Im Psalm selbst vollzieht sich schon die Wende vom Kyrie zum Gloria. Alternative ist Ps 27; siehe den inhaltlichen Bezug in der Ansprache)

Gloria-Musik: *The Glory and the Power*

(Soundtrack Nr. 6. Das Musikstück beginnt ernst und getragen und verändert sich hin zu mehr Lebendigkeit. So zeichnet es musikalisch den Weg des Psalms vom Kyrie zum Gloria nach, wird aber am Ende wieder ernster und leitet zu der dann folgenden Filmszene über. Gleichzeitig ist dieses Musikstück ein Gloria, denn es enthält – gut herauszuhören – die lateinischen Worte des Gloria:

Gloria in excelsis, Deo et in terra pax, hominibus bonae voluntatis. Laudamus te. Benedicimus te. Adoramus te. Glorificamus te. Gratias agimus tibi propter magnam gloriam tuam. Domine Deus, rex coelestis, Deus pater omnipotens. Domine Fili unigeniti, Iesu Christe. Qui tollis peccata mundi, miserere nobis.)[2]

Filmausschnitt 2: [0:18.15–22.10 oder nur 0:21–22]

Luther ist neu als Priester in Jüterbog. Er kommt hinzu, als der Handwerkersohn Thomas sich an einem Dachbalken erhängt hat, und schneidet ihn vom Strick. In seiner Zelle ringt er mit dem Gott, bzw. dem Teufel und klagt ihn an, für den Suizid verantwortlich zu sein.

Gegen den Widerstand des Friedhofsgräbers hebt er auf dem Kirchhof ein Grab aus und legt den Toten hinein mit den Worten: Gott muss Barmherzigkeit sein. Gott ist

2 Ehre sei Gott in der Höhe und Frieden auf Erden den Menschen seines Wohlgefallens. Wir loben dich, wir preisen dich, wir beten dich an, wir verherrlichen dich. Wir sagen dir Dank um deiner großen Ehre willen. Herr Gott, König des Himmels, Gott, allmächtiger Vater. Herr, eingeborener Sohn, Jesus Christus. Der du trägst die Sünde der Welt, ebarm dich unser.

Barmherzigkeit. Er spricht den Toten von seinen Sünden los und gibt ihm die Kreuzkette mit der Bitte: Christus, er ist dein, erlöse ihn.

In der anschließenden Predigt in der Kirche spricht Luther von Gottes zornigem Antlitz, das nur wie ein dunkler Schleier auf dem wahren Antlitz liege, und ermutigt die Menschen, sich an das freundliche Antlitz Gottes zu halten, indem sie auf Christus schauen, sich an sein Erlösungswerk halten und damit dem Teufel widerstehen.

(Auf die konstruierte Suizid-Szene könnte verzichtet werden, sie macht aber den Gegensatz zwischen Anfechtung und Glauben noch deutlicher.)

Nach-gedacht

Was ist geschehen? Eben noch ringt Luther mit Gott wie mit einem Feind – und auf einmal predigt er so, dass Gottes freundliches Angesicht zu leuchten beginnt. Was ist geschehen zwischen dem einen und dem anderen?

Wir wissen es nicht. Wir wissen nur, dass tatsächlich etwas geschehen ist. Luther hat mit Gott gerungen und in Angst und Schrecken gelebt. Wie kriege ich einen gnädigen Gott? – Mit dieser Frage quält er sich. Aber irgendwann entdeckt er tatsächlich dieses freundliche Herz Gottes.

Aber er hat es nicht ein für allemal, das Vertrauen auf Gottes Freundlichkeit und Gnade. Es wird immer wieder erschüttert. Die Anfechtung gehört zum Glauben dazu. Luther wird sie immer wieder erleben. Wir auch.

Das freundliche Herz Gottes – es begegnet uns manchmal im freundlichen Herz eines Menschen. Für Luther ist das sein Beichtvater Staupitz. Heute würden wir vielleicht sagen: sein Seelsorger, sein Mentor, sein geistlicher Begleiter. In Staupitz begegnet Luther ein anderer Vater. Der sieht, was in ihm steckt, welche Gaben ihm Gott gegeben hat. Seine Idee ist es gewesen, Luther zum Studium nach Wittenberg zu schicken, damit er die Bibel studieren kann. Er sagt: „Ich schicke dich an die Quelle, zu den Schriften, zu Christus selbst. In Wittenberg kannst du tradierte Denkweisen ändern, manchen die Augen öffnen. Und das ist es doch, was du willst, oder? Dinge verändern."

Aber Luther fühlt sich fortgeschickt. „Ich verzweifele an meinem Glauben, Vater, fühle mich wie ein Narr, wenn ich nur bete... Ich wäre ein Versager als Prediger." Staupitz antwortet: „Wir predigen am besten das, was wir am meisten lernen müssen."

In Wittenberg irritiert Luther die Theologieprofessoren durch seine Fragen. Er regt sich über die Reliquienverehrung auf. Und über den Ablassverkauf von Johann Tetzel. Er schreibt dem Kurfürsten von Mainz, dass der Tetzel Einhalt gebieten soll, und heftet Diskussionsthesen an die

Wittenberger Schlosskirchentür. Und das alles aus Liebe zu seiner Kirche. Aber diese Kirche wird ihm zum Feind.

Filmausschnitt 3: [00:49:15–00:52:39]

Luther wird 1518 zum Verhör vor Kardinal Cajetan geladen. Obwohl Luther eigentlich nur seine Schriften über den Ablasshandel widerrufen sollte, lässt Cajetan sich auf eine theologische Disputation über das päpstliche Dekret zum Ablass, Unigenitus, ein, bei dem Luthers genaue Kenntnis des Textes und sein Engagement für das Evangelium, aber auch Cajetans Sorge vor Krieg und dem Zerfall des Christentums deutlich werden. Wutschnaubend verlässt Cajetan den Raum, verärgert, dass man ihm Luther als nicht ernst zu nehmenden „Einfaltspinsel" präsentiert hatte, und studiert noch einmal den Wortlaut des Dekrets.

Nach-gedacht

Ist der Feind wirklich mein Feind?

Es ist nicht so schwarz-weiß, wie es scheint. Kardinal Cajetan ist nicht der Feind, der nichts weiter will als Luther den Mund zu verbieten. „Wie sehne ich mich nach dem, der das Christentum rettet!" – ist sein Stoßseufzer in der ersten Messe des neuen Papstes Leo.

Im Gespräch mit Luther erweist sich Cajetan als ebenbürtiger Gegner. Zugewandt und aufmerksam beginnt er das Gespräch und erlaubt Luther zu fragen und zu verteidigen. Er lässt sich nachdenklich stimmen. Später wird er am Grab des Papstes sagen: „Leo war geistig ein Zwerg. Wir hätten einen Riesen gebraucht – wie Luther." Angst und ernste Sorge um seine Kirche treiben Cajetan – genauso wie Luther, aber doch mit anderen Konsequenzen. Und diese Konsequenzen sind lebensgefährlich.

Filmausschnitt 4: [00:52:40–00:54.05]

Beichtvater Staupitz hat das Verhör vor Cajetan an der geöffneten Tür mitverfolgt. Er macht Luther Vorwürfe, zu leichtsinnig gewesen zu sein und drängt ihn, seine Schriften zu widerrufen. Als Luther das verweigert, entbindet der Beichtvater ihn vom Ordensgehorsam, um ihn nicht an die Inquisition ausliefern zu müssen, sagt ihm aber zu, sein geistlicher Vater zu bleiben, und wirft ihn hinaus.

Im Gespräch mit dem Beichtvater

Lied: ***Aus tiefer Not*** **(EG 299)**
(alternativ: „De profundis", Soundtrack Nr. 19, mit dem englischen Text)

Nach-gedacht
Ist der Feind wirklich mein Feind? Jetzt ist auch noch Staupitz, der väterliche Freund, Luther zum Feind geworden. Niemand mehr da, der ihn schützt in dieser Gefahr. Wo er es am nötigsten bräuchte. Ist doch alles falsch gewesen?

Aber – was sich anfühlt wie Feindschaft, ist genau das Gegenteil davon. Es ist Fürsorge. Der Ausschluss aus dem Augustinerorden ist die einzige Möglichkeit für den Beichtvater, Luther nicht an die Inquisition ausliefern zu müssen.

Manchmal ist das schwer zu unterscheiden: Was ist Feindschaft gegen mich – und was fühlt sich wie Feindschaft an, ist es aber in Wirklichkeit nicht?

Lesung aus dem Alten Testament: Jakobs Kampf am Jabbok, (1 Mose 32,23-32)

Musik: ***Infinite Mercy*** (Soundtrack Nr. 10)

Evangelium: „Ich habe euch Macht gegeben über alle Gewalt des Feindes" (Lukas 10,17-19(20))

Nach-gedacht: Fliehen von Gott zu Gott
Umgeben von Feinden stellt sich Luther die Frage: Und wo ist Gott? Ist Gott mein Feind? Oder ist es der Teufel, der gegen Gott kämpft?

Luther stellt sich ein Reittier vor. Wer reitet es? Entweder wird es von Gott geritten oder vom Teufel. Dazwischen gibt es nichts.

Aber eigentlich kommt alles aus Gott, das Gute und das Böse. Es gibt nicht eine feindliche Macht, die gegen Gott steht, denn sonst wäre Gott nicht mehr Gott allein, wie es das erste Gebot sagt. Dann gäbe es eine andere Macht neben Gott.

Aber Gott ist einzig, und alles, was geschieht, kommt aus Gott. Gott ist verborgen, schrecklich, unheimlich, angreifend. Wir verstehen das nicht. Dieser Gott ist mit dem Teufel verwechselbar, der Teufel ist sozusagen ein Bild für diesen verborgenen Gott. Gott ist da und sieht doch weg.

Aber Gott ist gleichzeitig anders. Freundlich und warmherzig, zugewandt und gnädig. Gott fühlt mit. Gott vergibt. Dieser Gott leuchtet im Menschen Jesus Christus auf. In ihm sehen wir Gott ins Herz. Wir sehen den offenbaren Gott, den gnädigen Gott – so nennt Luther ihn.

Mit dem Verstand können wir nicht begreifen, wie beides Gottes Wesen ist. Luther sagt: Das einzige, was wir tun können, das ist, dass wir uns an den offenbaren Gott halten, uns ganz darauf ausrichten – in Gebet und Meditation der Schrift. Wir müssen von Gott zu Gott fliehen, sagt Luther. Gerade dann, wenn wir Gott als verborgen erleben.

Luther findet dies in einem Satz aus dem 27. Psalm:

„Mein Antlitz hält dir vor dein Wort: ‚Ihr sollt mein Antlitz suchen.' Darum suche ich auch, Herr, dein Antlitz. Verbirg dein Antlitz nicht vor mir, verstoße nicht im Zorn deinen Knecht!" (V. 8f)

Beichtvater Staupitz versucht, Luther dies deutlich zu machen: „Mit dem Teufel zu kämpfen – damit kommst du nicht weiter", sagt er. „Schau auf Christus, vertrau dich Jesus Christus an, dann wirst du Gottes Liebe entdecken. Sage zu ihm: Ich bin dein, erlöse mich." Luther nimmt das Umhängekreuz und noch dringlicher ergreift er die Hand von Staupitz, als wollte er sich daran festhalten.

Staupitz hat ihn hinausgeworfen, aber im entscheidenden Moment ist der geistliche Vater wieder da. Dieses Mal kommt er nicht herein und redet mit ihm, als Luther verzweifelt und verängstigt mit dem verborgenen Gott ringt. Staupitz hört zu. Er ist einfach da.

Filmausschnitt 5: [01:05.07–17]

1521: Reichstag zu Worms. Luther wird bei seiner Ankunft vom Volk freudig empfangen. Bei seinem Widersehen mit Beichtvater Staupitz sprechen die beiden über das Verlassensein, die Konsequenzen des eingeschlagenen Weges und die Sorge um die Einheit der Welt.

Der Reichstag wird mit Spannung erwartet. Auf die Frage nach dem Widerruf seiner Schriften zögert Luther und erhält einen Tag Bedenkzeit. Wieder überkommen ihn Zweifel. Er ringt im Gebet mit Gott bzw. Teufel und wirft sich schließlich mit der Professgebärde vor Christus auf den Boden: Ich bin dein, erlöse mich. Staupitz beobachtet ihn durchs Fenster, bleibt aber unbemerkt.

Bei der erneuten Frage nach dem Widerruf seiner Schriften differenziert Luther zwischen drei ver-chiedenen Arten von Schriften, gesteht Irrtümer ein und besteht darauf, nur zu widerrufen, wenn er durch die Schrift widerlegt wird. Auf den Satz „Hier stehe ich, ich kann nicht anders. Gott helfe mir. Amen" bricht freudiger Tumult im Saal aus. Die Regierung bleibt ratlos zurück.

Lied: ***Ist Gott für mich, so trete*** (EG 351)

Glaubensbekenntnis

(Es wäre möglich, hier die Schlussszene des Films zu zeigen, in der Melanchthon angeritten kommt und freudig ruft: „Wir haben unser Glaubensbekenntnis vor dem Kaiser verlesen." Diese Szene gewinnt allerdings ihre Dramatik erst durch die vorangegangene Szene, in der die Fürsten dem Kaiser ihre Gefolgschaft verweigern. [1:43–44 und 1:46–51])

Lied: *Ein feste Burg ist unser Gott* (EG 362)

Fürbittengebet

Gott, du wendest dich uns zu.
Manchmal spüren wir das nicht. Trotzdem bist du da.
Schenke uns immer wieder Momente, in denen wir sicher sein können.

Wir bitten dich für alle,
die unter Lebensgefahr ihren Glauben an dich bekennen müssen.
Stärke sie, dass sie diesen Glauben festhalten
und dass ihr Glaube sie hält.

Wir bitten dich für alle,
die unter der Trennung unserer Kirchen leiden,
weil ihr Leben, ihre Familien dadurch zerrissen werden.
Lass uns achten, auf welch unterschiedliche Weise Menschen dich suchen.
Schenke uns Gemeinschaft jenseits dessen, was trennt.
Dies bitten wir durch Jesus Christus.
Durch ihn blicken wir in dein freundliches Herz.

Vaterunser

Sendung und Segen

(Die Musik zum Ausgang könnte hier schon einsetzen. Sendung und Segen werden dann auf dem Hintergrund dieser leisen Musik von Zupfinstrumenten gesprochen.)

Geht behütet in diese Nacht.
Schaut Christus entgegen.
Ihr seid sein.
Er erlöse euch.
Es segne und behüte euch der allmächtige und barmherzige Gott,
Vater, Sohn und Heiliger Geist.
Amen.

Musik zum Ausgang: *A Wise Protector* (Soundtrack Nr. 12)

Reformationstag

Wie im Himmel

Dietmar Adler und Gottesdienst-Team Bad Münder

Vorbemerkung

Mit dem Film „Wie im Himmel" begann eine wunderbare Freundschaft und bereichernde Zusammenarbeit des (evangelischen) sonntags-um-5-Gottesdienst-Teams der Petri-Pauli-Gemeinde und der (katholischen) Schola der Pfarrgemeinde St. Johannes Baptist in Bad Münder. Der Chor, der einmal als Gottesdienstchor zur Begleitung von Familiengottesdiensten entstanden ist, besteht heute aus Erwachsenen und Jugendlichen. Im Repertoire gibt es Schwerpunkte beim neuen geistlichen Lied und bei populärer zeitgenössischer Musik. Mit der Schola einen Gottesdienst zu gestalten, bedeutet, auch Chormitglieder in die inhaltliche Gestaltung zu involvieren.

Emotionaler Höhepunkt des Gottesdienstes war die Performance des „Amazing Grace". Gezeigt wird die Szene aus dem Film, in dem der Chor „Amazing Grace" anstimmt. Die Schola summt bereits mit und singt ab Filmschnitt das Lied weiter, bezieht dann die Gemeinde in den Gesang mit ein.

Inhaltlich wurde der Gottesdienst durch einen zuvor von Pastorin Imke Schwarz und ihrem Gottesdienst-Team in Fleestedt gestalteten Filmgottesdienst inspiriert; die Idee, einzelne Personen des Films sich noch einmal in Monologen vorstellen zu lassen kommt aus Fleestedt, die Texte „Lena stellt sich vor" und „Gabriella stellt sich vor" sind im Wesentlichen von dort übernommen, vielen Dank!

Ablauf

Musikalisches Vorspiel: Chor – Mitsingaktion Gemeinde (Motive aus Gabriellas Song)
Eingangsmoderation
Gemeindelied: *Da berühren sich Himmel und Erde* (LW 85,1-3)
Filmausschnitt 1
Einleitung
Filmausschnitt 2
Verbindende Worte
Filmausschnitt 3
Weiterführung
Filmausschnitt 4
Weiterführung
Gemeindelied: *Du bist meine Zuflucht* (LW 56,1-3)
Gabriella stellt sich vor (mit Standbild)
Chor mit Solo: *Gabriellas Song*
Inger stellt sich vor
E-Piano (Improvisation)

Lena stellt sich vor
Chor mit Solo: Lenas Song: *Fly with me*
Überleitung
Filmausschnitt 5
direkt aus dem Film weiterführend:
Chor + Gemeinde: *Amazing Grace* (LW 61)
Predigt
Chor mit Solo: *Come to me*
Abkündigungen
Chor-Musik zu Kollektengang: *Halleluja, Salvation & Glory*
Gebet
Vaterunser
Chor und Gemeinde: Segenslied, *May the Lord send Angels* (LW 95)
Segen
Nachspiel: Chor, mündet wie Vorspiel in Mitsingaktion (Motive aus Gabriellas Song)

Der Gottesdienst

Musikalisches Vorspiel: Chor – Mitsingaktion Gemeinde (Motive aus Gabriellas Song)

Eingangsmoderation *(Sprecher durch den Gang nach vorn kommend)*
Hallo und guten Tag, wir begrüßen Euch ganz herzlich.

Sonntags um 5 – der besondere Gottesdienst, heute ein Filmgottesdienst. Wir sehen Ausschnitte aus dem Film „Wie im Himmel". Nachher, so um halb sieben, gibt's dann noch mal Gelegenheit, den ganzen Film zu sehen.

Wir freuen uns, dass heute die Schola unserer katholischen Schwestergemeinde unter der Leitung von Matthias Ballmaier mit dabei ist und uns den Gottesdienst musikalisch mitgestaltet. Bei so einem Film, in dem ein Chor eine solche Rolle spielt, passt das einfach.

Wir feiern diesen Gottesdienst im Namen Gottes, des Vaters, des Sohnes und des Heiligen Geistes.

Amen.

Gemeindelied: ***Da berühren sich Himmel und Erde*** (LW 85,1-3)

Filmausschnitt 1: [00:00:58–00:09:40]

Der Dirigent Daniel dirigiert das Finale einer Sinfonie, hineingeschnitten sind Szenen seiner Kindheit: er wird von anderen Kindern zusammengeschlagen, macht als junges musikalisches Genie Karriere. Der erwachsene Daniel erlebt auf dem Höhepunkt seiner Karriere einen gesundheitlichen Zusammenbruch. Alle Termine werden storniert, er zieht sich inkognito in das winterliche Dorf seiner Kindheit zurück.

Einleitung

So beginnt er, der Film „Wie im Himmel“, von Kay Pollack, wohl der erfolgreichste schwedische Film, Millionen Besucher in seinem Heimatland. Ein Jahr auch in Hannover gelaufen.

Er handelt von der Musik – und von Menschen. Im Mittelpunkt: Daniel, der Stardirigent – mit Herzinfarkt. Er zieht in Schwedens Norden, in den Ort, wo er als Kind lebte, seine Liebe zur Musik entdeckte, aber auch Demütigungen durch Mitschüler zu erleiden hatte. Er kommt in dieser ihm fremd gewordenen Welt an, entdeckt in sich das Kind, bezieht die leerstehende Volksschule.

Die Dorfbewohner sind schon merkwürdige Typen. Nach und nach lernt er sie kennen:

Den dominanten Kaufmann Arne, der so gern Entscheidungen für andere trifft.

Gabriella, die von ihrem Mann geschlagen wird.

Lena, die so spontan ist und Halt sucht.

Arne weiß, dass Daniel ein berühmter Dirigent ist, und drängt ihn, den örtlichen Kirchenchor zu leiten. Daniel zögert, lässt sich überreden, mal eine Probe zu besuchen, lässt sich schließlich erweichen, die Chorleitung zu übernehmen.

Einige Szenen aus dem weiteren Verlauf:

Filmausschnitt 2: [00:26:45–00:27:37; 00:29:26–00:36:00; 00:45:00–00:46:45]

Daniel begegnet dem Pfarrer des Dorfes, dieser rät ihm davon ab, den örtlichen Kirchenchor zu übernehmen. Mit unkonventionellen Probenmethoden beeindruckt Daniel die Chorsänger. Der Pfarrer bleibt aber misstrauisch. Auch im Chor kommt es zu Reibungen, und dann auch wieder zu Momenten, in denen sich die Sänger neu als Chor erleben. Gabriella wird von ihrem gewalttätigen Mann aus dem Chor abgeholt.

Verbindende Worte

Der Chor ist schon eine Welt im Kleinen, mit ganz verschiedenen Typen, begeisterungsfähigen und skeptischen, jungen und alten, erfolgreichen und denen, die stets gehänselt werden, mit frustrierten und denen, die noch so viel vom Leben erwarten. Und so ein Chor hat auch sein Eigenleben, immer wieder Störungen,da klingelt ein Handy,da kommt einer zu spät, da muss erst einmal Kaffee getrunken werden. Das sind zwei Welten, die aufeinander treffen:

Die Hobbysänger im Chor, sie sind sicher stolz, mit dem weltberühmten Dirigenten arbeiten zu dürfen. Aber sie haben nicht verstanden, dass sie selbst gefordert sind...

Und Daniel, der Dirigent, der noch nicht verstanden hat, dass er hier nicht mit seinen Profi-Musikern zu tun hat, sondern mit Menschen arbeitet, die ein anderes Leben haben, die unkonzentriert sein können, die ihr eigenes Päckchen zu tragen haben.Und die auch mal Zeit für die Kaffeepause brauchen.

Daniel versucht es mit ganz neuen Methoden. Erst einmal die eigene Stimme hören. Die eigenen Töne aus sich heraus kommen lassen. Einander wahrnehmen. Nach und nach lassen sie sich auf einander ein, finden sie zueinander. Sie lernen, auf sich zu hören, aufeinander zu hören. Aber es kommt zu Konflikten.

Filmausschnitt 3: [00:50:55–00:55:36]

Es kommt zu Krisen im Chor. Insbesondere die ehemalige Chorleiterin intrigiert gegen andere Chormitglieder. Und dann feiern die Chorsänger auch wieder.

Weiterführung

Konflikte, Eifersucht auf der einen Seite. Auf der anderen Seite: der Chor als Partymeile, als Ort, wo sich die Menschen wohlfühlen, wo sie tanzen und singen.

Der Chor feiert Erfolge, Menschen kommen dazu, sie haben Freude. Ein großes Chor-Konzert – mit begeistertem Publikum. „Mein Gott, bin ich stolz", sagt einer. Auch Daniel erlebt ein Neuerwachen von Leben, von Gefühlen.

Wer mit all dem überhaupt nicht umgehen kann: Siv, die den Chor eine Zeitlang vertretungsweise geleitet hat, und der Pfarrer Stig: eifersüchtig auf den Erfolg, verklemmt in seinen Ansichten, verlogen seiner Frau gegenüber, misstrauisch allem Leichten, allem Offenen, allem

Befreiendem gegenüber. Und er erreicht die Absetzung des Chorleiters. Aber es kommt anders, als er denkt.

Filmausschnitt 4: [01:26:15–01:27:54]

Der Chor hat sich zur Probe versammelt. Der Pfarrer teilt dem Chor die Entlassung von Daniel als Kantor mit. Der Chor opponiert und zieht geschlossen zum Wohnhaus von Daniel, dort soll die Probe nun stattfinden.

Weiterführung

Ungehorsam.

Der Kantor wird abgesetzt, aber die Sängerinnen und Sänger lassen sich das nicht bieten, sie wollen Daniel behalten, sie werden Daniel behalten und mit ihm zum Chorwettbewerb nach Salzburg fahren. Ein Akt zivilen Ungehorsams.

Gemeindelied: *Du bist meine Zuflucht* (LW 56,1-3)

Sprecherin 1

Gabriella stellt sich vor *(mit Standbild von Gabriella)*:

Ich bin Gabriella. Der Chor bedeutet mir viel. Dort fühle ich mich frei. Zu Hause habe ich Angst. Bei dem kleinsten Anlass regt sich mein Mann furchtbar auf und schlägt mich. Das ganze Dorf redet über uns. Eine Trennung, das kommt nicht infrage. Manchmal träume ich trotzdem davon, einfach abzuhauen. Im Moment macht mir die Angst zu viel Druck. Ich fühle mich manchmal wie im Gefängnis. Da ist keiner, der mir die Angst nehmen kann.

Ich singe sehr gern. Schon als Kind habe ich das geliebt. Seit Daniel den Chor leitet, gehe ich noch lieber hin. Verrückt ist das, was er manchmal mit uns macht – diese Übungen für den Körper und die Stimme. Aber langsam begreife ich, warum wir das machen: Wir sollen alle unseren Ton finden. Und am Ende klingt es zusammen. Jeder muss tief in sich den Ton finden, ihn wirklich suchen, nur dann kann es gemeinsam gehen. Das ist nicht leicht. Aber Immer mehr wachsen wir zusammen. Es befreit, zu singen, Töne zu finden.

Nun hat Daniel ein Lied für mich geschrieben. Ich soll die Solostimme singen. Es gefällt mir sehr. Aber traue ich mir das zu? Mein Mann wird das nicht wollen. Ich bleibe lieber in der zweiten Reihe. Ich weiß nicht. Soll ich es riskieren?

Chor mit Solo: *Gabriellas Song*

Sprecherin 2

Inger stellt sich vor *(mit Standbild von Inger)*:

Hallo, ich bin Inger. Ich bin die Frau von unserem Dorfpfarrer Stig.

Seit Daniel uns im Chor die Musik entdecken lässt, liebe ich das Singen immer mehr. Außerdem fühle ich immer intensiver, dass ich lebe und einen Körper habe.

Ich genieße es mich auch einmal gehen zu lassen, mich von der Musik tragen zu lassen.

Aber je begeisterter ich bin, von der Art die Musik so zu erleben, desto mehr hat mein Mann Angst, dass er seinen Status und seine Autorität verliert.

Ich kann auch seine Scheinheiligkeit und seine kleinliche, engherzige Frömmigkeit nicht mehr ertragen. Er treibt es sogar so weit, dass er mit Hilfe von Verleumdungen dafür sorgt, dass Daniel vor Ablauf der Probezeit entlassen wird. Aber ohne uns! Der ganze Chor folgt Daniel und probt in seinem Haus weiter.

Ich liebe meinen Mann! Aber kann er sich soweit ändern, dass ich meine Wünsche nach körperlicher Zärtlichkeit nicht mehr hinten anstellen muss? – Dass wir uns fühlen können?

Ich kann mich, dank Daniel, endlich fühlen und erfahren. Er auch?

E-Piano (Improvisation)

Sprecherin 3

Lena stellt sich vor:

Ich heiße Lena. Ich mag es nicht, wenn Leute traurig sind! Ich versuche, jeden aufzumuntern. Das gelingt mir meistens ganz gut. Ich habe viele Freunde.

Ich singe im Kirchenchor, weil es nicht so viele andere Möglichkeiten hier gibt. Die Leute in der Gemeinde sind nett, sie sind ebenso, wie sie sind. Ich bin da tolerant, jeder hat seinen Tick. Ich sag ehrlich, was ich denke, das machen die meisten hier nicht. Zwei Jahre war ich mit einem Arzt hier aus dem Ort zusammen und keiner der Leute hat mir gesagt, dass er eine Familie hat. Das sitzt immer noch. Seitdem hatte ich keine längere Beziehung mehr, ich beende es, wenn es ernst wird. Man wird eben misstrauisch.

Mein Job als Kassiererin ist ok, viele aus dem Dorf kommen im Laden vorbei, eigentlich gibt es keinen, den ich nicht kenne. Deshalb ist mir Daniel auch sofort aufgefallen. Der sah so anders aus mit seinem teuren Mantel und den blank geputzten Schuhen. Ein Stadtmensch halt. Was er hier will, habe ich bis jetzt noch nicht richtig verstanden. Jetzt leitet er den Chor. Dass ich oft an Daniel denken muss, ist bisher mein Geheimnis. Das weiß niemand. Ich behalte es auch besser für mich. Auf die Chorproben freue ich mich immer total. Das hat neuen Schwung in die Gemeinde gebracht. Wenn wir zusammen singen, ist es ein bisschen, wie zu schweben. Wir halten uns gegenseitig, wenn wir schweben. So empfinde ich es jedenfalls. Aber es ist immer noch schwer für einige, sich dem zu öffnen, was da passiert. Seit Daniel da ist, kommt auch viel ans Licht, das macht die Proben manchmal anstrengend. Gehört wohl dazu, dass man ehrlich ist. Nicht einfach für die Leute hier! Aber bin ich ehrlich? Ich sage Daniel auch nicht, was ich wirklich fühle. Oder den Leuten, wie wütend ich auf sie war damals.

Chor mit Solo: Lenas Song: ***Fly with me***

Überleitung

Gabriella, Inga, Lena.
Frauen, die Befreiung erfahren, die sich befreien können aus ihren Gefangenschaften, der Gefangenschaft ihres gewalttätigen Mannes, eines heuchlerisches Moral-Systems, der Sucht nach Anerkennung.

Auch Daniel kann durchatmen, er lernt lieben, lernt annehmen – sich – und andere. Er kann sich seiner Vergangenheit stellen.

Lena und Daniel unterwegs ins Leben

Eines Tages, da gesteht er's dem Chor: Ja, ich habe hier gelebt. Er kommt an, wieder Zuhause. Willkommen daheim.

(Ich bitte Sie, schon einmal im Liederheft Lebensweisen die Nr. 61 aufzuschlagen: *Amazing Grace*, Sie werden dann schon merken, warum.)

Filmausschnitt 5: [01:48:08–01:49:28]

Daniel beichtet dem Chor, dass er als Kind in dem Dorf gelebt hat. Und er versichert dem Chor unter Tränen, dass er es noch nie erlebt hat: „dieses Gefühl – mich euch." Eine Sängerin stimmt leise Amazing Grace an, der Film-Chor stimmt ein. Der Gottesdienst-Chor stimmt leise ein. Als der Film angehalten wird, singt zuerst der Chor, dann auch die Gemeinde Amazing Grace weiter.

Chor und Gemeinde: *Amazing Grace* (LW 61)

Predigt

Was für ein Film, liebe Gemeinde, mit bewegenden Bildern und mitreißender Musik und – so voller Bezüge zu biblischen Gedanken.
Hören wir einige davon: *(Bibeltexte werden von Sprechern aus dem Off gesprochen)*

1 Die Menschen verdanken es allein seiner Gnade,
dass sie von Gott als gerecht angenommen werden.
Er schenkt es ihnen. (Römer 3,24)

sagt Paulus.
Amazing Grace haben wir gesungen, wunderbare Gnade.
Ja, dieser Film handelt von der Gnade.
Von der Gnade, mit der Gott die Menschen ansieht.
Menschen, die aus ihren Gefangenschaften befreit werden,
Inger, Arne, Gabriella, Daniel, Lena, Menschen, die sich wieder aufrichten können.
Gott nagelt die Menschen nicht fest in den Gefangenschaften.
Gott sieht die Menschen mit Gnade an.
Und darin gewinnen sie Würde.
Jeder, jede – wie sie sind.
Wie in dem Film.
Wenn wir die Menschen mit den Augen Gottes anschauen,
dann ist es „wie im Himmel".

2 Ihr seid jetzt nämlich alle Kinder Gottes ...
Es spielt keine Rolle mehr,
ob ihr Juden seid oder Griechen,
Sklaven oder freie Menschen,
Männer oder Frauen.
Durch eure Verbindung mit Christus Jesus
seid ihr alle wie ein Mensch geworden (Galather 3,26a.28)

sagt Paulus.
In diesem Chor hat jeder seinen Platz.
Anfangs gibt es scheinbar wichtigere und scheinbar unwichtigere, Menschen, die das Wort führen, Menschen, die gehänselt werden.
Die Gesangs-Übungen, die Daniel mit ihnen macht, lassen sie begreifen: jeder, jede ist gleich wichtig.
Die Stimme jedes Menschen, die aus ihm heraus kommt, ist bedeutend.
Da spielt es keine Rolle, welche gesellschaftliche Stellung einer hat, da gehören sie alle zusammen, sind alle wie einer geworden, ein Chor.
Wenn wir mit diesem Blick die Menschen anschauten, dann hätte jede, jeder seinen Platz.

3 Zu der Frage, was der Geist Gottes bewirkt, Brüder und Schwestern…
Es gibt zwar verschiedene Gaben, aber es ist immer derselbe Geist.
Es gibt immer verschiedene Aufgaben,
aber es ist immer derselbe Gott.
Das Wirken des Geistes zeigt sich bei jedem auf eine andere Weise.
Es geht aber immer um den Nutzen für alle. …
Es ist wie beim menschlichen Körper: Er bildet eine Einheit
und besteht doch aus vielen Körperteilen
(nach 1 Korinther 12,1.4–7.12a)

sagt Paulus.
Hier – in diesem Chor – ist es die Gabe der Musik,
die sie alle beseelt, alle begeistert,
aber doch jeden auf eigene Weise,
jeder mit seinen eigenen Tönen.
Und erst wenn alle mitsingen werden sie eine Einheit,
und können zum Nutzen für alle singen.
Jede, jeder mit seinen Gaben
von Gott gegebenen Geschenken – und Aufgaben.
Das wär –
wie im Himmel.

4 Es hat mir ein kleines Stück vom Himmel gezeigt, den ich noch nicht fand.

kein Bibelwort, könnte aber eins sein.
Worte, die Gabriella singt, Gabriellas Song.

Als Jesus getauft war, stieg er sofort aus dem Wasser.
Und siehe: der Himmel riss über ihm auf.
Er sah den Geist Gottes.
Der kam wie eine Taube auf ihn herab.
Und siehe: Dazu erklang eine Stimme aus dem Himmel:
Das ist mein Sohn, ihn habe ich lieb,
an ihm habe ich Freude. (Matthäus 3,16f.)

so heißt es bei Matthäus
Ja, es kann sein, dass der Himmel aufreißt.
Es kann sein, dass der Himmel auf die Erde kommt. Ganz nah.
Und das kann auch in dem unwirtlichen schwedischen Dorf geschehen,
– wo Menschen einander mit Gewalt gefangen halten – wie Gabriella von ihrem Mann.
– wo Menschen mit einer Doppelmoral beherrscht werden – wie Inger.
– wo Menschen Angst haben vor Enttäuschung,
– wo Misstrauen ihr Leben beherrscht,
– wo sie auf der ständigen Suche nach Erfüllung sind – wie Lena.
– wo Menschen auf der Flucht sind
auf der Flucht vor dem Erfolg
auf der Flucht – letztlich vor sich selbst sind, – wie Daniel, der Dirigent.
Ja, es kann geschehen,
wo sie mit anderen Augen angesehen werden,
wo das, was in ihnen steckt wichtiger ist, als das, worauf sie festgenagelt worden sind.
Ja, es kann geschehen,
dass der Himmel aufgeht.
Auch hier, in Bad Münder kann es geschehen.
Dass wir spüren, wie wir mit anderen Augen angesehen werden...
Dann kann es sein
wie im Himmel
Noch nicht dauerhaft und in Ewigkeit
aber hier und da.

5 Er kam in sein Eigentum
und die Seinen nahmen ihn nicht auf.
Aber wer sich ihm öffnete,

denen verlieh er das Recht,
Kinder Gottes zu werden
– das sind alle, die glauben –,
dass er im Auftrag Gottes handelt. (Johannes 1,11f.)

Das sagt das Johannes-Evangelium von Jesu Kommen in die Welt.
Und davon finden wir auch im Film:
Da kommt einer in seine Heimat.
Und er eröffnet Menschen den Weg in die Freiheit,
die Freiheit der Kinder Gottes.
Menschen, die ihre Würde wiedergewinnen.
Aber er trifft auch auf Widerstand,
Menschen, die eifersüchtig sind, die ihm nicht über den Weg trauen,
weil er Menschen die Freiheit eröffnet.
Menschen, die ihn vertreiben wollen.
Daniel – eine Erlöser-Gestalt.
Daniel ist nicht Jesus, aber er trägt Züge einer Erlösergestalt.
Da gibt es noch viel mehr Ähnlichkeiten,
aber die wollen wir hier nicht erzählen,
die können Sie nachher im ganzen Film selbst entdecken.

6 Gott wirkt durch seinen Geist,
und wo der Geist Gottes wirkt,da herrscht Freiheit. (2 Korinther 3,17)
Zur Freiheit hat uns Christus befreit. (Galather 5,1)

sagt Paulus.
Darum geht es, um die Freiheit der Kinder Gottes.
Frei von bornierter Moral und sei es unter dem Deckmantel der Kirche – frei wie Inger.
Frei von Menschen, die Macht über andere gewinnen wollen, und sei es mit Gewalt – frei wie Gabriella.
Frei von der Angst vor Enttäuschungen und der Sucht nach immer mehr – frei wie Lena.
Frei von großen Karriere-Zwängen – frei wie Daniel.
Lasst euch nicht mehr knechten.
Lasst die Freiheit der Kinder Gottes wirksam werden, in euerm Leben.
Amen.

Chor mit Solo: ***Come to me***

Abkündigungen

Chor-Musik zu Kollektengang: ***Halleluja, Salvation & Glory***

Gebet

Gott, du befreist uns
Wehre allen Versuchen, Menschen zu knechten
durch Gewalt,
mit bornierter Moral,
mit Scheinheiligkeit
Und hilf uns Menschen
in der Freiheit der Kinder Gottes zu leben

Gott, du befreist uns
Hilf den Menschen heraus aus den Knechtschaften
durch Diktaturen
durch Not
und Hunger
Gib allen ausreichend Nahrung
Lass uns teilen, was man zum Leben braucht
Und halte den Freiheitswillen in den Völkern wach
Gott, du befreist uns
Hilf denen, die traurig sind
und verzweifelt
Gib Zuversicht denen, die von Sorgen zernagt werden
Heile die Kranken – an Leib und Seele –
Und Schenk Frieden den Sterbenden
Gott, du befreist uns
Befreie auch deine Kirche
in ihren verschiedenen Konfessionen und Gruppierungen
Befreie uns zu einem Miteinander, dass wir einander achten und respektieren
miteinander von dir zeugen
gemeinsam dich loben und preisen, zu dir beten
Gemeinsam beten wir mit den Worten Jesu Christi:

Vaterunser

Chor und Gemeinde: Segenslied, *May the Lord send angels* (LW 95)

Segen

Nachspiel Chor *(mündet in Mitsingaktion: Motive aus Gabriellas Song)*

Vorletzter oder letzter Sonntag des Kirchenjahres

Im Winter ein Jahr

Martin Hauschild

Ablauf
Vorspiel
Begrüßung
Eingangslied: *Tut mir auf die schöne Pforte* (EG 166,1.2.5.6)
Psalm 84 im Wechsel
Lied: *Der Tag vergeht*[1]
Einführung ins Thema
Filmausschnitt 1
Predigt I
Filmausschnitt 2
Predigt II
Filmausschnitt 3
Predigt III
Filmausschnitt 4
Predigt IV
Filmausschnitt 5
Lied: *Von guten Mächten* (EG 65)
Ansagen
Lied: *Ich bin bei dir*[2]
Fürbitten
Vaterunser
Segen
Lied: *Mein schönste Zier und Kleinod bist* (EG 473)

Der Gottesdienst

Vorspiel

Begrüßung
Herr bleibe bei uns, denn es will Abend werden und der Tag hat sich geneiget.

1 Text: Johannes Jourdan, Musik: Siegfried Fietz © Abakus, 1974.
2 Text: Birgit Dörnen, Musik: Daniel L. Burgess © Bud John Songs 1978.

Herzlich willkommen zum Abendgottesdienst hier in St. Albani. Heute abend soll kein Bibeltext reden und kein Bild. Heute Abend möchten wir ihnen einen Film zeigen. Keine leichte Kost, und trotzdem ein schöner Film. Es geht um Abschied und Trauer. Es geht um eine Familie, die so tief drin steckt in ihrer Trauer, dass sie fast zerbricht. Und es geht um einen Mann, der diese Familie wieder zurück ins Leben führt. Es geht um den Film „Im Winter ein Jahr".

Wir feiern diesen Gottesdienst im Namen des Vaters und des Sohnes und des Heiligen Geistes.

Amen.

Eingangslied: ***Tut mir auf die schöne Pforte*** (EG 166,1.2.5.6)

Psalm 84 im Wechsel

Lied: ***Der Tag vergeht***

Einführung ins Thema / Autobiographischer Impuls:
Als meine Mutter gestorben ist, wusste ich nicht wie ich damit umgehen sollte. Da war die Trauer, aber ich wusste nicht wohin mit ihr. Mir lag so viel auf dem Herzen, aber ich wusste nicht, was ich damit machen sollte. Mein Leben hatte sich total verändert, aber wie lebe ich weiter, und wie sage ich es meiner Umwelt und meinen Freunden?

Ich habe damals versucht, einfach so weiterzuleben, so zu tun, als wäre nichts gewesen. Ich habe damals den Tod einfach überspielt und mit niemandem darüber geredet. Heute weiß ich, dass das falsch war. Bei anderen habe ich gelernt wie wichtig es ist, die Trauer zuzulassen und traurig sein zu dürfen. Nur wer sich fallen lässt, wird erleben, wie wunderbar es ist, gehalten zu werden.

Lied: ***Wie sollen wir es fassen*** (LW 20)

Und jetzt steigen wir ein in den Film „Im Winter ein Jahr". Film ab:

Filmausschnitt 1: [0:04:20–0:10:10]
Die Powerfrau Eliane kommt zu einem bekannten Maler um das Portrait ihrer Kinder Lilly und Alexander zu bestellen.

Predigt I

Steif sitzt sie auf dem Sofa. Von Lilly hat sie noch ganz munter erzählt. Aber als der Maler nach Alexander fragt, entsteht eine Pause. Es fällt dieser eloquenten Powerfrau plötzlich schwer von Alexander zu reden. Es fällt ihr schwer, auszusprechen, dass er tot ist. *Passen sie gut auf mein Kind auf, sagt sie zum Abschied.* Für Eliane ist Alexander noch da. Sie will und sie kann noch nicht glauben, was passiert ist.

Am liebsten möchte sie ihr Kind weiter im Haus haben, so wie er war. Deswegen bestellt sie jetzt des Bild. Groß soll es sein, beide Kinder zusammen am Klavier. Ein Bild aus glücklichen Tagen. So möchte sie Alexander in Erinnerung behalten. Aber dann kommt alles anders. Die nächsten drei Monate werden die Familie verändern.

Filmausschnitt 2: [0:29:35–0:37:45]

Im Studio des Malers. Lilly sitzt Modell. Der Maler macht Skizzen. Nach anfänglichem Schweigen kommen beide ins Gespräch.

Predigt II

Eine lange ruhige Szene. Ablenkung ist verboten. Lilly und der Maler sitzen sich gegenüber. Die Zeichenkohle kratzt über das Papier. Lilly gestylt wie für eine Party. Der Maler fragt nach Alexander und Lilly fängt an, von ihrem Bruder zu erzählen. Zuerst von dem, was leicht über die Lippen kommt. Sport, Internat, lustige Szenen. Dann kann sie sich weiter öffnen und erzählt am Ende vom traurigen Tod. Selbstmord. Vielleicht zum ersten Mal kann sie es aussprechen.

Über Trauer und Tote zu reden ist nicht leicht. Andere sehen dann, was uns wehtut. Andere sehen uns weinen. Wir haben Angst, anderen mit unserer Trauer auf die Nerven zu gehen. Ihnen die gute Stimmung zu vermiesen. Deshalb bleibt viel Trauer in uns stecken. Vieles wird nicht ausgesprochen, was doch in uns arbeitet. Nicht nur bei Selbstmord. Auch sonst. Trauer und Abschied gehören zu den ganz großen Tabuthemen in der Gesellschaft und auch in unseren Familien. Früher trug man ein Jahr lang schwarz. Das hat allen gezeigt, was los ist. Jeder wusste auf den ersten Blick Bescheid. Heute gibt es zur Beerdigung einige Tage Urlaub, dann geht der Alltag wieder los. Bussiness as usual. Die Kinder fahren wieder Hause in ihr eigenes Leben. Die Tür fällt zu und der Trauernde ist allein mit sich und der Traurigkeit. Wie viel Traurigkeit wird verdrängt und mit Antidepressiva weggedrückt!

Über Trauer zu reden fällt schwer. Gut, dass es hier den Maler gibt. Er hilft ihr zu reden. Gut, dass es hier in Göttingen die Trauergruppen von Diakon Gottschalt gibt. Einen Ort, wo Menschen zu hören, einen Ort, wo Trauernde reden können.

Filmausschnitt 3: [1:23.00–1:29:50]

Die Eltern kommen im Winter zum Maler um das fertige Portrait abzuholen. Der erste Blick auf das Bild ist für Eliane ein Schock.

Predigt III

Der Sommer ist vorbei. Es ist Winter geworden. Drei Monate hat der Maler am Bild gearbeitet. Jetzt sehen die Eltern es zum ersten Mal. Für Eliane ist das Bild ein Schock. So hatte sie es sich nicht vorgestellt. Sie hatte ein heiles schönes Bild von ihrem Sohn haben wollen. Sie wollte ihn so in Erinnerung behalten wir er im Leben war. *Ich will Alex!* Sagt sie trotzig. Und jetzt hängt er als Toter an der Wand. *Warum haben sie das gemacht?*, klagt sie ihn an! *Es ist besser so,* antwortet einsilbig der Maler.

Abschied begreifen fällt schwer. Wirklich begreifen, dass die Toten tot sind. Nicht nur mal eben aus dem Haus gegangen, um gleich wieder zu kommen. Sondern wirklich tot. Abschied begreifen. Was das heißt spüre ich jedes Mal, wenn ich einen Verstorbenen im Altenheim aussegne. Wenn ich ihn zum Segen berühre und spüre, dass der Körper kalt wird. Das kostet jedes Mal Überwindung. Aber es ist auch gut. Es hilft zu begreifen, dass dieser Mensch jetzt wirklich tot ist.

Lily steht vor dem fast fertigen Bild Modell. Der tote Bruder fehlt.

Filmausschnitt 4: [1:49:29 –1:53:22]

Tischler und Maler verpacken das Bild für den Versand.

Predigt IV

Der Deckel über der Kiste schließt sich wie ein Sarg. Alexander ist gegangen. Wirklich für immer. Das kann jetzt auch die Familie begreifen. Lilly trägt jetzt schwarz und die Haare natur. Sie braucht nichts mehr zu überspielen und wegzuschminken. Eliane kann das aussprechen, was wirklich passiert ist. Ein Jahr ist Alexander tot. Jetzt hat sich die Trauer verändert. Der Maler hat dabei geholfen. Alexander ist weggerückt in eine andere Welt. Nur als Bild ist er noch dabei. Trauer annehmen kostet Zeit. Die Toten wirklich tot sein lassen braucht Zeit. Wenn das Grab eingeebnet wird, der Grabstein gesetzt ist. Wenn wir den Namen eingemeißelt lesen. Es braucht Zeit, bis wir uns trauen, den Kleiderschrank zu öffnen und die Sachen wegzugeben. Das Bett abzubauen, das wir jetzt nicht mehr brauchen. Ein Jahr ist dafür ein gutes Maß. Dann beginnt der Weg zurück ins eigene Leben.

Liebe Abendgemeinde!

Im Winter ein Jahr. Mich beeindruckt, wie der Maler die aufgekratzte Lilly in ihrer Trauer begleitet. Mich berührt dieser Film, weil er so vieles in mir anstößt und zum Schwingen bringt, das auch in mir so leicht untergeht. Ich denke gern an das Bild der Kinder, die Alexander als Engel gemalt haben. Und ich muss noch an ein ganz anderes Bild denken. Es wird am Ende der Bibel gemalt, im letzten Buch. Da heißt es:

> „Und ich sah einen neuen Himmel und eine neue Erde; denn der erste Himmel und die erste Erde sind vergangen. Und ich hörte eine Stimme die sprach: Siehe da, die Hütte Gottes bei den Menschen. Und er wird bei ihnen wohnen und sie werden sein Volk sein und er selbst, Gott, wird ihr Gott sein. Und Gott wird abwischen alle Tränen von ihren Augen und der Tod wird nicht mehr sein, noch leid noch Geschrei noch Schmerz wird mehr sein. Denn das Erste ist vergangen. Siehe ich mache alles neu!"

Filmausschnitt 5: [1:55:24 bis Ende]

Durch fallenden Schnee geht Lillian durch die Stadt und glaubt plötzlich, ihren Bruder wieder zu sehen.

Lied: ***Von guten Mächten*** (EG 65)

Ansagen

Lied: ***Ich bin bei dir***

Fürbitten *(mit zwei Sprechern)*

1 Lasst uns miteinander und füreinander beten: Allmächtiger Gott. Du öffnest über uns deinen neuen Himmel. Du hast uns ins Leben gerufen, zu dir kehren wir zurück, wenn unsere Stunde gekommen ist. Unsere Toten werden bei dir leben. Deshalb bitten wir dich jetzt:

2 Für die Menschen, die von uns gegangen sind. Nimm sie auf in deine offenen Hände, lass sie bei dir geborgen sein und schenke ihnen ewigen Frieden. Wir rufen zu dir:

Alle Herr erbarme dich.

1 Für die Menschen, die im Sterben liegen, in Altenheimen, Krankenhäusern und Familien. Stille ihre Schmerzen, schicke ihnen Menschen, die bleiben und helfen und stärke ihr Vertrauen zu dir, dass sie sich selbst loslassen können. Wir rufen zu dir:

Alle Herr erbarme dich.

2 Für alle, die um einen lieben Menschen trauern. Schenke ihnen Freundinnen und Freunde, die da sind, zuhören und festhalten. Wir rufen zu dir:

Alle Herr erbarme dich.

1 Wir bitten dich für den nächsten, den du aus unserer Mitte abberufen wirst und für uns alle: Öffne unsere Augen und unsere Herzen, damit wir erkennen und begreifen, worauf es im Leben wirklich ankommt, hier und jetzt. Wir rufen zu dir:

Alle Herr erbarme dich.

2 In der Stille bringen wir vor dich, was uns ganz persönlich bewegt:

Stille

Vaterunser

Segen

Und nun geht in diesen Abend und in die neue Woche unter dem Segen unseres Gottes:

Der Herr segne dich und behüte dich.
Der Herr lasse leuchten sein Angesicht über dir und sei dir gnädig.
Der Herr erhebe sein Angesicht auf dich und gebe dir + Frieden.
Amen.

Lied: *Mein schönste Zier und Kleinod bist* (EG 473)

Young@Heart

Frank Bolz/Ralf Meister

Vorbemerkung

Diese Andacht wurde im Rahmen der EKD-Zukunftswerkstatt im Bali-Kino innerhalb des Kulturbahnhofs Kassel am 25.9.2009 gehalten. Zielpublikum waren Teilnehmer/innen aus ganz Deutschland. Vorbereitet wurde sie unter dem Titel „Andacht anders" von Pfarrer Frank Bolz aus Kassel und mitgestaltet von Generalsuperintendent Ralf Meister aus Berlin.

Ablauf

Filmausschnitt 1: Filmisches Präludium
Begrüßung mit Votum und kurze thematische Hinführung
Filmausschnitt 2: Filmisches Kurzportrait
Psalmgebet: Psalm 92 (in Auswahl)
Ansprache 1: Skizzierte Filmstory von „Young@Heart"
Filmausschnitt 3: Filmischer Höhepunkt
Lesung: 2. Korinther 4,6-11: Vom Schatz in irdenen Gefäßen
Ansprache 2: Gedanken zur Filmstory im Kontext der Lesung
Filmausschnitt 4
Gebet
Segen
Filmausschnitt 5: Filmisches Postludium

Der Gottesdienst

Filmausschnitt 1: [K.1 und fade out bei 00:01:42]

Vorstellung von Eileen Hal als Solistin des Chores, die „Should I stay or should I go" von der Punkband The Clash spielt.

Begrüßung und Einführung ins Thema

Im Namen des Vaters und des Sohnes und des Heiligen Geistes – Amen. Unsere Hilfe kommt von dem HERRN – der Himmel und Erde gemacht hat. Herzlich willkommen zur Kino-Andacht, hier im großen Bali-Kino im Kasseler Kulturbahnhof. „Young@Heart – Würde geht nicht in Rente" ist das Thema, um das es gehen wird.

Wenn wir ins Kino gehen, tun wir das, um einen Film zu sehen – und mit ihm die Geschichte, die er uns erzählt. Und dann leben, lachen und weinen wir meist auch mit den Menschen mit, von denen diese Geschichte handelt. Denn wir finden darin ja fast immer auch ein Stück von uns selber wieder.

In dieser Kino-Andacht werden Szenen der Geschichte von „Young@ Heart" mit Teilen eines Gottesdienstes verbunden – mit Lesungen, Gebet, Segen. Und wir werden hören und sehen, wie der christliche Glaube den Film interpretiert – und umgekehrt: wie der Film den christlichen Glauben interpretiert.

Ich wünsche Ihnen Lust und Muße, sich einzulassen auf diesen Dialog. Ich bin Frank Bolz, Pfarrer und Studienleiter am Pädagogisch-Theologischen Institut in Kassel. Und ich halte die Andacht zusammen mit Generalsuperintendent Ralf Meister aus Berlin. Eine, von der die Geschichte in „Young@Heart" erzählt, haben Sie eben schon gesehen – und vor allem: gehört. Eileen Hall. Bleiben wir noch einen Moment bei ihr und kommen mit ihr auch zu ihrem Chor –dem Young@Heart Chor, in dem die Alten „jung im Herzen" sind.

Filmausschnitt 2: [K. 4]
Interview mit Eileen Hall und Musikvideo im Altenheim

Psalmgebet: Psalm 92,2-7.13-16 (Luthertext)

Ansprache 1: Skizzierte Filmstory
Lobsingen – und wie! Im Young@Heart Chor sind es keine Gesänge zu Psalter und Harfe, die gesungen werden. Die singenden Senioren zeigen auf ihre Weise, wie man Gottes Gnade und Wahrheit auch mit anderen Liedern loben kann. Im Schnitt um die 80, Eileen Hall sogar über 90, stellen sie das Bild, das viele von alten Menschen haben, ziemlich auf den Kopf. Ruhigstellen? „Should I go?" Soll ich gehen? Oder: „I want to be sedated?", wie es in dem von ihnen provokant als Altenheimvideo inszenierten Punksong heißt? Ganz im Gegenteil! Sie mögen für sich allein eher in die Oper gehen – zusammen singen sie Hits aus der großen Geschichte von Punk und Soul, Rock und Pop. Jedem Titel verleihen sie dabei eine ganz eigene Note – man kann auch sagen: eine eigene Würde. Weil sie um ihre eigene Würde wissen. Weil sie – wie der Psalm sagt – blühen und zwar alt, aber noch frisch und fruchtbar sind. „Young@Heart" erzählt sieben Wochen aus ihrem Leben im Chor. Wie sie sich mit ihrem Chorleiter Bob Cilman, selber Mitte 50, auf ein großes Konzert vorbe-

reiten – 25 Jahre Young@Heart-Chor. Wie sie das neue Programm dafür einüben – mit Lust, aber auch mit Frust. Hier Probleme mit dem Text, dort mit dem Rhythmus. Bei allem Elan ist es harte Arbeit, die sie aber gern und mit Eifer auf sich nehmen.

Und dann ist da noch der Umgang mit der eigenen Vergänglichkeit. Neben aller Vitalität und Lebensfreude sind da auch Krankheit und Tod. Zwei der Sänger, Bob Salvini und Joe Benoit, sterben in den sieben Wochen, in denen der Film entsteht. Ein weiterer, Fred Knittle, kommt nur für das Jubiläumskonzert zurück, weil ohne Sauerstoffgerät nichts mehr bei ihm geht. Doch wie alle nimmt auch er das mit viel Humor als Teil des Lebens an – in einer jugendfixierten Zeit ein großes Vorbild, in Würde alt zu werden.

Wenige Wochen vor dem Jubiläum gibt der Chor dann ein Konzert in einem Gefängnis:

Filmausschnitt 3: [K. 14 und 15, fade out bei 1:02:40]

Die Chormitglieder erhalten die Nachricht vom Tod ihres Mitgliedes Bob Salvini. Eine Stunde beginnen sie dennoch mit dem Konzert im Gefängnis.

Lesung 2. Korinther 4, 6-7(8-11) (Luthertext)

Ansprache 2: Gedanken zur Filmstory im Kontext der Lesung

Das Gefängniskonzert.
Für mich ist es einer der intensivsten Momente des Films. Zwischen den Alten, die singen, und den Häftlingen, die ihnen zuhören, gerät etwas in Bewegung. Je für sich hätten sie sicher nicht viel gemein. Aber schon in der Zerbrechlichkeit ihres Lebens sind sie sich näher, als sie denken mögen. Den einen sind die Jahre des Lebens weitgehend gezählt, den anderen verrinnen sie in der Gefangenschaft. Es ist schon diese Begrenzung des Lebens, in der sie miteinander verbunden sind. Und wenn beim Bruce-Springsteen-Song „Dancing in the Dark" noch einige milde lächeln oder skeptisch gucken – bei Bob Dylons „Forever Young" springt dann der Funke über. Schöner, als der Altmeister des Folks es je hätte selber ma-chen können, bauen die Alten eine musikalische Brücke. Jedes Solo schenkt ihren Zuhörern ein Du, das sie anspricht, jeder Refrain im Chor Gemeinschaft, die trägt. So hören sie ein Lied des Heils als Gegenbild zur Zerbrochenheit der eigenen Lebensbiografie:

„Mögen deine Hände immer emsig sein,
mögen deine Füße immer flink sein,
mögst du ein starkes Fundament haben,
wenn die Winde der Veränderung aufkommen.
Möge dein Herz immer voller Freude sein,
möge dein Lied immer gesungen werden.
Mögst du für immer jung bleiben."

Der Wirklichkeit des eigenen Lebens mag das entgegenstehen. Aber weil es ausgerechnet diese Alten singen, die ihre Mütter und Väter, ja Großmütter und Großväter sein könnten, ist es, als würde ihnen in diesem Moment die verlorene Jugend noch mal geschenkt. Und mit ihr das Gefühl: Alles darf noch mal von vorn beginnen – aber schöner jetzt und endlich heil.

In das eben noch profane Geschehen bricht also unvermittelt etwas Himmlisches hinein. Und alle irdische Last, alles, was Angst und Bange macht, fällt ab. Wenigstens für diesen Moment verlieren Schuld, Strafe und Gefängnisalltag hier, aber auch Krankheit, Tod und Trauer dort, ihre Macht. Was die Alten singen, verheißt Vergebung, ist Vergewisserung einer vielleicht schon verloren geglaubten Würde – ein Stück Freiheit in der Gefangenschaft. Licht in der Finsternis, heller Schein im Herzen – und die Herrlichkeit Gottes im Angesicht Christi ist zum Greifen nah. „Ich war gefangen, und ihr habt mich besucht! Denn was ihr getan habt einem meiner geringsten Brüder, das habt ihr mir getan."

Natürlich, auch diese Geschichte klingt hier an.

Mag sein, dass das alles ganz unbewusst geschieht. Ein Geheimnis, das noch verborgen ist. Ohne jedes fromme Beiwerk nimmt hier ja alles seinen Lauf. Aber das stellt nichts davon in Frage: Der Mensch gewordene Gott lässt sich finden in diesen Begegnungen von Angesicht zu Angesicht. Das ist der Schatz, den wir in den irdenen Gefäßen unseres Lebens haben. Das ist das Licht, das aus der Finsternis leuchtet. Hier wird das Leben Jesu offenbar an unserem Leib, wie es in den Worten des Apostels heißt.

Wo sich der so der Himmel auftut, können die Häftlinge nicht länger auf der Erde sitzen bleiben. Wer gesessen hat, steht auf – und alle applaudieren – Standing Ovations für die im Herzen jung gebliebenen Alten in ihrer Würde. Und die gehen, noch während die Band zu Ende spielt, auf die Häftlinge zu. Händereichen, Umarmungen, große Komplimente: „Best performance I've ever seen", sagt einer – „Die schönste Aufführung, die ich je gesehen habe."

Es sind solche Momente, die die Story des Films in unsere Herzen lassen. Auch das eigene Sehnen nach Heil und Himmel findet hier ja Halt. Was die Menschen im Film erleben, erleben wir auch selbst. Wenn sie sich freuen, freuen wir uns mit, und wenn sie leiden, leiden wir mit. Ganz wie in guter christlicher Gemeinschaft.

Auch am Ende des Films, beim großen Jubiläumskonzert im Academic Theatre, ist das wieder so. Wenn wir natürlich sehen wollen, ob die so lang geübten Songs gelingen – und den Solisten womöglich in echt die Daumen drücken. Und wenn wir einmal mehr ein Lied auch auf uns selbst beziehen. So wie gleich „Fix you" der Band Coldplay, das der 82-jährige Fred Knittle in seiner ganzen Schwäche und doch mit einer so großen Stärke und Würde singt:

> „Wenn dir die Tränen kommen und die Wangen runter laufen, wenn du etwas verlierst, das du nicht ersetzen kannst, wenn du jemanden liebst, es aber vergeblich ist, könnte es schlimmer sein?
> Lichter werden dich nach Hause führen und deine Knochen entflammen, und ich werde versuchen dich aufzurichten."
> Amen.

Filmausschnitt 4: [K. 22– fade out bei 1:34:17]

Premiere des Chores im Academic Theatre nach der Puase mit „I feel good". Als Tribut an die gestorbenen Chormitglieder Salvini und Benoit singt der schwerkranke Fred Knittle mit Beatmungsgerät.

Fred Knittle singt „Fix you"

Gebet

Deinen Schatz entdecken, der in uns zerbrechlichen Gefäßen liegt,
dein Licht erblicken, das aus dem Finsteren strahlt, und in aller
Begrenztheit und Zerbrochenheit das Leben finden, mit dem du uns
erfüllst, um auch einander zu erfüllen –
darum bitten wir dich, HERR.
Amen.

Vaterunser

Segen

Das schenke dir Gott:
„Dass du Licht hast
Wie du Licht bist
Fassbare Zärtlichkeit sterblicher Menschen –
Dass du heftig lebst
Dass du liebst und wieder geliebt weiterlebst
Und nie einsam verkommst –
Dass dein Herz wächst
Und du nicht alles erfährst –
Dass du Zerbrechliches schonst
Auch mit Worten
Manchmal hält schon eine einzige Zeile die Schöpfung in Gang.
All das auf Vorrat
Und Gefährten unter sehr hellen Himmeln."
*(Gedicht „Geburtstag" von Richard Exner, *1929)*

So geh hin im Frieden: Es segne dich der dreieinige Gott,
Vater, Sohn und Heiliger Geist.
Amen.

Filmausschnitt 5: [K. 23 und fade out bei 1:39:00]
Es ist der Schluss des bewegenden Konzertes des Chores bis zum Applaus und Abspann.

Ewigkeitssonntag

Der Club der toten Dichter

Andreas Flug

Vorbemerkungen

Grundsätzliches siehe zum Gottesdienst „Das Wunder von Bern".

Der Film „Club der toten Dichter" gehört zu meinen Lieblingsfilmen. Gegen ein zielloses Dahinleben und widerspruchsloses Mitschwimmen mit dem Strom lädt der Film dazu ein, jeden Augenblick intensiv zu leben und auszukosten. John Keating will seine Schüler zu frei denkenden Menschen erziehen. Sie sollen Dinge von anderen Standpunkten aus betrachten, sich ihre eigene Meinung bilden und ihre eigenen Wege gehen. Auch Jesus Christus hat Menschen zum Selberdenken eingeladen und sie zu neuen Wegen ermutigt und ist damit ebenso angeeckt, wie der Pädagoge.

Die Einladung erfolgte an keine bestimmte Zielgruppe. Auffällig war allerdings, dass zu diesem Gottesdienst deutlich weniger Menschen (circa 40) kamen, obwohl wir ihn in den Herbstferien gefeiert haben. Vielleicht lag es daran, dass dieser Film vielen unbekannt ist. Interessant war dann aber das Gespräch in einer kleinen Gruppe nach dem Film über die Möglichkeiten und Grenzen von Schule und Kirche, Menschen bei ihrer Persönlichkeitsbildung zu begleiten.

Ablauf[1]

Musik zum Anfang
Begrüßung/Einführung ins Thema
Lied: *In dir ist mein Leben* (183)
Eingangsgebet
Kyrie (EG 178.12)
Gott, du bist die Quelle unserer Kraft. Du lockst uns bis an die Grenzen unserer Möglichkeiten. Dafür danken wir dir und singen dir unser Gloria.
Gloria (nach Taizé[2])
Lesung
Halleluja (43)
Apostolisches Glaubensbekenntnis
Einleitung in den Film
Filmausschnitt 1 und Überleitung
Filmausschnitt 2 und Überleitung
Filmausschnitt 3 und Überleitung
Filmausschnitt 4 und Überleitung

---

1 Alle verwendeten Lieder sind, soweit nicht anders angegeben, dem Liederbuch „Zwischen Himmel und Erde" von Peter Böhlemann u.a., tvd-Verlag Düsseldorf, 6. Auflage 2011 entnommen. Die Bibellesungen sind, wenn nicht anders angegeben, der Guten-Nachricht-Bibel entnommen.

2 Ateliers et Presses de Taizé, Jacques Berthier

Filmausschnitt 5
Predigt: „Was wird wohl euer Vers sein?"
Lied: *Vertraut den neuen Wegen* (EG 395,1-3)
Ansagen
Lied: *Herr, deine Gnade* (LW 50)
Vaterunser
Segen
Musik zum Ausklang

Der Gottesdienst

Musik zum Anfang

Begrüßung/Einführung ins Thema
Habt ihr euch auch schon manchmal gefragt, ob ihr heute nicht das eine oder andere hättet besser oder anders machen können? Habt ihr euch auch schon darüber geärgert, eine Chance verpasst zu haben oder einen neuen Weg nicht gegangen zu sein? Aus Angst vor dem Unbekannten? Aus Gewohnheit? Aus Bequemlichkeit? Oder Gedankenlosigkeit?

Dann seid ihr in diesem Filmgottesdienst heute Abend genau richtig. Denn darum geht es in dem Film Der Club der toten Dichter, der im Mittelpunkt des Gottesdienstes steht. Dass Menschen entdecken: „Der da lebt, das bin ja gar nicht ich. Es sind andere, die mein Leben bestimmen. Und ich verpasse so viele Möglichkeiten, die ich habe und die in mir stecken!"

Ich begrüße euch alle ganz herzlich und wünsche uns allen einen gesegneten erhellenden und lebendigen Gottesdienst. Wir feiern ihn im Namen Gottes, der wie Vater und Mutter zu uns ist, im Namen Jesu, der unser Bruder ist, und im Namen des heiligen Geistes. Der Gott, der in unserer Mitte ist, den loben wir mit dem Lied „Ich lobe meinen Gott".

Lied: *In dir ist mein Leben* (183)

Eingangsgebet
Gott, damit wir unser Leben, das du uns gegeben hast mit all seinen Möglichkeiten, nicht verfehlen rufen wir zu dir: Herr erbarme dich! Kyrie eleison!

Kyrie (EG 178.12)
Gott, du bist die Quelle unserer Kraft. Du lockst uns bis an die Grenzen unserer Möglichkeiten. Dafür danken wir dir und singen dir unser Gloria.

Gloria

Lesung
Von dem Philosophen Sören Kierkegaard stammt die Geschichte „Der Gänsehof". Das Leben der Gänse, das er darin beschreibt, ist wie ...
Aber hört selbst:

„Die Christen leben wie Gänse auf einem Hof. An jedem siebten Tag wird eine Parade abgehalten, und der beredsamste Gänserich steht auf einem Zaun und schnattert über das Wunder der Gänse und die hohe Bestimmung, die der Schöpfer ihnen gegeben hat. Er erzählt von den Taten der Vorfahren, die einst zu fliegen wagten und lobt die Gnade und Barmherzigkeit des Schöpfers, der den Gänsen Flügel und den Instinkt zum Fliegen gab. Die Gänse sind tief gerührt, senken in Ergriffenheit die Köpfe und loben die Predigt und den redegewandten Gänserich. Aber das ist alles. Eines tun sie nicht: Sie fliegen nicht. Sie gehen zu ihrem Mittagsmahl. Sie fliegen nicht, denn das Korn ist gut, und der Hof ist sicher. So bis an ihr Lebensende."

Der Apostel Paulus sagt: „Früher habt auch ihr in Dunkelheit gelebt; aber heute ist das anders: Durch den Herrn seid ihr im Licht. Darum lebt nun auch wie Kinder des Lichts! Ein solches Leben führt zu aufrichtiger Güte, Gerechtigkeit und Wahrheit. Prüft in allem, was ihr tut, ob es Gott gefällt."

Halleluja (43)

Apostolisches Glaubensbekenntnis

Einleitung in den Film
Ende der fünfziger Jahre werden die Schüler im elitären Internat Welton im Nordosten der USA auf ihre zukünftige Rolle als gesellschaftliche Führungsschicht vorbereitet. Verknöcherte Lehrkräfte vermitteln den Schülern, was diese für ihre spätere Karriere als Ärzte oder Anwälte benötigen. Die Jungen kommen zum neuen Schuljahr mit ihren Eltern ins Internat.

Filmausschnitt 1: [0:2:18–0:7:17]

Der Rektor redet zu Beginn des neuen Schuljahres über Tugenden, zu denen die Jungen an dieser Schule erzogen werden. Die Schüler beziehen ihre Zimmer und machen sich über die Tugenden lustig.

Überleitung

„Tradition-Ehre-Disziplin-Leistung" sind die Grundprinzipien der Schule. „Travestie-Ekel-Dekadenz-Lethargie", so übersetzen die Schüler. Es ist ihre einzige Form, in einem Alltag aufmüpfig zu sein, in dem alle angepasst sein müssen. Doch mit John Keating, dem neuen Englischlehrer, wird alles anders.

Filmausschnitt 2: [0:11:08–0:16:00, 0:20:17–0:22:46]

Keating geht mit den Schülern zu alten Klassenfotos und raunt ihnen ins Ohr: „Carpe diem!" Im Unterricht lässt er Seiten aus einem Buch über Lyrik herausreißen.

Überleitung

„*Carpe diem!* Nutze den Tag und deine Möglichkeiten! Macht euer Leben außergewöhnlich!" Keatings Kollegen sind skeptisch. Die Schüler sind begeistert. In einem alten Schuljahrbuch lesen sie, dass Keating als Schüler mit anderen den „Club der toten Dichter" gegründet hat. Dazu trafen sie die Mitglieder heimlich in einer Höhle, um sich gegenseitig Gedichte vorzulesen. Die Jungen beschließen, den Club wiederzubeleben.

Filmausschnitt 3: [0:34:45–0:42:50, 1:01:02–1:03:08]

Die Jungen sitzen in der Höhle und reklamieren Gedichte. Keating lässt sie im Unterricht auf den Lehrertisch steigen, „damit ihr die Welt aus einer anderen Perspektive seht". Draußen lässt er sie Bewegungen machen, die ihren momentanen Gefühlen entsprechen. Alles wird vom Kollegium argwöhnisch beäugt.

Überleitung

Mit unkonventionellen Methoden fordert Keating die Klasse zu selbständigem Handeln und freiem Denken auf. Sie sollen sich mehr zutrauen und ihre eigenen Möglichkeiten und Wünsche sehen, die in ihnen stecken. Knox Overstreet traut sich, dem Mädchen Chris seine Liebe zu gestehen. Und Neil Perry entdeckt seine Liebe zum Schauspielern.

Sein Vater ist strikt dagegen und verbietet es ihm. Auch seine Mitschüler raten ihm ab. John Keating rät Neil, mit seinem Vater offen zu reden. Doch Neil sagt nichts und spielt trotzdem. Der Vater besucht die Vorstellung und nimmt seinen Sohn anschließend wütend mit nach Hause.

Filmausschnitt 4: [1:34:48–1:43:57]

Neil soll von der Schule gehen. Er ist verbittert und erschießt sich nachts am Schreibtisch seines Vaters. Die Eltern sind geschockt.

Überleitung

Neils Eltern verlangen eine Untersuchung. Die Schulleitung sagt: John Keating, seine Lehrmethoden und seine Gedanken, mit denen er die Jungen „vergiftet" hat, sind an Neils Tod schuld. Die Schüler werden einzeln verhört und gezwungen, ein Papier zu unterschreiben, damit Keating von der Schule entfernt werden kann. Die Jungen sind hin und hergerissen. Haben sie den Mut zu einer eigenen Entscheidung oder passen sie sich an?

Filmausschnitt 5: [1:51:45–2:00:16]

Die Schüler werden einzeln verhört. Keating muss gehen. Aber als er ein letztes Mal in die Klasse kommt, um seine Sachen zu holen, stellen sich alle Schüler auf die Tische und rufen „Captain, mein Captain!" Der Direktor steht machtlos daneben. Keating bedankt sich bei der Klasse.

Captain, mein Captain

Predigt: „Was wird wohl euer Vers sein?"

„O Captain, my Captain!" Ein Kritiker hat das, was wir eben gesehen haben, als eine der emotionalsten Schlussszenen der Filmgeschichte bezeichnet. „Von den letzten Minuten des Films muss man einfach berührt sein", schreibt er. Und ich finde, er hat Recht. Mir geht es genau wie ihm. Es berührt mich zutiefst, wie John Keating ein letztes Mal in die Klasse kommt und Todd Anderson aufsteht, sich auf den Tisch stellt und die Worte ruft, mit denen Keating die Jungen gleich in der ersten Unterrichtsstunde herausgefordert hat. Der Funke, den Keating in sie gelegt hat, ist zum unauslöschlichen Feuer geworden. Aus einem Haufen angepasster, kuschender Zöglinge sind junge Persönlichkeiten oder Individuen geworden, die die Welt und ihr Leben mit anderen Augen sehen. Die sich das selbständige Denken und Handeln nicht mehr verbieten lassen. Die eigenen Entscheidungen treffen, wenn es sein muss auch gegen die Meinung der anderen. Und die sich auch trauen, aufzustehen, auf die Tische zu steigen und ihre Sicht der Dinge und ihren ganz eigenen Weg vor sich selber und vor anderen zu vertreten. Menschen, die eine neue Sicht des Lebens, ihres Lebens gewonnen haben. Und die diese neue Sichtweise so mutig wie es geht auch leben.

Und alles fängt damit an, dass ein Mann Worte des römischen Dichters Horaz zitiert: „*Carpe diem!* Nutze und ergreife den Tag! Macht das Beste aus eurem Leben. Macht euer Leben außerge-wöhnlich! Fangt endlich an zu leben!" Mit diesen wenigen Worten bringt John Keating vieles ans Licht.

Die Träume der Jungen und ihre verborgenen und von anderen gedeckelten Talente und Möglichkeiten. Mit Keatings Hilfe lernen die Schüler, „ich" zu sagen, ihren ganz persönlichen Weg zu finden und dann auch zu gehen. Ich wünschte mir, dass viele junge und erwachsene Menschen hier und heute sich das auch trauten, „ich" zu sagen. Stattdessen erlebe ich viele Angepasste, Duckmäuser, Leisetreter, Mit-dem-Strom-Schwimmer. „Gerade, klare Menschen wär'n ein schönes Ziel. Menschen ohne Rückgrat ha'm wir schon zu viel", sang in den siebziger Jahren die Liedermacherin Bettina Wegner aus der damaligen DDR. Doch was sie sang, galt sicher für beide Deutschlands. Und gilt heute leider immer noch. Jugendliche, die in der Schule nicht den Mund aufmachen, weil es dann vielleicht schlechtere Noten gibt. Erwachsene, die wegsehen, wenn auf der Straße oder im Bus andere belästigt werden. Arbeitslose, die sich verkriechen und wertlos fühlen, anstatt gegen Dumpinglöhne zu protestieren. Viele, die lieber nicht mehr zu Wahl gehen, anstatt den Politikerinnen und Politikern zu sagen, dass sie die Nase voll haben von Versprechungen, Behauptungen und Vertuschungen. Menschen, die von einem ganz anderen Leben oder einem anderen Beruf für sich träumen, aber frustriert weiter machen, Tag für Tag.

„*Carpe diem!* Nutze den Tag! Macht das Beste aus eurem Leben. Macht euer Leben außergewöhnlich! Fangt endlich an zu leben!" Nicht dass ihr denkt, ich hacke nur auf anderen rum. Ich selber bin auch schon manchmal daran gescheitert, dass ich meine Träume nicht gelebt habe. Dass ich frustriert einfach weiter gemacht habe. Gut, ich bin nicht unzufrieden mit dem, was ich tue und wo ich bin. Aber ich sage ehrlich:

Hätte ich das wirklich gelebt, was ich in mir entdeckt habe, ich stünde heute nicht hier. Und manchen von euch geht es vielleicht ganz ähnlich. Gut, wir könnten uns herausreden und sagen: „Wir haben eben keinen John Keating gehabt, der uns geholfen hätte."

Stimmt. Aber wir hatten und wir haben Jesus Christus, der auch Menschen eingeladen hat, eine andere Sichtweise einzunehmen. Kranke und Einsame sind nicht weniger wert als die Gesunden. Frauen nicht weniger als Männer. Der Himmel ist nicht oben und die Erde unten. Sondern ein Stück vom Himmel ist schon auf der Erde, heute, hier und jetzt. Denn Gott ist auf die Erde gekommen. Er ist nicht mehr weit weg, sondern in der Person Jesu Christi ganz nah zu den Menschen gekommen. Ja, Gott ist selber Mensch geworden. Und das alles nur, weil er die Menschen liebt. Weil er will, dass sie ihr bisheriges Leben überdenken. Dass sie umkehren aus einem falschen Leben in ein echtes.

Dass sie noch einmal ganz neu leben, nach Gottes Willen. So hat Jesus es gesagt. Und so hat Jesus gelebt. Er hat den Ängstlichen Mut gemacht und den Mutlosen Hoffnung gegeben. Er hat gesagt, dass nicht immer alles so bleiben muss wie es ist. „Ich lebe und ihr sollt auch leben!", hat Jesus gesagt. Und er hat vielen Menschen gezeigt, welches ganz andere Leben in ihnen steckt. Den Fischern hat er gezeigt, dass sie zu mutigen Glaubenszeugen werden können. Dem geizigen, betrügerischen Zöllner Zachäus hat er sein Leben umgekrempelt und Augen für die Armen gegeben. Der gedemütigten Maria Magdalena hat er neue Würde gegeben.

Ja, er hat das Leben vieler Menschen im doppelten Sinne des Wortes heil gemacht. Er hat ihnen gezeigt, dass sie ganz eigene Persönlichkeiten sind und hat ihnen geholfen, ihre Träume, Talente und Möglichkeiten zu leben, so wie er selber es auch getan hat. Wie Horaz oder John Keating hätte auch Jesus sagen können: *„Carpe diem!"*

Stattdessen sagte er: „Folge mir nach! Vertraue mir! Glaube mir! Geh den Weg mit mir!" Und er sagt es heute immer noch. Jesus lädt Menschen zu freiem Denken und Handeln ein. Er lädt Menschen ein, nicht zu sagen und zu tun, was alle sagen oder tun. Jesus lädt Menschen ein, zu leben. Er lädt auch dich und mich ein: „Lebe dein Leben!"

Aber die Freiheit und das Leben, das Jesus verspricht, sind immer auch angefochten von Menschen, denen das nicht passt. Das mussten Jesus und seine Freundinnen und Freunde ebenso erfahren wie die Jungen im Film. Der Tod von Neil ist so tragisch wie der Tod Jesu. Und doch sagt Jesus zu Martha, deren Bruder Lazarus gestorben ist:

„Ich bin die Auferstehung, und ich bin das Leben. Wer mir vertraut, der wird leben, selbst wenn er stirbt. Und wer lebt und mir vertraut, wird niemals sterben. Glaubst du das?" Und Martha antwortet: „Ja Herr! Ich glaube, dass du der Christus bist, der Sohn Gottes, auf den wir so lange gewartet haben."

„Glaubst du das?", fragt Jesus auch mich. Ich muss nur „Ja" sagen, dann so hat Jesus versprochen, fängt auch für mich ein neues Leben an. Indem ich mich traue, immer wieder einmal frei von den Meinungen anderer zu denken und zu handeln. Immer wieder einmal gegen den Strom zu schwimmen.

Immer wieder einmal das zu leben, was Gott in mich hinein gelegt hat, selbst wenn es meiner Karriere oder meinem Ansehen schadet. Und diese Freiheit und dieses Leben mit Christus machen mich erst wirklich zu dem Menschen, den Gott gemeint hat, als er mir das Leben gab. Je älter ich werde, umso klarer sehe ich es.

Amen.

Lied: ***Vertraut den neuen Wege***n (EG 395,1-3)

Ansagen

Lied: ***Herr, deine Gnade*** (LW 50)

Vaterunser

Segen

Musik zum Ausklang

Ewigkeitssonntag

Ist das Leben nicht schön?

Eberhard Schwarz (ES), Gerald Birkenstock (GB), Jürgen Schwab (JS), Inge Kirsner (IK)

Vorbemerkung

„Ist das Leben nicht schön?" ist als Weihnachtsfilm ausgewiesen, doch wählten wir den Ewigkeitssonntag für dessen Aufführung, da die darin angeschnittenen Themen den Übergang zwischen Tod und (neuem) Leben filmisch ausgezeichnet darstellen. Zudem zeichneten sich zum Zeitpunkt der Aufführung gerade die Auswirkungen der Bankenkrise ab.

Ablauf

Filmausschnitt 1
Orgelvorspiel *(JS)*
Begrüßung
Lied: *Befiehl du deine Wege* (EG 361)
Psalm: *Magnificat* (EG 761)
Gebet
Lesung: Matthäus 6,19-34: Denn wo dein Schatz ist, da ist dein Herz (V 21), Ihr könnt nicht Gott dienen und dem Mammon (V 24).
Theologischer Zugang I *(IK)*: Konsequenz der Nachfolge: dem Mammon entsagen
Filmausschnitt 2
Orgel–Zwischenspiel *(JS)*
Theologischer Zugang II *(GB)*: (Anti-)amerikanischer Traum
Lied: *Lass uns den Weg der Gerechtigkeit gehen* (EG Württ. 658)
Filmausschnitt 3
Theologischer Zugang III *(ES)*: Sinnfrage als ethische Frage
Lied: *Komm in unsere stolze Welt* (EG 428)
Fürbitte: weisheitliches Gebet nach Weisheit 9 *(ES)*
Vaterunser
Lied: *Verleih uns Frieden* (EG 421)
Segen *(ES)*
Nachspiel *(JS)*

Der Gottesdienst

Filmausschnitt 1: (K.1) [0:01:11–0:11;44]

Die Gebete von Bürgern der Stadt Bedford Falls dringen in den Himmel – sie bringen die Sorge um George Bailey, Inhaber einer Sparkasse und beliebtester Bürger der Stadt, zum Ausdruck, der ausgerechnet am Weihnachtsabend seinen Lebensmut verloren hat. Zwei himmlische Kräfte – der Blick zum Himmel zeigt sie als blinkende Lichtquellen – beraten, wie man ihm helfen könnte. Sie schicken Clarence, einen etwas ungeschickten und noch flügellosen Engel auf die Erde und erzählen ihm zuvor einiges aus der Kindheit und Jugend Baileys: er hat sowohl seinem Bruder einmal das Leben gerettet als auch einem Jungen, dem der Apotheker versehentlich Gift anstelle seines Medikaments zusenden wollte. Als Junge wie auch noch als junger Mann träumt Bailey vom Reisen in die große weite Welt – doch irgendeine Verantwortlichkeit hält ihn immer wieder davon ab.

Orgelvorspiel

Votum und Begrüßung

Die Gnade unseres Herrn Jesus Christus und die Liebe Gottes und die Gemeinschaft des Heiligen Geistes sei mit euch allen!

Liebe Filmgottesdienstgemeinde,
wir begrüßen Sie zu diesem Gottesdienst, der den Film „Ist das Leben nicht schön?" von Frank Capra aus dem Jahr 1946 zum Thema hat. Wie der Protagonist des Films stehen wir an diesem Sonntag im Kirchenjahr auf der Schwelle zwischen Leben und Tod: gedenken am heutigen Ewigkeitssonntag der Toten und feiern nächsten Sonntag den ersten Advent, die Ankunft des Retters der Welt.

George Bailey will in Capras Film zwar nicht die Welt retten, aber immerhin seinen Heimatort Bedford Falls, und zwar vor der Machtübernahme durch seinen Antagonisten Potter. Der schwerreiche Potter verfügt über großen Immobilienbesitz, ist Vorstand der National Bank und würde sich am liebsten auch Baileys Bausparkasse unter den Nagel reißen. Potter ist ein verbitterter alter Mann, der im Rollstuhl sitzt und den alles Lebendige nur unter dem Aspekt seiner Kommerzialisierbarkeit interessiert. Er ist die Verkörperung des Kapitalismus, und George muss wie sein Namensvetter, der heilige Georg, gegen einen Drachen kämpfen, der zunächst sehr viel stärker erscheint als der Retter der Armen und Bedrohten. Doch muss der Retter, damit er nicht auch wie der Namensvetter zum Märtyrer wird, erstmal selbst gerettet werden, wie es in der ersten Filmszene geschildert wird. Die Finanzkrise, Echo der Weltwirtschaftskrise in den 30er Jahren in Amerika, ist nur eines der Themen dieses nun wieder sehr aktuell gewordenen S/W-Filmes, der in der Zeit zwischen 1919 und 1945 spielt.

Lied: ***Befiehl du deine Wege*** (EG 361,1-2.4 und 12)

Psalm: ***Magnificat*** (EG Württ. 761)

Meine Seele erhebt den Herrn
  und mein Geist freut sich Gottes, meines Heilandes;
denn er hat die Niedrigkeit seiner Magd angesehen.
  Siehe, von nun an werden mich selig preisen alle Kindeskinder.
Denn er hat große Dinge an mir getan
  der da mächtig ist und dessen Name heilig ist.
Und seine Barmherzigkeit währt von Geschlecht zu Geschlecht
  bei denen, die ihn fürchten.
Er übt Gewalt mit seinem Arm
  und zerstreut, die hoffärtig sind in ihres Herzens Sinn.
Er stößt die Gewaltigen vom Thron
  und erhebt die Niedrigen.
Die Hungrigen füllt er mit Gütern
  und lässt die Reichen leer ausgehen.
Er gedenkt der Barmherzigkeit
  und hilft seinem Diener Israel auf.
Wie er geredet hat zu unseren Vätern,
  Abraham und seinen Kindern in Ewigkeit.
Ehre sei dem Vater...

Gebet *(ES)*

Ewiger, lebendiger Gott,
Unterwegs sind wir, ein Leben lang.
Immer auf dem Weg – aber wohin?
Wir gehen und laufen,
manchmal stolpern und zögern wir.
Oft eilen wir
Viel zu schnell.
Und vergessen dabei
unseren Mut zu sammeln,

uns unserer Hoffnungen zu vergewissern,
unsere Aufgaben zu sehen.
Hilf du uns dabei.

Unterwegs sind wir, ein Leben lang.
Immer auf dem Weg
zu dir, Gott.
Du großes Rätsel:
Immer nah,
auch dann, wenn wir
dich in der Ferne wähnen.

Dass deine Kraft
Nicht von uns weiche.
Das bitten wir an diesem Abend.
Dass du uns gnädig begleitest,
dort, wo wir uns selber suchen.
Das bitten wir.

Dich bitten wir
Um Worte, Zeichen, Horizonte,
die uns unseres Lebens gewiss machen.

Wir bitten es
in Jesu Namen.
Amen.

Textlesung Matthäus 6,19-21.24-26.31-33

Kurzes Orgelzwischenspiel

Theologischer Zugang I

„Denn wo dein Schatz ist, da ist dein Herz", so haben wir eben in der Lesung aus der Bergpredigt (Mt 6,21) gehört.

„Mein Schatzzzzzz...." klingt vielleicht noch denjenigen von Ihnen im Ohr, die den „Herrn der Ringe" gesehen haben und dem verzweifelten Gollum beim Haltenwollen des Ringes zugeschaut und zugehört haben. Dieser Ring steht nicht für Geld, sondern für Macht, Macht über andere Wesen, doch wer kann schon das eine von dem anderen trennen? Das Herz Gollums ist mit seinem Schatz so verschmolzen, dass er lieber sterben würde, als ihn herzugeben. Ein Leben ohne diesen Schatz wäre keines für ihn.

Der Kapitalist Potter in Capras Film ist deswegen so arm, weil er sich gar nicht vorstellen kann, dass nicht alles und jeder käuflich ist. Als George sein Angebot ausschlägt, für ein hohes Jahresgehalt in seiner Bank zu arbeiten, ist das einzige, was ihm einfällt, dass dieser wohl Angst vor Erfolg hat. Erfolg steht für Gewinnmaximierung. Geld hat für Potter seinen Wert in sich. Doch für George hat es nur insofern Wert, als es den Menschen zur Lebensmaximierung verhilft. Es geht nicht um die Alternative: Geld oder Leben, sondern darum, dass das Geld dem Leben dienen soll und ein Leben für Geld zum inneren Tod führt. Denn, so steht es in Matthäus 16,26: „Was hülfe es dem Menschen, wenn er die ganze Welt gewönne und nähme doch Schaden an seiner Seele?"

Peter Handke hat dies in seiner kurzen Lebensbeschreibung, die den Weg Jesu auf zwei Buchseiten abschreitet, gewagt umzudrehen: „Was nützt es dem Menschen, wenn er an der Seele gewinnt, an der Welt aber Schaden leidet?"

George, die Seele der Kleinstadt, hat Schaden genommen. Er, der dafür gesorgt hat, das Geld der kleinen Leute so anzulegen, dass diese sich ihren bescheidenen Wunsch nach genügend Wohnraum erfüllen konnten, bekommt am Ende einen einzigen großen Wunsch erfüllt. Wie Hiob ruft er, dessen Lebensträume ein Leben lang zerplatzten und dessen Glaubwürdigkeit und damit Existenz nun auf dem Spiel steht, aus: Ich wünschte, ich wäre nie geboren!

Dieser Wunsch ruft nun die Engel auf den Plan, diese Mittler zwischen Himmel und Erde, die dafür sorgen wollen, dass George noch eine Weile auf der Erde bleibt. Dazu heben wir Filmzuschauende unseren Blick in den Himmel, der die künstliche Studiowelt von Bedford Falls überspannt, und folgen dem Gespräch zweier und schließlich dreier Engel.

Der Film ist ein körperliches Medium, er muss Gedanken sichtbar machen, sie Fleisch werden lassen. Capra verzichtet jedoch darauf, den Engeln die übliche Gestalt zu verleihen. Er benutzt zu deren Visualisierung lediglich das ureigene Medium des Kinos, das Licht. Die Lichtgestalten kommunizieren wie blinkende Taschenlampen miteinander, und das Transzendente, die Sichtbarkeit übersteigende, wird in der dritten Dimension des Kinos, im Tonraum, zugänglich. Wenn die Gebete der Menschen zur Rettung ihres Wohltäters in den Himmel steigen, die Worte den Raum zwischen Erde und Himmel füllen, wird der reine Filmraum, die Leinwand, gesprengt und auf etwas hingewiesen, was außerhalb seiner Reichweite liegt.

Filmausschnitt 2: (Ende K. 20, Anf. K. 21) [01.34.17–01.40.01]

George will sich ins Wasser stürzen, doch Engel Clarence kommt ihm zuvor – George rettet ihn. Clarence erzählt ihm von seiner Mission, George glaubt ihm zunächst nicht, folgt ihm dann aber, als Clarence ihm ankündigt, ihm zeigen zu wollen, wie Bedford Falls ohne ihn aussähe.

Wir befinden uns nun im Reich des Traumes, und so hat der suizidgefährdete George Erscheinungen, die zwischen Wunsch- und Alptraum oszillieren. Zunächst erscheint ihm Clarence, der nun – als älterer Herr – sichtbar gewordene Engel. Er zeigt ihm die Welt ohne George Bailey, Bedford Falls kennt ihn nicht und ist Potterville geworden. So wäre die Welt, wenn du nie geboren worden wärst! George, daran gewöhnt, eigene Wünsche zurückzustecken und altruistisch dafür zu sorgen, dass alle anderen ihre Wünsche erfüllt bekommen, erschrickt über das Ausmaß seines potentiellen Nichtvorhandenseins und kehrt zurück – hier beginnt der Märchenschluss des Films, der ansonsten den gewohnt komödiantischen und optimistischen Ton der bisherigen Caprafilme unterläuft und einen mit einem Nachgeschmack zurücklässt, wie ihn etwa eine Weihnachtserzählung Maxim Gorkis kennzeichnet.

„Von einem Knaben und einem Mädchen, die nicht erfroren sind" erzählt Gorki hier und endet mit dem Satz, dass er nicht einsehe, seine beiden Protagonisten in seiner Geschichte erfrieren zu lassen, wo sie doch „die Möglichkeit haben, auf gewöhnliche und natürliche Weise zugrunde zu gehen..."

Orgel – Zwischenspiel *(JS)*

Theologischer Zugang II
(Anti-)amerikanischer Traum *(GB)*

Dieser George Bailey ist mir ja schon ein seltsamer Held. Genau genommen ist es eher ganz unheldenhaft, wie er beinahe „zugrunde geht", um beim Zitat von eben zu bleiben. Denn ein Held... sieht ganz anders aus. Zumindest ein Held des amerikanischen Kinos. Ein Held des... amerikanischen Traums.

Dabei hat George Bailey alles von dem Stoff, der Kino-Helden macht. Selbstvergessen stürzt er sich ins Eiswasser und rettet seinen Bruder.

Auf sein Lebensziel verzichtend, kümmert er sich aufopfernd um das Wohl seines Dorfes, seiner Familie, seiner Freunde. Als Einziger stellt er sich mutig dem Gegenspieler, der Heuschrecke Potter, der – ganz amerikanisches Kino – nichts weniger als die Weltherrschaft beansprucht – zumindest die der Welt von Bedford Falls.

Das ist doch amerikanisches Heldenkino! Und nach den Regeln des amerikanischen Traums ist vorherbestimmt, dass die Geschichte so ausgeht: George, der Drachentöter, nimmt den Kampf mit dem unbezwingbaren Potter auf. Einsam. Zynisch. Duelliert sich mit ihm im Climax, im Show-down des Films; eingeleitet durch eine Verfolgungsjagd mitten durch Bedford Falls, bezwingt er schließlich den Drachen Potter. Amerikanisches Kino pur...

Aber so ist er gar nicht, unser „Held" George Bailey. Das lässt den Filmautor in mir natürlich aufhorchen: Was ist George denn dann für einer? Dramaturgisch gefragt. Und was macht Frank Capras Film-Dramaturgie mit, die Dramaturgie meines eigenen Lebensfilms betreffend? Der Drehbuchautor und -lehrer Scott Myers beurteilt das so:

Normalerweise – so lernt man in der Drehbuchschule – soll der Held der Aktive sein. Er soll die Handlung des Films vorantreiben.

Capras Anti-Held George hingegen lässt sich treiben. Er ist eine passive Figur, denn die meisten lebensbewegenden Dinge passieren ihm und sind nicht durch ihn aktiv bewirkt. Selbst am Ende des Films, beim Climax, wird die ganze Stadt ohne sein Zutun aktiv, um unseren Helden George vorm finanziellen Ruin und Gefängnis zu bewahren.

Amerikanisches Helden-Kino ist auch immer das Kino einer Messias-Erwartung. Ein Überheld rettet die Welt. Das Anti-Heldenkino Capras hingegen erinnert an den realen „Helden" Jesus. Die Rede Jesu, die wir eben gehört haben, passte so gar nicht in das Schema eines Messias. Der sollte doch die jüdische Welt der Antike von der Geißel Roms befreien. So hofften es viele Zeitgenossen. König Herodes belachte ihn, den „selbsternannten" König der Juden, der ohne Königreich da stand. Aber Gottes Königreich ist nicht von dieser Welt, sagte Jesus. Und deshalb braucht auch George Hilfe von außerhalb dieser Welt, um zu verstehen, dass er, der kleine spießige Mittelschichtbürger eine ganze Menge „Gottes Reich und Gerechtigkeit" bewirkt. In Bedford Falls – ohne George Bailey zumindest – scheint von einer gerechten Welt wenig übrig geblieben. Vielleicht ist das auch die Stärke des Films. Er zeigt einen Alltagshelden. Jesus macht uns in seiner Rede in Matthäus 6 auch zu Alltagshelden – indem er uns auffordert, uns nicht von den Sorgen des Alltags auffressen zu lassen, sondern zuerst nach Gottes Reich und seiner Gerechtigkeit zu trachten.

Dann werden auch wir zu Helden, in unseren ganz persönlichen Lebensfilmen. Wenn wir in den ganz kleinen Dingen des Alltags für menschliche und Gottes Gerechtigkeit sorgen.

Lied: ***Lass uns den Weg der Gerechtigkeit gehen*** (EG Württ. 658,1-4)

2. Dein Reich des Lichts und der Liebe
lebt und geschieht unter uns.
Dein Reich komme, Gott, dein Reich komme.

3. Wege durch Leid und Entbehrung
führen zu dir in dein Reich.
Dein Reich komme, Gott, dein Reich komme.

Text: M. P. Figuera, Musik: Christobal Halffter, Übersetzung: Diethard Zils
Quelle: misa de la juventud, 1964. Aus: Es sind doch deine Kinder, 1983

Filmausschnitt 3: (K. 14) [01:04:41–01:09:33]

Potter, Großbankbesitzer in Bedford Falls, dessen Monopolstellung bisher nur durch George Bailey verhindert wird, bietet diesem eine gut bezahlte Stellung an; dieser überlegt es sich nur kurz, schlägt den Handel dann aber aus.

Theologischer Zugang III *(ES)*

Wir haben die erzählerischen Fäden dieses Films in die Hand genommen. Wir sind auf das Thema der Charakterfestigkeit gestoßen. Wir haben auf der einen Seite die Rechtschaffenheit von George Bailey gesehen und auf der anderen den Charakter einer bösen Spinne – so nennt George Bailey den schrecklichen, verbissenen und an Leib und Seele kranken Potter. Ein Prototyp der viel beschworenen Heuschrecke. Wir sehen in der Gegenüberstellung der beiden Männer andere Themen: die Frage nach der Gerechtigkeit einer Gesellschaft. Mehr noch: die Frage nach der Gerechtigkeit des Lebens selbst.

Am Ende gipfelt Capras Film in der uralten Frage, die uns schon die biblische Weisheitsliteratur vorlegt: ob nämlich der Gerechte auch für sich Gerechtigkeit erfahren wird. Und in deren Folge: ob es denn Sinn macht, aufrecht zu leben. Am Ende steht die Frage, ob auf der großen Leinwand des Lebens ein von seiner tiefen Aufrichtigkeit bewegter Mensch scheitern und verzweifeln muss in einer Welt, in der sich der Stärkere durchzusetzen scheint. „Ob ein Mensch auch auf bescheidene Weise etwas Bedeutendes tun kann" – so heißt es in einem Gespräch zwischen George Bailey und seinem Vater – in einem schäbigen kleinen Büro, statt in der großen Welt der Erfolgreichen und Eitlen.

„Ist das Leben nicht schön?", Capras Film, der auf eine rührende Weise auch ein Weihnachtsfilm ist – das Ende spielt am Heiligen Abend –, der Film sagt: ja! Auf sehr amerikanische Weise, ohne Zweifel. Das weihnachtliche Wunder dieses Films besteht in der Wiedergeburt des an sich selber verzweifelnden Gerechten George Bailey. Oder besser: Es besteht im Wiederfinden seines Lebenssinns. Es ist die Wiedergeburt des Menschen im besten Sinne. Es ist die Wiedergeburt der Menschlichkeit.

„Gib mir mein Leben wieder. Ich will wieder leben!" betet George Bailey, nachdem er gesehen hat, wie ein Leben ohne Menschlichkeit – ohne seine Menschlichkeit – aussieht.

Und als er endlich spürt, dass er wieder in seinem kleinen großen Leben zu Hause ist, ruft er aus: „Du weißt ja nicht, wie schön das Leben sein kann!"

Dort erfährt er Freundschaft und Mitmenschlichkeit und Liebe im Überfluss. Er erfährt sogar Genugtuung vom Himmel her. Die Frage nach dem Sinn des Lebens, die dieser Film an dem im Zwiespalt lebenden George Bailey entfaltet, findet letztlich Ihre Antwort in der Ethik, im aufrechten Gang des Helden, in seiner Menschlichkeit. Wer so lebt – das ist die Botschaft – wer dieses Ethos lebt, der ist vom Himmel her gerechtfertigt.

Es ist, als habe Frank Capra eine recht amerikanische Auslegung von Jesu Bergpredigt unternommen und als habe ihm dabei als Leitwort gedient:

„Darum sollt ihr nicht sorgen und sagen: Was werden wir essen? Was werden wir trinken? Womit werden wir uns kleiden?
Nach dem allen trachten die Heiden. Denn euer himmlischer Vater weiß, dass ihr all dessen bedürft.
Trachtet zuerst nach dem Reich Gottes und nach seiner Gerechtigkeit, so wird euch das alles zufallen."

Keine Leistungsgerechtigkeit, sondern ein sehr einfaches Vertrauen in den Himmel, der unsere Geschicke lenkt und in den Schöpfer, der uns als menschliche Menschen geschaffen hat und sucht.

Für einen Moment ist alles gut – George Bailey am Weihnachtsabend.

Lied: ***Suchet zuerst Gottes Reich*** (EG 182,1-3+7)

Fürbitte *(ES)*

Wir hören die Bitte des Königs Salomo um Weisheit – und beten durch seine Worte hindurch um Weisheit auch für uns.

Lesung aus dem Buch der Weisheit Salomos – aus dem 9. Kapitel:

Gott der Väter und Herr des Erbarmens, / du hast das All durch dein Wort gemacht.

Den Menschen hast du durch deine Weisheit erschaffen, / damit er über deine Geschöpfe herrscht.
Er soll die Welt in Heiligkeit und Gerechtigkeit leiten / und Gericht halten in rechter Gesinnung.
Gib mir die Weisheit, die an deiner Seite thront, / und verstoß mich nicht aus der Schar deiner Kinder! Ich bin ja dein Knecht, ... / ein schwacher Mensch, dessen Leben nur kurz ist, / und gering ist meine Einsicht in Recht und Gesetz.
Wäre einer auch vollkommen unter den Menschen, / er wird kein Ansehen genießen, wenn ihm deine Weisheit fehlt. ...
Mit dir ist die Weisheit, die deine Werke kennt / und die zugegen war, als du die Welt erschufst. Sie weiß, was dir gefällt / und was recht ist nach deinen Geboten.
Sende sie vom heiligen Himmel / und schick sie vom Thron deiner Herrlichkeit, damit sie bei mir sei und alle Mühe mit mir teile / und damit ich erkenne, was dir gefällt.
Denn sie weiß und versteht alles; / sie wird mich in meinem Tun besonnen leiten / und mich in ihrem Lichtglanz schützen.
Dann wird dir mein Handeln gefallen ....
Denn welcher Mensch kann Gottes Plan erkennen, / oder wer begreift, was der Herr will?
Unsicher sind die Berechnungen der Sterblichen / und hinfällig unsere Gedanken;
... Wir erraten kaum, was auf der Erde vorgeht, / und finden nur mit Mühe, was doch auf der Hand liegt; / wer kann dann ergründen, was im Himmel ist?
Wer hat je deinen Plan erkannt, wenn du ihm nicht Weisheit gegeben / und deinen heiligen Geist aus der Höhe gesandt hast?
Lasst uns um Gottes heiligen Geist und um Weisheit bitten mit den Worten Jesu:

Vaterunser

Lied: ***Verleih uns Frieden*** (EG 421)

Segen

Nachspiel

Teil 3
Kleinere Formen – Predigten zu Filmen

L'Enfant – Erwachsen werden

Hans Werner Dannowski[1]

Diese Predigt ist im Gottesdienst am 12.Februar 2006 während der 56. Internationalen Filmfestspiele Berlin in der Französischen Friedrichstadtkirche am Gendarmenmarkt zu Berlin.

„L'enfant" erzählt von Bruno, Sonia und ihrem neugeborenen Sohn Jimmy, die von Sozialhilfe und Diebstählen leben. Ohne nachzudenken verkauft Bruno das Kind an kriminelle Kinderhändler. Die verheerenden Folgen seiner Tat für Sonia und ihre Beziehung führen Bruno Schritt für Schritt zu der Einsicht, was es bedeutet, erwachsen zu werden. Mit ihrer Auszeichnung hebt die Jury die im Film vermittelten Werte wie Brunos Reue, Sonias Vergebung und ihre gegenseitige Versöhnung hervor. Der Verzicht auf Effekte und Musik zugunsten von Hintergrundsgeräuschen, realistischen Dialogen, einer hautnahen Kamera und schauspielerischer Unmittelbarkeit verleihen dem Film seinen ästhetischen Rang.

Aus dem berühmten „Hohelied der Liebe" in 1 Korinther 13 habe ich einen kleinen Abschnitt als Grundlage für meine Predigt gewählt. „Die Liebe hört niemals auf', hat Paulus geschrieben, hat über das Stückwerk unseres Wissens, unserer Erkennens und unserer Reden gesprochen und fährt dann fort:

„Wenn aber kommen wird das Vollkommene, so wird das Stückwerk aufhören. Als ich ein Kind war, da redete ich wie ein Kind und dachte wie ein Kind und war klug wie ein Kind; als ich aber ein Mann wurde, tat ich ab, was kindlich war. Wir sehen jetzt durch einen Spiegel ein dunkles Bild; dann aber von Angesicht zu Angesicht. Jetzt erkenne ich stückweise; dann aber werde ich erkennen, wie ich erkannt bin."
(1 Korinther 13,10-12)

Verehrte Damen und Herren,
liebe Gemeinde in der Französischen Friedrichstadtkirche in Berlin!
Als Bruno seiner Freundin Sonia, fast nebenher und völlig selbstverständlich, mitteilt, dass er ihr gemeinsames Kind gerade verkauft hat: Da fällt

---

1 Sie ist zugleich die Laudatio für die Regisseure Jean-Pierre und Luc Dardenne, Frankreich/Belgien, die mit diesem Film den 9. Europäischen John-Templeton-Filmpreis gewonnen haben. In diesem Kapitel der vorliegenden Publikation sind exemplarische Predigten ausgewählt worden, die unterschiedliche Konstellationen von Bibeltext, Filmerzählung und filmisch-theologische Interpretation aufweisen und herausragende Filme thematisieren.

Sonia einfach um. Nichts weiter gedacht hat sich Bruno offenbar dabei. „Ich dachte, wir machen einfach ein neues", ist seine einzige Verteidigung. Richtig wahrgenommen hat er das Kind bisher sowieso nicht. Als Sonia aus dem Krankenhaus kommt und sie Bruno endlich bei den Autos findet, da schaut er sein Kind nur flüchtig an. Einen zweiten Namen hat er für Jimmy sowieso nicht, irgendeinen Gedanken daran hat er nun wirklich nicht verschwendet. Kinder sind die beiden eigentlich noch selbst, Bruno und Sonia. Tollen miteinander herum wie kleine Hunde oder kleine Katzen. Und die Diebstähle, die Bruno mit seinen beiden kleinen Komplizen inszeniert, kann man ihm auch gar nicht so recht übelnehmen. Eine Ära kindlicher Unschuld und Spielerei ist um das alles, und Sonia wirft dem Freund seine krummen Wege auch überhaupt nicht vor. Ehrlich geteilt wird das sowieso alles ganz genau. Aber auf einmal ist ein kritischer Punkt, eine Bruchstelle des Lebens bei beiden erreicht. Sonia hat ein Kind geboren. Jimmy ist da. Und als Bruno Jimmy einfach verschachert, wie er den gestohlenen Schmuck, die Videokamera und den CD-Player verschachert, da fällt Sonia wie tot um. Da ist offenbar die Zeit der kindlichen Unschuld um und vorbei.

„Als ich ein Kind war, da redete ich wie ein Kind und dachte wie ein Kind und war klug wie ein Kind", schreibt der Apostel Paulus an die christliche Gemeinde von Korinth. „Als ich aber ein Mann wurde, tat ich ab, was kindlich war". Über die Beziehungen zwischen dem Kind und dem Erwachsenen in uns Menschen wissen wir heute, dank der Psychoanalyse, etwas genauer Bescheid, als es Paulus wissen konnte. Dass es wichtig ist, dass auch der Erwachsene das Kind in sich nicht verleugnet und nicht verdrängt. Denn das Kind in uns, das ist die Freude am Leben. Das Kind in uns, das ist die Spontaneität und Unmittelbarkeit, ja, auch das Anarchische, der spielerische Umgang mit den Dingen und den Ereignissen des Lebens. Aber wenn der Erwachsene nur noch Kind ist?! Dann wird er weiterhin damit rechnen, dass ihm alles in den Schoß fällt, wie es ihm einst als kleines Kind geschah. Dann wird er weiterhin voraussetzen, dass die ganze Welt um ihn herum nur dafür da ist, um ihm seine Wünsche und Bedürfnisse zu befriedigen. Dann werden die Personen und die Dinge austauschbar, weil alles nur dazu dient, das eigene Lustgefühl zu steigern. Dann steht ein Mann wie Bruno vor unseren Augen: Den Einfällen und den Zufällen des Tages ausgeliefert. „Ich finde immer Geld", wird er sagen, „wozu was übrig lassen". Ein Balanceakt auf einem Seil ist das, dem man eine Weile fasziniert zuschaut. Bis man mehr und mehr ahnt, dass der Absturz droht. Denn dieser junge Mann hat es in den 20 Jahren seines Lebens nicht geschafft, aus dem geschützten Raum des Kindes langsam herauszuwachsen und seinen eigenen, unverwechselbaren Ort zu finden in dem Geflecht der Beziehungen des Lebens. Dass der Mensch nicht sein eigener Kosmos ist, um den sich alles dreht; dass der Mensch Antwort ist (response) und dass darum die Verantwortung (responsibility) die personale Mitte seines Lebens ist: Das hat er offenbar nie geübt. Erwachsen sein heißt ja nicht nur, von der Austauschbarkeit der Dinge und der Menschen Ab-schied nehmen. Erwachsen sein heißt auch begreifen, wie die Dinge und die Personen einen Menschen prägen. Ja, erwachsen sein heißt verstehen zu lernen, dass das Ich – ein Anderer ist.

Mit dieser Wendung habe ich, liebe Gemeinde, den Gedanken eines Mannes aufgegriffen, der vor vier Wochen 100 Jahre alt geworden wäre. Emmanuel Levinas ist der Philosoph gewesen, der – von seinem jüdischen Hintergrund her – wie kein zweiter die Subjektivität des Menschen radikal vom Anderen her versteht. Jede Begegnung mit einem Menschen verändert mich. Jede Begegnung mit einer Sache, noch mehr mit einem Menschen, die mich wirklich betrifft: Die wirft mich um. In dem vorrangigen Bezug auf den Anderen bricht die selbstgenügsame Identität des Ich auf und verwandelt sie. Das Ich, das das Ich des Anderen gastlich bei sich aufnimmt, wird ein Anderes. So wird aus dem selbstvergessenen Kind der Erwachsene, der sein Kindsein hoffentlich nicht verliert, aber der zugleich Andere und vielleicht sogar ein ganzes Stück der Welt bei sich wohnen lässt.

Und nun gestatten Sie bitte, verehrte Damen und Herren, dass ich ganz direkt an Sie herantrete und Sie bitte, Ihren eigenen Erinnerungen für eine Weile in sich Raum zu geben. Wer oder was hat mich geprägt, drückt mir noch immer seinen Stempel auf, erwartet, dass ich es hineinnehme in ein größeres Ganzes, das ich selber bin? Da sind die Eltern: So oder so, wie sie eben waren, nicht nur im Äußeren haben sie mich entscheidend mitbestimmt. Da sind die Lehrer, deren Gedanken ich denke, als wären es die eigenen. Und was ist diese wunderbare Erfahrung von Liebe anderes als das Aufbrechen meiner Identität zu einem Anderen hin. Die Faszination, die sie oder er auf mich ausübt als Spiegel meines heimlichen Wesens, ist doch eine einzige Aufforderung, den Anderen, die Andere in mich aufzunehmen und bei mir wohnen zu lassen. Ihre Gedanken, seine Gedanken mitzudenken, ihre Reaktionen und Erfahrungen mitzuerleben, manchmal, noch ehe sie sich zeigen. Erwachsen sein, das ist doch kein Status, ist kein Ziel. Eine ungeheure Lebendigkeit ist das, in der sich das Ich durch die Begegnung mit dem Anderen permanent verwandelt. „Sie haben sich gar nicht verändert": Wenn das nicht nur auf das Äußere geht, ist das in der Tat die größte Beleidigung, die es gibt. Wir sind unterwegs, sind noch immer dieselben und werden doch ständig Andere. „Als ich ein Kind war", schreibt Paulus, „da redete ich wie ein Kind und dachte wie ein Kind [...] Als ich aber ein Mann, eine Frau wurde, da tat ich ab, was kindlich war ..."

Das Ich ein Anderer ... Wie aber kommt es zu dem Übergang, gerade wenn ein Mensch – wie Bruno – sich dem Erwachsenwerden hartnäckig verweigert und wie ein Traumtänzer durch diese Zeit und Welt geht? Eine einfache und klare Geschichte erzählen Jean-Pierre und Luc Dardenne in ihrem Film. Aber hintergründig ist das, was sie über die Existenzweisen des Menschlichen und über die Krisen des Übergangs mir mitzuteilen wissen. Nicht ohne Hintergedanken habe ich die kleine Szene, in der Sonia wie tot umfallt und im Krankenhaus landet, als Bruno ihr vom Verkauf des gemeinsamen Kindes erzählt, an den Anfang meiner Predigt gesetzt. Manchmal genügt offenbar nicht die Gegenwart des Anderen, um meine selbstversessenen Kreise zu stören. Manchmal muss es der mögliche Tod des Anderen sein. Manchmal wird es der mögliche oder reale Tod des Anderen sein, der mich durch und durch schüttelt. Der mir deutlich macht, dass ich kein Solitär, sondern Antwort bin und Verantwortung trage. Ein ganzer Katarakt von Gedanken stürzt an dieser Stelle auf mich ein. Vielleicht ist es gar nicht der eigene Tod – geht mir durch den Kopf –, der das Fragezeichen meines Lebens ist. Dass ich einmal nicht mehr sein werde, macht mich ja auch in meiner ständigen Sorge um mich selbst zu einer komischen Figur. „Was hast du nicht, das du nicht empfangen hättest", würde Paulus an dieser Stelle sagen. Aber der mögliche oder reale Tod des Anderen nimmt mir meine Seelenruhe. Ich kann dann doch nicht mehr so weiterleben wie bisher! Wer bin ich dann noch, wenn es den Anderen, die Andere nicht mehr gibt?! Und es wird mir auf einmal deutlich, dass die Frauen und Männer meiner Generation, die wir in der Nazizeit noch Kinder waren, durch das Sterben der Brüder und Väter und Mütter im Krieg, durch den millionenfachen Mord an den Juden, durch die Hinrichtung der Männer des 20. Juli bis ins Letzte hinein in unserem Selbstverständnis bestimmt sind. Der Tod der Anderen hat uns zu Erwachsenen gemacht und in unsere Verantwortlichkeit gerufen. Das wird nie mehr aus unserem Leben verschwinden, solange wir da sind. Es bleibt die offene Frage, wie wir das gegenwärtige permanente Sterben und Morden um uns herum noch in unser Selbstbild integrieren können. Der reale oder mögliche Tod des Anderen wird der kritische Punkt des Lebens bleiben. Das Leben, an der Lebensgeschichte des Bruno ist das wie unter einem Brennglas abzulesen, kann danach eigentlich nicht so weitergehen wie bisher.

„Als ich ein Mann, eine Frau wurde, tat ich ab, was kindlich war". Unterwegs sind wir, in ständiger Verwandlung, durch den Anderen und durch den möglichen Tod des Anderen bestimmt. Stückwerk ist das alles und wird es bleiben, sagt Paulus. Stückwerk das Reden, das Erkennen, das Lieben, das Handeln: Alles. Aber einen letzten Schritt möchte ich doch noch mit Ihnen gehen, liebe Gemeinde, von den Worten des Apostels Paulus an die Hand genommen. Unterwegs sind wir, ja, und Fragment bleibt alles, was wir sind und tun. Aber unterwegs sind wir zu einem Ziel. Mut zum Stückwerk, Mut zum Fragment unseres Lebens haben wir, sagt Paulus, weil wir auf das Vollkommene hoffen. In jeder Begegnung steckt die Hoffnung auf eine endgültige Erfüllung. In jedem Glück nistet die Erwartung einer Seligkeit, die bleibt. In jedem aufmerksamen Blick des Anderen erreicht mich ein Stück der Botschaft: Du bist dir selbst geschenkt! Das sichtbare Bild des unsichtbaren Gottes wirst du sein! Mein Mut zum Leben verdankt sich dem Lebenswillen Gottes, meine Zähigkeit ist Leihgabe meiner Zuversicht, meine Verzweiflung birgt sich in seiner Nähe. Die Hoffnung auf einen guten Ausgang des Lebens, an den ich fest glaube, ragt in meine Gegenwart hinein. Um es noch einmal mit den Worten von Emmanuel Levinas zu sagen: Die Spur des Unendlichen entdecke ich im Angesicht des Anderen. Dann aber, ja dann aber: Dann werde ich erkennen, wie ich erkannt bin. Und so gehe ich, liebe Gemeinde, mit der wunderbaren letzten Einstellung des Films von Jean-Pierre und Luc Dardenne durch diese Tage. Bruno und Sonia treffen sich in der Kantine des Gefängnisses, in dem Bruno jetzt ist.

Vorsichtig und unbeholfen sind die ersten Worte und Bewegungen, von den Verletzungen der Vergangenheit bestimmt. Plötzlich bricht ein Strom der Erschütterung aus Bruno heraus, auch Sonia weint. Und dann greifen die beiden, am Tisch sich gegenübersitzend, nach dem Gesicht des Anderen. Halten sich aneinander fest, lassen sich wieder los, greifen neu nach dem Anderen. Schauen, durch den Schleier der Tränen hindurch, einander ins Gesicht. Und man spürt: Da ereignet sich etwas, was die

Begegnung zweier Menschen in Raum und Zeit weit überschreitet. Vergebung ist möglich, weiß ich auf einmal. Umkehr, ein neuer Anfang. Der Augenblick der Wahrheit ist da, in dem ich weiß, dass ich Antwort bin auf einen Ruf, der von ferne kommt und ganz nahe bei mir ist.

Eben –. Diese Erfahrung des aufgedeckten Lebens. Von Angesicht zu Angesicht.

Amen.

Dem Bösen begegnen – „Grbavica"
(„Esmas Geheimnis")

Hans Werner Dannowski

Diese Predigt ist im Gottesdienst während der 57. Internationalen Filmfestspiele Berlin (Berlinale) am 11. Februar 2007 in der St. Matthäuskirche am Kulturforum Berlin-Tiergarten gehalten worden.[2]

Der Film spielt in Grbavica, einem Stadtteil von Sarajewo, in dem die zwölfjährige Sara zusammen mit ihrer Mutter lebt. Beide verbindet eine liebevolle Beziehung. Das Mädchen steht vor einer Klassenfahrt, für die Esma in verschiedenen Jobs das Geld aufzubringen versucht. Sara glaubt, dass ihr Vater als „Schechid", als Held im Bosnienkrieg gefallen ist. Dieser Glaube wird erschüttert, als ihre Mutter das Dokument seines Heldentodes angeblich nicht finden kann – es würde Sara eine kostenlose Mitfahrt erlauben. Die Spannungen zwischen Mutter und Tochter kulminieren in einem heftigen Gefühlsausbruch, in dem die Wahrheit über Saras Herkunft zutage kommt.

Der Film beschreibt realistisch die Auswirkungen eines tragischen ethnischen Konflikts; die ökonomischen Probleme einer alleinerziehenden Mutter, die fortwährende Spaltung einer Gesellschaft, die mit den Schatten der Vergangenheit kämpft, aber auch die umfassende Liebe einer Mutter für ihr Kind und eines Kindes für ihre Mutter. Ohne mit Schreckensbildern vergangenen Leids zu schockieren; gelingt es Jasmila Zbanic, in

2 Die Predigt ist zugleich die Laudatio auf den Gewinn des 10. Europäischen John-Templeton-Filmpreises. Ein Preis, der von der internationalen Evangelischen Filmarbeit (INTERFILM) und der Templeton Foundation/USA vergeben worden ist.

Gesten, Körpersprache und Momenten des Schweigens eine traumatische Erfahrung zu vermitteln. „Grbavica" war Gewinner des Goldenen Bären und des Ökumenischen Filmpreises der Berlinale 2006.

Am Anfang des Römerbriefes reflektiert der Apostel Paulus über die Rolle des Gesetzes. Über das Gesetz Gottes und das Gesetz der Sünde. Aus diesen weit ausgreifenden Überlegungen stelle ich einige Verse aus dem siebten Kapitel meiner Predigt voran:

> „Denn ich weiß, dass in mir, das heißt in meinem Fleisch,
> nichts Gutes wohnt. Wollen habe ich wohl, aber das Gute
> vollbringen kann ich nicht; sondern das Böse, das ich nicht will,
> das tue ich. Wenn ich aber tue, was ich nicht will,
> so tue nicht ich es, sondern die Sünde, die in mir wohnt.
> So finde ich nun das Gesetz, das mir, der ich das Gute tun will,
> das Böse anhängt. Denn ich habe Lust an Gottes Gesetz
> nach dem inwendigen Menschen. Ich sehe aber ein anderes Gesetz in
> meinen Gliedern, das widerstreitet dem Gesetz in meinem Gemüt und
> hält mich gefangen im Gesetz der Sünde, das in meinen Gliedern ist.
> Ich elender Mensch! Wer wird mich erlösen von diesem todverfallenen
> Leibe?
> Dank sei Gott durch Jesus Christus, unseren Herrn!"
> (Römer 7,18-25)

Liebe Gemeinde!
Sara, die zwölfjährige Tochter, weckt ihre Mutter aus tiefem Schlaf auf. Die will noch eine Weile weiterschlafen, lässt sich dann aber doch auf das Necken des Mädchens ein. Die beiden tollen herum durch die Zimmer, bewerfen sich mit Kissen, balgen sich, liegen auf dem Boden. Sara kniet über ihrer auf dem Rücken liegenden Mutter, drückt deren erhobene Arme in Siegerpose fest auf den Boden. Und dann ist das Spiel mit einem Mal zu Ende. Dann schüttelt die Mutter das Mädchen ab, herrscht es an, schickt es los zur Schule. An eine traumatische Erinnerung ist Esma, die Mutter, offenbar gestoßen, die alles zerstört, was sich in der glücklichen Begegnung des Augenblicks ereignen will.

Es sind diese kleinen genauen Beobachtungen alltäglicher Ereignisse, die sichtbar machen, dass der Boden, auf dem sich die Frauen, und hier besonders Esma, in Grbavica und Sarajewo bewegen, voller abgründiger Risse ist. Überall ragt offenbar vergangene Erfahrung in die Ereignisse und Begegnungen der Gegenwart hinein und lässt eine traumatische Spur des Lebens sichtbar werden. Wie da Esma mit dem wenigen Geld, das sie hat, eine Forelle für die Tochter kauft, weil diese sie doch so gerne isst. Geradezu versteinert sieht sie dem Töten des Fisches zu. Und dann zerstört sie das offensichtliche Vergnügen der Tochter beim Essen des leckeren Mahles durch ihre Anordnungen, sich erst die Hände zu waschen und dann auch noch die Fingernägel zu beschneiden. Bis der Fisch kalt geworden ist und die Tochter sich weigert, den kalten Fisch zu essen. Tiefe Brüche im Leben der Esma werden immer deutlicher, die alle ihre Beziehungen, vor allem auch die zu den Männern, bestimmen. Brüche, deren Ursachen man nicht sieht und die doch alles beeinflussen und lenken, was ein Mensch empfinden, machen oder sich vornehmen kann.

Der heutige Betrachter des Films „Grbavica" weiß natürlich oder er ahnt es zumindest, dass die bosnische Esma ein Opfer der serbischen Massenvergewaltigungen im Balkankrieg geworden ist und dass Sara ein Kind dieser Vergewaltigungen ist. Aber es gehört zur künstlerischen Sensibilität und zur geistigen Kraft des Films, dass er nicht jene grausamen Szenen zeigt, sondern die entsetzlichen Auswirkungen, die dieses Geschehen der Vergangenheit für das Leben heute noch bedeutet. Ginge es nur um einen einmaligen Vorfall, könnte man ihn mit Schaudern sehen und verurteilen und würde irgendwann zur Tagesordnung darüber übergehen. Aber hier ist mit Händen zu greifen, wie dieses Ereignis, das 12 oder 13 Jahre zurückliegt, noch immer das Leben von Menschen verstört und zerstört. Ein Einbruch in die Normalität des Lebens ist das offenbar gewesen, der nicht wieder gutzumachen ist. Wie Paulus das in seinem Brief an die Römer in begrifflicher Sprache beschriebt: Eine „Macht des Bösen" wird da auf einmal sichtbar in unserem Leben, die er das „Gesetz der Sünde" nennt. Unter dem sich das Leben nicht mehr entfalten und entwickeln kann.

Ob der biblische Abschnitt, den ich am Anfang gelesen habe, im Verständnis des Films von Jasmila Zbanic und im Verständnis der Ereignisse, die er behandelt, weiterhilft? Ich vermute, Sie werden diesen Abschnitt aus dem Römerbrief mit Unbehagen gehört haben. Nicht nur, weil Paulus sich offenbar an den Grenzen seines Denkvermögens bewegt und diese ganzen Ausführungen ebenso vieldeutig wie schwer verständlich sind. Aber auch das, was man beim ersten Hinhören aus der Argumentation des Paulus zu verstehen meint, verstärkt das Unbehagen. Offenkundig ist es, dass Paulus von einer tiefen Spaltung des Menschen ausgeht, die er als ein Gegeneinander von Fleisch und Geist beschreibt. Nein, nicht um die viel beschriebene Körperfeindlichkeit des Christentums geht es da, wenn man genauer hinsieht. Der Gegensatz zwischen dem, wozu der Mensch geschaffen und bestimmt ist, und dem, wie er in Erscheinung tritt und wie er handelt, beschäftigt den Apostel. Da ist eine Kraft in uns wirksam, sagt Paulus, die das Verderben schafft, das ich im Grunde doch nicht wollen kann. Eine Argumentationskette ist das, die natürlich denen ein Ärgernis sein muss, denen es um die Einheit der Person und die ethische Verantwortlichkeit des Menschen geht. Aber vielleicht spricht Paulus doch nur aus, was später die Psychoanalyse in die Beobachtung kleiden wird, dass der Mensch nicht Herr im eigenen Hause ist. Ein Unbehagen ist es vielleicht, das mich immer befällt, wenn mich die Erfahrung des Bösen trifft. Eine Kränkung, die im Grunde auch ein Unbehagen an ihrer und an meiner inneren und äußeren Verfassung ist.

Die amerikanische Philosophin Susan Neiman hat in ihrem Buch „Evil in Modern Thought" – in der deutschen Übersetzung „Das Böse denken" – die Erfahrung des Bösen, wie Sie und ich dieses gegenwärtig erleben, genauer zu beschrieben versucht. Dem Erdbeben von Lissabon im Jahre 1755 stellt sie die Erfahrung von Auschwitz gegenüber. Die tiefe Verstörung, die das Erdbeben von Lissabon damals auslöste, resultierte offensichtlich aus der schockartigen Erkenntnis, dass die wie selbstverständlich vorausgesetzt Einheit von Natur und menschlicher Geschichte längst zerbrochen ist. Die Natur stellt sich gegen den Menschen, der Mensch kann sich nicht mehr auf sie verlassen. Auschwitz führt mit den Verbrechen eines millionenfachen Mordes die noch viel tiefer greifende Verstörung herauf, dass der Mensch sich nicht mehr auf sich selbst verlassen kann. Die selbstverständliche Einteilung der Menschen in Gute und Böse, die das Böse auf Menschen mit böser Absicht konzentriert, greift auf einmal nicht mehr. Normale, durchschnittliche Bürokraten werden an ihren Schreibtischen zu Generalstabsplanern eines Massenmordes, von dessen Ausmaß und Folgen sie nicht die geringsten Vorstellungen besitzen. Und irgendwie, durch Wegschauen, durch Feigheit, durch Verblendung ist ein ganzes Volk darin verwickelt. Nicht einmal eine nationale Zuschreibung wird, wie die Weltgeschichte ringsherum beweist, diesem Phänomen gerecht. Mit angeblich guten Zielen werden Vernichtungskriege mit unübersehbaren Folgen geplant und durchgeführt. Alle Konturen scheinen zu verschwimmen. In der Tiefe, so das Urteil der Philosophin, das ich teile, haben wir den Glauben an uns selbst verloren.

Eine Möglichkeit der menschlichen Natur ist offengelegt, von der wir gewünscht hätten, wie hätten sie nie erlebt. Die permanente Erfahrung des Bösen in der Gegenwart hat uns längst hilflos und sprachlos gemacht.

Jasmila Zbanic stellt mit ihrem Film den Erfahrungen von Auschwitz und Bergen-Belsen und Treblinka die Erfahrungen von Grbavica und Sarajewo an die Seite. Was eine Vergewaltigung bedeutet, das werden Frauen unendlich intensiver nachempfinden und beschreiben können, als ich es kann. Aber das ist auch jedem männlichen Betrachter von „Grbavica" sofort nachvollziehbar: Das, was Esma und unzählige andere Frauen in den Konzentrationslagern über Monate hinaus zu erdulden hatten, das bedeutet mit der Gewalt an ihren Körpern einen Mordversuch an ihren Seelen. Und auch das scheint das tief Verstörende dieser Ereignisse zu sein: dass diese Erfahrung des Bösen sich nicht auf Menschen mit grundsätzlich bösen Absichten beschränkt. Es mag sein, dass die Vergewaltigungen zu einem strategischen Mittel im Krieg erklärt worden sind, den Samen der Sieger in die Leiber der Unterlegenen zu pflanzen. Aber das ist doch das eigentlich Unbegreifliche: dass da Menschen, mit denen man über Jahrzehnte und vielleicht über Generationen friedlich zusammengelebt hatte, plötzlich wie Tiere über einen herfallen... Nein, in der Mehrzahl sind das keine zynischen Schurken, sondern Männer, wie der Film sie zeigt. Männer, die mit allen Finessen um ihr Überleben kämpfen. Männer, die mit Fußballwetten sich ein bisschen Glück zu sichern suchen. Männer, die mit einer Vernichtung ihrer Lebensziele, auch mit ihrer Verrohung, in anderer Weise zu Opfern des Krieges geworden sind wie auch die Frauen. Die Trennung zwischen Gut und Böse funktioniert nicht mehr. Man wird mit diesen Menschen weiter zusammenleben müssen. Uralte Erkenntnisse wie die des Apostels Paulus erweisen auf einmal wieder ihre Relevanz, wie diese „Das Gute, das ich will, das tue ich nicht, sondern das Böse, das ich nicht will, das tue ich". Und auch der Schrei aus der Tiefe wird in den Bildern von „Grbavica" überdeutlich hörbar: „Ich elender Mensch! Wer wird mich erlösen von diesem todverfallenen Geschick?"

Ja, die Frage nach der Erlösung. Darin mündet alles. Darin gipfeln die Überlegungen des Apostels, darin mündet auch der Film. Das Wissen um Erlösung bewahrt die Sehnsucht nach der Erfüllung unseres Lebens. Das Wissen um Erlösung rettet vor dem endgültigen Untergang, bewahrt vor der endgültigen Ununterscheidbarkeit von Gut und Böse. Das Wissen um Erlösung setzt auf die Veränderbarkeit der Dinge. Nur wenn, was ist, sich ändern lässt, ist das, was ist, nicht alles", sagt ein anderer Philosoph. Unsere Erkenntnis, unser Handeln, unsere Welterfahrung hat kein anderes Licht als das, was von der Erlösung herauf die Dinge fällt. Erst, wenn man um die Vollendung aller Dinge weiß und daran glaubt, kann man die Bruchstücke und die Bruchstellen des Lebens aushalten und erkennen.

Der Weg heraus aus den Tiefen der Erfahrung des Bösen ist eine lange Straße. In aller Zurückhaltung nimmt uns der Film „Grbavica" mit auf diesen Weg. Das Aussprechen der Wahrheit gehört dazu, das das angstvolle und schamvolle Verschweigen überwindet- Die Wahrheitssuche der Kinder hilft dabei, die endlich wissen wollen, wer der Vater ist und woher man kommt. Eine bittere Erkenntnis ist es, dass man nicht das geliebte und gewollte Kind eines gefallenen Freiheitskämpfers, sondern das Produkt unzähliger hasserfüllter Vergewaltigungen ist, die man so schnell wie möglich vergessen möchte und es doch nicht kann. Der Abschied von den eigenen kindlichen Idealbildern gehört dazu, der sich im Abrasieren der Haar demonstriert, die – angeblich – ein väterliches Erbe sind. Die Solidarität der Frauen gehört zu diesem Weg, der aus der Hölle der Erfahrung des Bösen führt. Diese Schicksalsgemeinschaft der Leidenden, die im Angesicht der geglaubten Erlösung im Singen und im Hören den Mund öffnet, um bisher Ungesagtes endlich in zögernde und tastende Worte zu fassen.

Diese Erlösung hat ein Gesicht und einen Namen. „Dank sei Gott durch Jesus Christus, unseren Herrn", bricht es aus Paulus heraus nach diesem Bekenntnis der Verstrickung des Menschen unter das Gesetz der Sünde. Als Befreiung von der Macht des Bösen haben Christen die Begegnung mit diesem Mann erlebt, der in Person für sie die Macht der Liebe und der göttlichen Bestimmung des Menschen war und ist. In „Grbavica" begegnen mir andere Namen und Gesichter der Erlösung. Und es wird immer deutlicher, dass ich nicht die einen gegen die anderen auszuspielen wage. Dass sie, in anderer Weise, durchaus ähnliche Erfahrungen und Zielbestimmungen des Menschen sind. Die Ilahijas des Films, die Lieder, die Gott gewidmet sind, gehen mir immer noch nach. „Dieser Himmel, der über uns steht, ist nur ein Schatten", heißt es da. „Die sieben Stufen des Himmels sind in unseren Herzen. Der Frühling lebt in uns. Wenn unsere Tränen strömen, erblüht sogar die Wüste". Mächtiger kann man den Glauben an die Erlösung mitten in aller Erfahrung des Bösen kaum noch sagen.

So endet der Film mit einem Ausblick, der keine Gewissheit, aber eine Hoffnung ist. Entwurzelung hat die Erfahrung des Bösen im Gepäck, Hilflosigkeit und Heimatlosigkeit. Die Gewissheit von Erlösung bringt dem Menschen ein Stück der Heimat. „Ich liebe Sarajevo" singen die Kinder im Bus bei ihrem Schulausflug. Und am Schluss stimmt auch Sara mit ganzem Herzen ein. Der Ort ihres erlittenen Unrechts ist ein Ort geworden, an dem sie wieder leben und lieben kann. Es gibt keine Sicherheit und keine Garantie auf Beständigkeit, aber es ist ein Ausdruck von Hoffnung, dass man doch wieder *leben* kann, für eine gewisse Zeit wenigstens.

Amen.

Gnade

Ralf Meister

Diese Predigt ist nach einer Aufführung des Films „Gnade" von Matthias Glasner am 7. Juni 2013 in der St. Johannis Kirche in Visselhövede gehalten worden. Die Veranstaltung gab Anlass zu dem Projekt „Bewegte Bilder und Reformation" – Kino auf dem Lande.

2015 werden in 25 ländlichen Gemeinden der hannoverschen Landeskirche ausgewählte Filme in Gemeinde- und Kirchenräumen gezeigt, in Kooperation mit dem Mobilen Kino Niedersachsen.

Liebe Gemeinde,
am Ende wird das Paradies gezeigt. Schafe laufen einen grünen Wiesenhang hinab. Nahaufnahmen der Natur, das Meer und die grünen Felder voller Vegetation. Ein Feuer brennt. Wache und glückliche Kindergesichter. Sie lachen fröhlich in die Kamera, schauen nachdenklich mit großen Augen herum. Sologesang aus dem Off. Harmonische und lange Melodiebögen werden akustisch über die Szene gelegt. Menschen liegen auf der Wiese und lassen die Blicke über das Meer streifen. Man sieht sie reden, hört aber nichts. Die Männer angeln, die Frauen unterhalten sich. Bierflasche in der Hand, frisches vom Grill auf dem Pappteller. Ein gelassenes, entspanntes Miteinander von Menschen, die sonst ein halbes Jahr in eisiger Kälte, monatelang in der Finsternis der Polarnacht leben. Und alle sind da: Der Rotzlöffel aus der Schule, die Leiterin des Hospizes mit ihrem Säugling, die Eltern deren Tochter getötet wurde und Maria

und Nils, die die Verantwortung für diesen Tod tragen. Ein paradiesisches Miteinander zur Mittsommernacht. Zum Sologesang kommen weitere Stimmen und die Harmonie wird gemeinschaftlich. Es ist die Schlussszene in einem Hoffnungsbild. Mensch und Natur in Harmonie vereint. Eine Geschichte des Guten: In harmonischer Gemeinschaft in dem prägendsten Jahres-Ritual der skandinavischen Völker, der Mittsommernacht. Ein Brauch mit heidnischem Ursprung. Diese Szene sehen wir als Film im Film, aufgezeichnet mit dem Handy.

Matthias Glasner, der Regisseur dieses Films, erzählt, er habe geweint, als er diese Schlusspassage seines Films „Gnade" zum ersten Mal im Schneideraum sah, Kino berührt. Dabei ist dieser Film alles andere als nur berührend. Er wühlt auf, irritiert und stellt die große Frage nach dem Umgang mit Schuld. Dieses paradiesische Schlussbild ist nach einer zweistündigen Geschichte von Schuld und der schmerzhaften Suche nach Vergebung nicht zu erwarten. Der Zuschauer wird bewegend durch eine große Schuldgeschichte geführt, bevor es in den letzten 15 Minuten den Versuch einer Auflösung gibt. Es ist die Schuldgeschichte für eine kleine Familie, für Maria, Nils und Markus. Und es ist die Einsicht: Alle drei werden schuldig in der Eiswüste. Vom Ehebruch bis zum falschen Zeugnis und der Tötung reiht sich die Anklage aus den 10 Geboten auf.

Und am Ende das Paradies.

In der Schnee- und Kältewüste am Polarmeer, einer lebensfeindlichen Welt sucht diese kleine Familie einen Neustart. Die Ehe ist zerrüttet und die eisige Welt spiegelt sich in den Gesprächen. Es wird wenig gesprochen im Film. Verzweifelte oder ratlose Gesichter, die mit sich selbst kämpfen. Eine Welt, die in die soziale Isolation treibt. Es wird in drei Sprachen gesprochen. Deutsch in der Familie, Englisch am Arbeitsplatz, Norwegisch in der Schule und im Hospiz. Es ist eine kalte Welt. Nur in den Bildern von Maria im Hospiz und im Kirchenchor werden Szenen festgehalten, die von Mitgefühl und Treue, von Verletzbarkeit und Tod warmherzig sprechen.

Der Regisseur Matthias Glasner sagt dazu: „Mich treibt die Frage um, wie wir mit der Abwesenheit Gottes umgehen. Wie wir mit all den Werten, all den Errungenschaften des christlichen Wertekanons umgehen, der unsere Gesellschaft stark prägt und auch zusammenhält. Was bedeutet uns all das noch, falls wir zu der Erkenntnis kommen sollten, dass Gott in Wirklichkeit gar nicht existiert oder nicht mehr da ist? Existieren diese Werte auch losgelöst von der Allmacht eines Gottes?"

Es ist ein Film, der in einer glaubenslosen Welt die Suche nach dem Umgang mit Schuld und der Gnade beginnt. Gilt Gnade auch ohne den Bezug auf Gott? Funktioniert sie ohne, dass sie von Gott zugesprochen wird? Und wenn ja, wie? Kein Pastor spielt eine Rolle, kein Bibelzitat fügt sich ein, kein Gottesanruf wird formuliert und dennoch spielt die Kirche, besser der Kirchenraum, eine Schlüsselrolle.

Die weichen Farben in Brauntönen, die bei den Chorproben aus der Kirche gezeigt werden, unterscheiden sich von den Schnee- und Meer- und Licht-Kontrasten der Außenaufnahmen stark. Und dieser Raum erhält eine Kraft durch den Gesang. Es sind keine Kirchenlieder die gesungen werden sondern Volkslieder. Dennoch geschieht in diesen Chorszenen Entscheidendes. Als Nils (Jürgen Vogel) an der Unfallstelle die Mutter des getöteten Mädchens trifft und sie umarmt, fährt er weinend in die Kirche. Er steht allein im Mittelgang und schaut auf den Chor, der auf den Chorraumstufen steht und singt. Die Gemeinschaft, hier ohne Bezug auf Gott, vereint im Gesang. Es sind, mit dem Schlussbild des Mittsommerfestes, die am meisten beeindruckenden Gemeinschaftsbilder dieses Films: singend in der Kirche. Dann läuft die Musik weiter, während das Ehepaar zum Unfallort fährt. An den Schneebergen am Rande der Straße stehen sie. Nächstes Bild: Sie reden zu Hause miteinander. Man erkennt eine Nähe zwischen Nils und Maria in dem Gespräch, sieht sie im Bett nebeneinander liegen, reden und sich sorgenvoll betrachten. Dann folgt die Fahrt zum Haus der Eltern des Todesopfers. Man hört die Schritte auf dem Schnee, erst jetzt kommt der Ton zurück. Sie treten ins Haus hinein und das Gespräch beginnt. Und am Ende, nach dem Geständnis: „Wir wollten, dass ihr wisst, was passiert ist", kommen die Rückfragen: „Was habt ihr gedacht, was jetzt passiert? Was sollte jetzt passieren?" So fragt der Vater des Unfallopfers. „Sollen wir zur Polizei gehen?" Der Vater weint. Die Eltern fliehen in die Küche. Es ist wie ein Schrei um Gnade in den Himmel. Hört keiner unsere Schuld? Verschafft uns keiner Gnade? Leben wir mit der Schuld und der Selbstlüge ohne Rettung? Hilft die Polizei? Das Recht? Sie helfen nicht. Sie klagen an, sie beurteilen und verurteilen. Aber sie schaffen keine Gnade. Es existiert keine Vergebung. Jedenfalls keine, die spürbar und tragfähig wäre. Dieses ist die erste Antwort, die der Film auf die Frage der Schuld gibt. Egal wie Gerichte in dieser Welt auch entscheiden, sie lösen nicht die Frage, wie ein Mensch mit seiner Schuld leben kann. Sie können Strafen formulieren, die ein Verbrechen sühnen sollen, aber wie ein Täter mit seiner Schuld umgeht, darauf geben Gerichte keine Antwort. Und sie können nicht darauf antworten, wie ein trauernder Angehöriger mit dem Schmerz fertig werden kann.

Es gibt eine dramatische Szene, als Maria kurz nach dem Unfall mit Nils auf dem Balkon steht, und sie sich ihrer Schuld bewusst sind. Maria fordert ihn auf: „Ja oder Nein, Maria". Langes Schweigen. Schließlich sagt er: „Ja, Maria". Es geht um mehr als um eine Sachfrage. Es geht um die Zusage, ob man in einer Gottverlassenen Welt und in der tiefsten Schuld noch ein Bekenntnis zum eigenen Leben von einem anderen hören kann. Ja, du bist mein.

„Ich kann den Fehler nicht rückgängig machen. Damit muss ich leben, den Rest meines Lebens." Und später: „Ich tue jeden Tag eine gute Tat. Ich helfe Menschen menschenwürdig zu sterben".

Darin liegt eine weitere Antwort des Films. Nicht nur der, der offensichtlich schuldig geworden ist, wird sein Leben als Lüge leben. Es gibt kein richtiges Leben im Falschen, es gibt kein Leben, das unschuldig bleibt. *Simul iustus et peccator*. Wir sind immer beides, schuldig und gerechtfertigt. Auch wenn wir uns bemühen, unsere Unschuld immer wieder zu beweisen, es gibt sie nicht. Der Mensch kommt zur Welt und wird schuldig. Und irgendwann erkennt er das und sagt solche Sätze wie Maria: „Ich kann den Fehler nicht rückgängig machen. Damit muss ich leben, den Rest meines Lebens."

Wie weit musst du kommen, um diesen Satz zu sagen? Wie lange musst du durch dein eigenes Leben streifen, um dir einzugestehen, dein Leben ist eine Lüge? Du trägst Geschichten mit dir herum, die dir niemand abnimmt. Das Leben, die meisten Leben sind nicht wahr. Sondern immer wieder auch gelogen. Weggelaufen und vermieden, verdrängt und abgewiesen. Die Schuld bleibt. Und diesem Schuldlabyrinth entkommen wir nicht. Da spricht uns kein Gericht frei. Kein Gerichtsurteil tilgt deine Schuld.

Martin Luther hat mit seinen 95 Thesen gegen den Ablass genau über diese Frage der Schuld und ihrer Tilgung nachgedacht. Und als erstes kritisiert er scharf all jene, die glauben, sie könnten darüber entscheiden, wie Schulden aufgehoben werden und wie nicht. In seiner sechsten der 95 Thesen heißt es: „Der Papst kann keine Schuld anders erlassen als durch die Erklärung und Bestätigung, dass sie von Gott bereits erlassen ist." Es gibt keine Schuldenvergebung durch dritte, nicht einmal durch diejenigen, die sich in der Hierarchie der Sinnsucher ganz oben wähnen.

Und dann schreibt Luther in der 36. These: „Jeder Christ, der wahrhaft Reue empfindet, hat bereits jetzt völlige Vergebung von Strafe und Schuld, die ihm auch ohne Ablassbriefe gebührt".

Wenn dein Bruder sündigt, so halte es ihm vor; und wenn es ihn reut, vergib ihm. Und wenn er siebenmal des Tages an dir sündigen würde und siebenmal wiederkäme und spräche: Es reut mich! So sollst du ihm vergeben.

Matthias Glasner fragt: „Sind wir fähig, auch ohne eine obere Instanz damit umzugehen, dass wir alleine entscheiden müssen, dass wir alleine gucken müssen, wer wir sind, wo wir sind, wo es hingeht und nach welchen Werten wir das jeweils entscheiden? Ich bin mir nicht sicher, ob wir das können."

Martin Walser schreibt: „Wenn ich von einem Atheisten, und sei es von einem „bekennenden" höre, dass es Gott nicht gebe, fällt mir ein: Aber er fehlt. Mir."[3] In diesem Film wird er gesucht in der Frage des Umgangs mit Schuld. Wie gnadenlos ist eine Welt ohne Gott?

„Wir bewegen uns schleichend in ein diffuses Gefühl hinein", sagt Matthias Glasner. „Gott interessiert mich nicht", „Religion brauch ich nicht" oder „Es geht auch ohne". Sogar: „Es geht ohne besser" – und genau bei diesem letzten Gedanken, ob es ohne Religion besser geht, bin ich mir nicht sicher. Ich frage mich, wie das wird, wenn wir den Nietzschen' Satz tatsächlich ernst nehmen: „Gott ist tot." Ich glaube, dann herrscht große Kälte im All."

Von dieser Eiseskälte sieht man viel im Film. Und dennoch ist er, nicht nur wegen des paradiesischen Schlusspassus' kein hoffnungsloser Film.

Denn die schönste Erfahrung der Gnade, die es in dem Film gibt, erzählt Maria, als ihr Nils seine Affäre gesteht. Vielleicht ist es die einzige Szene, in der wir einen kleinen Abglanz dessen erleben, was Gott mit Gnade gemeint hat. Als Linda, Nils Liebschaft, auf dem Handy und dann auf dem Hausapparat anruft und er sie abhängt, geht er ins Schlafzimmer, in dem Maria die Betten neu bezieht. Er gesteht. „Ich hatte eine andere". Er gesteht alles. Maria: „Ich hatte so eine Ahnung". In diesem Satz klingt die Kenntnis auf von der Schuld jedes Menschen. Dann schweigt sie.

Nils: „Du willst gar nichts sagen?"

---

[3] Martin Walser, Rede am 9. Februar 2011 in der Harvard-Universität in Boston.

Sie schaut ihn an. „Ich liebe Dich."

In der tiefen Liebe zueinander lieben wir auch die Schuld des anderen

Für manchen mag das nicht mehr sein als ein menschlicher Instinkt. Für uns ist es ein Zeichen für die Gnade Gottes in der Welt.

Ich stelle mir den Himmel, ich könnte auch sagen das Paradies, immer als einen Ort vor, an dem wir niemandem etwas schuldig bleiben.

Und dieser Traum bleibt nur in einer menschlichen Gebärde beständig: Der Liebe.

Amen.

Skyfall

Petra Bahr

Diese Predigt ist in einem Rundfunkgottesdienst am 10. Februar 2013 anlässlich der 63. Internationalen Filmfestspiele in Berlin in der Kaiser-Wilhelm-Gedächtniskirche gehalten worden.

Ein Mann kämpft um sein Leben. Durchs Zielfernrohr einer Waffe sehen wir ihn im Fadenkreuz auf dem Dach eines rasenden Zugs. Eine spektakuläre Filmszene, in der der Held schon zu Anfang seine Überlegenheit zeigt? Wer je einen James-Bond-Film gesehen hat, rechnet mit einem guten Ausgang und lehnt sich gemütlich in den Kinosessel zurück. Schließlich ist der Mann seit fünfzig Jahren ein Held. Da kämpft 007, dieser britischer Agent, der noch auf der Flucht vor mächtigen Gegnern die Manschettenknöpfe zurechtzupft, sich im Dreiteiler aus Flugzeugen abseilt und einen coolen Spruch auf den Lippen hat, wenn er sich einen Martini genehmigt. Geschüttelt, nicht gerührt.

Dann fällt ein Schuss. Das weiße Hemd färbt sich rot. Der Mann ist getroffen. So beginnt der neue James Bond. „Skyfall" heißt er. Himmelssturz. Schon in der ersten Szene ist der britische Agent, der den kalten Krieg ohne Kratzer überlebt hat, aus dem Heldenhimmel in die Tiefe gestürzt. Zu den Menschen aus Fleisch und Blut. Und weil dieser Kerl nichts anderes kann als den einsamen Weltenretter zu spielen, verliert er nun erst einmal den Boden unter den Füßen. Als die Kamera sein Gesicht ganz nahe holt, sehen die Zuschauer in die Züge eines menschlichen Wracks. Die Augen sind rot unterlaufen, die Hautfarbe ist grau.

Die Augen sind leer. So sieht kein Held aus, schon gar keiner, der jeden Flirt mitnimmt, den er kriegen kann. Aus dem Helden ist ein Schmerzensmann geworden. Als der ausgemusterte Agent dann doch gebraucht wird, schießt er erst mal kräftig daneben. Die Agentenspielzeuge, mit denen James Bond drei Generationen von Jungs und Männern begeistert hat, haben ausgedient. Explodierende Kugelschreiber und Autos, die fliegen und schießen können, gehören ins Spionage-Museum. Computernerds mit Milchbubigesichtern haben den Platz des Kämpfers übernommen und retten die Welt vom Bildschirm aus – in Jeans und Turnschuhen. Und dann holt Bond auch noch seine eigene Vergangenheit ein. Noch mehr Schatten im Gesicht. Natürlich müssen die bösen Buben auch in diesem Film sterben. Ein Bond muss ja Bond bleiben. Doch die Hauptfigur bleibt eine gebrochene Gestalt. Mit blutigen Schrammen am Körper und auf der Seele.

Nach dem Abspann grummelt es unter den Fans. Das ist nicht mein James Bond, ruft hinten im Kino ein junger Kerl. Und seine Freundin stimmt ihm zu: „Der hat ja nicht mal Zeit für eine Frau." Gut sieht er auch nicht aus. Enttäuschung klingt in den Worten mit. Manche zucken genervt mit den Schultern und verlassen das Kino schnell. Andere machen ihrem Ärger Luft. Der neue James Bond enttäuscht das Bild vom strahlenden Helden. Dieser Weltenretter kämpft mit den Schatten der eigenen Kindheit. Er zeigt Nerven und Gefühle. Er altert. Er weint. Und den Kampf mit dem Bösen nimmt er erst auf, als M, die Mentorin und Ersatzmutter, in Lebensgefahr gerät. Nicht Eitelkeit und Wille zum Sieg, Hingabe ist die Motivation.

Zu allen Zeiten haben Menschen sich Helden vorgestellt, die so sind wie der alte James Bond. Unverwundbar und dreist, kraftvoll und mit allen Tricks ausgestattet, wenn es darum geht, dem Bösen das Handwerk zu legen. Jede Zeit hat ihre eigenen Vorstellungen vom Helden. In Sagen, in Liedern und in Geschichten erzählen sich Menschen immer schon von der Hoffnung, dass da endlich einer komme, der wenigstens für einen Moment Schluss macht mit den heillosen Zuständen. Heute ist das Bild von den Weltenrettern vom Film geprägt. Doch diese Hoffnung spielt auch schon in der Bibel eine Rolle. Mit filmreifen Szenen stellen sich Menschen in der Bibel vor, wie der Held ihres Lebens aussehen muss.

Ein Krieger und ein strahlender Fürst, ein göttlicher Bote mit übermenschlicher Kraft. Einer, der die Mächtigen blamiert und die Ohnmächtigen ins Recht setzt. Messias nennt die Bibel diesen Hoffnungsträger.

Ein Gesandter, ein Agent Gottes. Immer dann, wenn die Not besonders groß und die Angst vor der Zukunft besonders stark ist, wächst in Israel die Sehnsucht nach einem Kraftprotz, der zur Not auch mit Gewalt gegen das Böse in der Welt vorgeht.

Auch Jesus wird für diese Rolle in Anspruch genommen. Die Menschen leiden unter der römischen Besatzung, die Armut ist groß, ein Leben zählt nicht viel. Da träumen viele vom Helden Israels. Sie sehnen sich nach einem Befreier. Nach einem Retter in der Not. Nach einem glamourösen Streiter für ihre Rechte.

Jesus tritt wie ein Agent Gottes auf. Er redet und handelt in seinem Namen. Er erzählt Geschichten vom Reich Gottes. Er zeigt etwas von der göttlichen Macht. Und doch stellt er die Erwartungen der Menschen an ihren Weltenretter erst mal auf den Kopf. Wie in dem Predigttext für heute:

> „Und er fing an sie zu lehren: Der Menschensohn muss viel leiden und verworfen werden von den Ältesten und Hohepriestern und Schriftgelehrten und getötet werden und nach drei Tagen auferstehen. Und er redete das Wort frei und offen. Und Petrus nahm ihn beiseite und fing an, ihm zu wehren. Er aber wandte sich um, sah seine Jünger an und bedrohte Petrus und sprach: Geh weg von mir, Satan. Denn Du meinst nicht, was göttlich, sondern was menschlich ist. Und er rief zu sich das Volk samt seiner Jünger und sprach: Wer mir nachfolgen will, der verleugne sich selbst und nehme sein Kreuz auf sich und folge mir nach. Denn wer sein Leben erhalten will, der wird es verlieren, und wer sein Leben verliert um meinetwillen und um des Evangeliums willen, der wird's erhalten. Denn was hülfe es dem Menschen, wenn er die ganze Welt gewönne und nähme doch an seiner Seele Schaden?" (Markus 8,31-36)

Mit diesen Worten stellt Jesus seine Freunde und Freundinnen auf die Passion ein. Seine Rede ist für seine Fans und für seine Wegbegleiter eine riesige Enttäuschung. Hatten sie darauf gehofft, dass jetzt alles anders würde und Jesus sich endlich als Gotteshеld zu erkennen gibt? Der Triumph, auf den sie hoffen, bleibt aus. Jesus kündigt noch mehr Leid und Elend an. Er rechnet mit dem Tod. Und als Petrus die Enttäuschung nicht länger erträgt und widerspricht, wird Jesus sogar grob und beschimpft ihn. Jesus will nicht der Held sein, von dem die träumen, die mit ihm unterwegs sind. Er ist auch nicht der Aufrührer, den die Machthaber fürchten – die, die ihn bespitzeln lassen, um ganz sicher zu gehen, dass er keinen Umsturz plant. Jesus brüskiert die Erwartungen seiner Freunde und seiner Feinde. Er passt nicht ins Bild, das sich die Menschen vom großen Agenten Gottes gemacht haben. Seine Ankündigung ist ein Himmelsturz des Gottessohns.

Jesus passt auch heute noch nicht ins Bild. Er setzt das Recht Gottes nicht mit Macht durch. Er wählt die Ohnmacht. Er liebt, er weint und er blutet. Er wählt den Weg der Demütigung und des Leidens. Er sucht die Nähe zu dunklen Ecken der Welt, zu den zwielichtigen Gestalten. Zu denen, die im Schatten leben. Der Gottesheld wirkt undercover. Der rote Teppich ist seine Sache nicht. Dem Applaus, auch dem religiösen Applaus seiner Freunde, misstraut er. „Was hülfe es dem Menschen, wenn er die ganze Welt gewönne und nähme doch Schaden an seiner Seele?" Jesus ist ein Antiheld um der Menschen willen. Er ist ein Antiheld um unseretwillen. Auf diese Weise kommt er uns ganz nahe. Helden markieren den Abstand zwischen sich und dem Rest der Welt. Sie beanspruchen, besser, größer und schöner als die Normalsterblichen zu sein. Indem Jesus die Heldenrolle verweigert, kommt er den Menschen nahe. Gott kommt uns nahe. Uns, die wir nie das Zeug zu Helden und Heldinnen hätten. In unseren Lieblingsfilmen dürften wir allerhöchstens eine Nebenrolle spielen. Viele fühlen sich eher wie Statisten.

Jesu Gesicht spiegelt sich in den Verletzten und Erschütterten. Die, die es im Kino nur bis zur dritten Einstellung schaffen. Er lächelt uns aus den leeren Augen der verlorenen Kinder an, die ohne Schuhe auf Müllbergen spielen. Das ist nicht Popkornkino, das ist Doku-Drama. Jesus weigert sich, die Hauptrolle so zu spielen, wie sie seine Zuschauer und Zuschauerinnen gerne hätten. Er verstört und beunruhigt uns mit seinem Leben. Und ändert so das ganze Drehbuch des Heils. Nach Gottes Bedingungen. „Wer sein Leben erhalten will, der wird es verlieren. Und wer sein Leben verliert um meinetwillen, der wird es erhalten." Das ist wahrlich eine verkehrte Welt, die denen zu Füßen gelegt wird, die sich für andere hingeben, die sich selbst vergessen oder ein Opfer bringen. Hand aufs Herz, wünschen wir uns nicht alle manchmal, Jesus sei etwas kräftiger aufgetreten und hätte seine Gegner ordentlich in die Schranken gewiesen, anstatt sich erst fesseln und dann foltern zu lassen? Ohnmacht ist hässlich. Der Weg in die Passion riecht nach Staub, Schweiß und getrocknetem Blut. Das ist unglamourös und voller Traurigkeit.

Doch gerade diese Szenen des Leidens werden zum Gleichnis für Gottes Leidenschaft für uns.

Viele Filmemacher haben eine Nähe zu dieser verkehrten Welt. Sie nähern sich den Menschen mit den Augen Jesu. Deshalb interessieren sie sich nicht für die seelenlosen Superhelden. Sie erzählen lieber die Geschichten der gebrochenen Gestalten. Wie im neuen James Bond. Sie verzichten auf die Siegertypen und zeigen die, die ihr Leben für andere verlieren. Sie erzählen von Ohnmacht und Hingabe, von Wut und Trauer. Sie stellen uns Gesichter im Großformat vor Augen, die wir normalerweise übersehen. Sie erzählen von Menschen, die ein Kreuz auf sich nehmen für andere. So kann auch die Leinwand im Kino zu einem Bild für die Nähe Gottes zu uns werden. Deshalb engagieren sich Christinnen und Christen in der ökumenischen Filmjury auf der Berlinale. Weil auch Filme zu Gleichnissen werden können, zu Bildern für Gottes Passion für uns, die wir kein Heldenleben führen.

„Denn was hülfe es dem Menschen, dass er die ganze Welt gewönne und nähme Schaden an seiner Seele?"
Amen.

Adams Äpfel – Die Geschichte des leidenden Gerechten und sein Ringen um Gott

Harald Storz

Diese Predigt ist am 12. November 2006 in der St. Jakobikirche Göttingen gehalten worden.

Die Geschichte kommt nächste Woche ins Kino, ins Cinema, gleich nebenan. Er heißt dort zwar nicht Hiob, ist aber Hiob: „Adams Äpfel" – eine skurrile Komödie voll schwarzen Humors, Kino aus Dänemark.

„Adam, ich heiße Ivan Fjellstett, aber Ivan reicht."

Mit diesen Worten stellt sich Ivan, ein evangelischen Dorfpfarrer in der dänischen Provinz, seinem neuen Mitbewohner Adam vor. So beginnt die Geschichte, könnte aber auch, wär's eine Erzählung, so beginnen: „Es war ein Mann, nicht im Lande Uz, sondern irgendwo in der dänischen Provinz, der hieß nicht Hiob, sondern Ivan. Ivan war fromm und rechtschaffen, gottesfürchtig und mied das Böse."

Ivan, der Gütige.

Er ist so fromm und rechtschaffen, dass er es sich zur Aufgabe gemacht hat, auf Bewährung haftentlassene Straftäter in seinem Pfarrhaus aufzunehmen, um sie zu resozialisieren. Der arabische Tankstellenräuber Khaled, Gunnar, der Kleptomane, Trinker und Sexualstraftäter, und der Neue: Adam, ein fieser, brachialer Neonazi, Glatze und Hakenkreuztatoo.

Ivan und seine drei Freunde.

Jeder Häftling im Pfarrhaus muss sich einer selbstgewählten Aufgabe stellen, auch Adam.

„Ich möchte, dass du dir ein Ziel setzt", sagt der Pfarrer im therapeutischen Erstgespräch. Und Adam antwortet lustlos: „Ich will was backen." „'N Apfelkuchen?" „Ja, 'n Apfelkuchen."

Der Pfarrer nimmt dieses merkwürdige Vorhaben ernst und macht eine wirkliche Aufgabe daraus. Adam soll den Apfelbaum im Pfarrgarten hüten und pflegen. „Adams Äpfel".

Als Adam auf seine Kammer geht, nimmt er das Kreuz von der Wand und hängt ein Hitlerbild auf. Als der Pastor zufällig ins Zimmer kommt, sagt er: „Ist das ein gutaussehender Mann – dein Vater?" „Nein, das ist Hitler." „Nein, kann nich' sein, Hitler hatte 'nen Vollbart."

Als der Pastor raus ist aus dem Zimmer, knallt Adam wütend die Bibel zu Boden. Die bleibt wegen des gebrochenen Buchblocks offen auf dem Boden liegen: Das Buch Hiob.

> „Es war ein Mann im Lande Uz, der hieß Hiob. Der war fromm und rechtschaffen, gottesfürchtig und mied das Böse."

Wie der Pfarrer Ivan Fjellstett.

Ivan meidet das Böse nicht nur, er übersieht es geflissentlich.

Er leugnet es. Das macht Adam rasend. Zumal er bei einem Krankenhausbesuch zufällig von einem indiskreten Arzt die Lebensgeschichte des Pastors erfahren hat: Ivans Mutter ist im Kindbett gestorben, sein Vater hat ihn als Kind misshandelt und missbraucht, seine Frau hat Selbstmord begangen, weil sie die schwere Behinderung ihres Sohnes nicht ertrug.

Aber Ivan glaubt an das Gute. Ivan Fjellstett lügt sich die Wirklichkeit zurecht. Er nimmt einfach nicht wahr, dass Khalid nachts losfährt und wieder Tankstellen ausraubt. Er kriegt nicht mit, dass Gunnar weiter trinkt und klaut. Adam wird immer rasender über so viel blinde Gutgläubigkeit.

Jedes Mal, wenn er seine Kammer betritt, muss die Bibel dran glauben. Jedes Mal bleibt sie offen auf dem Boden liegen: Das Buch Hiob.

Irgendwann hebt Adam sie wieder auf, setzt sich ins Bett, stellt sich eine Flasche Korn auf den Nachttisch, zündet sich eine Zigarette an und fängt an zu lesen:

„Es war ein Mann im Lande Uz, der hieß Hiob. Der war fromm und rechtschaffen, gottesfürchtig und mied das Böse.
Es begab sich aber eines Tages, da die Gottessöhne kamen und vor den HERRN traten, kam auch der Satan unter ihnen.
Der HERR sprach zum Satan: Hast du Acht gehabt auf meinen Knecht Hiob? Denn es ist seinesgleichen nicht auf Erden, fromm und rechtschaffen, gottesfürchtig und meidet das Böse.
Der Satan antwortete dem HERRN und sprach: Meinst du, dass Hiob Gott umsonst fürchtet?
Hast du doch ihn, sein Haus und alles, was er hat, ringsumher beschützt.
Aber strecke deine Hand aus und taste alles an, was er hat: was gilt's, er wird dir ins Angesicht absagen!"

Und so kommt es: Hiob verliert alles.

„Als Hiob alles genommen war, stand er auf und zerriss sein Kleid und schor sein Haupt und fiel auf die Erde und neigte sich tief und sprach: Ich bin nackt von meiner Mutter Leibe gekommen, nackt werde ich wieder dahinfahren. Der HERR hat's gegeben, der HERR hat's genommen; der Name des HERRN sei gelobt!
In diesem allen sündigte Hiob nicht und tat nichts Törichtes wider Gott."

Und Ivan Fjellstett?

Er hatte Adam eine Aufgabe gegeben. Adam soll einen Apfelkuchen backen. Er soll den Apfelbaum im Pfarrgarten hüten und pflegen. Aber das ist gar nicht so einfach, denn Krähenschwärme fallen über den Baum her und zerhacken das Obst. Nachdem Khalid die Vögel kurzerhand abgeknallt hat, fallen Würmer über die Früchte her.

Für Ivan Fjellstett ist die Sache klar: „Vermutlich stellt der Satan uns auf die Probe!" „Indem er mich nicht backen lässt?" Adam wird immer mehr zu Ivans Ankläger. Er hält Ivans blinde Gutgläubigkeit nicht mehr aus. Er knallt Ivan die Bibel vor die Füße und schnauzt ihn an: „Gott ist nicht auf deiner Seite." „Doch, ist er."

Draußen tobt ein Gewitter – ein Blitz schlägt in den Apfelbaum. Der Baum bricht entzwei, und der letzte Apfel fällt zu Boden. Adam schlägt Ivan, den Pfarrer, brutal zusammen und lässt ihn halb tot liegen. Als Ivan einige Stunden später ins Pfarrhaus kommt, blutverschmiert und mit zerquetschter Nase, sagt er nur: „Ich fahre dann mal ins Krankenhaus."

> „Es begab sich aber eines Tages, da die Gottessöhne kamen und vor den HERRN traten, dass auch der Satan unter ihnen kam und vor den HERRN trat.
> Und der Satan sprach zum Herrn: Haut für Haut! Und alles, was ein Mann hat, lässt er für sein Leben.
> Aber strecke deine Hand aus und taste sein Gebein und Fleisch an: was gilt's, er wird dir ins Angesicht absagen!
> Der HERR sprach zu dem Satan: Siehe da, er sei in deiner Hand, doch schone sein Leben!
> Da ging der Satan hinaus vom Angesicht des HERRN und schlug Hiob mit bösen Geschwüren von der Fußsohle an bis auf seinen Scheitel.
> Und seine Frau sprach zu ihm: Hältst du noch fest an deiner Frömmigkeit? Sage Gott ab und stirb!"

Kurz darauf bricht Ivan zusammen. Im Krankenhaus stellen die Ärzte fest. Ivan hat einen Hirntumor, inoperabel. Er hat nur noch wenige Wochen. Ivan versinkt in tiefe Resignation.

Ob Ivan Fjellstett auch im Buch Hiob liest, wie sein Pfarrhausgenosse Adam, der Neonazi? Vielleicht Kapitel 14?

> „Der Mensch, vom Weibe geboren, lebt kurze Zeit und ist voll Unruhe, geht auf wie eine Blume und fällt ab, flieht wie ein Schatten und bleibt nicht. [...]
> So blicke doch weg von ihm, damit er Ruhe hat, bis sein Tag kommt, auf den er sich wie ein Tagelöhner freut.
> Denn ein Baum hat Hoffnung, auch wenn er abgehauen ist; er kann wieder ausschlagen, und seine Schösslinge bleiben nicht aus. [...]
> Stirbt aber ein Mann, so ist er dahin; kommt ein Mensch um – wo ist er? [...]
> Ach dass du mich im Totenreich verwahren und verbergen wolltest ..."

Ivan versinkt in tiefe Resignation. Er will sich zum Sterben zurückziehen. Aber dann bekommt Adam Besuch. Seine Skinhead-Bande fährt mit dickem Schlitten vor. Sie wollen mit Adam die nächste Schlägerei aushecken. Aber Adam beginnt sich von ihnen zu distanzieren. Er will nicht so recht.

„Hat das irgendwas mit dieser dämlichen Birnentorte zu tun?" spotten seine Freunde. „Das ist ein Apfelkuchen, ist das klar!" Dann kommt es vor dem Pfarrhaus zwischen den Skins und dem arabischen Tankstellenräuber Khaled zu einer Schießerei. Als Pfarrer Fjellstett zu schlichten versucht, trifft ihn eine Kugel genau in die Stirn. Blutüberströmt bleibt er liegen. Die Kugel hat ihm – eines dieser schwarz-humorigen Details – den Tumor aus dem Kopf gepustet.

„Stirbt aber ein Mann, so ist er dahin; kommt ein Mensch um – wo ist er? [...]
Ach, dass du mich im Totenreich verwahren und verbergen wolltest ..."

Für einen Moment glaubte ich, als ich im Kino saß: Ivan Fjellstett ist tot. Aber dann kam ein überraschendes Ende. Und da ich kein Filmrezensent bin, erzähle ich Ihnen den Schluss, das letzte Bild. Ivan sitzt auf einer Parkbank, einen dicken Verband um den Kopf, im Hintergrund das Krankenhaus. Er sitzt da wie Hiob im Elend, wie der große Schmerzensmann. Adam kommt ins Bild, geht auf ihn zu, bleibt vor der Bank stehen – und er hält Ivan ein Apfelküchlein entgegen, ein winziges Apfelküchlein, gebacken aus dem letzten Apfel, der in der Gewitternacht übrig geblieben ist.

Im Abspann erklingt Musik, die „Take That"-Version eines alten Song der Bee Gees:

How deep is your love.
Wie tief ist deine Liebe.
Ich glaube an dich.
Du kennst die Tür zu meiner innersten Seele.
Du bist das Licht in meiner tiefsten, dunkelsten Stunde.
Du bist mein Retter, wenn ich falle.
You're my savior when I fall.

Ob Ivan Fjellstett am Abend dieses Tages im Buch Hiob gelesen hat, wie sein Hausgenosse Adam? Wenn, dann bestimmt Kapitel 19:

„Aber ich weiß, dass mein Erlöser lebt, und als der Letzte wird er über dem Staub sich erheben.
Und ist meine Haut noch so zerschlagen und mein Fleisch dahingeschwunden, so werde ich doch Gott sehen.
ch selbst werde ihn sehen, meine Augen werden ihn schauen und kein Fremder. Danach sehnt sich mein Herz in meiner Brust."

Amen.

Die Berlinale Predigt

Dirk v. Jutrczenka

Diese Predigt ist am 23. Februar 2014 im agendarischen Sonntagsgottesdienst in St. Remberti Bremen gehalten worden, eine Woche nach der Berlinale, an der der Verfasser als Präsident der Ökumenischen Jury teilgenommen hatte.

Die Berlinale predigt. Der rote Teppich und die Stars, die Autogrammsammler und Kamerablitze, die Partys, die Schlangen an den Ticketschaltern haben auf den ersten Blick vielleicht nicht viel mit kirchlicher Verkün digung zu tun. Die Filme aber umso mehr. Jedes Jahr von neuem bin ich als Zuschauer überrascht, wie häufig und vielfältig, wie intensiv und ausdrücklich Filme im Wettbewerb und in den Sektionen sich mit religiösen Fragen auseinandersetzen. Es geht um Sinnfragen und Gerechtigkeit, um Lebensziele, Schuldverstrickungen, Erlösung. Und nicht selten sogar ganz explizit um christliche, kirchliche Themen. Fast immer ergibt sich aus der Zusammenschau der Filme eines Jahrgangs der ein oder andere rote Faden, eine Anhäufung von Themen und Motiven, die nie ganz zufällig ist.

Es seien in diesem Jahr auffallend viele Kinder zu sehen gewesen, fasste Festivaldirektor Dieter Kosslick am Abschlussabend zusammen. Sie seien die eigentlichen Leidtragenden der Wirtschaftskrise. Doch es gab daneben auch andere Schwerpunkte. Die Berlinale predigt.

1. Soll ich meines Bruders Hüter sein? (1 Mose 4,9)

Die Frage nach der Verantwortung

Der zehnjährige Jack sorgt nicht nur für sich selbst, sondern auch für seinen kleinen Bruder. Die Mutter ist, wenn sie zu Hause ist, ganz liebevoll zu ihren Kindern, sie spielt und knuddelt mit ihnen. Aber zwischen Partys und Partnersuche überlässt sie die beiden sich selbst, manchmal tagelang. Jack landet im Heim, der Bruder wird bei einer Freundin geparkt. Die beiden wollen zurück nach Haus, doch die Wohnungstür ist verschlossen, der Schlüssel nicht am vereinbarten Ort. So irren die Kinder auf der Suche nach der Mutter durch Berlin. Keiner der Erwachsenen, auf die sie treffen, fühlt sich zuständig. Als sie zur Polizei gebracht werden sollen, flüchten die Kinder erneut.

Der deutsche Wettbewerbsbeitrag „Jack" beschreibt, was aus einer Kindheit wird, wenn die Erwachsenen sich ihrer Verantwortung entziehen. Der Vater ist abwesend und die Mutter selbst fast noch ein Kind. Sie ist eine gute Freundin ihrer Kinder, aber sie ist nicht in der Lage, wirklich Verantwortung zu übernehmen. So muss Jack selbst entscheiden, was für seinen Bruder und ihn richtig ist.

Mich hat der Film berührt, weil er die Hilflosigkeit, aber genauso auch die Resilienz, die Widerstandsfähigkeit seines Protagonisten zeigt. Der Junge lernt Verantwortung zu übernehmen, gerade weil es keinen Erwachsenen weit und breit gibt, der ihm das abnehmen könnte. Am Ende weiß er, dass trotz aller zwischenzeitlicher Nähe die Mutter nicht verlässlich sein wird – und zusammen mit seinem Bruder kehrt er zurück ins Heim.

Auf ganz andere Weise stellt Volker Schlöndorff in seinem neuen Film „Diplomatie", der in der Reihe BERLINALE SPECIAL gezeigt wurde, die Frage nach Verantwortung in den Mittelpunkt.

Im Sommer 1944 verfügt Hitler, dass die französische Hauptstadt dem Feind „nicht oder nur als Trümmerfeld" in die Hände fallen dürfe. Verantwortlich für die Durchführung dieses barbarischen Plans ist der Wehrmachtsbefehlshaber für Groß-Paris, General Dietrich von Choltitz, der bereits den Eiffelturm, den Louvre, Notre-Dame und die Brücken über die Seine verminen lässt. Nichts soll mehr an die alte Pracht erinnern. Doch im Morgengrauen des 25. August schleicht sich der schwedische Generalkonsul Raoul Nordling durch einen unterirdischen Geheimgang ins deutsche Hauptquartier ein und versucht, Choltitz von dem

Vorhaben abzubringen. Während sich Choltitz hinter dem unbedingten Gehorsam des Militärs verschanzt, setzt Nordling alles daran, die sinnlose Zerstörung von Paris mit einem Appell an Vernunft und Humanität zu verhindern.

Kammerspielartig inszeniert Schlöndorff das fiktive Gespräch. Angstbesetzter Befehlsgehorsam auf der einen Seite und Verantwortung für die Zukunft auf der anderen. Es würde nicht schwerfallen, diese Polarität auch in anderen Konfliktkonstellationen unserer Tage wiederzuerkennen.

Einen ganz aktuellen Zugang zum Thema Verantwortung greift Feo Aladag auf. In ihrem Film „Zwischen Welten" geht es um einen deutschen Soldaten in Afghanistan.

Mit seiner Einheit soll Jesper ein abgelegenes Dorf vor den Taliban schützen. Zu seinen Begleitern gehört der junge afghanische Dolmetscher Tarik. Immer wieder gerät Jesper aufgrund der Befehle seiner Vorgesetzten in Gewissenskonflikte. Als Tarik, der aufgrund seiner Nähe zu den Deutschen mit dem Tode bedroht wird, auch um das Leben seiner Schwester fürchtet, muss Jesper eine Entscheidung treffen. Am Ende sitzt er vor dem Militärgericht: Wie rechtfertigen Sie ihr Verhalten?

Verantwortung, so wird in allen diesen Filmen deutlich, können wir nicht einfach delegieren, auch wenn das System Militär oder Gesellschaft das so verlangt. Sie ist die Grundlage menschlicher Existenz „jenseits von Eden". Ja, du sollst deines Bruders und deiner Schwester Hüter sein.

2. Wer nicht für mich ist, der ist gegen mich; und wer nicht mit mir sammelt, der zerstreut. (Matthäus 12,30)

Das Problem von Zugehörigkeit und Konsequenz

„Bist du Katholik oder Protestant?", wird der englische Soldat Gary Hook gefragt. Er weiß es nicht, für ihn spielte das bisher keine Rolle. Doch nun findet er sich im Jahr 1971 im nordirischen Belfast wieder. Schon beim ersten Einsatz verliert er seine Einheit und gerät in eine ausweglose Situation, aus der er sich nicht mehr befreien kann.

Der Film „'71", der ebenfalls im Wettbewerb lief, zeigt ästhetisch eindrucksvoll das Wirrwarr eines Konfliktes, in dem die Zugehörigkeit zur jeweils „richtigen" Seite über Leben und Tod entscheidet. Ja, es ist typisch für den Nordirlandkonflikt, dass er auf beiden Seiten mit übersteigerten, symbolisch überhöhten Vergewisserungen der jeweiligen Zugehörigkeit funktionierte. Als ich Mitte der achtziger Jahre in Belfast war, konnte man noch die protestantisch-loyalistischen Viertel von den katholisch-nationalistischen daran unterscheiden, in welcher Farbe die Bordsteinkanten gestrichen und welche Wandmalereien zu sehen waren: vermummte Kämpfer mit gekreuzten Maschinengewehren als Symbole für die IRA, König Wilhelm von Oranien hoch zu Ross als Symbol der Protestanten. Der Hauptdarsteller des Films verliert nicht nur deshalb die Orientierung, weil er selbst sich nicht zuordnen kann, sondern auch weil zur Logik des Krieges längst gehört, um der angeblich größeren Sache willen ganz konsequent auch die eigene Seite zu täuschen und notfalls zu bekämpfen. So wird Gary Hook von IRA-Kämpfern und britischen Undercoveragenten gleichermaßen verfolgt. Symbolisch wird der Krieg wie jeder andere Krieg noch entlang der angeblich klaren Zugehörigkeiten ausagiert, faktisch ist er wie jeder andere Krieg undurchschaubar. Die Eigendynamik von Rache und Vergeltung offenbart nur ihre Sinnlosigkeit.

„Ein Soldat, der seine Orientierung verliert, der Freund und Feind nicht mehr auseinanderhalten kann, der ist verloren." Dieser Ausspruch bringt die ausweglose Situation Gary Hooks auf den Punkt. Er stammt indes nicht aus dem Film „'71", sondern aus der ersten Szene des deutschen Wettbewerbsbeitrags „Kreuzweg". Mit diesen Worten schwört der junge, gar nicht mal unsympathische Priester seine Firmlinge auf ihre Aufgabe ein.

„Ob es nun aufreizende Kleidung ist, obszöne Bilder auf Plakatwänden, satanische Musik oder schädliche Filme, jeden Tag geraten wir hundertmal in Versuchung. Jedes Mal ist es eine kleine Schlacht zwischen Gott und seinem Widersacher, dem Satan. Und wir sind die Soldaten in dieser Schlacht. Und was meint ihr, was ist das Wichtigste für einen Soldaten im Schlachtgetümmel?" – „Dass er weiß, wer der Gegner ist!" – „Ganz genau, ein Soldat, der seine Orientierung verliert, der Freund und Feind nicht mehr auseinanderhalten kann, der ist verloren."

Im Film „Kreuzweg" steht die 14-jährige Maria im Mittelpunkt, die in einer fundamentalistisch-katholischen Gemeinschaft aufwächst. Sie will ihr Leben ganz Gott weihen. 14 Stationen gibt es auf dem Kreuzweg, und daran angelehnt zeigt Regisseur Dietrich Brüggemann 14 Szenen. Eine statische Kamera blickt auf die Räume, es gibt fast keine Kamerabewegung, keine Schnitte, keine Musik. Das ist formal anspruchsvoll und einengend zugleich. Die radikale Gestaltung korrespondiert mit dem Inhalt: Maria erlebt ihre Familie und ihre religiöse Gemeinschaft als sehr verbindlich und abgegrenzt und sie sucht nach einer radikalen Form für ihren Glauben. Es ist eine Passionsgeschichte, die Widerspruch herausfordert. Der Film zeigt „die destruktiven Aspekte jedes Fundamentalismus und (nötigt) zugleich zur Reflexion über abgemessene Formen des Glaubens", wie es in der Begründung der Ökumenischen Jury heißt, die dem Film ihren Preis im Wettbewerb verlieh.

Am Ende geschieht ein Wunder. Und das ist, so finde ich, meisterhaft offen erzählt. Denn ob es sich dabei um die Folge eines Opfers oder um die Wirkung bedingungsloser Liebe handelt, ob es als Rechtfertigung oder Gnade oder als purer Zufall betrachtet wird, das ist alles eine Frage der Perspektive und der Zugehörigkeit zu Sinndeutungssystemen. Und wenn die verabsolutiert werden, bleibt das Leben auf der Strecke.

Konsequenz ist bei uns in der Regel positiv konnotiert. „Aufrecht" werden Menschen genannt, die konsequent handeln, „unbeirrt", „geradlinig". Das gilt nicht nur in der Sphäre des Religiösen, sondern besonders auch im politischen Bereich. Doch Konsequenz ist eine verführerische Tugend. Radikalität ist – ich erinnere mich an die politischen Debatten in meiner Studentenzeit – attraktiv. Aber es gibt auch den beängstigenden moralischen Rigorismus.

Kann Jesus für Konsequenz und Radikalität als Vorbild herhalten? Sicherlich. Aber er stellt die allzu Konsequenten auch radikal in Frage: Sein Umgang mit dem Sabbatgebot (Markus 2,23-28), sein Verhalten, als die Ehebrecherin gesteinigt werden solll (Johannes 8,1-7).

Entweder man lebt oder man ist konsequent, sagt Erich Kästner.

3. Und vergib uns unsere Schuld, wie auch wir vergeben unsern Schuldigern. (Matthäus 6,12)

Die Kraft der Vergebung

In mehreren Filmen wird thematisiert, wie hartnäckig Schuld wirkt. Forest Whitaker als entlassener Häftling im Film „La Voie de l'Ennemi" hat keine Chance, wieder einen Platz zu finden, so sehr ist er eingezwängt zwischen ungestillten Rachegelüsten seiner Gegner und Ansprüchen früherer Komplizen. Er findet keine Vergebung, keinen Ausweg aus dem Kreislauf von Gewalt und Rache. So ist die Schlussszene identisch mit dem Anfang: ein geradezu archaisch inszenierter Totschlag.

Eine ganz starke Auseinandersetzung mit Schuld, Sühne und Vergebung bietet der ebenso spannende wie vergnügliche Film „Calvary", der im Panorama lief und ebenfalls von der Ökumenischen Jury ausgezeichnet wurde.

Brendan Gleeson spielt einen irischen katholischen Priester, der gleich in der ersten Szene im Beichtstuhl sitzt und ein merkwürdiges Geständnis hört. Er soll in einer Woche getötet werden, als Strafe dafür, dass ein anderer Priester sich des Kindesmissbrauchs schuldig gemacht hat. Von diesem fulminanten Auftakt her entfaltet sich im Folgenden ein mit viel schwarzem Humor durchsetztes Porträt eines irischen Dorfes und seiner skurrilen Bewohner. Wie in einem Agatha-Christie-Plot erscheint jeder Dorfbewohner gleichermaßen verdächtig. Die einzige wirklich integre Persönlichkeit ist der Priester, der doch nicht umhin kommt, stellvertretend für die Schuld seiner Kirche einzustehen. Schuld, die auch darin liegt, wie die Kirche Schuld und Sünde instrumentalisiert. „Ich glaube, es wird zuviel von Sünde gesprochen, zu wenig von Tugend", sagt der Priester in einer Szene. Und: „Forgiveness is highly underrated – Vergebung wird stark unterschätzt."

In der emotional sehr berührenden Schlussszene zeigt der Film, welche Kraft in der Vergebung steckt. Eine Kraft, die auch das Opfer der früheren Misshandlungen sichtlich bewegt, das zu vergeben nicht in der Lage war. Der Film wird im Herbst in die deutschen Kinos kommen, darum verrate ich den Schluss an dieser Stelle nicht. Er unterlegt den mitunter flapsigen Ton des Films mit einer enormen spirituellen Tiefe.

Die Berlinale predigt. Über Verantwortung, der sich Menschen in ihrem Zusammenleben stellen müssen. Darüber, wie religiöse und ideologische Weltdeutungen, mit deren Hilfe sich Menschen verorten, eine zutiefst destruktive Macht entfalten können. Und immer wieder über die so stark unterschätzte Kraft der Vergebung

„Kirche und Kino sind Erzählgemeinschaften", sagte Julia Helmke, Präsidentin der protestantischen Filmorganisation INTERFILM in einem Interview anlässlich der Berlinale. Bisweilen habe das Kino von der Kirche geklaut. In beiden Zusammenhängen gibt es parallele Elemente: Das Kirchengebäude und die kathedralenförmigen Kinopaläste, die Rituale von Sammlung, Licht, Konzentration. Im Verlauf eines Gottesdienstes gibt es ebenso wie in einem Film einen Weg, eine Veränderung. Am Ende gehen die Zuschauer, geht die Gemeinde verändert hinaus. Hinaus in eine Welt, die in ihrer Widersprüchlichkeit noch unübersichtlicher ist als die Welt auf der Leinwand. Und doch vermag ein guter Film auch jenseits der Leinwand zu wirken, so wie ein guter Gottesdienst auch außerhalb der Kirchenmauern seine lebensdienliche Kraft entfaltet. Du kannst Verantwortung tragen, weil du selber getragen bist. Du darfst dich zugehörig fühlen, ohne dich von vermeintlichen Gegnern abgrenzen zu müssen, denn du hast schon einen Platz. Dir kann vergeben werden, wie auch du vergeben kannst.

Die Berlinale predigt.

Die Botschaft kommt von weiter her.

„Als Jesus das Volk sah, ging er auf einen Berg und setzte sich; und seine Jünger traten zu ihm. Und er tat seinen Mund auf, lehrte sie und sprach: Selig sind, die da geistlich arm sind; denn ihrer ist das Himmelreich. Selig sind, die da Leid tragen; denn sie sollen getröstet werden. Selig sind die Sanftmütigen; denn sie werden das Erdreich besitzen. Selig sind, die da hungert und dürstet nach der Gerechtigkeit; denn sie sollen satt werden. Selig sind die Barmherzigen; denn sie werden Barmherzigkeit erlangen. Selig sind, die reinen Herzens sind; denn sie werden Gott schauen. Selig sind, die Frieden schaffen; denn sie werden Gottes Kinder heißen. Selig sind, die um der Gerechtigkeit willen verfolgt werden; denn ihrer ist das Himmelreich."
(Matthäus 5,1-10)

Amen.

Teil 4
Zur Planung, Erarbeitung und praktischen Durchführung

Filmgottesdienst als Teamarbeit – Aus der Werkstatt

Dietmar Adler

Dieser Beitrag fußt auf Erfahrungen mit Filmgottesdiensten in der Petri-Pauli-Kirchengemeinde Bad Münder. Es spricht vieles dafür, Filmgottesdienste nicht nur am Schreibtisch und Bildschirm eines Theologen entstehen zu lassen, sondern ihn in einer Gruppe von engagierten Menschen gemeinsam zu entwickeln.[1]

Filmgottesdienst als niedrigschwelliges Gottesdienstangebot

Im Rahmen der Reihe „sonntags um 5 – der besondere gottesdienst"[2] werden seit 2007 am frühen Sonntagabend etwa acht Mal im Jahr Gottesdienste im „zweiten Programm" angeboten, vom Gospelgottesdienst bis Open-air-im-Kurpark, von der Lichterkirche im Advent bis zum Valentinstag, und eben auch mindestens zwei Mal im Jahr Filmgottesdienste. Erreicht werden sollen Menschen, die den Weg zum Sonntagmorgengottesdienst sonst nicht finden, insbesondere die Altersgruppe von 30 bis 60 Jahren mit unterschiedlichen Bildungsniveaus. Und in der Tat, die Zielgruppe findet sich in den Gottesdiensten, kräftig verstärkt von denen, die auch zu den Hauptgottesdiensten kommen und sich über Abwechslung freuen.

Team

Die Erarbeitung eines Filmgottesdienstes, wie wir ihn verstehen, geschieht in Teamarbeit, und zwar schon aus programmatischen Gründen: Es geht darum, gerade Menschen aus den Zielgruppen, die wir erreichen wollen, auch in die Gottesdienstvorbereitung einzubeziehen. Ihre Zugehörigkeit zu einer spezifischen Altersgruppe bzw. einem Milieu, ihre Herkunft und Bildung verändern die Sichtweise auf Filme und das theologische Herangehen. Die unterschiedlichen Zugänge zu den Filmen, zu Bibeltexten und theologischen Inhalten, aber auch die unterschiedlichen Gottesdiensterfahrungen bereichern die Vorbereitungsgruppe und werden in einem Gesprächsprozess miteinander in Beziehung gesetzt.

---

1 Dem engagierten Gottesdienstteam Bad Münder sei herzlich für die Erfahrungen der letzten Jahre miteinander gedankt. Ebenso Vikarin Dr. Anne-Kathrin Lück für die gemeinsamen Reflexionen über das Geschehen.

2 Vgl. Jochen Arnold/Fritz Baltruweit u.a. (Hgg.), Brannte nicht unser Herz? (ggg 13), Hannover 2011, 142ff.

Ein Pastor ist im Team dabei, häufig auch eine Lektorin oder ein Prädikant. Ihre Aufgabe ist es, zu koordinieren und zusammenzuführen, aber auch eigene theologische Ideen einzubringen und andere Sichtweisen zu integrieren und zu vertiefen. Der bzw. die theologisch Geschulte ist in diesen Gottesdienstteams auf das Sehen und Denken der anderen angewiesen. Inzwischen nehmen auch die verantwortlichen Musiker an der inhaltlichen Vorbereitung teil.

Neue Rollen

Gottesdiensterarbeitung als Teamarbeit verändert die Rollen. Im Grunde begreifen wir alle Beteiligten – ob mit oder ohne Theologiestudium – nicht nur als „Lebensexperten"[3] sondern auch als „Lebenstheologen".[4] Die Teammitglieder bringen – gabenorientiert – ihre Kompetenz in die Gestaltungsprozesse ein. Ihnen wird für Inhalt, Form und Gestaltung eines Gottesdienstes viel zugetraut. Wir verstehen dieses Zutrauen in die Gestaltungsmöglichkeiten der Menschen als eine Weiterentwicklung der paulinischen Idee von der Kirche als Leib Christ und den reformatorischen Einsichten in das Priestertum aller Christenmenschen.[5] Fachtheologische Kompetenz wird weiter abgefragt, aber es sind oft genug die „Laien", die die entscheidenden Hinweise auf theologische Aussagen und biblische Texte geben, die mit dem Film korrespondieren. Oft wird dann auf den Fachtheologen geschaut, wie er sich dazu verhält. Dann bringt er theologisches Wissen ein, soweit er es für den Prozess zur Gestaltung eines stimmigen Gottesdienstes für sinnvoll hält. Er ordnet ein, nimmt Linien, Parallelen und Kontraste wahr, verbindet und sortiert.

Formale Autorität hat in einem solchen Prozess keinen Raum, allenfalls inhaltliche. Hauptamtliche werden so zu Begleitern von Gruppen-

---

[3] Vgl. Jochen Arnold (Hg.), Andere Gottesdienste, Gütersloh 2012, 96-102.

[4] Vgl. dazu auch Luthers Vorrede zu den Wittenberger Schriften von 1539 mit der klassischen Unterscheidung von Oratio, Meditatio und Tentatio (Gebet, Schriftmeditation und Anfechtung). Wer in dieser Spannung und Verheißung lebt und sie vor Gott und in der Gemeinschaft aushält, ist Theologe, vgl. Martin Luther, Weimarer Ausgabe 50, 659f.

[5] Die Veränderung der Rollen bedarf der intensiveren praktisch-theologischen Reflexion, Ansätze dafür gibt es, Jochen Arnold spricht über Lern- und Veränderungsprozesse ehrenamtlicher Gemeindeglieder und Ordinierter bezogen auf das Verkündigungsgeschehen im Gottesdienstes in seinen verschiedenen Teilen: „Weil diese Aufgabe so umfassend und vielfältig ist, spielen die Personen, die daran teilhaben, nicht nur eine entbehrliche „Zusatzrolle", sie haben vielmehr Anteil an der „Hauptrolle", von Gott her und zu ihm hin zu reden, Sprachrohr zu sein für Gottes Geist." (Jochen Arnold, Was geschieht im Gottesdienst? Zur theologischen Bedeutung des Gottesdienstes und seiner Formen, Göttingen 2010, 70.) Was hier wohl auf den agendarischen Gottesdienst bezogen ist, gilt umso mehr für alternative Gottesdienstformen (vgl. 174-182).

prozessen: Sie nehmen wahr, was in der Gruppe geschieht, geben Impulse, moderieren das Gespräch und motivieren die Teammitglieder.

Der Pastor hält auch zwischen den Team-Treffen das Geschehen am Laufen. So formuliert er die Zwischenergebnisse, leitet sie an die Beteiligten weiter, hilft einzelnen Mitarbeitenden, wenn sie bei ihren zwischen den Treffen zu erledigenden Aufgaben ins Stocken geraten.

Insgesamt werden die Hauptamtlichen – aufgrund ihrer liturgischen Bildung und gottesdienstlichen Erfahrung – zu Anwälten einer stringenten, die Besucherinnen und Besucher ansprechenden und biblisch verorteten Feier eines Gottesdienstes.

Auch in der Durchführung des Gottesdienstes leiten sie das Geschehen. Sie geben – falls erforderlich – auch spontane Impulse und entscheiden, wenn eine Teamsitzung nicht (mehr) einberufen werden kann.

In einem solchen Vorbereitungsprozess ist es aber auch schon vorgekommen, dass der Pastor in einer Teamsitzung seine Predigtgedanken skizziert hat und die „Laien" einmütig zu der Auffassung kamen: „So geht das nicht." Nach einer Schrecksekunde wanderte der skizzierte Entwurf in den „Papierkorb". Das Team wurde daraufhin noch einmal in die Verantwortung genommen. Gemeinsam wurde überlegt und zusammengetragen, „was denn geht." So entstand ein neuer Predigtentwurf.

Termin und Ort

Die Filmgottesdienste finden in unserer neoklassizistischen Petri-Pauli-Kirche statt. Eine Verdunklung ist nur partiell möglich. Schon wegen der Lichtverhältnisse sind wir auf Abende im Winterhalbjahr angewiesen. Die Bezogenheit von Film, Texten und Liedern zum Kirchenjahr kann dabei unterschiedlich intensiv sein. An manchen Sonntagen wird man in der Gestaltung den Ort im Kirchenjahr stärker zu berücksichtigen haben. Es gibt aber auch Filmgottesdienste, die sich nicht auf die Prägung des Tages beziehen, sondern in denen der gewählte Film und die sich daraus ergebenden Inhalte und Korrelationen zu biblischen Themen stärker sind.

Filmauswahl

Schon bei der Filmauswahl – etwa ein halbes Jahr vor dem Gottesdiensttermin – werden die Vorschläge der Mitgestaltenden aufgenommen und miteinander – zumeist als E-Mail-Konferenz – diskutiert.

Notwendiges Kriterium ist die Verfügbarkeit des Mediums für die nichtkommerzielle Vorführung, zumeist bei den landeskirchlichen Medienstellen oder beim Bundesverband Jugend und Film.

Während sich die einen eher thematisch orientieren, andere nach theologischen Parallelen fragen, suchen wieder andere nach populären Filmen mit Unterhaltungswert. Die ästhetische Qualität und das Besondere der jeweiligen Filmsprache spielt für weitere Beteiligte eine große Rolle. Eine Verbindung zu den Themen des Kirchenjahres ist besonders für stark geprägte Zeiten wie der Weihnachtszeit zu berücksichtigen.

Nicht unterschätzen sollte man gerade für die gottesdienstliche Verwendung eines Films, inwieweit gewalthaltige oder mit Schock-Effekten arbeitende Filmsequenzen den Zuschauenden zumutbar sind. Die Altersangabe der FSK gibt dabei Anhaltspunkte, allerdings sind die Einstufungen nicht immer nachvollziehbar. So ist auch zu berücksichtigen, dass Filme, die „ab 12" freigegeben sind, von einigen Kinos als „6+" beworben werden, weil sie Kinder ab 6 Jahren mit Erwachsenen besuchen dürfen. Gerade für den Einsatz im sonntäglichen Gottesdienst einer volkskirchlich geprägten Gemeinde sollten Filme „ab 16" vermieden werden, ebenso ist darauf zu achten, dass bei Filmen „ab 12" nur Szenen gezeigt werden, die wahrscheinlich nicht schockierend wirken. Das ist nicht nur mit Blick auf Kinder gesagt, auch viele Ältere mit anderen Sehgewohnheiten als jüngere Erwachsene sollten nicht brüskiert werden.

Ein weiteres Kriterium, das immer wieder genannt wird, aber mehr mit dem Gefühl zu tun hat und inhaltlich schwer zu fassen ist: Passt dieser Film – Inhalt, Thema, Aussage, Art der Bilder – in eine Kirche bzw. in einen Gottesdienst? Es gibt Filme, da spüren die Auswählenden instinktiv: Das ist gewiss ein guter Film, aber in einem Gottesdienst eher deplatziert.

Team-Treffen

Das Team der Gottesdienstgestaltenden trifft sich in der Regel zwei bis drei Mal. Zum ersten Treffen, das circa zwei Monate vor dem Gottesdienst stattfindet, sollten alle Teilnehmenden den Film mindestens einmal ganz gesehen haben. Vorteilhaft ist, wenn eine Übersicht über die Filmsequenzen mit Minuten- und Sekundenangaben und den – oft willkürlich ein-geteilten – Kapiteln der DVD vorliegt. Die technischen Voraussetzungen, Teile des Films zu sehen, müssen vorhanden sein.

Die Teilnehmenden tauschen sich zunächst einmal aus, wie sie den Film gesehen haben, welche Themen, welche Szenen sie besonders ansprechen. Da es sich um die Vorbereitung eines Gottesdienstes handelt, kommen auch an dieser Stelle häufig schon Assoziationen und Verknüpfungen zu theologischen Themen und biblischen Texten zur Sprache.

Während einige Teilnehmende mehr unter dem direkten Eindruck des Filmes stehen, haben andere auch schon Literatur zum Film und Kritiken gelesen, wieder andere verbinden persönlich erlebte Geschichten mit dem Film, und manchen fallen sofort mehrere Bibelstellen ein. Auch musikalische Ideen werden in dieser Phase bereits geäußert.

Es kommt dann weiter darauf an, die Themen zu sortieren, auszuwählen, zuzuspitzen. Den theologischen Anknüpfungspunkten und die Verbindung zu biblischen Texten ist dabei im Gespräch besonders nachzugehen. Dabei gibt es verschiedene Formen der Bezugnahme. Das Spektrum geht von „Das ist ja wie in der Geschichte von Jesus und ..." bis zu klaren Abgrenzungen wie „Ganz anders bei Paulus!" Auch mögliche Kontraste, etwa zu theologischen Grundaussagen werden entdeckt: „Dieses Gedicht stellt die Selbstrechtfertigung des Menschen in den Mittelpunkt. Das ist nicht unbedingt christlich ... Das können wir im Gottesdienst nicht unkommentiert stehen lassen..." Aus solchen Kommentaren können in der Gruppe kontroverse theologischen Diskussionen entstehen.

Es besteht natürlich immer die Gefahr, Filme zu vereinnahmen („Der Film sagt doch..."), genauso wie Bibeltexte immer wieder instrumentalisiert werden können. Da gilt es, Respekt vor Film und Text zu wahren, Subjektivität ggf. bewusst zu verbalisieren.

Nach Möglichkeit wird schon bei diesem ersten Treffen auf ein bis drei Themen fokussiert, damit so etwas wie „messages" des Gottesdienstes vorsichtig formuliert werden können. Außerdem werden schon erste Arbeitsaufträge verteilt, z.B. sich gezielt auf die Suche nach bestimmten biblischen, literarischen und musikalischen Elementen zu machen. Auch können in dieser Phase schon für den Gottesdienst passende Filmausschnitte gesucht werden.

Beim zweiten Treffen werden die Fundstücke und ggf. bereits formulierte Text- bzw. Verkündigungsteile vorgestellt und miteinander in Beziehung gebracht. Die Verkündigung muss nicht auf die theologisch ausgebildete Person beschränkt sein. Erlebtes, Sich-in-Protagonisten-Einfühlen, Assoziiertes eignet sich gut für eigene Texte der Mitgestaltenden. Das erhöht zugleich den Grad der Authentizität, die ein wichtiges Kriterium für das Kommunikationsgeschehen im Gottesdienst ist. Auch der endgültige Schnitt der Filmszenen wird bei diesem Treffen festgelegt.

Ein drittes Treffen findet oft in der Kirche selbst statt. Orte für Leinwand, Musizierende und Sprechende werden festgelegt, bereits vorliegende Texte vor Ort zum Klingen gebracht, gehört und variiert. Der Raum verändert sich durch die Leinwand und auch durch den jeweiligen Film und manch ein vertrauter Kirchenraum muss für diesen einen Gottesdienst neu bestimmt werden.

Teamarbeit als Erwachsenenbildung

Im Grunde stellt eine solche Art der Gottesdienstvorbereitung selbst schon eine Form von Erwachsenenbildung dar und hat einen Wert in sich. Die Mitarbeitenden werden angeleitet, Film, Leben, biblische Texte und gottesdienstliche Prozesse genau wahrzunehmen. Sie reflektieren ihre Medienwahrnehmung, entwickeln Positionen, formulieren Glaubenssätze. Sie suchen nach Sprache für bisher nicht Ausgesprochenes, verbalisieren ihren Glauben. Da dies im Gespräch mit einem Film und mit anderen Menschen geschieht, werden sie jenseits ausgetretener Pfade auch sprachschöpferisch tätig. Sie können sich in diesen Prozessen in ihren Fähigkeiten erstaunlich entwickeln und engagieren sich für andere, nämlich die Gottesdienstbesucher.[6] Außerdem haben sie oft auch Spaß daran. Und wo mit Freude gelernt wird, bleibt – wie wir aus der Neurologie wissen – ja vielmehr hängen als dort, wo es mit Druck geschieht.

Hauptamtliche sind hier auch in ihrer Moderationskompetenz von Bildungsprozessen gefragt.

Filmausschnitte

Die Wahl der Filmausschnitte stellt eine besondere Herausforderung dar. Zumeist sind es – so die Erfahrung – eher Szenen aus einem ersten Teil des Films, die im Gottesdienst zur Darstellung kommen. Eine besondere Schwierigkeit besteht darin, dass in einem Filmgottesdienst Handlungs-

6 Michael Meyer-Blanck, Gottesdienstlehre, Tübingen 2011, 534-536, beschreibt die gemeinsamen Vorbereitungsprozesse in einer Gruppe und stellt fest: „Die Vorbereitung hat ihren eigenen Wert auch neben der eigenen Durchführung" (a.a.O., 536).

stränge und Themen ausgewählt werden müssen. Immer wieder wird es als schwierig empfunden, wichtige Themen oder Figuren um der Gottes_ dienstdramaturgie willen wegzulassen. Mehrere Filmsequenzen werden durch Zwischentexte verbunden, die den übersprungenen Inhalt kurz und prägnant erzählen.

Da der Film im Anschluss an den Gottesdienst noch einmal ganz gezeigt wird, gilt als eiserne Regel: nicht zuviel erzählen, vor allem das Ende nicht verraten (Ausnahmen gibt es natürlich: Wenn jeder weiß, dass am Ende das Schiff mit dem schon sprichwörtlich gewordenen Namen untergehen wird, dann braucht man das nicht zu verschweigen)

Häufig sind die DVD-Kapitel nicht identisch mit den Anfängen der Sequenzen. Wenn die im Gottesdienst zu zeigenden Szenen nicht geschnitten werden können, empfiehlt es sich, dass ein Techniker im Gottesdienst während der Wort- oder Musikbeiträge die jeweiligen Startpunkte der Sequenzen ansteuert, ohne dass die Gemeinde durch weiterlaufende Bilder abgelenkt wird. Im Notfall hilft ein kurzzeitig den Projektionsweg verstellendes Gesangbuch.

Musik

Schon frühzeitig ist zu klären, welche Musikerinnen und Musiker bzw. Bands und Chöre für die Gestaltung des Gottesdienstes zur Verfügung stehen. Eine wichtige Rolle spielt auch, welche Möglichkeiten sie haben, Musikstücke über die Lieder des Gesangbuches und des neuen geistlichen Liedgutes hinaus zur Darstellung zu bringen.

Können musikalische Stücke eines Films unmittelbar aufgenommen werden? Bei Filmen, in denen Musik auch thematisch eine Rolle spielt, wie bei „Die Kinder des Monsieur Mathieu" oder „Wie im Himmel", ist dies eine besondere Chance! Gibt es weitere Stücke über Filmmusik und geistliche Musik hinaus? Kann eine Band – etwa bei einem Kaurismäki-Film – auch einen finnischen Tango spielen? Kann sie sich womöglich von einer Heilsarmee-Kapelle in eine Rock-Band verwandeln? Wie weit lässt sich ein Kirchenmusiker auf popularmusikalische Stücke und Lieder ein?

Musik ist ein eigener Kosmos: Einzelne Parameter wie Stimme, Instrument, Klangfarben, Melodie, Takt und Rhythmus lassen ein Kunstwerk entstehen. Musik verändert das gottesdienstliche Geschehen, ruft eigene Emotionen und Assoziationen wach. Die Gestaltenden müssen sich bewusst sein: Die Musikauswahl greift dramaturgisch tief in die Inszenierung, die Atmosphäre und das Erleben des Gottesdienstes ein. Besonders dichte Momente entstehen, wenn Film- und live-Musik eng aufeinander bezogen sind. Wenn in „Wie im Himmel" der Filmchor an einer inhaltlich besonders intensiven Stelle „Amazing grace" singt, der Gottesdienst-Chor schon mitsummt, um dann – beim Schnitt, wo auch der Film angehalten wird, es bleibt das Standbild – das Lied voll zu übernehmen und dann die Gemeinde dazu motivieren kann, selbst mitzusingen, erleben die im Gottesdienst versammelten Menschen eine emotionale Dichte, die in Erinnerung bleibt.

Struktur und Sprache des Gottesdienstes

Nach und nach entsteht ein Gottesdienstablauf, in dem Filmsequenzen, verbindende Texte, literarische Texte, Gemeindelieder, Musikstücke, biblische Texte, verkündigende Worte, Predigtteile, Gebete und Segenshandlungen miteinander korrelieren. Das Team weiß sich dabei aber der gewachsenen Grundstruktur des Gottesdienstes verpflichtet, wie sie das Evangelische Gottesdienstbuch aufbewahrt. Auch Filmgottesdienste folgen dem bewährten Drei- bzw. Vier-Schritt des Gottesdienstes:

A. Eröffnung und Anrufung
B. Verkündigung und Bekenntnis
(C. Abendmahl bzw. Communio)
D. Sendung und Segen.

Dabei liegt der inhaltliche und zeitliche Schwerpunkt in einem Filmgottesdienst sicher auf der Verkündigung. Hier geht es darum, biblische Botschaft, Filmszenen und (erwartete) Hörersituation zueinander in Beziehung zu setzen und miteinander zu „versprechen". Und das eben in einer Weise und in einer Zusammenstellung, die für die Gottesdienstbesucher nachvollziehbar ist.

In einem Gottesdienst des sogenanntern„zweiten Programms" verändern sich aber auch die anderen Teile des Gottesdienstes. So kann im eröffnenden Teil *Gruß und Begrüßung* durch eine *Anfangsmoderation* ersetzt werden; auch hier wird ausgesprochen, dass es sich um einen Gottesdienst handelt, der im Namen des dreieinen Gottes gefeiert wird.

Das apostolische Glaubensbekenntnis entfällt zumeist, es kann u.U. durch aktuelle Bekenntnisse ersetzt werden.

Auf das Abendmahl wird meist verzichtet, an die Stelle können aber andere Aktionen treten, die Gemeinschaft zeichenhaft sichtbar machen. Und ein Segen kann durch eine Sendung oder durch Zeichenhandlungen entfaltet werden.

Da die Texte des Gottesdienstes in Begegnungen entstanden sind – mit einem Film, mit biblischen Texten, mit anderen ganz unterschiedlich geprägten Menschen – verändert sich die gottesdienstliche Sprache, sie wird kreativer, sucht nach neuen Formulierungen, probiert aus. Traditionelle Glaubenssätze werden neu formuliert. Christlicher Glaube bekommt eine kreative Gestalt.

Präsentationsbedingungen

Filmgottesdienste sind ohne einen halbwegs abgedunkelten Gottesdienstraum und eine angemessene AV-Technik nicht möglich. Die heimische Leinwand für die Urlaubs-Dias und die Beamer-eigenen Lautsprecher reichen nicht aus. Eine große Leinwand (je nach Entfernung der Gottesdienstbesucher sind mindestens 2 x 3,50 Meter empfehlenswert, besser noch 3 x 4,50 Meter), ein lichtstarker Beamer und eine leistungsstarke Tonanlage sind notwendig. Kino-Bedingungen wird man nicht herstellen können, aber das Schauen der Filmszenen sollte nicht durch den Ärger über technische Unzulänglichkeiten getrübt werden. Je nach örtlichen Verhältnissen kann eine Rückprojektionsleinwand störende Beamer-Technik im Gottesdienstraum vermeiden helfen.

Wichtig ist, dass es auch Menschen im Gottesdienstteam gibt, die die Präsentations-Technik beherrschen. Ihnen kommt in der Vorbereitung und in der Durchführung eine große Verantwortung zu. Ein inhaltlich noch so gut gestalteter Filmgottesdienst hat bei technischen Pannen kaum Chancen, angemessen erlebt zu werden. So wie die technisch Versierten auch an der inhaltlichen Vorbereitung gleichberechtigt beteiligt sind, so bauen auch alle anderen Team-Mitglieder je nach Möglichkeit mit auf und ab.

Zu Auseinandersetzungen führt immer wieder die Frage: Wo steht die Leinwand? Verdeckt sie den Altar (bzw. das Kreuz), auf den die Gemeinde sich ausrichtet und konzentriert? Oder bleibt dieser für die Gemeinde sichtbar? Solche Gespräche schärfen die Wahrnehmung der Teilnehmenden für gottesdienstliche Räume. Potenziert wird Frage nach dem Standort der Leinwand in der Weihnachtszeit, wenn zusätzlich Tannenbaum und Krippe zu den Erwartungen der Gottesdienstbesucher gehören und ggf. sogar einen stummen Kommentar zu den gezeigten Filmszenen darstellen können. In unserer Kirche ist es uns bisher immer gelungen, den Altar für den großen Teil der Gemeinde sichtbar zu halten.

Als störend und die Stimmung im Gottesdienst immer wieder beeinträchtigend wird das häufige An- und Ausschalten des Kirchenlichtes empfunden, das zwischen Filmpräsentation und gemeindebeteiligenden Elementen wie Liedern und gemeinsam zu sprechenden Texten notwendig ist. Statt Gesangbuch und Liedblatt können Liedtexte, Psalmen und andere Texte auch auf die Leinwand projiziert werden.

Der ganze Film / Gottesdienst und Filmvorführung

In einem Filmgottesdienst kann ein Spielfilm in der Regel nur in Ausschnitten gezeigt werden. 90 Minuten Film würden nicht nur den zeitlichen Rahmen sprengen, sondern auch der Dramaturgie eines Gottesdienstes widersprechen. Im Respekt vor dem Film und auch vor den Teilnehmenden sollte der ganze Film im Zusammenhang mit dem Gottesdienst gezeigt werden.

Manche Gemeinden entscheiden sich für eine Filmvorführung am Vorabend des Gottesdienstes. Das hat den Vorteil, auf den ganzen Film rekurrieren zu können. Nachteil allerdings: Gottesdienstbesucher, die am Vorabend nicht dabei sein konnten, sind inhaltlich abgehängt, der Filmgottesdienst erschließt sich nicht von selbst.

Unser Gottesdienstteam hat sich für eine andere Lösung entschieden: Ein um 17:00 Uhr beginnender Filmgottesdienst endet in der Regel gegen 18:15 Uhr. In einer viertelstündigen Pause kann man kommen, gehen, sich unterhalten und mit Getränken versorgen. Und um 18:30 Uhr beginnt eine zweite Veranstaltung am gleichen Ort: die Vorführung des ganzen Films. Der Gottesdienst ist zu Ende, die Kerzen werden gelöscht, die *Kirche wird vom Gottesdienstraum zum Kino*. Veranstalter ist die örtliche FilmAG, zu der mehrere Kooperationspartner gehören (Gewerkschaft, Stadtjugendpflege, Kulturverein, katholische und evangelische Kirchengemeinde). Auch für diese Filmpräsentation wird kein Eintrittsgeld erhoben. Beide Veranstaltungen – Gottesdienst und Vorführung des ganzen Films – sind unabhängig voneinander wahrzunehmen: Manche Besucher gehen nach dem Gottesdienst, manche kommen nur für den Film dazu, viele bleiben.

Der zweite Blick: Hinweise zur Analyse von Filmen

Julia Helmke

Zur Vorbereitung für die Auswahl von Filmen/ Filmszenen und ihre möglichen Interpretationen

„Der Film hat mich tief berührt!".
„Die zwei Stunden im Kino waren Zeitverschwendung, ich konnte mit dem Film gar nichts anfangen, die Handlung war doof."
„Wäre der Film im Fernsehen gelaufen, hätte ich nach fünf Minuten umgeschaltet ... – bin aber im Nachhinein ganz froh, dass dies nicht ging und ich mich auf das Sehabenteuer eingelassen habe."

So können Eindrücke verschiedener Filmzuschauer nach ein und demselben Film lauten. Jede und jeder sieht einen eigenen Film. Warum: Das Kunstwerk Film ist so angelegt, dass die Zuschauenden sich auf den Film einlassen. Sie sollen verwickelt werden und den Film mit(er)leben. Kino ist eine Traumfabrik. Bewegte Bilder polarisieren, da Filme als audiovisuelle Medien die zwei stärksten Sinnesorgane (das Hören und das Sehen) ansprechen. Durch die Komplexität von Inhalt und Form nehmen sie sowohl Verstand als auch Emotionen in den Blick und rufen direkte Reaktionen hervor – so unterschiedlich wie Menschen sind.

Die folgenden Hinweise sollen darin unterstützen, Filme, die Ihnen gefallen, neu und vertieft zu sehen, damit Sie und das Team in der konkreten Vorbereitung auf einen Filmgottesdienst gut ins Gespräch kommen. Vielleicht tragen sie dazu bei, dass der erste (spontane) Blick und die erste Emotion durch den zweiten Blick ergänzt und erweitert werden. Das verhindert zwar nicht, dass manche Gottesdienstbesuchenden dennoch einen anderen Filmgeschmack haben, es hilft jedoch zu verstehen, warum dieser Film(ausschnitt) eine solche Wirkung besitzt und wie viele Themen, Motive, Empfindungen er transportiert. Und weshalb Sie sich bewusst entschieden haben aus der Fülle der angebotenen Filmsequenzen und Themen genau diese zu nehmen und andere zu vernachlässigen – wie bei jeder Predigtvorbereitung, als eine Form von Exegese.

So wie die wissenschaftlich-theologische Exegese sich ausdifferenziert hat und manch einer den Sinn vor lauter Buchstaben kaum mehr sieht, so gibt es Vorbehalte gegenüber einer Filmanalyse in Reinform, die das Gesamtkunstwerk Film in so viele Einzelteile zerlegt, dass am Ende sich kein Gesamtbild mehr fügen kann. Es lohnt jedoch einen Film/eine Filmsequenz unter verschiedenen Perspektiven zu betrachten und dabei

Inhalt als auch die Ästhetik eines Films gleichermaßen wahrzunehmen und als Wechselbeziehung zu begreifen.

Zwei Herangehensweisen für grundlegende Fragestellungen zum Film seien im Folgenden kurz genannt, bevor eine für Filmgottesdienste m.E. hilfreiche Synopse als Arbeitsmodell vorgestellt wird.

Ausgehend von Werner Faulstich, der seit vielen Jahren in Lüneburg lehrt, lässt sich die Filmanalyse grob nach vier Leitfragen gliedern.

Was
Inhaltsanalyse: Handlung, Situationen, Probleme, Personen, Konflikte, Emotionen
Wer
Strukturanalyse: Figurenkonstellation, Erzählperspektive, Dramaturgie, Plot, Wendepunkte, Höhepunkte
Wozu
Aussagen und Wirkungsanalyse: Moral, Aussage, Werte, Ideologie, die der Film bzw. die handelnden Personen transportieren
Wie
Filmsprachliche Analyse: Gestaltung, Ästhetik, Bauformen des Erzählens.

Für die Interpretation eines Filmes sind laut Faulstich darüber hinaus folgende Aspekte wichtig: der *biographische* (die Frage nach dem/der Regisseur/in und der Einordnung in sein Gesamtschaffen), der *literatur-* und *filmhistorische* (Auf welche literarische Vorlage bezieht sich der Film, wie ist diese umgesetzt und aus welcher Filmepoche stammt das Werk?), der *soziologische* (Wie werden gesellschaftliche Verhältnisse dargestellt?), der *genrespezifische* (Ist der Film eine Komödie, ein Drama, mischt er verschiedene Genreelemente?) und ggf. der *transkulturelle* (Wie spielt ein Film mit verschiedenen Kulturen, z.B. in der Weise der Erzählung?).

Filme werden auf der Leinwand zur Realität „erweckt" und können damit für die eigene Lebens- und Glaubenswirklichkeit relevant werden. Helmut Korte unterscheidet vier Ebenen:
1. Die Filmrealität (Was passiert im Film?)
2. Bedingungsrealität (Wie/Wo/Warum/Durch wen ist der Film entstanden?)
3. Bezugsrealität (Auf welche realen Hintergründe bezieht sich der Film?)
4. Wirkungsrealität (Wie wird/wurde der Film vom Publikum aufgenommen?)

Womit in der Fragestellung begonnen wird, hängt von persönlichen Zugängen und Vorwissen ab: Manche einer beginnt sofort bei der Handlung einzusteigen und z.B. die Darstellung der Hauptfigur im Umgang mit einem Unglücksfall sofort mit anderen gesehenen Filmen zu vergleichen, eine andere findet die Filmmusik und die Farben des Films vor allem ansprechend und ein dritter mag es, wenn der Film leise und langsam, in der Bauform des Zirkels, seine Geschichte erzählt.

Werben möchte ich dafür, dass sich Zeit genommen wird für den Film. Mehrfaches Sehen erlaubt eine größere Tiefenschärfe, das gemeinsame Gespräch darüber ebenso.

Ein guter Einstieg in ein erstes Gespräch in der Vorbereitung über den Film sind folgende Fragen, die ohne Vorbereitung erfolgen können:

1. Wie ist es mir mit dem Film gegangen?
2. Welche Szene ist mir noch eindrücklich im Gedächtnis?
3. Welche Figur finde ich am interessantesten?
4. Wie kann ich das Gesehene mit meinen Glaubensüberzeugungen in Verbindung setzen? Wo gibt es Reibungen, Übereinstimmungen, neue Einsichten?

Wichtig ist, dass es kein Richtig oder Falsch gibt, sondern unterschiedliche Wahrnehmungen, die dann auch den Gottesdienst bereichern werden.

In der Auswahl von einer oder mehreren Szenen ist Frage 2 ein erster Anhaltspunkt. Von der Filmdramaturgie bieten sich ein Ausschnitt aus der Exposition (circa die ersten 15 Minuten des Films) an, vom Höhepunkt des Films (die Szene, auf die alles hinsteuert, also die Szene der Entscheidung/Klärung) oder das Ende des Films (Auflösung der Konfrontation, Versöhnung mit dem Gegebenen, ein „gutes" heilvolles Ende).

Der Aufbau eines klassischen Hollywood-Films lässt sich mit Hilfe des Drei-Akt-Schemas aufschlüsseln:

Exposition: Der Held bzw. die Heldin wird vorgestellt und mit dem Konflikt konfrontiert, den er bzw. sie durchleben und lösen muss.

Konfrontation: Die Hauptperson stellt sich diesem Konflikt und durchlebt ihn. Dies ist der Hauptteil des Films. Konfrontation ist hier wertfrei gemeint und kann in einem romantischen Liebesfilm auch das Ringen um das Anerkennen der eigenen Liebesbedürftigkeit und -fähigkeit bedeuten.

Auflösung: Verändert, gereift, geläutert und somit auch erlöst geht sie aus der Film-Erzählung hervor, nicht ohne Opfer gebracht zu haben.

Schon in biblischen Erzählungen lassen sich diese drei Schritte identifizieren, beispielsweise in der Hiob-Geschichte. Aus alten Erzähltraditionen destilliert ist es als theoretischer Hintergrund für das Theater schematisiert worden und schließlich auch ein festes Strukturmerkmal des populären Films geworden. Gegenüber dieser geschlossen Form des Unterhaltungskinos, das eine möglichst ungebrochene Illusion vermitteln will, wartet das Autoren- und Kunstkino häufig mit einer Dramaturgie der offenen Form auf, die das Drei-Akt-Schema und die perfekte Illusion bewusst durchbricht: Inhaltlich und formal bringen Autorenfilmer ihr Publikum häufig dazu, sich von der Filmhandlung zu distanzieren, um Reflexionsprozesse in Gang zu setzen, statt sich von der Handlung ganz vereinnahmen zu lassen. Zuweilen werden die Zuschauer mit offenen Fragen und ungelösten Problemen aus dem Film entlassen, gehen nicht erlöst und befriedigt, sondern in einer heilsamen Unruhe aus dem Kino. Es gibt auch fließende Übergänge zwischen dem Unterhaltungs- und Kunstkino, das beides im Filmgottesdienst vorkommen kann und soll.

Oft reichen bereits diese Fragen, um tiefer in einen Film einzutauchen. Wer mehr Zeit und Energie hat, dem sei dieses Frageraster zur Interpretation von Filmen empfohlen:

Checkliste für die einzelnen Analysebereiche:

- Inhalt beschreiben
- Bestandsaufnahme und Beschreibung der Szenen (Sequenzen)
- Frage- und Problemstellungen herausarbeiten
- Genre und Zielgruppe definieren
- Überblick über die Filmfiguren verschaffen
- Auftreten und äußeres Erscheinungsbild der einzelnen Figuren beschreiben
- Ausdrucksformen beobachten
- Jeweilige Sprache analysieren (Tonfall, Dialekt, Wortwahl, Stimme usw.)
- Analyse des Bildes (Einstellungsgrößen, Kameraperspektiven, Kamerabewegungen, Licht und Farbe usw.)
- Analyse des Tons (Geräusche, Musik und Sprache)
- Analyse des Schnitts (Einstellungslängen, Übergänge, Tricks usw.)
- Überblick verschaffen, über die vom Film vermittelten Werte und Normen

- Auf den Einsatz von Symbolen achten
- Überlegungen zur Intention des Regisseurs oder der Regisseurin anstellen.

Aus religiöser Perspektive können dazu weiterführende Elemente dazutreten:

- Die Frage nach dem Menschenbild in der Darstellung der Hauptfiguren: Rechtfertigen sie ihre Handlungen? Verfolgen sie ihre Ziele aus Pflicht oder Neigung? Können die Personen innerlich wachsen? Wie können Figuren ihre Identität im Falle eines Scheiterns wahren?
- Die Frage nach den Weltbildern in der Darstellung der umgebenden Gesellschaft und Umwelt: Mit welchen „Landschaften" kommt die Zivilisation ins Bild? Bewährt sich die „herrschende" Ordnung gegenüber der Erfahrung Einzelner? Wird Gott/ das Göttliche/Transzendenz präsent –als Akteur/in, in scheinbarer Abwesenheit?
- Die protestantische Frage nach der Rechtfertigung und Befreiung: Welche Menschen- und Weltbilder bestätigt, durchkreuzt oder transzendiert die Filmdramaturgie?
- Wie geht der Film mit dem Element von Zeit, Vergänglichkeit und Ewigkeit um? Welche Räume der Enge und Weite werden ausgelotet? Wie spielt er mit religiösen Sprach- und Bildformen? Wie kann der Film inhaltlich wie ästhetisch mit der biblischen Botschaft des Evangeliums, der guten Nachricht in ein dialogisches Verhältnis gesetzt werden? u.a.m.

Schauen Sie, was Sie anspricht. Zum Ende sei auf den wunderbaren Sketch von Loriot zum Thema „Filmkritik/Filmanalyse" hingewiesen, der im Internet zu sehen ist. Zwei Filmspezialisten, die eine kurze Viertelminute Film so oft sehen („und wieder: Film ab!") und darüber diskutieren, dass es eine Freude ist. Ich sehe etwas, was du nicht siehst und das ist ... – und die gewillten Zuschauenden zugleich ermutigen, sich bewusst auf Filme einzulassen, da man einfach mehr sieht. Auch und gerade im Gottesdienst.

Rechtliche Fragen bei Filmvorführungen im Gottesdienst

Annegret v. Collande

Vorbemerkung

Das Thema „Rechtliche Fragen bei Filmvorführungen im Gottesdienst" ist komplex. Um die Informationen einigermaßen anschaulich darzustellen, ist das Thema in sieben Fragestellungen untergliedert. Auf diese Weise lässt sich ein relativ guter Überblick über die wichtigsten Punkte gewinnen.

1. Welches sind die zentralen Vorschriften des Urheberrechts in Bezug auf das Thema Film und Gottesdienst?

„Das Filmrecht zählt zu den wirtschaftlich bedeutendsten, aber rechtlich schwierigsten Teilgebieten des Urheberrechts"[1], so Dr. Paul Katzenberger in einem der großen Kommentare zum Urheberrecht. Sinn und Ziel des Urheberrechts ist es, den Urheber eines Werkes gegen die unbefugte wirtschaftliche Auswertung seiner schöpferischen Leistung zu schützen (§ 11 UrhG). Im subjektiven Sinn ist es das Recht, dem Urheber die ausschließliche Verfügungsgewalt über sein Werk zu gewährleisten (§ 15 UrhG). So heißt es in § 31 UrhG: „Der Urheber kann einem anderen das Recht einräumen, das Werk auf einzelne oder alle Nutzungsarten zu nutzen (Nutzungsrecht). Er kann es natürlich auch untersagen, dass sein Werk genutzt wird."

Das Nutzungsrecht kann als einfaches oder ausschließliches Recht sowie räumlich, zeitlich oder inhaltlich beschränkt eingeräumt werden. Eine Filmlizenz kann also beispielsweise nur für die Dauer eines Jahres oder nur für ein bestimmtes räumliches Gebiet erteilt werden.

Das einfache Nutzungsrecht berechtigt den Inhaber, das Werk auf die (ausdrücklich) erlaubte Art zu nutzen, ohne dass eine Nutzung durch andere Personen ausgeschlossen ist. Das ausschließliche Nutzungsrecht schließt andere Nutzer aus (Exklusivrecht) und berechtigt ausschließlich den Inhaber, das Werk auf die ihm erlaubte Art zu nutzen.

In § 19 Abs. 4 UrhG ist bestimmt: „Das Vorführungsrecht ist das Recht, ein Filmwerk durch technische Einrichtungen öffentlich wahrnehmbar zu

1 Schricker/Loewenheim, Urheberrecht Kommentar, 4. Aufl. 2010, Vor §§ 88 ff. Rdnr. 1

machen." Von besonderer Bedeutung ist der Begriff „öffentlich". Denn öffentliches und privates Vorführen von Filmen sind zwei unterschiedliche Formen, die urheberrechtlich unterschiedlich behandelt werden (vgl. 3).

2. Wer ist eigentlich der Urheber eines Films und wer nimmt dessen Urheberrechte wahr?

Wer ein Ölbild malt oder eine Komposition verfasst, ist eindeutig der Urheber des erstellten Werkes. Erstellen mehrere Personen gemeinschaftlich ein Werk, ohne dass sich ihre Anteile gesondert verwerten lassen, so sind sie Miturheber des Werkes (§ 8 UrhG). In diesem Fall steht die Verwertung beiden Miturhebern gemeinschaftlich zu.

Bei der Verwertung eines Filmes ist die Sache jedoch erheblich komplizierter. Es gibt eine Vielzahl an Miturhebern (Romanvorlage, Drehbuchautor). Bei der Umsetzung kommen weitere Beteiligte wie Regisseur, Kameramann, Cutter, Filmarchitekt, Szenen- und Kostümbildner usw. hinzu. Besondere Erwähnung im Urheberrecht finden außerdem die ausübenden Künstlerinnen und Künstler, Filmschauspielerinnen und Filmschauspieler, die unter den Schutz der §§ 73 ff. UrhG fallen.

Aus diesem Geflecht heraus hat der Gesetzgeber einen gesonderten Abschnitt im Urheberrechtsgesetz vorgesehen, der sich ausschließlich mit den Rechten im Zusammenhang von Filmwerken befasst: Die Bestimmungen der §§ 88 bis 94 UrhG. Von zentraler Bedeutung ist § 89 UrhG, der bestimmt: Wer sich zur Mitwirkung bei der Herstellung eines Filmes verpflichtet, räumt damit für den Fall, dass er ein Urheberrecht erwirbt, dem Filmhersteller das ausschließliche Recht ein, das Filmwerk auf alle Nutzungsarten zu nutzen.

Und wer genau ist nun der „Filmhersteller", dem vom Urheberrechtsgesetz alle Rechte eingeräumt werden? In der Regel ist das der Produzent, derjenige, der das wirtschaftliche Risiko für die Realisierung eines Film werkes trägt, der die Verträge mit den Rechteinhabern, den Geldgebern, Schauspielern und sonstigen Mitwirkenden abschließt.

In der Regel wird die anschließende Verwertung jedoch nicht vom Produzenten selbst betrieben, sondern von Verleihfirmen, mit denen der Produzent oft schon zu Beginn der Produktion entsprechende Verträge abgeschlossen hat. Wenn man als Kirchengemeinde einen Film ausleihen will, tritt man deshalb auch nicht an den Produzenten heran, sondern an die Verleihfirmen.

Daneben gibt es in Deutschland Verwertungsgesellschaften wie etwa die VGF (Verwertungsgesellschaft für Nutzungsrechte an Filmwerken mbH) oder die GEMA (Gesellschaft für musikalische Aufführungs- und mechanische Vervielfältigungsrechte), die die Urheberrechte für ihre Mitglieder *treuhänderisch* wahrnehmen. Die VGF ist vor allem für Filmhersteller und Filmverleiher tätig, um die durch das Urheberrechtsgesetz zugewiesenen Vergütungsansprüche kollektiv für diese geltend zu machen. Die GEMA ihrerseits vertritt die Wahrnehmungsberechtigten bei der Wiedergabe von Tonfilmmusik.

3. Ist der Gottesdienst eine öffentliche Veranstaltung im Sinne des Urheberrechts?

Das Urheberrecht unterscheidet zwischen der privaten und der öffentlichen Wiedergabe von Werken. Die öffentliche Vorführung von Filmwerken ist stets nur mit ausdrücklicher Erlaubnis des Rechteinhabers, also etwa des Filmverleihs, zulässig. Die private Vorführung dagegen unterliegt nicht diesen strengen Restriktionen.

Die Definition, wann etwas privat oder öffentlich ist, ist in § 15 Abs. 3 UrhG enthalten. Danach ist eine Wiedergabe öffentlich, wenn sie für eine Mehrzahl von Mitgliedern der Öffentlichkeit bestimmt ist. Im 2. Satz des Absatzes wird diese relativ offene Formulierung – noch verklausulierter – negativ so definiert, dass von einer Öffentlichkeit dann nicht auszugehen ist, wenn der Kreis der Zuhörer oder Zuschauer durch persönliche Beziehungen miteinander verbunden ist.

Ganz eindeutig ist ein nicht-öffentlicher, also privater Raum dann anzunehmen, wenn man zu Hause im heimischen Wohnzimmer im Kreise der Familie oder mit engen Freunden zusammen ist. Die im Kaufhaus erworbene oder in der Bibliothek ausgeliehene DVD oder Blu-Ray-Disc darf in diesem Kreis bedenkenlos vorgeführt werden.

Dazwischen gibt es jedoch viele denkbare Fallgestaltungen. So wird etwa die Musikdarbietung bei einer Eheschließung im Standesamt oder eine Vorführung im Schulunterricht innerhalb eines Klassenverbandes als *nicht öffentlich* bewertet. Dies würde dafür sprechen, dass eine Werkwiedergabe in einer Konfirmandengruppe als nicht öffentlich betrachtet werden könnte. Hier ist jedoch Vorsicht geboten, da dies auch anders beurteilt wird und eine Filmvorführung während des Konfirmandenunterrichts zum Teil ebenso bewertet wird, wie die Vorführung für eine unbegrenzte Öffentlichkeit im Gemeindesaal. Grundsätzlich gilt für einen Gottesdienst, kirchliche Trauung, Taufe oder kirchliche Trauerfeier: Da sie sich an jedermann, z. B. auch an Nichtmitglieder der evangelischen Kirche richtet, ist eine derartige Veranstaltung auf jeden Fall öffentlich.

4. Kann man bei kurzen Ausschnitten von Filmen während einer Predigt davon ausgehen, dass es sich um ein Zitat nach § 51 UrhG handelt?

Sowohl die Vervielfältigung als auch die öffentliche Wiedergabe von Texten sind im Rahmen eines Zitats zulässig und vergütungsfrei. Dabei muss das zitierende Werk (also etwa die Predigt) ein selbstständiges Werk, also eine persönliche geistige Schöpfung sein. Das Zitat muss der Erläuterung des Inhalts dienen; lediglich das Aneinanderreihen von vielen kleinen Zitaten ohne einen eigenschöpferischen Text ist nicht zulässig. Außerdem muss eine Quellenangabe beigefügt werden (§ 63 UrhG).

Zum 01.01.2008 trat eine Änderung des § 51 UrhG in Kraft[2], die das heute geltende Zitatrecht als Generalklausel ausgestaltet hat (Einfügung des Wortes: „insbesondere"). Mit dieser Änderung sollte auch die bis dahin fehlende Einbeziehung des Filmzitats und des Zitats ganzer Fotos in diese Vorschrift umgesetzt werden.

Achtung: Das Vorführen kurzer Ausschnitte innerhalb von Predigten oder in Gottesdiensten gilt jedoch nicht als Filmzitat. Filmzitate kann es per se nur innerhalb von Filmwerken geben, indem man etwa einen möglichst ähnlichen Szenenaufbau eines bekannten älteren Films bei einer neuen Filmproduktion einsetzt und damit die bewusste Anlehnung einer Szene eines Films an eine ähnliche Szene eines anderen Films erreicht. Beispiele hierfür sind etwa der Film „Das fünfte Element" oder „Lola rennt".

Also: Die Vorführung eines Filmausschnitts, auch von nur wenigen Sekunden, innerhalb einer Predigt oder eines Gottesdienstes kann nicht als Filmzitat gewertet werden, sondern es muss eine Lizenz für den kompletten Film erworben werden!

---

2 Zweites Gesetz zur Regelung des Urheberrechts in der Informationsgesellschaft vom 26.10.2007 (BGBl. I S. 2513).

5. Was beinhaltet der Pauschalvertrag zwischen EKD und GEMA?

Es gibt insgesamt vier Verträge zwischen der EKD und der GEMA, davon betrifft einer die kirchlichen Filmaufführungen.[3] Die GEMA gestattet darin den Gliedkirchen der EKD und ihren Kirchengemeinden die öffentliche Aufführung von Tonfilmvorführungen unter folgenden Voraussetzungen:

a) Das Recht zur Verwendung der Musik in den vorzuführenden Filmen ist ordnungsgemäß vom Berechtigten erworben worden.

b) Das von den Besuchern der Filmvorführungen zu entrichtende Entgelt beträgt maximal ein Euro.

c) Die Kirchengemeinde veranstaltet nicht mehr als einmal wöchentlich eine Filmvorführung.

Grundsätzlich werden die Lizenzen für eine Filmvorführung von den Verleihfirmen vergeben. Für den Bereich des Tonfilms müssen aber zwei Lizenzen erworben werden. Ursache hierfür ist die so genannte Tonfilm-Entscheidung des Reichsgerichts vom 5. April 1933.[4] Seit dieser Entscheidung gibt es das selbständige Verfügungsrecht des Komponisten über seine Rechte an der Tonfilmmusik. Das bedeutet: Nicht nur die Kirchengemeinden, sondern auch die gewerblichen Kinos müssen sowohl für das Recht zum Vorführen des Films, als auch für das Recht zum Abspielen der Filmmusik je eine gesonderte Gebühr an die entsprechende Verwertungsgesellschaft bezahlen.

Und diese gesonderte Tonfilmmusik-Gebühr ist bereits von der EKD bezahlt, wenn man die unter a) bis c) genannten Bedingungen einhält. Um dies aber noch einmal festzuhalten: Die EKD hat lediglich die Lizenz für die Filmmusik, nicht aber die eigentliche Film-Lizenz bezahlt. Diese muss für jede Vorführung von der Kirchengemeinde selbst gezahlt werden.

6. Woher bekommt man die erforderlichen Lizenzen und wie ist das mit der Werbung für einen Film?

Um es gleich vorweg noch einmal deutlich zu machen: Die für eine öffentliche Vorführung im Gottesdienst oder einer sonstigen Gemeindeveranstaltung erforderliche Lizenz wird auf keinen Fall erworben mit der

---

3 Der Vertrag ist im Internet abrufbar unter: http://www.kirchenrecht-ekd.de/welcome, dort unter lfd. Nr. 9.3.

4 Diese Entscheidung ist abgedruckt in der Sammlung der Entscheidungen des Reichgerichts in Zivilsachen: RGZ Bd. 140, S. 231

im Kaufhaus günstig gekauften DVD oder Blu-Ray-Disc. Damit ist lediglich das Recht bezahlt, diesen Film im privaten Bereich vorzuführen.

Für die Vorführung im öffentlichen Raum bedarf es vielmehr einer besonderen Lizenz, die man am naheliegendsten bei den landeskirchlichen Medienstellen erwirbt. Eine gute Übersicht über die evangelischen und katholischen Medienzentralen ist unter: www.medienzentralen.de/medienzentrale zu finden.

Beim Ausleihen sollten die Nutzungsbedingungen der einzelnen Medienstellen sorgfältig durchgelesen werden. Manche Filmlizenzen sind räumlich auf die jeweilige Landeskirche begrenzt oder erlauben lediglich eine zeitlich begrenzte Vorführung.

Für den Fall, dass der gewünschte Film dort nicht verfügbar ist, gibt es auch die Möglichkeit bei der Matthias Film GmbH in Berlin: www.matthias-film.de oder beim Katholischen Filmwerk Frankfurt: www.filmwerk.de nachzufragen. Speziell für den Bereich der Kinder- und Jugendarbeit ist auch der Bundesverband Jugend und Film: http://clubfilmothek.bjf.info/ zu empfehlen. Der Vorteil bei diesen Verleihstellen ist die Tatsache, dass oft auch didaktisches Begleitmaterial angeboten wird und die angebotenen Filmtitel auf ein kirchliches Publikum ausgerichtet sind.

Eine weitere, aber unter Umständen teurere Möglichkeit, kann darin bestehen, direkt bei den überregionalen Verleihfirmen nachzufragen. Allerdings sind die meisten auf den gewerblichen Kinobereich spezialisiert, nicht alle bieten den Verleih für den nicht gewerblichen, kirchlichen Bereich an. Eine Übersicht über die im Verband der Filmverleiher e. V. organisierten Verleihfirmen kann man unter www.vdfkino.de finden.

Während der gewerbliche Kinobetreiber mit der Lizenz zugleich auch das Recht erhält, offen mit dem Titel des Films zu werben, ist dieses Recht beim Verleih im nicht gewerblichen Bereich nicht verbunden. Die genaue Interpretation, wie man auf seine Filmvorführung dennoch aufmerksam machen darf, ist leider uneinheitlich. Am besten, man sieht sich die Verleihbedingungen zu diesem Punkt besonders sorgfältig durch oder fragt im Zweifel bei der Verleihstelle nach.

7. Was passiert, wenn ich einen Film ohne die erforderliche Lizenz öffentlich vorführe und was bedeutet es, wenn ich eine Abmahnung erhalte?

Öffentliche Filmvorführungen ohne ausdrückliche Einwilligung einer Verleihzentrale stellen eine Urheberrechtsverletzung dar. Es können Unterlassungs- und Beseitigungsansprüche gemäß §§ 97 bis 105 UrhG entstehen. Außerdem kann Schadensersatz vom Rechteinhaber gefordert werden.

Gemäß § 97 a UrhG gibt es das sogenannte Verfahren der Abmahnung. Dabei wird derjenige, der die Rechte des Urhebers verletzt, zunächst ohne Einschaltung eines Gerichts durch einen Rechtsanwalt abgemahnt und aufgefordert, eine Unterlassungserklärung abzugeben. Vielfach wird diese Unterlassungserklärung mit einer Erklärung zur Anerkennung eines Schadensersatzes kombiniert. In diesen Fällen sollte man sich umgehend an den zuständigen kirchlichen Juristen oder einen Rechtsanwalt wenden.

Soweit die Abmahnung berechtigt ist, empfiehlt es sich in der Regel, die Unterlassungserklärung abzugeben und auf die Filmvorführung zu verzichten. Bei den Schadensersatzforderungen sollte man diese nicht ohne Weiteres anerkennen, sondern die geforderte Summe ggf. im Wege eines Kompromisses verhandeln. Leider werden oft recht knappe Fristen von den Rechtsanwälten gesetzt. Lassen Sie sich aber Zeit und gehen Sie die Sache in Ruhe an. Eine Fristverlängerung ist in den meisten Fällen möglich.

Auch eine offenbar unberechtigte Abmahnung sollte ernst genommen werden, selbst wenn eine Bestätigung der Verleihstelle vorliegt, dass man die öffentliche Vorführlizenz für den Film erworben hat. Es soll schon vorgekommen sein, dass die Rechte unter den verschiedenen Verleihstellen nicht ganz geklärt waren. Auch eine Abmahnung wegen Verstoßes gegen das Werbeverbot ist denkbar. Auf jeden Fall sollten Sie sich bei einer Abmahnung fachkundig beraten lassen.

Anhang

Literatur- und Quellenverzeichnis

Auf die mit einem „>" gekennzeichnete Literatur wird in den Texten nur verwiesen, nicht wörtlich zitiert.
Die Zitation der Bibelstellen erfolgt nach der Bibel aus der Übersetzung Martin Luthers in der revidierten Fassung von 1984, hg .von der Deutschen Bibelgesellschaft Stuttgart 1999.

Ahrens, Petra-Angela/Wegener, Gerhard: „Hier ist nicht Jude noch Grieche, hier ist nicht Sklave noch Freier..." Erkundungen der Affinität sozialer Milieus zu Kirche und Religion in der Evangelisch-lutherischen Landeskirche Hannover, Hannover 2008

Ammon, Martin/Gottwald, Eckart (Hg.): Kino und Kirche im Dialog, Göttingen 1996

Arnold, Jochen (Hg.): Andere Gottesdienste, Gütersloh 2012

Arnold, Jochen/Baltruweit u.a. (Hgg.): Brannte nicht unser Herz? (ggg13), Hannover 2011

Arnold, Jochen: Was geschieht im Gottesdienst? Zur theologischen Bedeutung des Gottesdienstes und seiner Formen, Göttingen ^{2}2012

Baecker, Dirk: Beobachter unter sich: Eine Kulturtheorie, Berlin 2013

Barth, Karl: Die Theologie und die Kirche, München 1928

Barth, Karl: Das Wort Gottes und die Theologie, München 1929

Benjamin, Walter: Gesammelte Schriften Bd. V/1. Das Passagen-Werk, Frankfurt/M. 1991

Bohrmann, Thomas/Veith, Werner/Zöller, Stephan (Hg.): Handbuch Theologie und populärer Film Bd.1, Paderborn 2007 (Bd.2: 2009, Bd. 3:2012)

Botton de, Alain: Religion für Atheisten, Frankfurt/M. 2013

Carrière, Jean-Claude/Bonitzer, Pascal: Praxis des Drehbuchschreibens, Berlin 2002

Dalferth, Ingolf U.: Kombinatorische Theologie: Probleme theologischer Rationalität, Freiburg 1991

Dannowski, Hans Werner: Schnittstellen. Erfahrungen mit Kirche, Film und Öffentlichkeit, Pastoraltheologie 81 (1992)

Dannowski, Hans Werner (Hg.):Kirchen – Kulturorte der Urbanität, Kirche in der Stadt Bd. 6, Hamburg 1995

DIE ZEIT, 9.12.2010 Nr. 50, http://www.zeit.de/2010/50/Kino-Menschen-Goetter/komplettansicht

EKD und VEF: Räume der Begegnung. Religion und Kultur in evangelischer Perspektive. Denkschrift, Gütersloh 2002

Engemann, Wilfried: Einführung in die Homiletik, Tübingen/Basel 2002

Erdmann, Hans/Becce, Guiseppe/Brav, Ludwig: Allgemeines Handbuch der Filmmusik Bd.1, Berlin, Leipzig 1927

Erne, Thomas: Kino in der Köngener Kirche. Homiletische und gemeindepädagogische Perspektiven der Filmpredigt, in: a&b 2005, Heft 6

Evangelische Kirche in Westfalen, Filme in Kirchen. Eine praktische Arbeitshilfe, Bielefeld 2013

Evangelisches Gesangbuch, Berlin 1993

Faulstich, Werner: Grundkurs Filmanalyse, Göttingen ²2013

Fermor, Gotthard/Schroeter-Wittke, Harald (Hg.): Kirchenmusik als religiöse Praxis, Leipzig 2005

Field, Syd: Das Drehbuch. Die Grundlagen des Drehbuchschreibens, Berlin 2007

http://filmlexikon.uni-kiel.de/index.php?action=lexikon&tag=det&id=3742 [Abruf 27.08.2014]

>*Früchtl, Josef*: Vertrauen in die Welt. Eine Philosophie des Films, München 2013

Gehring, Hans Ulrich: Schriftprinzip und Rezeptionsästhetik, Neukirchen-Vluyn 1999

Gotteslob, Stuttgart u. a. 2013

Graff, Michael: Wie mein Lichtspielhaus zum Gotteshaus wurde: http://www.kath.de/magazin/wegbereiter/Seiten.und.Rahmen/2-04/20-21.html [Abruf 26.08.2014]

Grözinger, Albrecht: Erzählen und Handeln. Studien zu einer trinitarischen Grundlegung der Praktischen Theologie, München 1989

Grözinger, Albrecht: Die Predigt soll nicht Antworten geben, sondern Antworten finden helfen. Zum Verständnis der Predigt bei Henning Luther, in Theologia Practica 27/1992

Gundlach, Thies: „Bilder-Mythen-Movies". Gottesdienste zu Unterhaltungsfilmen der Gegenwart, in: Pastoraltheologie 87/1998

Hagmann, Karl-Eugen/Hasenberg, Peter (Red.): Jesus in der Hauptrolle. Zur Geschichte und Ästhetik der Jesus-Filme, in: film-dienst Extra, 1992

Harms, Rudolf: Philosophie des Films, Leipzig 1926

Helmke; Julia: Kirche, Film und Festivals, Studien zur christlichen Publizistik Bd. 11, Erlangen 2005

>*Herrmann, Jörg u.a.* (Hg.): Die Gegenwart der Kunst, München 1998

Hermelink, Jan/Müske, Eberhard: Predigt als Arbeit an mentalen Bildern. Zur Rezeption der Textsemiotik in der Predigtanalyse, in: Praktische Theologie 30/1995

Hoffmann, Kay: Außergewöhnliche Bilder-Symphonie, in: FE/FW 48/2004

Huber, Wolfgang/Friedrich, Johannes u. Steinacker, Peter (Hg.), Kirche in der Vielfalt der Lebensbezüge. 4. EKD-Erhebung über Kirchenmitgliedschaft, Bd. 1, Gütersloh 2006

Hüsch, Hans Dieter: Das kleine Buch zwischen Himmel und Erde, Düsseldorf 2000

Jauß, Hans Robert: Ästhetische Erfahrung und literarische Hermeneutik, Frankfurt/M. 1991

Jens, Walter (Hg.): Es begibt sich aber zu der Zeit. Texte zur Weihnachtsgeschichte, Stuttgart 1988

Josuttis, Manfred: Der Weg ins Leben. Eine Einführung in den Gottesdienst auf verhaltenswissenschaftlicher Grundlage, Gütersloh ²1993

Kirsner, Inge: Dialog und Differenz: Film in Kirche, Kino und Gemeindesaal, Praktische Theologie Nr. 33, 1998

Kirsner, Inge/Wermke, Michael (Hg.): Gewalt. Filmanalysen für den Religionsunterricht, Göttingen 2004

Kirsner, Inge/Gehring, Hans-Ulrich: Filmgottesdienste. Theorie und Modelle, Jena 2005/2014 (2.Aufl.)

Kirsner, Inge: Kirchenbilder und Menschenbildung, Leipzig 2013

Krakauer, Siegfried: Theorie des Films. Die Errettung der äußeren Wirklichkeit, Frankfurt/M. 1964

Koerver, Jürgen/Mohr,Gottfried/Weidle, Andreas: Sagt Gott, wie wunderbar er ist, Stuttgart 1990

Kroll, Thomas: Der Himmel über Berlin – Säkulare Mystagogie? Wim Wenders' Spielfilm als Herausforderung für die praktische Theologie, Reihe Symbol-Mythos-Medien, Bd. 11, Berlin 2008

Kunstdienst der Evangelischen Kirche in Berlin (Hg.): Kirchenräume – Kunsträume, Hintergründe , Erfahrungsberichte, Praxisanleitungen für den Umgang mit zeitgenössischer Kunst in Kirchenräumen. Ein Handbuch, Münster 2002

Laibacher, Ludwig: Gestatten: Jürgen Schwab, Stuttgarter Zeitung vom 10.01.1997

Lissa, Zofia: Ästhetik der Filmmusik, Berlin (DDR) 1965

Lätzl, Martin (Hg.): Räume öffnen. Gottesdienste feiern mit kirchlich Distanzierten. Ein Werkstattbuch (Konkrete Liturgie], Regensburg 2005

Luther, Henning: Religion und Alltag. Bausteine zu einer praktischen Theologie des religiösen Subjekts, Stuttgart 1992

Luther, Martin, Weimarer Ausgabe 50

>*Niebergall, Friedrich*: Die moderne Predigt, in: ZThk 15/1905

Nicol, Martin: Einander ins Bild setzen. Dramaturgische Homiletik, Göttingen 2002

Nicol, Martin/Deeg, Alexander: Im Wechselschritt zur Kanzel. Praxisbuch Dramaturgische Homiletik, Göttingen 2005

Malone, Peter/Pacette, Rose: Lights, Camera ...Faith! A Movie Lectionary. Cycle A, Boston 2001

dies: Lights, Camera ...Faith! A Movie Lectionary. Cycle B, Boston 2002

dies: Lights, Camera ...Faith! A Movie Lectionary. Cycle C, Boston 2003

Meyer-Blanck, Michael: Gottesdienstlehre, Tübingen 2011

*MGG Art. Filmmusik, 464

Mertin, Andreas: Kunst als kritisches Spiel. Karl Barths Äußerungen zu Kunst, in: Ta katoptrizomena, Magazin für Theologie und Ästhetik, 1999

Motte de la, Helga/Emons, Hans: Filmmusik. Eine systematische Beschreibung, München/Wien 1980

Musil, Robert: Der Mann ohne Eigenschaften, Reinbek bei Hamburg 1984

Ottersbach, Béatrice/Schadt, Thomas (Hg.): Filmmusik-Bekenntnisse, Konstanz 2009

Papst Franziskus (14.3.2013) entnommen am 28.2.2014 unter: http://www.katholisch.de/de/katholisch/themen/kirche_2/130314_franziskus_erster_gottesdienst.php

Pauli, Hansjörg: Filmmusik – ein historischer Abriß, Mainz 1976

Percze, Sándor: Kunst, Kino und Kanzel. Die Ästhetik des Films und die Gestalt der Predigt (Studien zur Christlichen Publizistik Bd. 22), Erlangen 2013

Philosophisches Wörterbuch, Stuttgart 1991

Plüss, David: Gottesdienste als Textinszenierung. Perspektiven einer performativen Ästhetik des Gottesdienstes (Christentum und Kultur Bd.7), Zürich 2007

Pope, Robert: Salvation in Celluloid. Theology, Imagination and Film, London/New York 2007

RGZ: Sammlung der Entscheidungen des Reichgerichts in Zivilsachen Bd. 140

>*Ruddat, Günter/Schroeter-Wittke, Harald* (Hgg.): Gemeindekulturpädagogik, Rheinbach 2001

Roth, Wilhelm/Thienhaus, Bettina (Hgg.): Film und Theologie. Diskussion, Kontroversen, Analysen, epd Texte 20, 1989

Rotzetter, Anton: Gott, der mich atmen lässt. Gebete. Freiburg, Basel, Wien, 1987

Sayers, Dorothy L.: Das größte Drama aller Zeiten, Zürich 1982

Schmitt, Heiner: Kirche und Film. Kirchliche Filmarbeit in Deutschland von ihren Anfängen bis 1949 , Boppard 1979

Schricker Gerhard/Loewenheim Ulrich: Urheberrecht Kommentar, 4. Aufl., München 2010

Seel, Martin: Die Künste des Kinos, Frankfurt/M. 2013

Spangenberg, Peter: Höre meine Stimme, Hamburg 1995

Steffensky, Fulbert: Der Seele Raum geben. Kirchen als Orte der Besinnung und Ermutigung, Vortrag während der EKD-Synode 2003, abzurufen unter: http://www.ekd.de/synode2003/steffensky_kirchen.html, entnommen am 25.8.2011

Thiele, Michael: Geistliche Beredsamkeit. Reflexionen zur Predigtkunst, Stuttgart 2004

Thierfelder, Constanze/Eibach, Dietrich Hannes (Hgg.): Resonanzen. Schwingungsräume praktischer Theologie (FS für G.M. Martin) , Stuttgart 2002

>*Tillich, Paul*: Die religiöse Substanz der Kultur, GW 9, Stuttgart 1967

Vetter, Manfred am: 27.6.2008, entnommen unter www.ekd.de/swi/aktuell/58969.html. am 22.9.08.

Vision Kino, Schule im Kino. Tipps, Methoden und Informationen zur Filmbildung, Berlin 22011

Vogler, Christopher: Die Odyssee des Drehbuchschreibens. Über die mythologischen Grundmuster des amerikanischen Erfolgskinos, Frankfurt/M. ^{5}2007

Walser, Martin, Rede am 09.11.2011 an der Harvard Universität in Boston

Winkler, Willi: Kino (Reihe: Kleine Philosophie der Passionen), München 2002

Zerfaß, Martin: Grundkurs Predigt, Düsseldorf 1987

Zink, Jörg: Sag mir wohin, Stuttgart 1977

Zulehner, Paul M.: Das Gottesgericht. Bausteine für eine Kirche der Zukunft, Düsseldorf 1987

Zweites Gesetz zur Regelung des Urheberrechts in der Informationsgesellschaft vom 26.10.2007 (BGBl. I S. 2513)

Filmografie der ausgeführten Filmgottesdienste

American Beauty (Originaltitel), USA 1999, Regie: Sam Mendes, L: 117 Min., FSK: ab 12 J. (Kinoversion), ab 16 J. (Kaufversion), Verleih: Dreamworks

Bruce allmächtig (Originaltitel: Bruce Almighty), USA 2003, Regie: Tom Shadyac, L: 101 Min., FSK: ab 6 J., Verleih: Buena Vista International

Das Wunder von Bern, D 2003, Regie: Sönke Wortmann, L: 118 Min., FSK: ab 6 J. Verleih: Little Shark Entertainment, Senator Film Produktion, SevenPictures Film

Die Truman Show (Originaltitel: The Truman Show), USA 1998, Regie: Peter Weir, L. 99 Min., FSK: ab 12 J., Verleih: Paramount

Der Club der toten Dichter (Originaltitel: Dead Poets Society), USA 1989, Regie: Peter Weir, L: 123 Min., FSK: ab 12 J., Verleih: Touchstone Pictures

Die Kinder des Monsieur Mathieu (Originaltitel: Les Choristes), F, CH, D 2004, Regie: Christophe Barratier, L. 93 Min., FSK: ab 6 J., Verleih: Constantin

E.T. – Der Außerirdische (Originaltitel: E.T. – the Exta-Terrestrial), USA 1982, Regie: Steven Spielberg, L: 115 Min. (Originalfassung), 120 Min. (Neufassung) FSK: 6 J.. Verleih: Universal Pictures Germany

Felix (Originaltitel), D 2007, Regie: Andreas Utta, L: 20Min., FSK: ab 10 J., Verleih: Nordmedia

Gran Torino (Originaltitel), USA 2008, Regie: Clint Eastwood, L: 116 Min., FSK: ab 12 J.. Verleih: Warner Bros. Entertainment

Im Winter ein Jahr (Originaltitel), D 2008, Regie: Caroline Link, L: 128 Min., FSK: ab 12 J., Verleih: Constantin

Into the Wild – Die Geschichte eines Aussteigers (Originaltitel: Into the Wild), USA 2007, Regie: Sean Penn, L: 148 Min., FSK: ab 12 J., Verleih: Riverboat Entertainmemt

Ist das Leben nicht schön? (Originaltitel: It's a Wonderful Life), USA 1946, Regie: Frank Capra, L: 125 Min., FSK: ab 6 J., Verleih: Kinowelt (DVD)

Le Havre (Originaltitel), SF, F, D 2011, Regie: Aki Kaurismäki, L: 93 Min., FSK: ab 0 J., Verleih: Pandora Film

Luther (Originaltitel), US, D, GB 2003, Regie: Eric Till, L: 118 Min., FSK: 12J., Verleih: Universal

Moderne Zeiten (Originaltitel: Modern Times), USA 1936, Regie: Charlie Chaplin, L: 87 Min., FSK: ab 6 J., Verleih: PIFFL MEDIEN

Oben (Originaltitel: Up), USA 2009, Regie: Pete Docter, L: 96 Min., FSK: ab 0 J., Verleih: Pixar

Oliver Twist (Originaltitel), F, GB, CZ 2005, Regie: Roman Polanski, L: 125 Min., FSK: ab 12 J. Verleih: UFA

Pretty Woman (Originaltitel), USA 1990, Regie Garry Marshall, L: 119 Min., FSK: ab 12 J., Verleih: Buena Vista

Rendezvous mit einem Engel (Originaltitel: The Preacher's Wife), USA 1996, Regie: Penny Marshall, L: 119 Min. FSK: o.A., Verleih: Buena Vista

Smoke – Raucher unter sich, (Originaltitel: Smoke), USA 1995, Regie: Wayne Wang, L: 112 Min., FSK: ab 12 J. Verleih: Studiocanal

Vaya con dios – Und führe uns nicht in Versuchung (Originaltitel), D 2002, Regie: Zoltan Spiradelli, L: 103 Min., FSK: ab 6 J., Verleih: Universal

Von Menschen und Göttern (Originaltitel: Des Hommes et des Dieux), F 2010, Regie: Xavier Beauvois, L: 122 Min., FSK: ab 12 J., Verleih: NFP

Walk the line (Originaltitel), USA, D 2005, Regie: James Mangold, L. 136 Min., FSK: ab 6 J., Verleih: Fox Deutschland

We feed the World –Essen global (Originaltitel: We Feed the World), A 2005, Regie: Erwin Wagenhofer, L: 95 Min., FSK: ab 6 J., Verleih: Filmladen

Wie im Himmel (Originaltitel: Så som i Himmelen), S 2005, Regie Kay Pollak, L: 133 Min., FSK: ab 12 J., Verleih: Paramount

Ziemlich Beste Freunde (Originaltitel: Intouchables), F 2011, Regie: Olivier Nakache/ Éric Toledano, L: 112 Min., FSK: ab 6 J., Verleih: Senator Entertainment

Autorinnen und Autoren

Adler, Dietmar
Geb. 1961, Studium der ev. Theologie, seit 1990 Pastor in Bad Münder, Schwerpunkt: Erarbeitung neuer Gottesdienstformen mit Ehrenamtlichen, Mitarbeit im Vorstand der „Interfilm", Mitbegründer und Sprecher des Arbeitskreises „Kirche und Film" in der Landeskirche Hannover.

Arnold, Jochen,
Dr. theol., geb. 1967, Studium der ev. Theologie in Tübingen, Rom. Studium der Kirchenmusik in Stuttgart. Direktor des Michaelisklosters Hildesheim, Promotion zur Theologie des Gottesdienstes, Habilitation zu J. S. Bachs Kantaten, seit 2009 Privatdozent für Systematische und Praktische Theologie an der Universität Leipzig, seit 2014 Honorarprofessor für Musik an der Uni Hildesheim. Umfangreiche künstlerische Tätigkeit als Dirigent. Liturgiebeauftragter der GEKE seit 2013.

Aßmann, Helmut
Geb. 1958, Studium der Theologie und Meteorologie in Hamburg, Hannover, Göttingen. Tätigkeit am Max-Planck-Institut für Meteorologie. Pfarrer in Münster, Tätigkeit in der ev. Militärseelsorge. Seit 2005 Superintendent in Hildesheim. Schwerpunkte: Theologische Fortbildung, Spiritualität, Literatur.

Bahr, Petra
Dr. theol., geb. 1966, Studium der ev. Theologie und Philosophie, 2000-2005 Referentin an der FEST mit Schwerpunkt u.a. „Protestantismus und Kultur", 2006-2014 Kulturbeauftragte des Rates der EKD, Publizistin bei der ZEIT u.a., seit 2014 Leitungsfunktion in der Konrad-Adenauer-Stiftung.

Birkenstock, Gerald
Geb. 1961, Film- und Fernsehautor, Vorsitzender des CFF–Forum für Christen in Film und Fernsehen e.V.

Bolz, Frank
Geb. 1959, Studium der Theologie, Religion und Englisch in Göttingen und Heidelberg, seit 2007 Studienleiter des Pädagogisch-Theologischen Instituts Kassel (PTI)

Burfien, Mathis
Geb. 1970, Studium ev. Theologie, Pastor u.a. in Neuhaus i.S. und Northeim, Autor für „Gottesdienst Praxis" und Radioandachten im NDR, seit 2013 Projektleitung bei der Gewinnung von theologischem Nachwuchs.

Collande v., Annegret
Geb. 1959, Studium an der Musikhochschule Hannover und an der Universität Hannover. Kirchenjuristin. Arbeitsschwerpunkt: Medien- und Datenschutzrecht.

Damm, Thomas
Geb. 1965, Studium der Theologie. Gemeindepfarrer in Marl, Leiter der Ev. Akademie

Recklinghausen, Filmbeauftragter des Kulturrates der EKVW, Veröffentlichung: „Kurzfilme im Gottesdienst" (2011).

Dannowski, Hans Werner
Geb. 1933, Studium der ev. Theologie, Studiendirektor im Predigerseminar Imbshausen, 1980-1998 Stadtsuperintendent in Hannover, 1985-1992 Filmbeauftragter der EKD, 1987-2003 Präsident von INTERFILM, seitdem Ehrenpräsident, zahlreiche Publikationen.

Flug, Andreas
Geb. 1954, Studium der Theologie in Bethel und Göttingen. Gemeindepfarrer in verschiedenen Landgemeinden. Seit 2012 Inselpastor auf Spiekeroog. Tätigkeitsschwerpunkte: Glaubenskurse, Ehrenamtsmanagement, Gemeindeorganisation und -entwicklung, Öffentlichkeitsarbeit.

Gehring, Hans-Ulrich
Dr. theol., geb. 1962, Studium der ev. Theologie, 1997 Promotion und 2001 Habilitation („Seelsorge in der Mediengesellschaft"), Privatdozent für Praktische Theologie in Basel, Pfarrer in Stuttgart-Sillenbuch, zahlreiche Veröffentlichungen.

Hauschild, Martin
Geb. 1972, Theologiestudium in Heidelberg und Tübingen, Vikariat in Bad Münder und Loccum, seit 2004 Pastor an der Göttinger Innenstadtkirche St. Albani.

Helmke, Julia
Dr. theol., geb. 1969, Studium der ev. Theologie und Aufbaustudium Kulturkritik/Filmgeschichte an der HFF München. Seit 2001 Lehrbeauftragte in der Christlichen Publizistik an der FAU Erlangen, 2005 Promotion zu „Kirche, Film und Festivals". Seit 2005 Beauftragte für Kunst und Kultur im Haus kirchlicher Dienste der Ev.-luth. Landeskirche Hannovers, seit 2013 ehrenamtliche Präsidentin der internationalen protestantischen Filmorganisation INTERFILM, Mitglied der ökumenischen Forschungsgruppe „Film und Theologie".

Jutrczenka v., Dirk
Geb. 1964, Studium der ev. Theologie sowie Studium der Sozialwissenschaften/Pädagogik. Seit Juli 2008 Pastor in St. Remberti/Bremen. Besondere Interessen und Schwerpunkte: Kirche und Film, Erwachsenenbildung, Arbeitskreis „Anderer Gottesdienst".

Kirsner, Inge
Dr. theol., geb. 1963, Studium der ev. Theologie, Promotion „Erlösung im Film", 2006-2009 Juniorprofessorin für Praktische Theologie in Hamburg, 2013 Habilitation („Kirchenbilder und Menschenbildung"), Privatdozentin für Praktische Theologie/Religionspädagogik, Hochschulpfarrerin in Ludwigsburg.

Kroll, Thomas
Dr. theol., geb. 1958, Leiter des Referats Verkündigung/Missionarische Pastoral in der Pastoralen Dienststelle im Erzbistum Hamburg, Mitglied der Katholischen Filmkommission.

Lindenschmidt, Silke
Geb. 1977, Studium Musik, Mathematik und Tanzpädagogik, Fortbildungen und künstlerische Projekte. Seit 2002 Landesposaunenwartin der Ev.-Luth. Landeskirche Hannovers für den Bezirk Hildesheim und seit 2014 freigestellt für die Projektleitung von „Vision Kirchenmusik".

Meister, Ralf
Geb. 1962, Studium der Ev. Theologie und Judaistik, 2002-2007 Propst in Lübeck, 2008-2010 Generalsuperintendent des Sprengels Berlin, seit 2011 Landesbischof der Ev.-Luth. Landeskirche Hannovers, langjähriger Sprecher des Wortes zum Sonntag, Mitglied und Juror bei INTERFILM.

Schwarz, Eberhard
Geb. 1958, Pfarrer an der ev. Hospitalkirche in Stuttgart mit dem Schwerpunkt Bildung und Kultur in der City. Publikationen zu Spiritualität, Exegese und Literatur.

Siegel, Helmut
Geb. 1948, Studium der Theologie in Bethel, Heidelberg, Göttingen. Pastor in Minden, Hagen, Hildesheim, Studienleiter am Predigerseminar Hildesheim. Seit 2009 im Ruhestand.

Storz, Harald
Geb. 1957, Studium der Theologie in Tübingen und Göttingen, Gemeindepfarrer in Cuxhaven, Diepholz und seit 2006 an St. Jacobi Göttingen, Veröffentlichungen im Bereich Predigt und Gottesdienst und zu jüdischer Regionalgeschichte.

Tergau-Harms, Christine
Geb. 1963, Theologiestudium in Kiel, Marburg und Indianapolis/USA, seit 2004 Referentin im Michaeliskloster Hildesheim – Ev. Zentrum für Gottesdienst und Kirchenmusik.

Woltmann, Dirk
Geb. 1962, Theologiestudium in Münster und Tübingen; 1992 erste Pfarrstelle in Elmlohe, Gemeindepastor und Krankenhausseelsorger. Seit 2006 Gemeindepastor an St. Michaelis Hildesheim.

Zobeltitz v., Louis-Ferdinand
Geb. 1945, Studium der ev. Theologie in Bethel, Heidelberg, Marburg. Ab 1981 Pfarramt in St. Stephani, Bremen. 1995-2007 Schriftführer der Bremischen Evangelischen Kirche. 2007-2010 Projektleitung Kulturkirche St. Stephani, Bremen.